구술로 쓰는 역사

구술로 쓰는 역사 ― 미수복경기도민의 분단과 이산의 삶

1판 1쇄 인쇄 2016년 12월 25일
1판 1쇄 발행 2016년 12월 30일
엮은이 윤택림
펴낸이 이형진
펴낸곳 도서출판 아르케
출판등록 1999. 2. 25. 제2-2759호
주소 강원도 홍천군 내촌면 와야리 300-4
대표전화 (02)336-4784~6 ㅣ 팩스 (02)6442-5295
E-Mail arche21@gmail.com ㅣ Homepage www.arche.co.kr

값 29,000원

ⓒ 윤택림, 2016

ISBN 978-89-5803-153-6 93910

구술로 쓰는 역사
미수복경기도민의 분단과 이산의 삶

윤택림 지음

일러두기

이 책에서 인용된 미수복경기도 실향민들의 생애사 인터뷰 자료는 구술 자료인데 구술을 문자화하는 것은 일종의 편집이다. 따라서 구술 인용에 있어서 다음과 같은 원칙들을 두었다.

1. 구술 자료의 가장 큰 특성은 구술성(orality)이기 때문에 구술 인용은 되도록 구술성을 살리고 서술의 흐름을 유지하는 방향으로 인용되었다. 따라서 구술 인용문이 상당히 길어서 가독성이 떨어질 수가 있으나, 독자는 각 구술자의 경험뿐만 아니라 서술적 특징을 잘 이해할 수 있다.
2. 또한 구술자의 구술 인용문 앞뒤에 구술 내용을 요약하거나 소개하는 글을 되도록 넣지 않았는데, 이것은 독자로 하여금 연구자의 해석보다는 구술자의 구술 자체에 귀를 기울이고 독자 자신의 해석을 가능케 하기 위한 것이다.
3. 대부분의 구술 자료가 기관구술채록의 결과물로 제출된 녹취록이라서 기관에 따라 녹취 매뉴얼의 편차가 조금 있을 수 있으나 최대한 녹취록 그대로를 인용하였다.
4. 모든 구술 인용문은 각주에서 인터뷰 연월일, 구술자 명, 회차를 명기하였고, 기관 보유 녹취록의 경우 기관명과 구술아카이브 자료번호를 명기하였다. 그런데 기관 보유 녹취록이라도 자료번호가 부여되지 않은 경우도 있다.
5. 면담자의 질문이 없어도 글의 맥락 상 이해가 되는 경우에는 면담자의 질문을 넣지 않았지만, 원칙적으로는 면담자의 질문을 생략하지 않았다.
6. 구술자의 구술의 흐름을 좋게 하기 위하여 중간 중간 면담자의 반응과 호응을 표시하는 "예", "그렇죠", "음" 등은 삭제하였다.
7. 인용된 구술 자료의 구술성을 확보하기 위하여 다음과 같은 편집 기호를 사용하였다. 구술채록 기관마다 녹취 매뉴얼이 다르지만, 다음의 편집기호로 통일하였다.

" "	구술 속에 등장하는 특정 인물의 말을 직접 인용할 때 사용한다.
…	말이 도중에 끊길 때 사용한다.
!	감탄이나 놀람 등의 느낌을 나타낼 때 사용한다.
?	의심이나 의문을 나타낼 때 사용한다.
/	질문이 아니라 확인을 위하여 말꼬리가 올라갈 때 사용한다.
-, --	특정 단어를 길게 끌어서 말할 때 사용한다.
가	특정 단어를 강하게 말할 때 강조체를 사용한다.
(중략)	면담자의 질문에 대한 구술자의 서술 중 일부를 인용할 때 생략된 부분을 나타낼 때 사용한다.
하하하 호호호 흐흐흐	웃음소리는 구술자의 웃음의 뉘앙스에 따라서 선택하여 사용한다.
[ ]	상황이나 구술자의 동작 표기를 표기할 때 사용한다. (예) [구술자의 휴대폰이 울림] [두 팔로 건물의 크기를 표현하며] 구술자가 구술 도중 길게 침묵할 경우 사용한다. (예) [한동안 생각하였다]

■ 책을 펴내며

살아가노라면 내가 어디에서 왔는지, 지금 어디에 있는지, 그리고 어디로 갈 것인지를 생각하게 되는 순간이 있다. 그 순간은 바로 내가 누구인지에 대한 물음에 답하는 시간이다. 나는 내가 누구인지를 알기 위해서 부모님의 삶을 돌아보기로 하였다. 내 삶의 뿌리가 어디에서 시작하는지 알고 싶어서다. 우리 부모님은 경기도 개풍군 실향민이시다. 두 분은 일제시기 1930년대 초에 개풍군에서 태어나서 한국전쟁 중에 남하하여 서울에서 결혼하고 박정희 군사정권 시기 근대화의 일꾼으로 자수성가하여 중산층 가족을 일구어낸 세대의 분들이다. 따라서 우리 부모님의 삶에서 해방과 분단 그리고 한국전쟁은 결정적인 변수로 작용하였고, 그 영향은 내가 태어나서 자라온 가족생활에도 그대로 반영되었다. 어머니는 안타깝게 20여 년 전에 병환으로 돌아가셨지만, 살아계신 아버지는 이제 80대 중반에 접어들었다. 아버지도 이미 떠나가신 많은 실향민 1세대들처럼 고향을 다시 가보지 못하고 언제 돌아가실지 모른다. 이제 이분들이 작고하시기 전에 꿈에 그리던 그 고향에서의 삶과 고향을 떠나오게 된 경로를 기록해야겠다는 생각이 들었다. 이분들이 다 떠나시고 나면 내 삶의 뿌리도 알 수 없기 때문이다.

그래서 나는 10년 전부터 현재 미수복경기도라고 일컬어지는 경기도 개성시, 개풍군, 장단군 실향민의 구술 생애사 수집에 착수했다. 그러나 그 작업은 생각보다 쉽게 진척이 되지 않았다. 나는 2008년에 한국구술사연구소를 만들었고, 연구소의 운영을 위하여 매년 작고 큰 구술채록 프로젝트를 하게 되었다. 연구소 운영을 위한 프로젝트를 하면서 동시에 미수복경기도 실향민들을 인터뷰하기 위한 프로젝트를 하다 보니 거의 10년이라는 세월이 흘렀다. 내가 인터뷰한 분들 중에는 이미 작고한 분들도 생기기 시작했다. 더 일찍 이 작업을 시작했으면 인터뷰했을 수도 있었던 많은 분들이 이미 돌아가셨다. 그런 가운데 더 이상 자료의 수집에만 머물러서는 안 된다는 생각에 2014년에는 마무리 인터뷰를 하여 2015년에 단행본의 초고를 쓰기로 계획하였다. 그러나 마무리 인터뷰는 2015년 상반기까지 진행되었고, 2015년 말에야 단행본의 초고가 완성되었다.

　이 장기 프로젝트의 첫 번째 인터뷰는 2006년에 시작되었다. 그 구술자는 나의 아버지에게 외당숙모 되시는 분이었는데 개풍군 실향민이셨고, 인터뷰 후에 돌아가셨다. 두 번째 인터뷰는 2009년과 2010년에 수행한 개성실향민들에 대한 연구였는데, 이 연구를 통해서 나는 '미수복경기도'라는 낯선 단어를 알게 되었다. 그러니까 2009년까지 개풍군 실향민 2세였던 나는 '미수복경기도'의 존재 자체를 몰랐던 것이다. 해방 당시 38선 이남이었지만 한국전쟁 후에 북한 땅이 되어버린 당시 경기도 개성, 개풍군, 장단군 지역이 미수복경기도라는 명칭을 가지게 되었던 것이다. 그래서 나는 개성실향민에서 개풍군과 장단군 실향민을 포함하여 연구 대상을 확대하게 되었다. 그러면서 미수복경기도민회가 위치하고 있는 서울 구기동 통일회관에 가게 되었고, 그곳에서 미수복경기도민회, 개성시민회, 개풍군민회, 장단군민회, 미수복경기도중앙부녀회 분들을 알게 되었다. 미수복경기도중앙부녀회 총회, 미수복경기도민회 체육대회, 경로잔치, 해외동포모임 등에 참여하면서 되도록 많은 분들에게 구술사 인터뷰를 통해서 이분들의 역사를 남기는 작업을 알렸다. 많은 분들이 이 작업에 공감하셨고, 적극적으로 인터뷰에 응해 주셨다. 이 책이 끝나기 전에 개성관광이 재개되면 꼭 가보고 싶었지만, 이 꿈은 이루어지지 않았다.

그렇게 해서 인터뷰를 한 분들이 총 30명이 되었다. 모두 다 구술 생애사 인터뷰여서 짧아도 4시간에서 길게는 18시간이 되어 총 시간은 150여 시간이 된다. 이분들이 모두 미수복경기도 실향민들을 대표할 수는 없지만, 나는 그래도 이분들의 경험을 통하여 미수복경기도 실향민의 잊힌 역사의 일부라도 기록하고 싶었다. 다시 통일이 되었을 때 실향민들의 과거와 현재 그리고 미래를 연결할 수 있는 작은 고리나마 남기고 싶었기 때문이다. 그리고 그것이 실향민 2세인 나의 임무라는 믿음이 있기 때문이다.

이 책은 나의 부모님과 구술자분들, 그리고 미수복경기도 전체 실향민들의 것이다. 미수복경기도 실향민의 많은 경험들이 이 책에 담기지 못했을 것이다. 그러나 이분들의 존재와 역사를 알리는 것만으로도 이 책의 의의는 충분하다고 생각한다. 왜냐하면 분단국가 속에서 살고 있는 대부분의 한국인들은 분단의 비극적인 결과물인 미수복경기도라는 것이 있는지도 모르고 있기 때문이다. 그래서 나는 이 책을 나의 부모님을 비롯한 모든 미수복경기도 실향민께 바친다.

이 책이 나오기까지 많은 분들이 나를 도와주었다. 정성스럽게 녹취를 해준 정은지 씨, 최정은 씨, 김유정 씨에게 감사드린다. 또한 초고를 읽어주고 미수복경기도 관련 자료를 출판에 맞게 정리해 준 최정은 간사에게 특히 감사드린다. 그리고 개성에 관한 장시간의 구술뿐만 아니라 다양한 자료를 주신 개성토박이 이상은 선생님께도 감사드린다. 초고를 읽고 논평을 통해 더 나은 연구서가 되게 도와주신 함한희 교수님께도 감사드린다. 무엇보다도 미수복경기도 실향민 인터뷰를 위해 구술자들을 소개해주신 미수복경기도도민회 윤일영 사무총장님과 미수복경기도중앙부녀회 김금옥 부녀회장님께 진심으로 감사드린다. 두 분은 이 프로젝트의 고문과 같은 역할을 해 주셨다. 일일이 호명을 하지 않았지만 모든 구술자분들께도 깊은 고마움을 전달하고 싶다.

인터뷰에 응한 모든 미수복경기도 실향민 구술자들이 나를 신뢰했기 때문에 구술을 해주었다는 것을 나는 알고 있다. 그런데 구술과 그 구술을 해석하고 재현하는 책은 또한 별개의 문제일 수 있다. 구술자들이 들려준 역사적 경험이 이 책에서 제대로 재현되어 그들을 실망시키지 않았으면 하는 바람이 있다. 그들이 내게 준 신뢰에 보답하는 책이 되었으면 한다.

2015년은 분단이 된 지 70년이 되는 해였다. 미수복경기도 실향민들이 고향을 떠나온 지도 그만큼의 세월이 흘렀다. 떠나온 고향을 기억하는 실향민 1세대 대부분이 돌아가시거나 벌써 80세를 바라보고 있다. 통일이 언제 될지는 모르지만 고향에 다시 가보지 못하고 작고한 미수복경기도 실향민들의 넋에 이 책이 작은 위안이 되길 바란다. 내가 살아

있는 동안에 통일이 되면 나는 부모님의 고향에 꼭 가볼 것이다. 분단이 되지 않았다면 내가 살았을 수도 있었을 그 땅에 가서 내 뿌리의 흔적을 찾아볼 것이다.

2016년 겨울 과천에서

■ 차례   구 술 로 쓰 는 역 사

책을 펴내며 _5

제 I 부 왜 미수복경기도민인가?

제1장 시작하는 글: 미수복경기도민을 아시나요? _17

미수복경기도민은 누구인가 / 미수복경기도민의 근현대사를 찾아서 / 책의 구성: 역사이야기를 펼치며 / 윤리적 고민들

제2장 디아스포라와 이산가족 _31

디아스포라의 개념 / 디아스포라 연구 / 이산가족 연구

제3장 구술, 기억, 정체성 _47

구술사와 기억 / 기억의 정치학 / 기억 공동체와 정체성 / 기억연구로서 미수복경기도민

제4장 미수복경기도민의 역사를 찾아서 _59

다현지 문화기술지 / 구술 생애사 / 미수복경기도 실향민 1세대와 2세대의 대화 / 미수복경기도민의 역사 찾기 / 미수복경기도 실향민 구술자 소개

미수복경기도민의 분단과 이산의 삶

제Ⅱ부 미수복경기도민의 해방과 한국전쟁

제5장 일제시기 생활문화 _81

개성 / 개풍 / 장단 / 개성문화권

제6장 해방과 분단 _109

개성, 개풍, 장단의 해방 / 해방공간의 좌우익 갈등 / 전쟁 전야 / 개성, 개풍, 장단에서 해방의 의미

제7장 전쟁의 시작 _147

개성시 / 개풍군 / 장단군 / 개성, 개풍, 장단에서 전쟁의 양상

제8장 피난과 남하 _177

남하 동기 / 남하 시기 / 남하 유형 / 남하 경로 / 개성, 개풍, 장단 사람들의 남하의 의미

제9장 휴전과 실향 _237

전쟁 동원 / 피난민 생활 / 개성, 개풍, 장단 사람들의 피난살이의 양상

구 술 로 쓰 는 역 사

제Ⅲ부 실향민으로 살아가기

제10장 남한에서 장소 만들기 _277

가족의 재형성 / 생계 방식 / 정착생활의 특징 / 실향민의 어려움

제11장 미수복경기도민회의 탄생 _315

자생적인 면민회와 군민회의 형성 / 미수복경기도민회의 성립 / 미수복경기도민의 역사만들기

제12장 분단과 역사적 상흔 _347

실향민이 된 이유 / 이산가족찾기 / 통일에 대한 기대 / 아직도 남아있는 역사적 상흔

제13장 나가는 글: 미수복경기도민의 존재가 말하는 것은 무엇인가? _385

기억공동체 / 경계에서의 삶과 정체성 / 역사의 회복과 치유

후기 _397
미주 _399
찾아보기 _409

미수복경기도민의 분단과 이산의 삶

【도표, 지도, 그림, 사진 목록】

[표 1] 아스만 부부의 의사소통적 기억과 문화적 기억 비교　　53
[표 2] 미수복경기도 실향민 구술자 명단　　72
[표 3] 지역별, 성별, 출생년대 별 분포　　75
[표 4] 구술자의 지역 내 주거지별 분포　　75
[표 5] 구술자의 출신지별, 성별, 부모의 직업별 분포　　75
[표 6] 구술자의 출신지별, 성별, 학력별 분포　　76
[표 7] 해방 전 개성부의 대표적 학교들　　87
[표 8] 미수복경기도 실향민 구술자들의 남하 과정 및 정착　　177
[표 9] 미수복경기도 실향민 구술자들의 남하시기와 유형　　182
[표 10] 미수복경기도 지역에서의 한국전쟁의 전개　　240
[표 11] 강화유격대의 활동 일지　　243
[표 12] 전쟁 이전 남녀 혼인자의 배우자 출신 지역　　278
[표 13] 전후 남녀 배우자 출신 지역　　281
[표 14] 미수복경기도민회 역대 회장 명단　　330
[표 15] 세 종류의 월남민 비교　　334
[표 16] 1984년도와 2010년도 『개풍군지』구성 비교표　　341

[지도 1] 현 북한 행정구역상의 미수복경기도　　21
[지도 2] 개성시 옛 지도　　84
[지도 3] 개풍군 지도　　93
[지도 4] 장단군 지도　　96
[지도 5] 송도주변의 명산들　　105

구 술 로 쓰 는 역 사

[사진 1] 개성 송도중학교 88
[사진 2] 송고실업장 90
[사진 3] 개풍군 삼달리 포구와 평야 95
[사진 4] 고랑포 사진 98
[사진 5] 강화도와 개풍군 사이의 남하 경로 230
[사진 6] 닭머리포구 232
[사진 7] 강화도 유격대 전시 246
[사진 8] 강화도 평화전망대 망배단 319
[사진 9] 도민회의 날 사진 330

[그림 1] 『개성댁들의 개성음식 이야기』 표지 102
[그림 2] 요도18. 개성지구 공방전 상황 149
[그림 3] 요도21. 고랑포 일대의 교전 상황 170
[그림 4] 요도1. 작전지역 238
[그림 5] 요도10. 국군 제1사단의 배치 상황, 1951.4.20. 239
[그림 6] 개성작전(1951.4) 상황도 244
[그림 7] 『송도』 창간호 317
[그림 8] 『개풍』 100호 318
[그림 9] 미수복경기도민의 구성 333
[그림 10] 개성관광안내도 362

제 I 부

왜 미수복경기도민인가?

제1장
미수복경기도민을 아시나요?

1. 미수복경기도민은 누구인가?

2015년은 광복 70주년인 동시에 분단 70주년이 되는 해였다. 여기 분단의 현실을 몸소 체험하며 그 세월을 살아온 사람들이 있다. 그들은 38선 이북에서 내려온 이북오도의 월남민*들이다. 이들과 더불어 38선 이남에 고향이 있으면서도 고향을 떠나 휴전선 밑으로 내려온 미수복경기도 실향민이 있다. 그런데 미수복경기도를 아는 사람들은 많지 않다. 왜냐하면 미수복경기도는 한국전쟁 이전에는 존재하지 않았고 전후 분단과 전쟁의 부산물로 만들어진 명칭이기 때문이다. 미수복경기도민은 해방 당시 38선 이남에 있었지만 한국전쟁 후 북한이 되어버린 경기도의 개성, 개풍, 장단에서 살다가 현재 남한에서 살고 있는 사람들이다.

해방 당시 38선은 개성 송악산 북쪽을 경계로 하여 남북을 나누었으며, 개풍군의 경우 개풍군의 북쪽에 위치한 영북면, 영남면, 북면이 북한 땅이 되었다. 장단군은 군의 중간 부분부터 38선 이북이어서 대남면,

---

* 연구자들에 따라서 월남인, 월남민, 피난민, 피란민이라는 용어를 사용하고 있다. 나는 월남인이라고 할 때 한국인과 같이 인(人)의 범위가 민족 내지 국가 범위로 보일 가능성이 있고, 월남민들 자신은 '실향민' 또는 '피난민'이라는 용어를 사용하기 때문에 월남민을 선택하였다. 그러나 미수복경기도민들은 자신들을 실향민이라고 하기 때문에 이들을 지칭할 때는 실향민을 사용한다.

강상면, 소남면, 대강면, 장도면, 진서면 등 대부분이 이북이 되어버렸다. 따라서 장단군 사람들은 38선으로 인한 분단을 가장 먼저 겪은 사람들 중 하나였고, 일찍부터 지주층들의 남하가 시작되었다. 한국전쟁 동안 개성시, 개풍군과 장단군 일부가 휴전선 이북 내지 군사분계선 안에 있게 되자 남하했던 많은 사람들은 자신들의 고향으로 돌아갈 수 없게 되었다.

한국전쟁 시기 월남민의 규모에 대해서는 여러 가지 자료가 있다. 김귀옥은 『월남민의 생활 경험과 정체성: 밑으로부터의 월남민 연구』[1]에서 기관 통계 자료와 연구자들이 추정한 통계 수치를 종합하여 볼 때 한국전쟁 시기 월남민의 추정 수치를 약 60만 정도로 보고 있다. 1953년도 사회부 자료는 618,721명, 1955년 센서스 자료는 449,929명, 이북오도청의 1981년도 자료는 1,643,000명이다.[2] 반면 권태환은 *Demography of Korea: Population Change and Its Components, 1925-1966*[3]에서 650,000명으로 추정하였고, 강정구는 『분단과 전쟁의 한국현대사』[4]에서 월남민을 558,000명으로 추정하였다.

개성시, 개풍군, 장단군의 해방 당시 인구수에 대한 통계 자료는 없지만 현존하는 자료에 의해서 추론해볼 수 있다. 『개성지』[5]에는 1947년도 개성부의 총 인구가 9만으로 기록되어 있다. 『장단군지』[6]에는 1940년에 총 인구수가 약 6만 7천 명이었고, 1949년에는 4만 1천 명으로 나와 있다. 이 인구 감소에 대한 이유를 군지에서는 해방이 되자 38선으로 남북 분단으로 접경지대를 벗어나기 위해 남하했기 때문이라고 설명하고 있다. 개풍군의 경우는 『개풍군지』[7]에 총 인구수는 나와 있지 않고, 군지 내 면세요람에 인구수가 나오는데, 어떤 면은 누락된 경우도 있다.[8] 12개 면의 인구를 더하여 평균치를 내면 6,815명으로 하여 총 14개 면의 인구수를 더하면 약 9만 5천 명이 된다. 따라서 해방 전후로부터 1950년까지 개성시, 개풍군, 장단군의 총 인구수는 약 25만 명으로 볼 수 있다.

한편 이북오도청에서 1997년 만든 '시, 도 이북도민 세대주 인구 현황'을 보면 이북도민 전체 인구수는 7,133,953명이고, 그 중 미수복경기도민은 226,967명이다. 이북오도청의 1997년도 수치는 전후 평균 인구 증가율을 누적 적용하여 나온 것으로, 즉 한국전쟁 중 남하한 월남민들이 결혼한 배우자와 자식까지 모두 포함한 것으로 볼 수 있다. 한국전쟁 당시 월남민들이 약 70만으로 볼 때 10배가 증가한 수치라면 미수복경기도민이 남하한 수치는 2-3만 명으로 추정할 수 있다.

2002년 동화연구소에서 작성한 자료에 의하면 6.25 피난 당시 추정된 이북도민은 2,185,000명이다. 이 수치는 위의 월남민 추정 수치인 70만 명의 3배가 된다. 그런데 이중 경기도민은 4%로서 86,000명인데, 이 숫자를 3으로 나누어보면 28,600명이 된다. 이 숫자는 위에서 추정된 2-3만 명의 범위에 들어간다.

개성상인 연구자인 양정필은 한국전쟁 중 1.4후퇴 당시 도강한 개성인을 약 3만 명으로 추정하고 있다.[9] 이 추정 수치는 『開城』[10]에 있는 김성찬의 「八一五와 開城」에서 나온 것으로 저자는 당시 개성 인구가 9만여 명인데, 개성인은 서울에 약 2만 명, 강화 3천 명, 인천 5천 명, 수원 1천 명, 대구 부산 약 2천 명으로 추산하고 있다. 그래서 양정필은 월남인 총수를 약 60만-80만 명으로 볼 때 개성 출신 월남민 비율은 전체 월남민의 약 3.8-5%로 보고 있다. 그런데 『開城』이 출판된 년도가 1970년이고, 초기에 개성인과 개풍군민들의 구분이 되지 않았고, 또한 해방 후 38선 이북이 된 장단군 지역에서 한국전쟁 전에 개성으로 이주한 이들도 있어서 실상 전쟁 중 남하한 개성인 3만 명은 순수 개성사람들만이라고 보기는 어렵다. 이는 1997년도 이북오도청 자료에 근거하여 미수복경기도 실향민이 월남민 전체에서 차지하는 비율로 추정한 수치와 비슷하다. 따라서 전체 월남민 수를 60만-80만으로 본다면 미수복경기도 실향민은 3-4만 명이 월남했다고 볼 수 있다.

2005년 현재 통계청 조사에 의하면 남북한 이산가족이 있는 인구는 715,968명이고, 남한에 있는 북한출생자는 161,605명이다. 2005년은 해방된 지 60년이 되었기 때문에 월남민 1세대의 2/3 정도가 이미 작고한 것으로 볼 수 있다. 이 중 2005년도에 이산가족정보통합센터에 신고한 사람들은 총 125,706명이고[11] 출신지별로 보면 미수복경기도민은 4,161명이다. 2012년 이산가족정보통합센터에 신고한 사람들은 128,690명이고 미수복경기도민은 2,872명이다. 이산가족정보통합센터에 신고하지 않은 사람들도 많을 것으로 추정되기 때문에 미수복경기도민들은 2012년 이산가족정보통합센터의 수치보다는 많을 것으로 보인다. 따라서 현재 생존해 있는 월남민 1세대인 미수복경기도민들은 1만 명 이내로 추정된다.[12]

미수복경기도민은 자신들을 '월남민'이라고 부르지 않고 '실향민'이라고 부른다. 왜냐하면 이들은 자신들이 38선 이북에서 살다가 남하한 월남민이 아니라고 생각하기 때문이다. 이러한 미수복경기도의 특수한 역사적 상황으로 인하여 미수복경기도민의 역사적 경험에서 분단과 한국전쟁이 분수령이 되고 있고, 이들의 해방과 한국전쟁 경험은 남한 사람들이나 이북 월남민과는 다른 역사적 경험을 형성하고 있다.

현재 미수복경기도라고 불리는 지역은 북한에서는 개성직할시, 개풍군, 장풍군, 판문군으로 행정구역이 개편되었다. 개성시는 개풍군 영북면 산성리와 영남면 용흥리, 삼거리는 1961년 편입되어 해방당시의 개성시보다 더 확대되어 개성직할시가 되었다. 개풍군은 대성면, 광덕면, 남면, 토성면, 서면의 전체 리와 청교면 중 4개 리로 개편되어 해방 당시보다 축소되었다. 전후 개풍군은 개성시에 속했다가 1954년에 황해북도에 편입되었으며, 1955년 개성시 개풍군에 귀속되었다. 1961년에는 황해북도 금천군 려현리가 개풍군에 편입되었고, 1974년 이후 몇 개의 리가 흡수, 개칭 되어 2002년 현재 개풍군은 1읍(개풍읍) 18리로 구성되어있다.[13] 현재 개풍군의 중심지는 예전의 토성역인 개풍이다. 개풍군에 속했던 나머지 봉동면, 중면, 임한면, 흥교면, 상도면, 청교면의 일부가 예전의 장단군 진서면 일부와 함께 판문군(1읍 17리)로 재편되었다.[14] 판문군의 중심지는 예전의 봉동역인 판문이다. 또한 38선 이북의 북면, 영남편, 영북면 일부와 장단군의 대강면, 장도면, 강사면, 대남면,

소남면 일부를 통합하여 장풍군(1읍 23리)으로 재편되었다.15) 장풍군의 중심지는 예전의 소남면에 속했던 장풍이다. 1953년 정전 당시 휴전선의 남방 한계선이 서쪽으로는 38선 이남으로 내려오게 되어 장단군 5개면 장단면, 군내면, 진동면, 장남면, 진서면이 이남 땅으로 남아있게 되었다.16) 그런데 이 지역은 1962년 11월 21일자 법령 1178호로서 연천군과 파주군에 각각 통폐합되고 남은 장단군에 살고 있는 군민들까지도 타군 사람으로 전적되고 말았다.17) 따라서 미수복경기도 실향민의 고향인 개성시, 개풍군, 장단군은 지도 상에 존재하지 않고 있다. 현재 북한의 행정 구역 상 미수복경기도에 해당하는 지역은 아래의 지도와 같다.

[지도 1] 현 북한 행정구역상의 미수복경기도

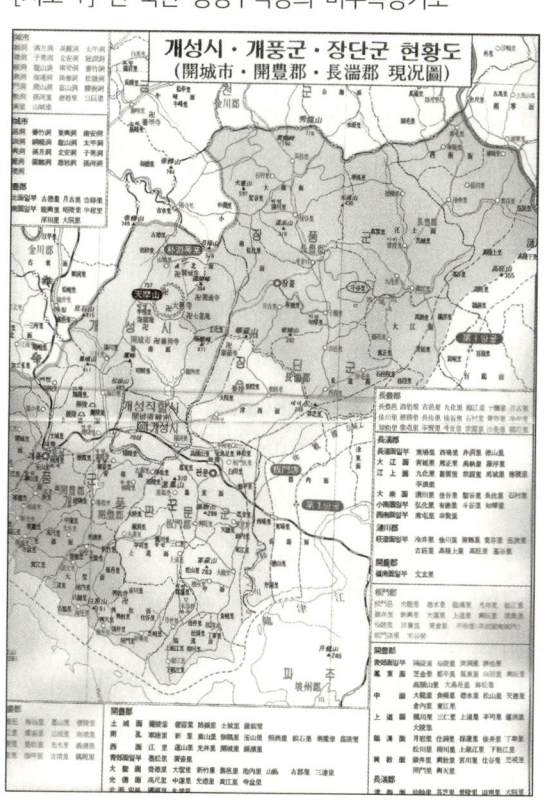

2. 미수복경기도민의 근현대사를 찾아서

이 연구는 미수복경기도 실향민에 대한 역사인류학적, 구술사적 연구로서 이들 실향민의 잃어버린 근현대사를 복원하고자 한다. 무엇보다도 이 연구는 이들이 떠나오기 전의 개성시, 개풍군, 장단군의 일제시기와 해방공간에 대해서 많은 구술 증언을 제공함으로써 미수복경기도에 대한 하나의 지방사 연구가 될 수 있다. 지방화 시대에 있어서 남한에서의 지방사 연구만이 중요한 것이 아니다. 통일 이후를 대비하여 비록 직접 현지조사가 가능하지 않지만, 지역적 정체성의 근거로서 아직까지 작동하고 있는 북한의 특정 지역들에 대한 연구도 중요하기 때문이다. 그리고 그것은 각 지역 실향민의 구술로부터 시작될 수 있다.

이 연구는 새롭게 부상하고 있는 인류학적 현지조사 방법인 이동식 현지조사(mobile ethnography)를 사용한다. 나는 특정 지역에서 현지조사를 하는 것이 아니라, 미수복경기도 실향민들이 고향에서 떠나서 현재에 살고 있는 장소에 이르기까지의 삶의 궤적을 추적하는 방식으로 현지조사를 했다. 또한 구술 생애사 인터뷰를 통해서 기록에 남아있지 않는 실향민들의 역사적 경험을 드러내어, 이들의 근현대사를 찾고, 한국전쟁에 대한 또 다른 판본을 발견하고, 남한사회에서의 장소 만들기와 이들의 정체성의 문제를 분석하고자 한다.

남한에는 일천만 이산가족이 있다고 한다. 그러나 현재 북한에서 출생한 인구는 약 16만 명밖에 되지 않는다. 그만큼 많은 실향민들이 이미 돌아가셨고, 그 중에서 현재 80대에 속하는 분들이 46.4%임을 볼 때,[18] 이들을 인터뷰하는 일은 시급한 일이다. 고향을 잃은 서러움도 크지만, 고향을 잃은 것은 한국사회에서 뿌리를 잃은 것이며, 자신의 역사와 정체성을 잃어버린 것과 같다. 따라서 고령의 실향민들이 돌아가시기 전에 이들의 잃어버린 역사를 찾아야 한다. 그리고 이들의 역사적 경험의 기록은 1953년에 멈추어 버린 이들의 고향을 통일 이후로 연결시켜주는 작업이 되기도 한다.

이를 위하여 나는 이산가족과 미수복경기도에 대한 문헌조사와 더불어, 미수복경기도 실향민이 남하해온 도정과 현지들을 현지조사하고, 이들의 구술 생애사를 수집하였다. 이 연구는 문헌조사, 현지조사와 구술 생애사 인터뷰를 통하여 다음과 같은 세 가지에 초점을 두고 진행되었다.

첫째는 일제시기와 해방공간의 개성, 개풍과 장단 일대의 생활문화사를 재구성하는 것이다. 나는 일제시기를 통해서 식민지배와 근대화의 영향으로 변화하고 있었던 개성, 개풍과 장단 주민들의 생활상을 문헌조사 및 구술 생애사 인터뷰를 통해서 재구성하였다. 개성관광이 중단되었기 때문에 개성에 대한 현지조사는 이루어지지 못했다. 일제시기 개성부는 경성부와 마찬가지로 부윤이 관리하고 있었고, 일제의 식민지배 하에서도 개성상인들의 자본 축적과 함께 근대적 도시로 변화하고 있었다. 당시 개성 인근 개풍과 장단에서 개성으로의 이촌향도가 일어나고 있었고 더불어 개성에서 서울로의 이주가 이미 시작되고 있어서 개성 주민들의 생활은 서울과 밀접한 연계 속에 있었다. 개성 사람들의 생활은 경의선을 통하여 자본과 물류가 서울과 밀접하게 연결되어 있었던 것이다. 현재 서울이 경기도 안에 위치에 있는 것과 마찬가지로 개성은 개풍군 안에 둘러 싸여 있었다. 당시 개풍군은 미곡과 인삼 재배를 주로 하는 농촌 지역으로 개성시와 지주소작제로 연결되어 있었다. 장단군은 경의선에서 가장 경성에 가깝게 있었는데, 서부의 곡창지대가 개풍군에 속해 있었다면, 장단군은 개풍군에 비하여 지역적으로 산지가 많은 곳이다. 그래서 장단군은 밭농사가 주를 이루어 장단 콩이 매우 유명하다. 그뿐만 아니라 산나물과 채소들이 많이 생산되어 풍성한 먹거리가 있었던 것 같다. 개풍군과 달리 부재지주보다는 대농이나 재촌지주들이 더 많았던 것으로 보인다. 개성부와 개풍군, 장단군은 경성으로 가는 경의선에서 개성부 개성역-개풍군 봉동면 봉동역-장단군 장단면 장단역으로 연결되어 있었다. 교육면에서는 개성에만 고등교육기관이 있었기 때문에 개풍군과 장단군에서 유명한 중학교로 고등교육을 받으러 갔다. 또한 개성, 개풍, 장단 사람들은 혼맥을 통하여 서로 연결되어 있었다. 따라서 개성부, 개풍군, 장단군은 개성을 중심으로 비슷한 생활문화를 가지고 있었다.

그런데 해방은 남북한의 분단을 가져왔고, 38선에 의하여 개풍군과 장단군은 해방과 동시에 분단을 겪어야 했다. 이 지역은 38선 접경지역으로 남한의 다른 지역과 달리 북한에 대한 접근이 용이했다. 따라서 해방공간은 개성에서의 미군정 지배, 개성과 개풍군에서의 해방 정국의 좌우익 갈등의 양상, 그리고 장단군 지주들의 남하라는 세 가지 현상에 주목하여 재구성될 것이다.

둘째는 미수복경기도 실향민의 한국전쟁에 대한 구술증언을 통해서 또 하나의 한국전쟁 판본을 읽어내는 것이다. 개성에서는 한국전쟁 전에 이미 전투가 일어나고 있었고, 개성, 개풍, 장단은 한국전쟁이 발발하자마자 북한의 인민공화국 점령시기를 겪었다. 유엔군의 참전으로 10월 초에 수복되었으나, 중공군의 참전으로 11월부터 본격적인 피난을 떠났다. 그러나 이들이 피난을 떠난 시기와 경로는 매우 다양하다. 나는 남하 동기, 남하 시기, 유형, 경로별로 피난 과정을 정리해 볼 것이다. 그리고 전쟁 과정에서 개성, 개풍, 장단 사람들이 전쟁에 동원된 형태를 정리하고 이들의 피난민 생활을 살펴볼 것이다. 1953년 마침내 휴전선이 확정되면서 남쪽으로 잠시 피난을 왔던 개성, 개풍, 장단 사람들은 다시는 고향으로 돌아갈 수 없게 되었다.

셋째는 전후 미수복경기도 실향민들이 소수자로서 남한사회에서 장소 만들기(place making)[19]의 과정과 정체성의 형성을 분석할 것이다. 한국전쟁이 종결되고 이들이 고향을 잃어버리고 분단이 고착화되는 과정에서 남한 사회에서 어떠한 생존 전략을 가지고, 어떻게 실향민으로서의 정체성을 형성해왔는가를 보고자 한다. 우선 대부분의 실향민들이 남하로 인해 가족의 해체를 경험했고, 따라서 정착과정에서 가족의 재형성과 실향민의 어려움을 살펴볼 것이다. 해방 이후 지역적 정체성이 매우 강력한 사회적 자본으로 작동해온 남한 사회에서 지역적 뿌리와 기반이 없는 실향민들은 매우 어려운 정착 과정을 거쳤다. 나는 이들의 정착 과정에서 다양한 생존 전략을 살펴보고 개성, 개풍, 장단 사람들이 미수복경기도민으로 자리매김해가는 과정을 살펴볼 것이다. 또한 이들의 이산가족찾기의 경험과 통일에 대한 기대를 알아보고 아직도 남아있는 역사적 상흔을 두 실향민의 구술을 통해 들어볼 것이다.

마지막으로 나는 미수복경기도 실향민들이 들려주는 역사적 경험이 우리에게 무엇을 시사하는가를 논의할 것이다. 개성, 개풍, 장단 사람들은 분단으로 인해 미수복경기도민이라는 기억 공동체를 형성하였다. 그리고 이들의 경계에서의 삶은 이들에게 '실향민 정체성'*을 가져다주었다. 또한 분단은 이들에게 깊은 역사적 상흔을 주었으며 이것은 통일을 향한 도정에서 인식되어야 하고 소통될 필요가 있다.

3. 책의 구성

미수복경기도 실향민의 잊힌 역사를 재구성하고자 하는 이 책은 다음과 같이 세 부분으로 구성되어 있다. 제1부는 미수복경기도 실향민의 역사적 경험을 바라보는 관점, 이론과 연구방법에 대한 것이다. 1장은 대부분 남한 사람들이 알지 못하는 미수복경기도민이 누구인가를 알리고, 이 연구의 목적을 밝힌다. 2장은 연구의 관점 부분으로 미수복경기도민을 어떻게 접근할 것인가를 논한다. 나는 미수복경기도 실향민을 디아스포라의 관점에서 보면서 디아스포라의 새 영역으로서 미수복경기도민에 접근하고자 한다. 또한 기존의 이산가족 연구에서 미수복경기도민을 자리매김한다. 3장은 이 연구를 뒷받침하는 이론적 부분으로서 구술, 기억, 정체성에 대한 기존 이론가들의 논의들을 정리하면서 미수복경기도민을 기억 공동체로 다루고자 한다. 4장은 이 연구를 어떻게 수행했

---

* 실향민 정체성에 대한 구체적인 논의는 제11장 미수복경기도민의 탄생에서 다루어질 것이다.

는가를 이동식 문화기술지 조사와 구술 생애사 인터뷰를 중심으로 정리하면서 동시에 연구자인 나와 구술자들과의 만남에 대한 자기성찰적 분석을 제공한다.

제2부는 미수복경기도 실향민의 분단과 한국전쟁 경험을 재구성하고 있다. 5장에서는 일제시기 개성부, 개풍, 장단의 생활문화를 문헌자료와 구술 자료를 가지고 재구성하여 개성문화권의 특징을 드러낸다. 6장에서는 이 세 지역에서의 해방과 분단 상황을 파악하고자 한다. 이를 위하여 해방 당시의 상황, 좌우익 갈등과 한국전쟁 이전의 전쟁의 징조들을 정리한다. 7장에서는 구술 증언들을 통해 개성, 개풍, 장단에서 전쟁의 시작에서 각 지역의 특수성을 재구성한다. 8장은 이북 월남민과 타 지역 남한 사람들의 한국전쟁 경험과의 차별성을 드러내기 위하여 미수복경기도 실향민의 한국전쟁 경험을 남하 동기, 시기, 유형, 경로 등을 통하여 분석한다. 9장에서는 휴전 전 미수복경기도민들이 참여한 전쟁 동원의 형태와 마지막 피난에서의 피난살이를 살펴본다.

제3부는 한국전쟁 후 남한에서 미수복경기도민의 장소 만들기(making place)를 추적한다. 10장에서는 개성, 개풍, 장단 실향민들의 정착 생활을 가족 및 친족, 생계방식을 통해서 그 특징들을 정리한다. 11장에서는 자생적인 면민회, 군민회들이 1990년대 미수복경기도민회로 모아지는 과정을 재구성하고, 새롭게 형성된 미수복경기도민이라는 정체성을 논의하고, 기억공동체로서 미수복경기도민의 역사 만들기 작업을 살펴본다. 12장에서는 이들의 이산가족찾기 경험과 통일에 대한 전망을 들어보면서, 분단으로 인한 이들의 역사적 상흔을 드러낸다. 13장에서는 미수복경기도민의 존재가 우리에게 주는 역사적 메시지는 무엇인가를 논의해본다.

4. 윤리적 고민들

구술사 연구는 인류학과 마찬가지로 질적 연구의 하나다. 질적 연구는 연구자가 연구의 도구가 되어 연구대상자(연구참여자)의 삶에 참여하여 상호작용을 통하여 연구 자료를 수집한다. 구술사는 면담자가 구술자와 인터뷰를 통하여 구술 자료를 수집하여 그 자료를 기초로 하여 역사서술을 하는 것이다. 이때 면담자는 라포를 형성하여 구술자의 기억을 통하여 구술자의 과거 경험 세계로 함께 여행을 떠나는 것이다. 따라서 면담자 자신이 누구이며, 구술자와 어떤 관계를 만들어갔는가는 생산된 구술 자료에도 많은 영향을 준다. 한 구술자의 생애사 인터뷰를 여러 차례 하다보면 그 누구보다도 그 구술자의 삶을 면담자는 잘 알게 되며 이해하게 된다. 그뿐만 아니라 구술 자료는 매우 주관적이고 사적인 것이어서 구술자에 대해서 많은 정보를 제공하게 된다. 대부분의 경우 구술자의 삶은 단순히 개인의 삶이 아니며, 구술자 가족의 삶이기도 하다. 따라서 구술 자료를 학술적으로 사용하는 것도 세심한 주의가 요구된다.

그래서 이 책을 출판하면서 가장 염려되는 부분은 윤리적인 것이었다. 구술사 연구에서 가장 중요한 윤리적 의무는 구술자의 신원을 보호하는 것이다.* 물론 나는 미수복경기도 실향민의 모든 인터뷰에서 〈구술자료 이용 동의서〉**를 받았고, 이 책의 출판을 위하여 사용된 구술 자료 보관 기관의 허락도 받았다. 그러나 북한에서 대륙 간 미사일이 시험되고, 남한에 사드가 배치될 예정이어서 남북한 대치가 강화되고 있는 현 상황에서 경계에서의 삶을 살아온 구술자들의 실명을 드러내는 것이 과연 그들을 보호하는 것일까? 그들의 구술 속에 드러나는 사적인 경험들과 연루된 가족 및 타인들의 성명들을 밝히는 것이 윤리적으로

---

* 한국구술사학회 연구윤리규정 참조.
** 현재 모든 구술채록은 각 기관이 사용하는 〈구술자료 이용동의서〉에 사인을 받게 되어 있다. 이 동의서가 없으면 구술 자료를 이용할 수 없다.

옳은 것인가의 문제가 나를 계속 괴롭혔다. 그래서 주요 구술자들을 만나 뵙고 그분들의 의견을 들어보았다. 그분들은 자신들의 구술이 다 사실이기 때문에 실명을 밝혀도 좋다고 하셨다. 하지만 최근에 인터넷과 SNS 상에 빈번히 일어나는 신상 털기는 어떤 개인의 사적 정보도 안전하지 않다는 불안감을 증대시켰다.

치열한 고민 끝에 나는 구술자의 신원 보호는 최대한 하는 것이 좋다는 결론을 내렸다. 그래서 나는 미수복경기도민회와 관련된 직위를 가지고 있는 구술자들이 미수복경기도에 관한 구술을 한 경우에만 실명을 밝히고 나머지의 경우는 모두 가명을 사용하기로 하였다. 즉 모든 구술자들에게 가명을 사용하고, 미수복경기도민회 직위를 가진 분들도 그들의 사적인 경험을 이야기한 것은 모두 가명을 하였다는 것이다. 또한 구술에 나오는 가족, 친척 및 타인의 성명은 모두 OOO으로 처리하였다. 단 한국근현대사에서 이미 알려진 인물들의 이름은 실명으로 하였다. 그리고 실명으로 처리된 구술 부분은 구술자에게 회람하여 승인을 받은 다음에 사용되었다.

반면 가명으로 처리된 구술은 연구자가 책의 목차에 따라서 필요한 부분들을 인용하였고, 구술자에게 회람을 하지 않았다. 이는 이 책이 연구서이기 때문에 인용된 모든 구술 자료를 구술자들에게 회람한다는 것은 연구의 자율성에 반할 수 있기 때문이었다. 구술 자료는 구술자의 자신 삶에 대한 해석이고, 나는 그 삶을 다시 해석한 것이기 때문이다. 이 점을 구술자들께서 널리 이해해 주시기 바란다. 구술자 자신들은 이 책에서 어떤 가명이 자신인지를 금방 알 수 있을 것이다. 하지만 나는 독자들에게 구술자들의 경험은 잘 드러나지만 실제로 구술자를 추적할 수 없게 만들려고 노력했다. 이것은 구술자의 경험을 각각의 삶의 맥락으로부터 탈맥락화할 수 있는 위험성을 내포하고 있다. 어떠한 개인적 경험도 맥락으로부터 이탈되어 있지 않기 때문에, 구술자 각각의 삶의 맥락을 드러내려고 노력하였지만, 또 한편으로는 그것이 구술자의 신상을 가시화할까봐 두렵기도 하였다.

이러한 노력은 인류학과 구술사에서는 연구 윤리로서 당연한 부분이다. 그러나 역사적 사실을 추구하는 역사학에서는 구술자의 가명은 아직도 자연스러운 것이 아니다. 비록 이 책에서 구술자들이 가명으로 존재한다고 해도 이들이 구술을 통해서 우리에게 들려주는 역사적 경험이 역사적 사실이 아닌 것은 아니다. 무엇보다도 이 책의 목적은 역사적 사실의 범주에 들어가지 못한 미수복경기도 실향민의 역사적 경험을 역사화하고자 하기 때문이다. 그들은 한국현대사에 존재하고, 한국현대사의 산물이기 때문에, 그들의 존재는 해방 70년이 지난 현재 분단된 한국사회에 무엇인가를 이야기하고 있다. 나는 그들이 사라지기 전에 그 목소리를 기록하고 들려주어 다시 한 번 한국사회의 분단의 현실을 생각하게 하고 싶다.

제2장

디아스포라와 이산가족

미수복경기도 실향민은 분단으로 인해 생겨났고, 분단은 일제식민지배를 둘러싼 국내외 정치적 상황에 인한 것이었다. 일제식민지배를 통해서 수많은 재외한인들이 생겨났고, 그들의 삶은 디아스포라적 관점에서 다루어지고 있다. 그래서 나는 디아스포라의 새 영역으로 미수복경기도 실향민을 접근해 보고자 한다. 이를 위해 나는 우선 디아스포라 개념을 검토하고 디아스포라의 연구 영역을 정리할 것이다. 또한 미수복경기도 실향민의 대다수가 이산가족이기 때문에 이산가족의 일부로 연구되었던 월남민 연구 성과를 검토하면서 미수복경기도 실향민 연구를 자리매김해 볼 것이다.

1. 디아스포라 개념[20]

2000년 전후로부터 시작된 디아스포라(diaspora)에 대한 한국 학계의 관심은 그 동안 많은 성과를 낳았다. 탈근대, 탈식민주의 영미 문학의 영향으로 문학 부문에서 재외한인들의 문학 작품을 통한 디아스포라 연구들이 다수 나왔다. 그리고 인류학에서는 중국, 일본 등지의 재외한인뿐만 아니라, 화교, 인도인, 동남아 지역 사람들을 포함하는 다양하고 광범위한 디아스포라 연구들이 수행되었다. 역사학에서도 재외한인에 대한 연구들이 나오기는 했지만, 많은 성과를 내지는 못했다. 반면 디아스포라에 대한 사회학적 연구들은 상당한 성과를 내고 있고, 여러 대학들에는 디아스포라 관련 프로젝트나 연구소가 생겨났다.

그러나 지난 10여 년의 성과에도 불구하고 디아스포라 연구에는 아직도 해야 할 일이 많아 보인다. 우선 디아스포라의 개념 자체의 변천을 정리할 필요가 있다. 디아스포라는 유태인 민족의 대 이산이라는 초기의 개념으로부터 상당히 진화되어 왔다. 디아스포라 개념의 변화는 20세기말 이후 세계적인 사회, 정치, 경제, 문화에 있어서의 변화 과정을 또한 반영한다. 따라서 디아스포라 연구의 영역을 다시 한 번 정립할 시기에 와 있다는 생각이 든다. 이러한 연구 영역의 재정립은 또한 연구방법에 있어서의 혁신을 요구할 수밖에 없다.

이 장에서 나는 우선 코리안 디아스포라(Korean Diaspora)에 한정하여 디아스포라의 연구 영역과 연구방법에 초점을 두고자 한다. 이러한 논의를 위하여 첫 번째 그 동안 디아스포라의 개념과 성격이 어떤 변화를 겪었으며, 그러한 변화가 어떤 새로운 연구 영역에 눈을 돌리게 하는지를 보고자 한다. 그리고 이러한 새로운 연구 영역을 다루기 위한 연구방법은 4장에서 다룰 것이다.

디아스포라의 성격 및 개념의 변화는 코리안 디아스포라에 대한 시기구분을 가지고 논의할 수 있다. 코리안 디아스포라의 전반적인 형태에 대해서 연구한 윤인진은 코리안 디아스포라의 시기를 크게 네 단계로 구분하고 있다. 첫 번째 시기는 1860년대부터 1910년까지의 시기로 구한말 농민과 노동자들이 기근과 빈곤을 피해 중국, 러시아와 하와이로 이주했던 시기이다. 두 번째 시기는 1910년부터 해방, 즉 1945년까지로 일제식민지배로 인하여 발생한 농촌의 피폐로 농민과 노동자들이 주로 만주와 일본으로 이주했던 시기이다. 세 번째 시기는 해방 이후 대한민국 정부가 이민정책을 처음으로 수립한 1962년까지의 시기로 주로 전쟁고아, 미군과 결혼한 여성들, 입양아들과 유학생들이 비이민의 형태로 이주했던 때다. 네 번째 시기는 1962년 이후 이민정책에 따라 공식적인 이민이

진행되고 있는 시기다.[21]

박명규가 지적한 대로 이 시기 구분은 한국의 정치사적 시기 구분에 너무 의존하고 있다.[22] 즉 이민 본국의 정치적 상황에 방점을 둔 것이고, 이주국의 정치경제적 상황에 따른 다양성을 반영한 것은 아니다. 미국 이민의 경우 1965년 새로운 이민법의 제정으로 대규모의 한인 이민자들이 형성되었다. 이때부터 미군과 결혼한 여성들이 자신들의 가족들을 적극적으로 이민시켜 일가친척들이 모두 미군이 주둔하는 지역으로 이주하게 되는 대가족 엑소도스(exodus)가 출현하였다. 일본의 경우 1945년 해방 이전에는 강제 동원에 의한 이민이 주를 이루었다면, 1990년 전후 일본의 거품경제의 여파로 식민지 시기의 이민과 성격을 달리하는 젊은 고학력의 사업 이민자들이 생겨났다.[23] 따라서 윤인진의 코리안 디아스포라 시기 구분은 한국적 입장에서는 타당할 수는 있으나, 이주국에 따라서 시기 구분이 달라질 수 있다. 그러므로 한국과 이주국 쌍방의 역사적 상황과 그 관계에 대한 고려를 통한 시기 구분이 필요할 것이다.

또한 박명규가 지적한 대로 코리안 디아스포라의 마지막 시기 구분을 1962년도로 보는 것은 지난 반세기 동안의 변화를 무시하는 것이 된다. 특히 1990년대 이후 이민의 상황은 그 전과는 매우 다른 양상을 띠고 있기 때문이다. 한국에서의 주요 요인은 1988년 올림픽 개최와 경제적 풍요, 1989년 해외여행 자유화, 1990년대 중반부터 조기유학의 열풍 등을 들 수 있다. 88올림픽 이후 세계화, 정보화, 지방화라는 흐름 속에서 '세계 속의 한국'에 대한 인식과 더불어 '세계로의 한국'에 대한 기치가 사회적 담론이 되었다. 또한 해외여행 자유화는 이러한 사회적 담론을 강화하는 데 일조하였고, 조기유학의 열풍으로 상당수의 학생 및 부모들이 비이민 형태의 이주를 하고 있다. 1990년대 이후 새로운 형태의 디아스포라는 코리안 디아스포라의 시기 구분뿐만 아니라 디아스포라의 성격과 개념이 변하고 있음을 보여준다.

김귀옥은 이러한 새로운 국면의 디아스포라를 '신 디아스포라'로 규정하고 있다. 김귀옥에 의하면 탈식민, 탈근대 시기 이전 전쟁과 식민지배와 동원에 의한 영구 이민이라는 형태의 디아스포라는 '구 디아스포라'다.[24] 구 디아스포라 공동체는 이주국에 정착하여 모국과의 교류나 상봉, 또는 재결합이 어려운 사람들이었다. 그러나 1990년대 이후 가속화되는 전지구화 속에서 '초국적인 이주의 순환'[25]은 '전쟁이나 정복에 의한 난민의 이산만을 가리키지 않고, 전 지구를 배경으로 한 인구 이동과 분산 거주 현상'[26]을 가리키는 '신 디아스포라'를 만들어내었다.

이렇게 1990년대 이후 디아스포라의 새로운 국면은 강제 이주에 의한 고전적인 디아스포라 개념을 확대하면서 동시에 새로운 연구 영역을 조명해주고 있다. 이제까지의 코리안 디아스포라 연구는 주로 해방 이전의 디아스포라, 즉 구 디아스포라에 초점을 두고 있었다. 물론 아직도 구 디아스포라에 대한 학문적인 연구가 절실하다. 특히 구 디아스포라를 경험한 세대들이 사라지고 있는 상황에서는 더욱 더 그러하다. 그러나 해방 후로부터 1990년대 전까지의 디아스포라에 대한 경험적 연구와 그 성격 규명도 필요하다. 재미한인의 경우 한말 이민으로부터 시작하여 이제는 미국에서 태어난 3세대까지를 포함하게 되었다. 한말 이민 세대, 한국전쟁 후 1965년 전까지의 이민 세대, 1965년 이후의 이민 세대, 그리고 마지막으로 1990년대 이후 새로운 이민 세대가 재미한인의 디아스포라 경험을 구성하게 되었다. 따라서 1990년대 이후 전세계적인 인구 이동과 분산 거주에 의한 '신 디아스포라'도 새로운 연구 영역이다.

2. 디아스포라의 연구 영역

1) 분석의 초점 이동: 적응, 유형, 수용에서 네트워크와 재영토화로

이제까지의 디아스포라 연구에서는 해외 이주 발생의 원인, 이주 과정, 정착 그리고 수용 연구가 대세를 이루고 있다. 디아스포라 연구 자체가 아직은 실태 파악 내지는 자료 수집의 수준에 있고, 분석과 해석이 충분하지 않다. 그나마 사회학적 연구에서는 적응의 형태에 대한 유형화와 비교 분석에 초점을 두고 있다.

무엇보다도 코리안 디아스포라 연구에서는 재외한인의 역사 자료 수집 및 실태 파악이 우선 되어야 하겠지만, 이제는 연구의 차원을 높여야 할 때가 되었다. 디아스포라 연구에서 적응, 유형, 수용에 대한 관심은 전통적인 의미의 해외이주 연구와 다르지 않다. 박명규가 주장하듯이, '이주사에서 디아스포라 연구'로 발전되기 위해서는 "이주국 내에서의 소수자적 지위와 함께 모국과의 다양한 연관성, 역사적으로 형성된 특이한 정체성 등을 복합적으로 고려하려는 문제의식"[27]이 필요하다. 더욱이 현재의 초국적 상황에서 적응, 유형, 수용으로만 설명될 수 없는 역이민자들, 조기유학생과 그 부모들, 해외 주재 기관원과 기업인 가족들, 해외 투자이민자들, 해외 은퇴자들이 있다. 예를 들면 역이민자들은 이주국과 본국에서의 사회적 위치와 정체성이 다를 것이다. 해외투자이민자들과 해외 은퇴자들은 이주국 내에서 소수자로서의 위치도 구 디아스포라의 경우와는 다르다. 또한 이들은 구 디아스포라의 이민자들보다 본국인 한국과 지속적인 관계를 맺으면서 살고 있다. 따라서 디아스포라 연구가 이주사 연구에서 더 나아가기 위해서는 '초국적 이주자들의 네트워크'에 주목해야 한다. 이들의 네트워크는 기존의 사회연계망처럼 혈연, 학연, 지연을 주축으로 구성되지만 고려해야 할 요소 또는 대상이 한 가지가 더 있다. 그것은 인터넷을 통한 사이버 공동체의 형성이다. 앤더슨이 주장하듯이 민족이 '상상의 공동체'[28]인 것처럼, 재외한인 공동체도 하나의 상상의 공동체이다. 이들은 현실 세계에서 하나의 공동체를 형성하고 있으면서 동시에 사이버스페이스 내에서 가상 공동체를 만들어가고 있다.[29] 이제 재외한인의 네트워크 연구는 현실 네트워크뿐만 아니라 사이버 공동체와 SNS를 통한 커뮤니케이션을 포함해야 한다.

초국적 이주 현상은 또한 이민자들의 네트워크뿐만 아니라 이민자들의 '장소 만들기(place-making)'30) 또는 '재영토화(reterritorialization)'에 주목하게 한다. 굽타(Gupta)와 펄거슨(Ferguson)은 문화의 탈지역화 시대에 공간들이 재영토화 되는 것에 주목하고, 원래의 지역에서 벗어나 이동하는 사람들에 의해 장소가 만들어지는 과정, 즉 장소 만들기를 강조한다. 이들은 장소 만들기를 연구하기 위해서는 두 개의 자연스러운 개념을 해체해야 된다고 주장한다. 첫째로 문화적으로 동질적인 집단과 영토를 자연스럽게 같은 것으로 받아들이는 것과 둘째로 국가의 시민과 그 영토를 자연스럽게 같은 것으로 받아들이는 것이다. 왜냐하면 미국의 뉴욕 메트로폴리탄의 한 구석에서 인도, 이슬람, 중국문화의 장소 만들기 공간들을 만나게 되는 것처럼, 민족이라는 상상의 공동체들이 원래의 지리적 공간을 벗어나서 세계 도처에서 상상의 장소(imagined places) 만들기를 하고 있기 때문이다.

이러한 장소 만들기와 재영토화의 맥락 속에서 디아스포라 공동체의 정체성도 논의되어야 한다. 정근식과 염미경이 사할린 한인의 역사적 경험 연구에서 사용하는 '출현적 정체성(emergent identity)'31)의 개념도 이민자들의 재영토화 과정에서 "다양한 집단들 사이의 상호작용과 동학을 동태적으로 읽어내는 작업"32) 속에서 파악될 수 있다. 스튜어트 홀(Stuart Hall)33)이 제시한 혼종성(hybrity)에 기반한 '디아스포라 아이덴티티'는 바로 역사적 구체성 속에서 자리하고 있는 장소 만들기의 분석으로부터 도출해낼 수 있다.

재외한인들의 문화는 그들의 이주의 역사적 배경과 그들이 정착한 사회의 역사적 맥락과의 상호관계 속에서 그 문화적 형성을 이해해야 한다.34) 이들의 한국문화는 분명히 이주민사회와의 문화적 접촉을 통한 문화적 혼성의 결과라고 볼 수 있다. 따라서 재외한인들의 문화는 고유한 한국문화의 보존이나 변형이라는 접근방식이 아니라, 초국적 상황 속에서 일어나고 있는 장소 만들기와 재영토화 과정에서 창출되는 변경의 문화(borderland), 또는 틈새문화(interstitial zone)35)으로 접근할 필요가 있다.

2) 분석의 단위와 개념: 로컬과 트랜스로컬리티

이주민들의 장소 만들기에 주목하게 되면, 이주민들의 네트워크는 로컬에서 로컬로의 연결이라는 것을 알 수 있다. 이주민의 지역적 움직임에 접근하기 위하여 우선 로컬의 개념을 정리할 필요가 있다.36) 역사인류학 연구에 있어서 지방(local)은 지정학적인 뜻으로 사용되고 있다. 지방은 정치적인 위계질서에서의 위치와 공간적 위치에 있어서 주변적인 것으로 이해되고 있다. 이것은 중앙에서 본 지방의 지정학적 위치를 말하는 것이다. 그러나 중앙도 그 안에는 많은 지방으로 이루어져 있고, 지방에서 보면 중앙도 하나의 특수한 지방이라고 볼 수 있다. 따라서 모든 역사가 지방사라 볼 수 있는데, 이것은 모든 역사적 사실들이 특정한 사람들이 특정한 시대에 특정한 장소에서 행하는 행위, 실제이기 때문이다. 이러한 지방의 의미는 중앙 대 지방의 대립 내지 위계 구도를 해체해서 다원적 시각으로 지방을 바라보는 것이다.

한편 지정학적 주변성으로서의 지방은 모한티(C. Mohanty)가 이야기하는 "위치의 정치학(politics of location)"37)으로 이해될 수 있다. 즉 "지도에서의 위치는 역사에서의 위치"38)인 것이다. 이때 지방은 역사적, 지리적, 문화적, 심리적인 경계로서 중앙 대 지방의 위계 구도 속에 존재하고 있는 주변적, 종속적인 위치를 의미한다. 따라서 공간적 차원의 어떤 지방민뿐만 아니라, 여성, 소수민족, 도시 빈민, 동성애자들도 지방적인 위치에 있는 것이다. 이때의 지방의 의미는 식민지와도 상통한다고 볼 수 있다. 한 국가 내에서 지방은 중앙의 식민지라고도 볼 수 있기 때문이다. 따라서 오늘날 지방은 식민지 속의 식민지(colonies within colonies)라고도 볼 수 있다.

프로빈(E. Probyn)39)은 지방의 의미를 세분화하여 검토하고 있다. 첫 번째로 지방(locale)은 특정 사건이 일어나는 장소(setting)로서 무대의 배경과 비슷한 의미다. 두 번째로 지방(local)은 특정 시간과 연관된 실제(practices)들을 지칭하는데, 이것은 특정 지방의 역사와 문화적 전통과 같이 통시적으로 또는 공시적으로 특정 지역에서 통용되는 실제들이다. 마지막으로 지방(location)은 지방이 위치 지워지는 방식, 즉 위계화된 지식이 형성되는 방식을 의미한다고 한다. 프로빈의 지방의 의미는 대부분 여성들의 주 무대인 가정까지 지방의 범주에 넣고 특정 장소와 시간에 일어나는 사건들이 어떻게 하나의 지식으로 정렬되는지를, 사회적 위계질서 내에 어떻게 배치가 되는지를 알 수 있게 해준다.40)

영어로는 지방을 지칭할 수 있는 단어가 'locale', 'local', 'location'등이 있을 수 있지만, 한국어로는 모두 '지방 또는 지역'이라고 번역된다. 역사학자들은 1990년대부터 지방사와 지역사 개념에 대한 논쟁을 해 왔다.41) 지역사를 주장하는 역사학자들은 '지방'이 중앙에 예속된 지방으로서의 의미가 강하다고 생각하기 때문에 '지역'을 선택한다. 로컬리티(locality) 인문학을 주장하는 학자들은 '지방'과 '지역' 대신 '로컬'과 '로컬리티'라는 용어를 선택한다. 이상봉에 따르면 로컬은 "그 자체로서 장소성과 정체성, 다양성이 발현되는 장이라는 점"에서 기존의 문학, 역사학, 정치학, 지리학, 인류학에서 사용한 지방이라는 용어와 차별화하고 있다.42) 또한 그는 로컬리티를 "특정 로컬이 나타내는 장소성, 역사성, 권력성 등을 포함한 다양한 현상과 관계성의 총체이며, 여기에 추상적인 인간의 인식을 경계 지우는 주변성, 소수성을 포함한 확대된 개념"으로 정의하였다.43)

전지구화는 전 세계의 다양한 문화들을 균질화시켜서 이민자들이 살고 있는 로컬의 장소성을 약화시키고 있다고 한다. 그러나 전지구화가 전 세계 어디에도 일방적으로 균등하게 작동하고 있는 것은 아니다. 전지구화의 흐름은 항상 로컬의 역사적 과정과 접촉하며 또한 로컬의 문화적 특성과 상호작용하게 된다. 그래서 그 다양한 접점들과 접맥들의 양상은 로컬의 균질화가 아니라, 오히려 로컬의 장소성에 주목하게 한다.

이민자들이 들어가는 장소는 로컬이며 역사와 문화적 의미로 점철된 장소다. 이민자들이 일상을 사는 장소는 식민지 시기에도 탈식민지 시기에도 로컬이면서 동시에 전지구적인 위계질서 속에 있어왔다. 식민지

시기 동안 로컬들은 식민종주국과 식민지의 위계 구도 속에서 자리매김을 하였고, 탈식민시대에도 신식민주의의 구도 속에서 위치 지워져왔다. 전지구화 시기에도 이러한 로컬은 장소성을 상실하는 것이 아니라, 오히려 전지구화 과정 속에서 중첩화와 다원화가 특정 로컬의 특성과 결합하여 변화해가는 과정으로 이해될 수 있다.

이상봉은 "디아스포라 당사자가 일상을 영위하는 구체적인 장소인 로컬 공간에 주목하면, 현지인은 이들(의 공간)을 어떻게 타자화하고, 이러한 타자화는 일상에서 어떠한 차별로 드러나며, 역으로 디아스포라의 유입이 현지의 로컬리티에는 어떤 영향을 미쳤는가 등의 다양한 측면을 문제 삼을 수 있다"고 주장한다.44) 이민자들은 본국에서 자신들이 살았던 로컬로부터 이주국의 한 로컬로 이주하는 것이다. 그래서 이주국의 한 로컬에서 이민자들은 자신들의 장소를 만들어내고 있으며, 그 장소성은 세계체제 내에서의 이주국의 위치, 이민자 출신국의 위치, 그리고 이주국 내에서 이민자들의 역사와 소수자로서의 위치, 그리고 그 지역 사회에서의 다른 집단들과의 관계 속에서 만들어진다.

전지구화 속에서 이민자들의 네트워크와 재영토화 또는 장소 만들기에 접근하기 위해서는 글로벌과 로컬을 연결시키는 또는 전지구화 속에서 로컬과 로컬을 연결시키는 트랜스로컬리티(translocality)의 개념이 필요하다. 전지구화 과정 속에서 장소가 된다는 것은 고정된다는 것이 아니며, 이동한다는 것이 항상 장소로부터 분리된다는 것이 아니다. 특히 전지구적인 이주에 있어서 초국가적 이주자들은 글로벌 또는 초국가적 네트워크 속에 위치하는 장소로부터 이동하는 것이지만, 그 장소로부터 항상 분리되는 것은 아니다. 이영민에 의하면 "트랜스 국가적 네트워크 하에서 로컬과 장소는 네트워크 상에서 작동하는 글로벌화의 동인에 영향 받는 수동적인 객체로 머무르지 않는다. 오히려 로컬과 장소는 네트워크의 결절로서 그 위에 중첩적으로 걸쳐있는 다양한 사회네트워크의 복잡한 상호작용과 연관되어 독특한 로컬리티를 형성해가고 있는 능동적인 주체로 자리매김하고 있다."45)

전지구화 속에서 로컬과 트랜스로컬러티의 자리매김이야말로 새로운 디아스포라를 담보할 수 있고 설명해낼 수 있는 유용한 분석의 단위이자 개념이라고 볼 수 있다.

3) 디아스포라 연구로서 미수복경기도민

김귀옥이 주장하는 바와 같이 탈식민, 탈냉전 시기에도 '구 디아스포라' 공동체로서 살아가는 사람들이 있다. 그들은 냉전시대 한번도의 분단과 전쟁에 의해 한반도 내 거주하는 이산가족과 재일조선인들이다.[46] 김귀옥은 강원도 수복 지구에서 정착민 월남민에 대한 구술사 인터뷰를 통한 연구를 이미 한 바 있다. 반면 이 연구는 경기도 미수복 지역 실향민들에 대한 구술사 인터뷰를 통한 연구다.

비록 미수복경기도민 연구가 구디아스포라 공동체라고 하더라도 이들이 신디아스포라 시기에 살고 있기 때문에 위에서 언급한 디아스포라 연구의 연구 영역으로 재조명될 수 있다. 나는 위에서 디아스포라 연구에서 분석의 초점이 적응, 유형, 수용에서 네트워크와 재영토화로 이동하고 있다고 주장하였다. 기존의 월남민들의 연구가 남하의 유형, 동기, 계층적 이동 또는 반공사회에서의 적응에 초점을 두었다면 이제는 미수복경기도 실향민 연구는 이들의 네트워크와 재영토화에 초점을 두고자 한다. 이를 위하여 나는 개성, 개풍, 장단 실향민들이 만들었던 자생적인 면민회, 군민회들이 미수복경기도민회로 통합되는 과정을 조명하면서 이들의 네트워크와 재영토화를 분석할 것이다.

또한 나는 위에서 디아스포라 분석의 단위와 개념을 로컬(local)과 트랜스로컬리티(translocality)로 이동해야 한다고 주장하였다. 미수복경기도민에게 고향은 더 이상 존재하지 않는 지역이다. 그러나 지도상 존재하지 않는 고향이 이들에게는 자신들의 정체성의 핵심을 이루는 로컬로서 존재한다. 이들에게 로컬은 단순히 지리적인 장소가 아니라, 이들이 겪어온 해방, 분단과 한국전쟁의 역사적 경험을 내포하고 있다. 이들이 남한사회에서 어떻게 위치 지워지는가는 휴전선을 넘어선 트랜스로컬한 역사적 경험이다. 특히 미수복경기도 실향민 중에 미국 등으로 이민을 간 실향민들의 경우에는 더욱 더 그러하다고 볼 수 있다.

그리고 미수복경기도 실향민 연구는 기존에 인류학, 역사학, 사회학에서 이루어진 연구 성과들에 바탕을 두고 있으나, 역사인류학적 시각과 구술사 연구방법을 가지고 디아스포라에 접근하고자 한다는 점에서 그 차별성이 있다. 문학, 역사학, 사회학에서의 연구들이 주로 문헌자료 및 연구논저를 가지고 디아스포라를 논했다면, 인류학자이자 구술사가인 나는 디아스포라가 만든 새로운 로컬에서 미수복경기도 실향민들의 이야기를 따라서 이들의 트랜스로컬한 역사적 경험을 재구성하고자 한다.

3. 이산가족 연구

1) 이산가족에 대한 접근

이산가족이 이제까지 매스컴에서나 사회적으로 주목을 받은 것과 비교할 때, 그에 대한 연구 성과는 적지 않다고 볼 수 있다. 그러나 이산가족 연구는 정부차원에서 정책 제안을 위한 연구나 보고서가 많은 반면, 학계에서는 주로 사회학과 지리학, 법학에서 소수의 학자들에 의해 연구되어 왔다. 한반도에서 분단은 일제식민지배가 끝나고 남북한에 미군과 소련군이 주둔하게 되면서 그 서막이 올랐다. 곧 이어 남한의 단독 정부 수립과 한국전쟁, 그리고 휴전은 한반도에서 분단을 고착화 시켰다. 이미 분단은 70년 동안 한국인의 삶과 함께하고 있는 셈이다. 한국사회에서 분단을 이해하는 데는 여러 가지 방식이 있다. 이제까지 정치학이나 역사학에서 연구된 분단에서 주체는 남북한 정부, 소련과 미국이었다. 즉 제2차 세계대전 후 미국과 소련의 냉전체제에서 한반도가 나누어져 해방을 맞게 되었고, 3년간의 한국 전쟁을 통하여 냉전의 희생물로서 남북한이 두 개의 국가로서 고착된 분단을 겪고 있는 것이다.

그러나 분단은 특정한 남한 주민들에게는 정치적이고 군사적이고 외교적이고 이데올로기적인 차원의 것이 아니라, 가족사와 생애사의 일부이다. 남북한에 흩어져 사는 이산가족이 바로 그들이다. 이들 이산가족에게 분단은 가족의 해체를 의미하며, 동시에 남한과 북한에서의 새로운 정착을 의미했다. 이제까지 한국전쟁을 통해 발생한 이산가족들은 매스컴을 통해서 많이 알려졌고, 가족들의 상봉도 이루어져 왔다. 그러나 대부분은 그렇지 못한 상황이다. 그리고 분단을 경험한 당사자들이 세월을 이기지 못하고 분단의 한을 가슴에 품고 세상을 떠나고 있는 상황이다.

분단은 역사학, 정치학, 사회학에서 중요한 핵심 연구 주제였지만 연구에 대한 접근방식은 통계와 문헌사적인 방식이 주류를 이루어왔다. 그러나 1990년대 말부터 구술사 인터뷰를 통해서 분단에 접근하는 연구들이 나오고 있다. 그런데 구술사 연구에서도 과거사 진상 규명의 차원에서 구술 증언이 채록되었기 때문에 분단에 대한 구술사 연구는 매우 적은 편이다. 왜냐하면 구술 채록 대상이 되는 사건들은 남한에서의 좌우 갈등과 학살에 대한 것이 대부분이어서 그러한 갈등과 폭력을 가져오게 한 분단 자체에 대한 구술채록은 적기 때문이다.

지난 70년간 분단과 함께하는 삶을 살아온 이산가족은 한반도 내에서는 월남민, 월북민, 피납치인, 군인포로, 공작원과 해외에서는 해외이산가족들이 있다.[47] 이산가족 중에서 월남민이 가장 많이 연구되어 왔지만, 월남민 중에서는 미수복경기도민은 이제까지 거의 연구가 되지 않았다.[48]

2) 월남민 연구

월남민 연구들은 1980년대 중반부터 시작되었는데, 초기 연구들은 월남민들의 전체적인 이주 상황과 동기 그리고 이주에 따른 계층적 변화를 파악하고자 하였다. 이인희[49]는 월남민들의 전체적인 이동 추이, 피난 경로와 수단, 출신지와 정착 초기의 남한 내 지역 분포에 관해 연구하였고, 월남 시기와 동기에 대한 대표적인 연구로는 강정구[50]의 연구가 있다. 월남민의 사회경제적 배경, 월남 동기, 경로, 월남 후 사회적 이동과 계층구조를 분석한 연구로는 조형과 박명선[51]의 연구가 있다.

월남민의 전체적인 상황 파악보다는 구체적인 사례 연구로서 월남민 정착촌에 대한 연구들도 있다. 해방촌에 대한 최초의 연구로는 1966년 이문웅[52]의 서울시 용산구 해방촌 연구가 있다. 이 연구는 설문조사와 인터뷰를 통해서 해방촌의 형성과정을 밝히고 있다. 해방촌 연구는 2000년에 와서 새롭게 조명되었는데, 정착촌의 공동체적 성격을 밝히는 연구로 이신철[53]의 용산2가동 해방촌 연구가 있다. 이들 연구에서는 정착촌인 해방촌의 역사를 1947년부터 재구성하면서 그 역사적 함의를 도출해내고자 했다.

1990년대로 오면서 이산가족 연구가 정부기관을 중심으로 쏟아져 나오기 시작했다. 이제까지의 월남민 연구들이 통계와 문헌 중심의 연구였다면 1990년대 말부터는 구술사 인터뷰를 통한 질적 연구 성과들이 나타났다. 독보적인 연구로는 김귀옥이 수행한 강원도 수복지구 속초와 전북 김제 월남민 정착촌에 대한 구술사 연구가 있다.[54] 김귀옥은 속초와 김제에서 현지조사를 하면서 '소개를 통한 접근과 눈덩이식 조사 방법'[55]을 통해서 구술사 인터뷰를 수행하여 한국사회의 분단구조와 월남민 정착촌 주민들이 관계 맺는 방식을 분석하였다. 김귀옥은 월남민의 규모와 동기, 월남민 정착촌의 형성과 정착촌 생활, 그리고 월남민의 정체성을 연구하였다. 그녀는 '엘리트층 월남인'의 대표성을 해체하고 월남민은 '출현적인 정체성'을 가지며 '실향민'으로서의 정체성뿐만 아니라 '정착민'으로서의 정체성을 가지고 있으나, 남한 사회의 반공이데올로기에 동원되면서 많은 월남민들이 '반공전사'로서의 '실향민'의 이미지를 형성하게 되었다고 주장하였다.[56]

월남민에 비하여 더욱 연구 성과가 척박한 것은 월북민 연구다. 그런데 2000년대 중반부터 월북민 연구가 나오고 시작했고, 대표적인 연구가 조은[57)]의 것이다. 조은은 월남가족과 월북가족에 대한 구술사 인터뷰를 통해서 가족이 한국사회의 분단구조의 모순을 담지한 집약처이며 분단 한국사회에서 가족과 국가가 맺고 있는 관계의 복잡성과 모순성을 보여주었다. 그녀는 또한 월남가족과 월북가족 자녀들을 인터뷰하여 월남민과 월북민의 분단의 일상이 어떻게 전승되며 월남민, 월북민 가족의 정체성은 유동적임을 보여주었다. 무엇보다도 그녀의 강조점은 월남민과 월북민 가족 연구가 너무나 불균형적이라는 것이다.

최근에 특정 지역의 월남민 연구로는 차철욱의 부산 피난민 연구가 있다. 차철욱은 부산에 피난민들이 자신들의 삶의 터전을 만들어가는 과정을 연구하는 것으로 시작해서 로컬리티 연구의 하나로 부산의 아미동, 당감동, 국제시장에서 피난민들의 삶과 그 장소성에 주목하였다.[58)] 또한 그는 부산 피란민들의 역사적 상흔과 치유에 대한 연구로까지 나아가고 있다.[59)]

그 외의 월남민에 대한 구술사 연구로는 여성의 한국전쟁 경험을 분석하는 연구들이 있다. 한국전쟁 연구에서도 소외되어 있는 여성들의 경험을 드러내는 연구들에서 유독 월남민 여성들의 인터뷰 자료가 많이 이용되었다. 이성숙[60)]은 한국전쟁에 대한 젠더별 기억과 망각에서 남녀의 다른 전쟁 이야기의 특징을 도출해내고, 여성의 섹슈얼리티와 결혼방식을 중심으로 여성의 전쟁경험을 분석하였다. 마찬가지로 안태윤[61)]도 미혼여성들의 한국전쟁 경험을 섹슈얼리티와 결혼을 중심으로 분석했는데, 구술자들의 대부분이 월남민 여성들이었다. 김수자[62)]도 월남여성들의 전쟁경험과 인식을 지역 차별 인식과 결혼관을 중심으로 분석하였다.

이러한 월남민 연구에서의 쟁점들은 다음과 같이 정리될 수 있다.

(1) 남하 동기
종래 월남민들의 남하 동기는 주로 정치적이고 계급적이고 사상적인 것으로 이해되었다. 그러나 월남민을 전체적으로 볼 때는 1946년까지는 정치적, 사상적인 이유로 인한 남하가 대부분이었으나, 1947년 이후에는 분단으로 인한 북한에서의 극심한 식량난으로 생활상의 곤란으로 남하하는 사람들이 많았던 것 같다.63) 또한 한국전쟁 전후로 남하한 사람들은 정치적·사상적 동기가 주요한 요인이나, 전쟁 중에는 비자발적 상황에 따른 동기가 높았다.64) 따라서 월남민의 남하의 주요 동기는 정치적·사상적인 이유 외에도 전쟁 동안 상황에 따른 요인도 크게 작용한 것으로 볼 수 있다. 차철욱의 부산 피난민 연구에서는 자유를 찾아 월남했다는 동기는 그다지 유효하지 않아 보인다.65)

(2) 남하 후 정착 과정

초기 월남민 연구에서는 남하 후 남한사회에서의 정착 과정의 특수성보다는 계층 변화에 대한 관심이 있었다. 대체로 월남민의 북한에서의 계층적 지위가 남하 이후에도 지속되는 것으로 나타났다.66) 중상층 출신의 월남민들은 남한사회에서도 비교적 쉽게 적응하고 사회적으로도 성공한 반면, 하층민 출신의 경우에는 오히려 북한에서보다도 더 어려운 사회적 조건을 감내해야 했다. 김귀옥의 속초 월남민의 연구에서도 이들이 북한주민으로 살 때 일제시기보다 더 나아진 조건 속에서 생활했음을 보여주었다.

그런데 월남민 연구가 진전되면서 김귀옥의 연구를 비롯하여 이신철의 연구, 최근의 차철욱의 연구에서 월남민 지역사회 내지 공동체가 어떻게 형성되는가에 대한 연구가 이루어지고 있다. 서울 해방촌과 부산의 아미동, 당감동, 국제시장에서 월남민들은 이주 지역의 지역적 특수성, 내지는 장소성과 상호작용하기도 하고, 그 지역이 가진 경제적 조건들의 변화에 적응하면서 지역정착민으로서의 삶을 꾸려온 것으로 보인다.

(3) 월남민으로서의 정체성

남한사회에서는 실향민은 반공전사라는 등식이 통용되어 왔으나 최근의 연구들은 이러한 정체성에 의문을 제기하고 있다. 김귀옥은 속초 월남민 정착촌에서는 '실향민' 외에도 '정착민'으로서의 정체성을 가지고 있어서 월남민의 정체성은 유동적임을 주장했다.67) 실상 '실향민'의 이미지는 '빨갱이' 사냥을 하는 남한 사회의 분위기에서 반공이데올로기에 많은 월남민들이 동원되면서 형성되었다고 보았다. 김귀옥은 소수를 제외한 대다수의 월남민은 '반공전사'도 아니고 '빨갱이'도 아니라 분단과 반공의 피해자로 보았다.68) 차철욱도 부산 당감동으로 들어온 피난민들이 당감동의 장소성의 변화 과정 속에서 피난민의 정체성이 약화되고 당감동 주민으로서의 정체성을 가지고 있다고 보았다.69)

그렇다면 이산가족들의 분단 경험은 분단 연구에 있어서 어떤 의미를 가지고 있을까? 이들의 분단 경험과 기억은 구술사 인터뷰를 통하여 드러날 수 있다. 그리고 이산가족의 분단 경험들에 대한 구술사 연구에서는 종래의 분단 연구와 달리 개인과 가족이 주체가 된다. 개인과 가족들의 분단 경험과 그 기억은 사적이고 주관적인 것이지만, 분단의 연구와 통일 정책에 있어서 매우 중요한 자료가 된다. 왜냐하면 비록 이들이 남북한사회에서 소수자라고 해도, 분단에 대한 이들의 이해 방식이 미래의 통일된 한반도를 대비하기 위한 토대가 되기 때문이다.

미수복경기도 실향민 연구는 이산가족 연구의 지평을 넓힌다. 이제까지의 월남민 연구는 지역 특정 출신의 월남민 연구가 아니라 특정 지역에 정착한 월남민 연구였다. 따라서 정착 지역의 특수성과 지역정착민으로서의 삶에 초점을 두어왔다. 그러나 미수복경기도 실향민은 서울, 인천, 강화 등에 흩어져 살고 있지만, 출신 지역성에 기반한 기억 공동체로서 네트워크를 통해 재영토화를 만들어갔다. 이 연구는 월남민의 남하 동기, 남하 과정, 정체성뿐만 아니라, 기억의 공유를 통한 트랜스로컬리티를 다룬다는 점에서 이산가족 연구의 새 영역을 개척하고자 한다.

제3장

구술, 기억, 정체성

구술사는 과거의 경험을 기억을 통하여 현재에 서술하여 그 자료를 바탕으로 역사 쓰기를 하는 작업이다. 그래서 미수복경기도 실향민의 역사는 구술사이며 기억(memory)으로 쓰는 역사다. 피에르 노라가 주장한 바와 같이 현대사회에서 기억을 추구하는 것은 역사를 추구하는 것이다.70) 미수복경기도 실향민들은 자신들의 기억 속에 남아있는 고향을 망각으로부터 구해내기 위하여 여러 가지 노력을 해 왔다. 미수복경기도 실향민들의 역사 만들기(making history)71)는 제11장 미수복경기도민의 탄생의 마지막 부분에서 자세히 논의될 것이다. 이 장에서는 미수복경기도 실향민들의 역사에서 중요한 개념인 구술, 기억, 정체성에 대한 이론적 논의를 하고자 한다.

1. 구술사와 기억

기억은 구술사 연구에서 특별한 위치를 차지하고 있다. 왜냐하면 구술사는 과거의 경험을 현재로 불어오는 회상(recollection)을 통한 서술을 수집하고 연구하는 학문이기 때문이다. 따라서 구술사 연구에서는 기억에 대한 관심이 클 수밖에 없었는데, 초기 구술사가들은 기억을 과거의 경험을 반영하는 사실의 조각들로 받아들였다. 이를 영국 구술사가인 아브

라함스(Lynn Abrams)는 '기억의 텍스트 모델(textual model of memory)'이라고 명명하였다.72) 즉 초기 구술사가들은 기억을 사료로서 보고, 구술 자료를 하나의 텍스트 또는 문헌기록처럼 다루었다는 것이다. 또한 기억을 통해서 구술사가가 수집하고자 하는 것은 '무엇을 기억 하는가', 즉 기억의 내용이었고, 대부분은 활동, 행위, 사건에 대한 것이었다. 이렇게 기억을 텍스트로 다루었을 때 가장 큰 쟁점이 되어온 것은 기억의 신빙성이었다. 과연 기억을 신뢰할 수 있는가. 이는 역사학자들이 구술 자료를 비판하는 가장 큰 이유다. 이용기는 기억의 현재성을 지적하면서 과거의 리얼리티와 현재의 기억 사이의 긴장과 기억을 둘러싼 투쟁을 언급하였다.73) 즉 기억은 항상 변화하는 현재라는 시간대에서 과거에 대한 회상을 한다는 것이다.

이러한 구술사가들의 초기의 입장에 대해서 나탕 바슈텔(Nathan Wachtel)은 모리스 알박스(Maurice Halbwachs)와 로저 바스티드(Roger Bastide)의 선구적인 기억 논의를 소개하면서 회상은 과거에 대한 성찰이 아니라 현실의 부분인 재현이라고 주장한다. 이제는 사실적 자료로서의 기억의 내용보다는 기억의 발달 단계, 신빙성보다는 기억의 작동에 더 관심 가져야 한다고 본다. 따라서 모든 기억은 역사를 가지고 있기 때문에, 기억의 역사를 구성하는 것은 가능하다고 보면서 기억의 보존, 출현, 정교화의 전 단계를 추적할 필요가 있다고 주장하였다.74)

알렉산드로 포르텔리(Alessandro Portelli)에 의하면 기억은 경험의 저장고가 아니라 의미를 만들어내는 적극적인 과정이고 경쟁적인 의미들의 투쟁의 장소다. 포르텔리는 이태리 떼르니(Terni)의 제철공장 노동자인 루이지 트라스툴리(Luigi Trastulli)의 죽음에 대한 집합기억을 분석하였다. 인터뷰에서 노동자들은 트라스툴리가 1949년에 죽었는데도 불구하고 1953년 노동쟁의 때 죽은 것으로 기억하였다. 그는 노동자들의 집합기억이 구체적인 사실들과 연대기적 순서를 전유하여 1949년 제대로 대응할 수 없었던 트라스툴리의 죽음을 1953년 노동쟁의로 연결시켜 노동계급의 자긍심을 높였다고 주장한다. 이 사례를 통해 그는 "사실과 기

억의 불일치는 오히려 구술 자료의 사료로서의 가치를 더 높인다"고 주장한다.75)

포르텔리는 또한 이태리 키비텔라 발 드 키아나(Civitella Val di Chiana) 학살 기념비를 둘러싼 다양한 기억들에 대한 구술사 연구에서 개인적 기억은 집합기억과 공존하며, 집합기억은 개인적 기억을 통제할 수 없음을 보여주고 있다. 그는 둘 사이에는 특정한 관계가 있다고 보고, 학살에 대한 집합기억이 시대적 정치적 변화 속에서 개인적 기억들에 또는 다른 집합기억에 도전을 받는 것을 보여준다. 그는 지배기억과 대항기억의 이분법적 접근을 지양하고 분열된 기억들의 복수성에 주목할 것을 요구한다.76) 이제 구술사 연구에서 무엇을 기억하는가뿐만 아니라, 어떻게 기억하는가와 왜 기억하는가 사이의 상호작용을 분석해야 하는 것이다.

구술사 연구에서 기억 연구의 이론적 틀을 제공한 것은 모리스 알박스였다. 알박스는 개인은 사회적 존재이기 때문에 사회적 틀을 통해서만 기억한다고 주장하면서 집합기억(collective memory)이라는 개념을 제시했다.77) 그의 이론에 의하면 개인들은 사회 내 의사소통을 통하여 공유하는 집합기억을 만든다. 이 집합기억은 공간적, 시간적으로 제한받는 살아있는 사람들이 공유하는 기억으로 '살아있는 연계(living link)'를 통해서 세대 간에 전승되고, 그 기억을 공유하는 사람들에게 정체성을 부여한다.78) 알박스의 세대 간 기억 전승에 대한 논의는 구술사 연구에 큰 기여를 했다.79) 또한 로저 바스티드는 알박스의 기억 이론을 발전시켜, 집합기억은 이주나 이민과 같은 공간적 이동을 통하여 재구성되는데, 이때 개인들은 집합기억의 담지자로서 개인들의 연계망은 집합기억의 재구성에 중요한 역할을 한다고 주장하였다.80) 알박스는 개인적 기억이 사회적 틀에서 벗어날 수 없고, 따라서 집합기억은 개인적 기억들의 변이나 다양성을 인정하지 하고 개인들을 압도하고 있다고 보는 반면, 바스티드는 집합기억은 변할 수 있고, 그 변형에서 기억 담지자인 개인들의 역할을 드러낸 것이다.

독일의 기억연구자 아스트리드 엘에 의하면 알박스의 문화적 지식의 전승 논의가 피에르 노라의 기억의 장소(sites of memory) 개념과 아스만 부부의 문화적 기억(cultural memory) 논의에 영향을 주었다고 한다.[81] 아스만에 의하면 기억은 의사소통적 기억(communicative memory)과 문화적 기억으로 구분될 수 있다. 현재 제2차 세계대전이나 홀로코스트와 같은 사건을 직접 경험한 세대들이 사라져감에 따라서 증언을 통한 기억 전승이 점점 약화되고 있고, 반면에 직접 경험하지 않은 세대들은 다양한 매체들을 통하여 기억 전승을 경험하고 있다. 이러한 상황에서 아스만 부부는 사건을 직접 경험한 사람들의 기억을 의사소통적 기억이라고 명하고, 다양한 매체를 통해서 전승되는 기억을 문화적 기억이라고 하였다. 아스만의 기억 구분에 의하면 구술사 연구는 의사소통적인 기억만을 다루고 있다고 볼 수 있다. 그러나 최소한 근현대사 시기에 대한 문화적 기억들은 의사소통적인 기억을 토대로 하는 경우가 많다. 제2차 세계대전이나 홀로코스트를 직접 경험한 세대가 사라진다 해도 그들이 구술로 남긴 사료*들은 문화적 기억의 토대가 되기 때문이다. 한국에서도 한국전쟁에 대한 문화적 기억들은 한국전쟁을 직접 경험한 세대의 기억과 유리될 수 없다.

알박스의 기억 논의에 영향을 받은 피에르 노라는 산업화 이후 역사가 가속화됨에 따라서 기억과 역사의 괴리가 이루어져서 기억의 잔존물로서 '기억의 장소(sites of memory)'들이 출현하고 있음을 주장한다. 기억의 장소들은 기억의 전통이 없어짐에 따라 역사에 의해 재구성된 대상으로 나타나는 것으로 근본적으로 유재다. 기억하고자 하는 역사적 시대에 겨우 살아남은 기념적 의식의 궁극적인 구현인 것이다.[82] 그리고 기억의 장소들의 특징은 물질적이고, 상징적이고 기능적이라는 것이다. 그런데 살아있는 집합기억과 달리, 노라의 기억의 장소들은 과거에 대한 선택적이고 정적인 판본이다. 노라의 연구는 특히 민족국가, 국민

---

* 미국 University of Southern California 대학에 소재한 Shoah Foundation은 홀로코스트 생존자들의 구술과 영상을 아카이브로 보존 및 서비스 하고 있다.

국가의 문화적 기억을 다루는 데 효과적이어서 이후에 다른 나라에서도 자국의 기억의 장소들에 대한 연구들이 이루어졌다.[83] 한국에서도 민족국가 및 국민국가와 관련된 기억의 장소들은 다수가 있다. 태극기, 아리랑, 기념비, 동상, 국민의례, 독립기념관, 한국전쟁기념관, 경축일 등은 거의 대한민국의 근현대사와 관련된 기억의 장소들이다.

2. 기억의 정치학

1) 기억 투쟁

한국사회에서 1980년대 이후 기억 투쟁이 지속되고 있다. 학계에서는 한국현대사 인식과 서술과 관련하여 기억 투쟁이 일어나고 있고,[84] 사회적으로 정치적으로는 과거사진상규명에서 지속적인 기억 투쟁이 일어나고 있다. 육영수에 의하면 역사는 "승자들의 공식기억과 패자들의 망각된 기억 사이의 갈등과 투쟁"이며 "과거 기억과 현재 기억 사이의 소통이며 대화"이다.[85] 이제 한국사회에서 무엇을 기억하며, 어떻게 기억하며, 왜 기억하는가는 매우 정치적인 행위가 되었다. 이런 상황에서 전진성은 기존의 기억 연구들이 대항기억을 드러내 지배적 기억과 경합하게 하는 기억의 정치학에 머물러 있음을 비판하였다. 기억의 정치학은 진보와 보수의 대립구도에서 투쟁 일변도에서 벗어나지 못하기 때문이다. 그는 오히려 "기억을 정치투쟁으로 변환시키는 한국적 담론 형성의 메커니즘을 밝힐 필요"가 있다고 주장하면서 그러기 위해서는 기억의 문화사로 나아가야 함을 제시하였다.

전진성은 한국의 기억연구가 '기억의 정치학'에서 '기억의 문화사'로 변모되고 있다고 주장하였다.[86] 전진성에 의하면 기억의 (신)문화사 연구는 집단기억을 고정된 실체로 파악하거나 정치적 기능으로 환원시키는 관점을 배격하고, 집단기억의 상대적 안정성과 부단한 변화가능성을 동시에 부각시키는 것이라고 한다. 또한 이 연구는 재현의 수단, 즉 매체에 주목함으로써 개별 기억들이 통합되고 갈등하면서 집단기억을 형성, 전수, 변화시키는 메커니즘을 규명할 수 있다고 보았다. 이때 기억을 창조한 자의 의도와 이를 수용하는 자의 관심은 동일시 될 수 없고 매개변수인 재현 매체의 여부에 따라 얼마든지 새로운 기억의 양상이 초래될 수 있는 것으로 상정하였다. 이와 같은 방식을 통해 기억의 사회적 요인과 문화적 체계 간의 상호작용을 분석할 실마리가 얻어진다고 보았다.

전진성은 기억의 문화사 연구의 이론적 근거로 알라이다 아스만의 문화적 기억에 주목하면서 기억의 문화사의 새로운 주제들로 기념, 기념관, 기념일, 기념비, 기념물, 추모의례 연구, 문학적 매체 연구, 대중만화를 통한 기억 연구를 제시하였다. 또한 개인적인 기억의 장소들, 신체로도 관심이 확대될 필요가 있다고 주장하였다.

2) 의사소통적 기억에서 문화적 기억으로

최근의 기억 연구는 아스만 부부에 의해 주도되고 있다. 그들은 기억을 의사소통적 기억과 문화적 기억으로 구분하였다. 다음 표에 의하면 의사소통적 기억은 기억공동체 안에서 개인들의 일상적 경험으로부터 오는 살아있는 기억을 말한다. 반면 문화적 기억은 신화적 과거로부터 의례적 매체를 통해서 전승되는 기억을 말한다. 일단 인류학자로서 나는 의사소통적 기억과 문화적 기억이라는 용어 선정에 이의를 제기한다. 사실상 문화적 기억을 포함하여 모든 기억은 의사소통적인 성격을 가지고 있다. 또한 의사소통적 기억도 마찬가지로 넓은 의미로 문화적이다. 그런데 아스만 부부의 이 기억 구분으로 인해서 많은 기억연구자들은 구술사는 의사소통적 기억만을 다룬다고 생각한다.

알라이다 아스만은 『기억의 공간』[87]에서 문화적 기억의 형식과 변천을 다루고 있다. 알라이다 아스만은 위의 책에서 문화적 기억의 매체인

[표 1] 아스만 부부의 의사소통적 기억과 문화적 기억 비교

	의사소통적 기억	문화적 기억
내용	개인적 전기 내의 역사적 기억	신화적 과거, 고대 역사, 절대적 과거의 사건들
형식	비공식적, 덜 조직적, 자연적, 상호작용과 일상의 경험에서 만들어짐	의식적으로 만들어짐. 매우 형식적, 기념 의례적 의사소통, 축제
매체	개인의 생각, 경험에 살아있는 기억	객체화, 전통적인 상징적 코드화, 말, 이미지, 춤 등 사용
시간 구조	80~100년, 3~4세대	신화적 고대로부터
담지자	기억 공동체 안의 불특정 증인들	전문적인 전통 운반자

출처: Astrid Erll, 2011, *Memory in Culture*. trans. by Sara B. Young. Palgrave MacMillan Memory Studies. Palgrave MacMillan, p. 29의 표를 번역하여 인용한 것임.

몸을 다루는 제2부 4장에서 구술사에 나타난 기억 신뢰성의 범주를 다루고 있다. 실상 나는 의사소통적 기억과 문화적 기억의 경계가 그렇게 분명하지 않다고 생각한다. 의사소통적 기억들은 사람들의 두뇌 속에만 있어서 인터뷰를 통하여 꺼내지는 것이 아니라, 사람들은 끊임없이 스스로 자신들의 기억을 이야기하고 글로 써서 다른 이들과 그 기억을 공유하고 있기 때문이다. 다양한 과정을 거쳐서 개인적 기억들이 집합기억이 되고, 집합기억이 문화적 기억으로 만들어지기 때문에, 나땅 바슈텔이 주장한 바와 같이 특정 기억의 역사 연구가 가능하다.

최근의 한국에서 기억 연구는 전진성이 제시하는 바와 같이 기념, 기념관, 기념일, 기념비, 기념물, 추모의례 연구, 문학적 매체 연구로서 인식되어 가고 있는 듯하다. 한성훈은 거창 사건 기념비에 대한 연구를 하였고,[88] 윤충로는 한국과 베트남의 베트남 전쟁 기념비에 대한 연구를 하였다.[89] 박정석은 산청 시천·삼장 민간인희생 사건의 기억의 장소를 연구하였고,[90] 천혜숙은 경북 청운마을의 동신당을 둘러싼 전승된 민중의 기억을 연구하였다.[91] 그런데 이들 연구들이 구술사 인터뷰 없이 가능했을까? 거창 사건 기념비에 대한 주민들의 기억들이나, 베트남 전쟁 기념비에 대한 참전 군인과 베트남 지역민의 기억들이나, 산청 시천 삼

장 지역 희생자 가족들의 기억들과 동신당을 둘러싼 마을사람들의 기억은 구술사 인터뷰가 아니면 기록될 수 없는 것이다. 박정석은 현지조사와 구술사 인터뷰를 통하여 위령비와 진실화해위원회의 공식 보고서가 기억의 장소가 되어가는 과정을 분석하면서, 민간인 희생자들에 대한 개인적 기억들이 문화적 기억으로 이행하는 것을 보여주었다.[92] 이와 같이 매체를 통한 기억 연구도 그 토대는 역시 관련 구술자들의 증언이다. 즉 매체를 통한 문화적 기억 연구라고 해도 그 토대는 한국현대사에 대한 구술사 인터뷰가 필요하다는 것이다.

나탕 바슈텔이 주장했듯이, 이제는 한국현대사에서도 기억의 역사 연구가 가능해지고 있다. 예를 들면 제주 4.3 사건에 대한 기억이 어떻게 변천하였는지,[93] 제주 4.3 사건에 대한 지방적 기억이 어떻게 국가에 의해 포섭되었는지도 연구가 되고 있다.[94] 이러한 연구가 가능해진 것은 사건이 망각되지 않고 계속 기억되었기 때문이다. 제주 4.3 사건에 대해서 개인적인 기억들은 제사와 굿 등 다양한 방식을 통하여 살아남았고, 그것을 제주 4.3 연구소와 제주 4.3 진상규명위원회의 구술사 인터뷰를 통하여 한국현대사의 감추어졌던 하나의 집합기억으로 등장하였다. 그러한 과정을 통하여 제주 4.3 사건은 역사적 경험으로 인정받았고, 2014년 현재에는 제주 4.3 추념일이 지정된 것이다. 이러한 일련의 과정들은 제주 4.3 사건에 대한 기억의 역사 연구를 가능하게 한 것이다. 이렇듯 기억의 역사는 구술사 인터뷰를 통한 의사소통적 기억이 지배적 기억 및 집합기억 내의 다양성을 포함한 기억의 정치학을 통하여 문화적 기억으로 자리매김해가는 것을 보여준다.

기억의 역사 연구는 전진성이 주장하듯이 기억의 정치학을 넘어서지만 기억의 정치학을 배제할 수는 없다. 기억은 항상 정치적이기 때문에 기억의 정치학은 계속 진행될 것이다. 단지 전진성이 비판하는 대항기억을 드러내어 대립의 양상을 보여주는 것에서 끝나는 것이 아니라, 기억의 역사는 대중기억연구회(Popular Memory Group)가 지적하듯이 공적(official) 내지 공공적(public) 과거 재현과 사적 기억 사이에서, 공공

영역에서의 다양한 기억들의 대립 양상들이 어떻게 변화되어 왔는가를 추적하는 것이다. 알렉산드로 포르텔리는 제2차 대전 시 독일군이 이태리 키비텔라 발 디 키아나 시민을 학살한 사건 대한 기억이 단순히 지배기억(지배 권력층)과 대항기억(키비텔라 시민) 사이의 이분법적 대립이 아니라, 시민들 사이에서도 다양한 기억의 층위가 있음을 보여주었다.95) 이 학살에 대한 기억은 전후 전쟁범 재판시의 증언으로부터 시작하여 이태리 정권의 변화 속에서 시민들이 지배기억에 대한 대항기억의 도전이 현재에 이르기까지 어떻게 변화되어 작동하여 왔는가를 보여주고 있다.

그 동안 한국 구술사 연구는 과거사 진상 규명 차원에서 대항기억을 찾아내어 그 기억을 역사 안에 위치시키는 작업에 몰두하여 왔다. 그러한 기억의 정치학 하에 과거사 진상 규명은 큰 성과를 이루어냈다. 그러나 이제까지 대항기억이 '무엇을' 기억하는가에 초점을 두었다면, 이제는 '어떻게' '왜' 기억하는가까지 포함하여 기억을 연구해야 할 필요가 있다. 기억은 단순히 지배기억 대 대항기억이라는 이분법으로는 설명될 수 없고, 오히려 다양한 기억의 층위들이 어떻게 만들어지고, 정교화 되고 보존되고 전승되는지를 살펴볼 필요가 있다. 바슈텔이 주장한 바와 같이 기억의 역사를 연구할 필요가 있는 것이다. 특정한 기억의 역사를 추적할 때 구술사 인터뷰는 단지 의사소통적인 기억만을 다루는 것이 아니고, 구술 자료는 의사소통적 기억들이 문화적 기억으로 변천해가는 과정을 살펴보는 데 원사료가 된다. 과거의 사건에 대한 구술 증언이 없이 과거에 대한 기념이라는 문화적 기억 연구는 기억의 역사가 될 수 없다. 기억의 역사 연구에서는 의사소통적 기억과 문화적 기억의 구분보다는 두 기억을 연결시키는 과정들을 주목하는 것이 더 중요하다. 매체 중심으로 기억을 연구한다고 해서 의사소통적 기억을 무시할 수는 없다. 구술사 인터뷰에서 다루는 기억이 과연 어떻게 작동되고 있는지에 대한 섬세한 분석이 더욱 필요하다.

3. 기억 공동체와 정체성

알랜 메길(Allan Megil)은 현대 사회에서 기억이 드러나는 방식에서 공통적인 특징은 정체성에 대한 불안감이라고 한다.96) 오늘날 초국적인 문화적 상황에서 많은 사람들이 자신들의 출신 지역, 국가, 문화공동체를 떠나서 이주하고 있는 상황은 정체성을 불안하게 만들 수밖에 없다. 따라서 정체성이 불확실하게 되면 기억이 중요하게 되는 것이다. 메길에 의하면 정체성이 약해지고 위협을 받게 되면 종족간의 갈등이나 공동체에서의 갈등적인 사건들, 개인적 삶에서 트라우마적인 사건들에서 기억의 환기가 공통적으로 일어난다는 것이다. 알박스에 의하면 기억은 이미 만들어져 있는 정체성(개인적 혹은 집합적)에 의해 결정된다. 그러나 메길은 현대에서 정체성의 공고함이 약해졌기 때문에 오히려 정체성을 구성하기 위하여 기억을 구성하는 일들이 일어난다는 것이다. 메길은 알박스보다는 오히려 베네딕트 앤더슨(Benedict Anderson)의 '상상의 공동체(imagined community)'를 적용하여 상상의 공동체를 상상의 정체성으로 생각할 수 있다고 주장한다.97) 따라서 공동체가 더 상상에 의한 것이라면 더욱 더 정체성이 문제시 되고 그렇다면 기억된 과거가 더 중요해지는 것이다.

유대인들의 역사와 기억을 다룬 루세트 발랑시(Lucette Valensi)는 "유대인들은 이산으로 기억의 민족이 되었다. 유대인적이라는 것은 기억하는 것이다. 유대인의 존재는 신학에 의해서가 아니라 역사의 의례화, 과거의 사건들을 끊임없이 회상함으로써 만들어진다."98)고 주장한다. 기원전 6세기 중반 바빌론으로 강제 이주한 이후 자신들의 정체성의 근거지인 예루살렘을 떠나야 했던 유대인들에게 자신들의 정체성 유지에 있어서 기억된 과거가 중요했던 것이다. 현대로 올수록 전지구화 속에서 점점 더 많은 사람들이 국경을 넘어서 이주해가고 있는 상황에서 유대인의 역사적 기억이 그들의 정체성의 토대가 되는 것처럼, 다른 이주민들도 자신들의 과거를 기억하는 것이 이주민 사회에서 자신들의 정체성을 확립하게 되는 것이다.

유대인 역사가인 요세프 예루살미(Yosef Hayim Yerushalmi)도 전 민족이 기억을 종교적인 긴급성으로 느꼈던 것은 이스라엘 민족뿐이었다고 한다.[99] 그래서 유대인들의 집합기억은 공유한 믿음, 결속, 집단적 의지로 기능하면서 서로 연결된 사회적·종교적 제도들을 통해서 전승되고 재창조된다.[100] 그런데 현대 유대 역사학의 등장으로 유대인의 집합기억들이 쇠퇴하고 있지만, 그래도 유대인들에게 선택은 과거를 가지는가 아닌가가 아니라 오히려 어떤 종류의 과거를 가질 것인가가 되고 있다.[101] 따라서 예루살미는 유대 역사학은 결코 유대인의 기억을 대체할 수 없다고 주장한다.[102]

독일의 기억 연구가인 얀 아스만(Jan Assmann)은 문화적 기억의 역사를 연구하는 기억역사(mnemohistory)를 주장하면서, "우리의 존재가 우리가 기억하는 것이라면", 기억은 정체성을 형성한다고 주장한다.[103] 개인적 차원에서 우리 자신에 대한 이야기는 우리가 누구인가를 말해주며, 마찬가지로 집합적 차원에서 우리들에 대한 이야기는 "신화"로 불리면서 종족적 정체성 형성에 매우 중요한 역할을 한다. 얀 아스만은 위에서 언급한 의사소통적인 기억과 문화적 기억을 구분하면서 문화적 기억의 특징 중 하나를 정체성의 응집으로 들고 있다. 야스만은 의사소통적인 기억이 구술사의 영역으로 보고 있다. 일상생활 속에서 이루어지는 비조직적이고 불안정하고 불특정적인 기억의 소통은 알박스가 주장하는 사회적으로 중재되고 집단에 관련된 집합기억을 구성하게 된다. 그런데 이 집단들은 그들 과거에 대한 공통의 이미지를 통해서 자신들의 단결과 특수성을 지각한다.[104] 반면 문화적 기억은 일상생활을 넘어서 시간적 지평에 주목한다. 시간적 지평에는 기억이 문화적 형성물(텍스트, 의례, 기념비)와 제도적 소통(암송, 실행, 준수)를 통해서 유지되는 과거의 운명적인 사건들이 있다. 이러한 문화적 기억은 한 집단이 자신들의 단결과 특수성을 인식할 수 있게 도와주는 저장된 지식을 보존하고 있다. 문화적 기억은 긍정적이거나 부정적으로 정체성을 결정해주는 방식으로 드러난다.105) 그래서 문화적 기억은 정체성의 응집을 특징으로 한다.

4. 기억연구로서 미수복경기도민

위에서 열거된 최근의 구술, 기억, 정체성에 대한 이론적 논의들은 미수복경기도 실향민 연구를 새롭게 바라보게 해 준다. 미수복경기도 실향민의 구술 생애사는 어떻게 살았는지를 말해주지만, 동시에 내가 누구인지도 말해준다. 이들의 분단과 한국전쟁, 남하의 경험은 그들이 왜 실향민이 되었는지를 말해준다. 그들이 기억하는 것은 곧 그들이 누구인가다. 그리고 그들이 무엇을 기억하는가는 또한 왜, 어떻게 기억하는가와 연결되어 있다. 나는 이들의 생애사를 통해서 다양한 분단과 전쟁 경험을 드러내고 이들이 면민회, 군민회를 통해서 실향민으로서의 집합기억을 만들어내고, 미수복경기도민회를 통해서 하나의 정체성으로 통합되어 가는 과정을 살펴볼 것이다. 이 과정에서 미수복경기도민회는 하나의 '기억의 장소'가 되었음을 보여줄 것이다. 또한 이들의 분단과 전쟁 경험은 의사소통적 기억인데 이것이 지방지를 통해서 하나의 문화적 기억으로 진화하고 있음을 보여줄 것이다. 또한 다양한 경험을 가진 미수복경기도 실향민들이 하나의 기억공동체로서 어떤 실향민 정체성을 가지고 있는지를 논의할 것이다.

제4장
미수복경기도민의 역사를 찾아서

기존의 월남민 연구는 주로 여러 지역에서 남하한 피난민들이 모여 사는 정착촌을 중심으로 현지조사 및 인터뷰를 통해서 이루어져왔다. 그런데 미수복경기도 실향민들은 개성, 개풍, 장단에서 살다가 남하하여 현재 서울, 인천, 강화 등지에 흩어져서 살고 있다. 따라서 이들에 대한 연구는 특정 지역에서 장기체류를 통한 현지조사라는 전통적인 인류학적 현지조사를 사용할 수 없고, 오히려 실향민들을 따라서 혹은 실향민들의 네트워크를 중심으로 이루어질 수밖에 없었다. 그래서 이 장에서는 미수복경기도 실향민의 역사를 찾기 위하여 사용된 연구방법인 이동식 문화기술지(mobile ethnography) 혹은 다현지 문화기술지(multi-sited ethnography)와 구술 생애사(oral life history) 인터뷰를 소개하고자 한다. 질적 연구는 연구자가 연구의 도구가 되어 연구 참여자들과 상호작용을 통하여 연구가 진행되기 때문에 연구자의 정체성과 연구자와 연구 참여자와의 라포가 매우 중요하게 작동한다. 그래서 연구자인 나와 미수복경기도 실향민들의 관계 및 라포 형성에 대한 자기성찰적 분석을 할 것이다. 마지막으로 현지조사 일지를 소개하고 이 책의 공동저자이기도 한 실향민 구술자들에 대한 인적 사항을 소개할 것이다.

1. 다현지 문화기술지[106]

식민지 시기부터 현지라는 특정 장소에서 장기체류에 기초한 현지조사를 통해서 문화기술지를 생산해온 인류학자들은 20세기 말 문화적 상황에 대처하기 위하여 고심해왔다. 포스트모던 인류학의 대표주자 중의 하나인 말커스(G. Marcus)는 20세기 말의 문화적 현상을 모던(modern)으로 재정의 하는데, 이때 서양적 모던(western modernity)은 전지구적(global), 초문화적(transcultural) 현상으로 재개념화 된다. 그는 관찰자(인류학자)와 관찰 대상(현지민)을 재정립하여(remaking of the observed and the observer) 모던 문화기술지적(modern ethnography) 연구를 위한 필요조건들을 다음과 같이 제시했다.[107] 관찰 대상, 즉 현지민을 재정립하는 데 있어서 첫째 필요조건은 사실주의적 문화기술지(ethnogrpahic realism)[108]에서 중심이 되는 지역사회라는 수식어와 결별하고 지역·공간을 쟁점화(problematizing)하는 것이다. 둘째는 사실주의 문화기술지의 기반인 서구중심적 역사라는 수식어와 결별하고 시간·시기를 쟁점화하는 것이다. 셋째는 사회 구조라는 수식어와 결별하고 시각과 목소리를 쟁점화하는 것이다.

또한 관찰자, 즉 인류학자를 재정립하는 데 있어서 말커스가 제시한 첫째 필요조건은 특정 지역의 문화를 상징하는 상징어구나 개념에 의존하기보다는 문화 이해를 인류학자와 현지민 간의 대화(dialogue)로 파악하는 것이다. 둘째는 인류학적 연구에 이중의 초점(bifocality)을 도입하는 것인데, 이는 세계가 점점 더 통합되어 예전에 분리되어 있었다고 생각되었던 현상들의 다양한 연관성들을 인식하게 되었기 때문이다. 셋째는 실험과 참여 정신으로 연구 지역 내에서 감지할 수 있는 대안적 가능성들을 병렬(juxtapositions)하여 예상해 보는 것이다.

전지구화 속의 초국적 문화 현상을 다루기 위하여 말커스는 다현지 문화기술지(multi-sited ethnography)를 제시한다.[109] 사실주의적 문화기술지 연구는 대개 하나의 현지에 대한 연구였지만, 최근에는 한 지역에

심층적인 연구를 하면서도 다른 방법과 수단으로 연구주제를 세계체제의 맥락과 연결하는 방식과 여러 지역들을 이동하면서 조사하는 이동식 문화기술지(mobile ethnography)가 등장하고 있다. 이 이동식 문화기술지를 다현지 문화기술지라고 하는데, 이는 한 지역을 연구하는 것이 목적이 아니라, 문화적 의미들, 대상, 정체성들의 순환을 분산된 시간과 공간대에서 연구하고자 하는 것이다. 다현지 문화기술지에서 인류학자는 사람들, 물체, 상징, 이야기, 사회적 기억, 생애사, 갈등 등을 따라다니며 여러 현지에서 연구한다. 이때 연구자는 현지의 경관(landscape) 속에서의 자의식이 절대적으로 필요하고, 현지의 경관이 바뀌면 자신의 정체성을 재조정해야 함을 인식해야 한다. 따라서 자기성찰성(self-reflectivity)이 중요한 부분이 되며, 인류학자가 추구하는 지식은 헤러웨이(Haraway)가 말한 상황적 지식(situated knowledge)[110]이 된다.

그렇다면 다현지 문화기술지와 같이 연구 단위가 지역이 아니라, 연구주제·사람·물체·상징·갈등·정보 등이 된다면, 특정 지역을 집중적으로 장기간 연구한다는 현지조사의 관행은 더 이상 성립되지 않는다. 사실상 다현지 문화기술지는 자국 내의 지역 경계뿐만 아니라 외국 또는 타 문화와의 경계 또한 무너뜨리게 된다. 왜냐하면 연구 주제에 해당하는 사람들을 따라가게 되면 자국과 외국의 경계를 넘어 전지구적인 세계체제 속에서 이동하게 되기 때문이다.

미국 인류학자인 폴 스톨로(Paul Stroller)는 초국적인 공간에서의 현지조사를 "전지구화 방법(globalizing method)"라고 하였다.[111] 그는 서아프리카에서 장기체류에 기반한 전통적인 현지조사를 한 후에 미국 뉴욕에서 미국으로 이주한 서아프리카인들을 연구하였다. 이때 그는 서아프리카인들을 북아메리카로 오게 하는 초국적인 조건들을 분석하고, 뉴욕의 서아프리카 행상인들의 공동체를 보여주었다. 서아프리카인들의 초국적인 공간 이동을 연구하는 전지구화 방법은 장기적인 연구여야 하고 또한 다학제적인 접근일수록 좋다고 주장하였다. 그러나 연구방법, 학제 간 팀 구성, 이론적 틀보다도 무엇보다도 전지구화 방법의 핵심은 풍부한 상상력이라고 하였다. 왜냐하면 초국적인 이주민들은 초국적 공간에서 자신의 장소를 만들고 재영토화 하는 데 매우 창의적이기 때문이었다.

초국적 공간에서의 '전지구화 방법'이나 다현지 문화기술지의 성공적인 수행은 여러 가지 전제를 필요로 한다. 첫째 연구자는 변화하는 경관(landscape)에 대한 역사적 맥락을 잘 파악하지 않으면 안 된다. 이것은 여러 종류의 경관에 대한 역사적 맥락 파악이라는 부담을 준다. 둘째, 연구자는 변화하는 상황 속에서 자신과 현지민 간의 라포 형성과 주체의 자리매김(subject-positioning)에 대한 분석을 해야 한다. 셋째, 다현지 문화기술지는 여러 지역으로 이동함에 따라 발생하는 여비 및 각 지역에서 소요되는 시간과 연구비의 부담이 따를 것이다. 다현지 문화기술지는 한 지역에서의 현지조사보다 더 많은 시간과 연구비를 필요로 할 것이고, 이동에 따른 새로운 라포 형성, 주체의 자리매김, 맥락 파악이 연구자의 개인적 부담을 더할 것으로 보인다.112)

중국의 하동지역에서 장기체류를 통한 현지조사를 한 조문영은 하동이라는 현지를 다음과 같이 쟁점화 하였다.

> 첫째, 장소는 단순히 연구주제의 외적 배경이 아니다. 장소를 재현하는 방식, 장소에 대한 감정과 인식의 변화를 살피는 작업은 연구 주제의 탐색에 소중한 실마리를 제공한다. 둘째, 장소는 연구 대상 집단들 간의 위계적 이동성(mobility in hierarchy)을 이해하기 위한 창구가 된다. 탈영토화된 세계에서도 이동성은 고르게 분배되지 않는다. 셋째, 장소는 연구 대상의 다중적 위치(multiple positionalities)와 그 의미를 살필 수 있게 한다.113)

조문영은 인류학자의 현지가 고정된 장소가 아니며 단일 현장에서의 현지조사가 다양한 지역과 사회 네트워크에 대한 조사를 포함하였기 때문에 다현지 문화기술지와 단일 현장 문화기술지의 이분화에 반대하였다. 그녀에게 하동은 "붙박여 있으나 발생 가능한 모든 이동에 역사와

서사를 제공하는 장소, 그래서 닫혀있으나 동시에 무한정으로 열린 장소, 고정성과 유동성이 혼재된 장소"였다.114)

이렇게 현지의 장소성을 파악하고 분석하여 그 장소의 트랜스로컬리티를 드러낸다면, 단일 현장 현지조사를 하더라도 그것은 다현장 현지조사와 비슷하게 되는 것이다. 따라서 단일 현장 현지조사와 다현지 문화기술지든지 디아스포라 연구자들은 자신의 연구주제에 맞는 현지의 장소성에 적합한 연구방법을 선택해야 한다.

미수복경기도 실향민의 경우에는 단일 현장 현지조사가 가능하지 않기 때문에 미수복경기도민의 삶을 도정을 볼 수 있는 여러 장소에서 현지조사를 해야 한다. 그래서 나는 서울과 수도권을 중심으로 이들의 네트워크를 따라서, 생애사를 따라서 연구를 수행하였다.

2. 구술 생애사[115]

생애사는 개인적 서술로서 구술자의 개인적 경험과 자신과 타자들에 대한 관계를 주제로 하는 자기성찰적인 1인칭 서술을 말한다.116) 생애사를 표현하는 용어에는 생애사를 비롯하여 생애이야기, 삶이야기, 살아온 이야기, 전기, 자서전, 또는 이를 다 포괄한 개인적 서술(personal narrative)이 있다. 생애사는 연구자에 따라서 생애이야기(life story)와 생애사(life history)로 사용된다. 생애이야기로 사용될 경우에는 구술자의 이야기체, 즉 서술의 형식에 초점을 두는 경우다. 이때 연구는 생애이야기 내용보다는 생애이야기 형식, 즉 어떻게 이야기하는가가 분석되면서 구술자의 자아, 정체성, 자기 표현의 측면이 강조되어 분석되는 경향이 있다. 반면 생애사로 사용될 경우는 구술자의 이야기의 내용에 초점을 두는 경우다. 이때 연구는 구술자가 경험한 행위, 활동, 사건의 재구성을 목표로 하는 경향이 있으며, 시간에 따른 삶의 과정과 역사적, 문화적 맥락에서 삶의 과정에 대한 해석을 보여준다.117)

생애사를 연구하는 데는 두 가지의 인식론적 문제점이 있다. 하나는 개인적 삶의 대표성의 문제이고, 다른 하나는 개인적 경험의 주관성의 문제다.118) 첫번째 문제점은 구술사의 인식론적 전환과 맥을 같이 한다.119) 구술사와 마찬가지로 생애사에서 개인은 개인이 속한 사회나 문화를 대표하는 것이 아니다. 대표적인 미국 여성 생애사 연구인 마조리 쇼스탁(Marjories Shostak)의 *Nisa: The Life and Words of a !Kung Woman*(NY: Vintage Books, 1983)에서 니사는 칼라하리 사막에서 사는 부시맨 여성들의 삶을 대표하지 않는다. 분명 니사의 삶이 다른 부시맨 여성들과 비슷한 점이 있겠지만 이 책에서 쇼스탁은 서구 여성들과 너무나 다른 삶을 살면서도 동시에 공유점을 가진 니사의 삶을 그녀의 목소리를 통해서 보여주고 싶었던 것이다.

생애사에서 개인은 역사적 산물이며 개인의 삶은 사회적 과정이나 구조에 의해 구성되지만, 동시에 그 구조들을 만든다고 인식된다. 그람시(A. Gramsci)에 따르면 인간은 사회적 관계의 총합이기 때문에 인간의 생애는 역사적 관계들의 총합이라고도 볼 수 있다.120) 따라서 개인은 사회와 구조를 들여다 볼 수 있는 하나의 창구이며, 동시에 사회와 구조의 영향을 받아 특정한 선택과 적응을 해 가는 존재인 것이다. 그러므로 대표성을 추구하고자 한다면 생애사 연구를 할 필요가 없다.

두 번째 문제를 해결하려면 순수한 객관성이란 존재하지 않는다는 인식이 필요하다. 구술사가인 반시나(Jan Vansina)의 기억과 구술사에 대한 연구에 따르면 모든 역사적 자료에는 시작부터 주관성이 포함되어 있다. 목격자들의 사건에 대한 지각 행위에서부터 목격자의 주관성이 들어가 있기 때문이다. 따라서 역사가 마로(Marrou)는 모든 역사연구가 목격자와 역사가가 가지고 있는 주관성의 비율의 산물이라고 한다.121) 또한 프리만(Freeman)과 크란츠(Krantz)는 생애사를 평가하는 사회과학적 범주들이 객관성에 기초하고 있기 때문에 개인적 삶의 주관성을 측정할 수 없다고 주장하였다.122) 또한 게이거(Geiger)와 같은 페니미스트들은 그러한 잘못된 범주들은 남성중심적인 사회과학의 시각에서 출발

한다고 비판한다.123)

위의 두 가지 인식론적인 쟁점 외에도 생애사 연구에서 또 하나의 중요한 문제는 구술자와 연구자의 관계이다. 인류학자들은 연구자의 결정적인 역할에 대해 간과해 왔으나, 최근 증대하고 있는 인류학자들의 자기성찰적 태도는 이 점을 부각시키고 있다. 미국 인류학자인 크레판자노(Vincent Grapanzano)와 다른 생애사 연구 학자들은 생애사가 구술자와 연구자 간의 대화 또는 공동 연구의 결과라고 한다. 미국 페미니스트 학자인 파타이(Daphne Patai)는 생애사는 구술자와 연구자 간의 대화의 전체적 맥락에 달려 있기 때문에, 다른 연구자가 동일한 개인을 연구한다면 다른 종류의 삶 이야기가 될지도 모른다고 주장한다. 1980년대 중반 이후 서구 학계에 충격을 준 포스트모더니즘의 영향으로 면담자 자신을 포함하여 생애사 연구에 대한 성찰적인 접근과 대화적인 양식, 그리고 결과물에 대한 통제에 대해서 많은 논의들이 나오고 있다.

구술 생애사(oral life history)는 디아스포라 공동체와 이주민들의 삶의 도정을 잘 드러내기 때문에 초국적 상황에서의 디아스포라 연구에 매우 유용한 도구다. 이동식 문화기술지 연구 또는 단일 현장 조사에서도 사람들, 물체, 상징, 이야기, 사회적 기억, 갈등 등의 움직임과 이동을 생애사 인터뷰를 통해서 알아낼 수 있기 때문이다. 예를 들면 홀로코스트 생존자들의 생애사 인터뷰는 그들의 출생지로부터 시작하여 유태인 수용소와 아우슈비츠, 그리고 해방 이후 귀환과 미국이나 이스라엘 등지로의 이민의 이야기를 들려주고, 이들의 지리적, 공간적 이동과 이주로 인한 새로운 디아스포라 공동체에 대한 정보를 준다.* 재미한인사를 연구한 임영상도 코리안 디아스포라 연구에서 구술사의 중요성을 알려주었다.124) 재외한인의 문학연구에서도 구술 작품뿐만 아니라 구술 기록으로서 생애담의 중요성이 부각되고 있다.125)

---

* 홀로코스트 생존자의 대표적인 구술 아카이브는 미국 University of Southern California의 Shoah Foundation Institute의 아카이브를 방문하면 된다. http://dornsife.usc.edu/vhi/

3. 미수복경기도 실향민 1세대와 2세대의 대화

나의 부모님은 두 분이 모두 경기도 개풍군 출신의 미수복경기도 실향민이다. 두 분은 모두 1930년대 생이고 개풍군에서 태어나 초등교육을 받고 해방 후 개성에서 고등교육을 받다가 한국전쟁 중에 남하하여 서울에서 정착을 한 후에 결혼하게 되었다. 그래서 부모님의 고향은 개풍군이지만, 나는 서울에서 태어나게 되었다. 나는 고향이 어디냐는 질문을 받을 때마다 서울에서 태어났지만, 부모님의 고향은 경기도 개풍군이라고 대답하였다. 왜 나는 자신을 서울사람이라고 하지 않고, 한 번도 가본 적이 없고, 지도에도 없는 개풍군을 무시할 수 없었을까? 아마도 그래서 나는 자신의 지역정체성의 반쪽을 찾기로 결심했는지 모른다.

나의 아버지는 10여 년 전에 자서전을 쓰기 시작하셨다. 몇 년에 걸쳐서 초안을 완성하셔서 자식들에게 나누어주셨고, 현재에도 당신의 인생경험을 글로 쓰고 계시다. 아버지는 은퇴하신 후에 자신의 삶을 기록하여 자식들에게 알리고 싶어 하셨다. 고향을 떠나서 족보와 같은 뿌리를 찾을 수 없는 아버지가 어떻게 살아왔는지를 알릴 수 있는 방법은 자서전을 쓰는 것이라고 생각하셨기 때문이었다. 돌이켜보건대 아버지의 자서전은 나에게 실향민 연구를 촉발시켰던 것 같다. 그 자서전을 통해 나는 이제 실향민 1세대가 돌아가시기 전에 이들의 삶을 기록할 필요가 있다고 느꼈기 때문이다.

그래서 이 연구의 초기에는 나의 아버지가 주요 제보자(major informant)의 역할을 하셨다. 그래서 초기의 인터뷰는 아버지의 고향 분들로 시작했다. 아버지의 고향이 개풍군 대성면이기 때문에 대성면민회를 통해서 아버지가 아시는 아버지보다 연배가 높은 분들을 소개 받았다. 그런데 아버지가 개성의 송도중학교를 다니셨기 때문에 개성 분들도 소개를 받기 시작했다. 그러다 보니 개성실향민 연구를 하게 되었는데, 개성실향민 연구는 개풍군과 장단군을 포함하여 미수복경기도 실향민 연구로 확대되었다.

연구가 미수복경기도 전체로 확대되면서 나의 주요 제보자는 미수복경기도 현 사무총장인 윤일영 씨가 되었다. 윤 사무총장은 내 연구의 필요성과 의의에 대해서 잘 이해해 주었고, 적극적으로 구술자들을 소개해 주었다. 또한 한국연구재단 토대연구로서 3년 동안 여성 구술 생애사 인터뷰에 대한 연구비가 지원되었기 때문에 여성 실향민을 소개 받는 데는 미수복경기도 중앙부녀회 김금옥 회장의 도움이 컸다. 여성 실향민 인터뷰가 어느 정도 진행이 되자 윤 사무총장을 통해서 다시 남성 실향민을 소개 받아서 여성과 남성의 성비를 맞추었다.

구술사 인터뷰에서 라포 형성에 가장 중요한 요소는 면담자에 대한 신뢰감이다. 윤 사무총장과 김회장은 구술자들이 나를 신뢰하는 데 매우 중요한 역할을 하였다. 그리고 거의 모든 인터뷰에서 내가 개풍군 실향민 2세라는 것이 가장 중요한 신뢰감의 바탕이었다. 또한 나는 미수복경기도부녀회 총회, 미수복경기도민회 체육대회, 경로잔치, 해외동포 모임 등에 참석하면서 명예 군수, 군민회장, 군부녀회장과 개성시민회 사무국장, 개풍군민회 사무국장 등 많은 관련 인사들을 알게 되었다. 여러 해에 걸쳐서 이러한 모임에 참석하고, 인터뷰를 진행하다 보니 많은 분들이 나를 알아보고 친숙하게 되었다. 미수복경기도 실향민들은 '타자 또는 그들로서'가 아니라 '우리로서' 연구자를 인식하게 되었다.

내가 인터뷰한 한 실향민 여성은 인터뷰가 끝나고 나서 내 손을 잡으면서 "고향 사람이니까 이야기한 거예요"라고 하였다. 나의 아버지는 그 분의 고향이 있는 개풍군 사람이지만, 나는 개풍군에 가 본 적이 없다. 그래도 나는 고향 사람의 딸이기 때문에 고향 사람으로 간주되었던 것이다. 아마도 자신들의 자식들에게 때론 이야기했던, 하지만 몇 시간에 걸쳐서 이야기해 본 적이 없는 고향과 분단, 남하와 이산가족의 삶을 마치 자식에게 이야기해 주듯이 내게 이야기해 주었을 것이다. 그렇게 해서 미수복경기도 실향민 1세와 2세인 나의 대화가 시작되었다.

4. 미수복경기도민의 역사를 따라서

내가 미수복경기도 실향민들의 역사를 찾아 나선 연구의 여정은 5단계를 거쳐서 이루어졌다. 첫 번째 단계는 2006년에 시작되었는데, 최초의 미수복경기도 실향민 인터뷰였지만, 실상 미수복경기도의 존재 자체도 모른 상태에서 개풍군 출신 여성의 생애사를 인터뷰한 것이었다. 2008년에 두 번째 미수복경기도 실향민 인터뷰를 하게 되었는데, 이것이 본격적인 연구의 준비 단계였던 것 같고, 본격적인 연구는 2009년에야 시작되었다. 그러나 2009년과 2010년에는 개성실향민 연구로 한 것이었는데 미수복경기도민회의 존재를 알게 된 이후에 내 연구는 개성, 개풍, 장단 실향민으로 확대되었다. 2011년부터 3년 동안 나는 한국연구재단 지원의 "여성 구술 생애사를 통해 본 한국의 근대" 토대 연구에 참여하게 됨에 따라서 미수복경기도 출신의 여성들을 인터뷰하게 되었다. 2014년이 되자 여성 구술자의 수가 남성 구술자보다 많게 되어 2014년부터 2015년까지는 미수복경기도 출신 남성 구술자들에 대한 인터뷰를 진행하였다.

1) 2006년: 서울이주민 연구와 여성생활사 연구

개성, 개풍, 장단에서 살다가 분단과 한국전쟁으로 남하하여 남한의 여기저기에 흩어져서 살고 있는 미수복경기도 실향민의 역사를 찾기 위한 이 장기 프로젝트의 첫 번째 인터뷰는 2006년에 시작되었다. 이 연구는 국사편찬위원회의 지원 하에 수행되었는데, 연구의 주제는 "구술을 통한 근현대 여성 생활사"였다. 나의 첫 번째 미수복경기도 실향민 구술자는 나의 아버지에게 외당숙모 되시는 분이었는데 개풍군 실향민이셨다. 어렸을 때부터 만나본 분이셔서 인터뷰를 하는 데 전혀 문제가 없었다. 그 분을 구술자로 선택한 것은 이야기꾼이셨고, 한국근현대사의 전형적인 "강한 어머니"였기 때문에 그런 여성들의 삶을 기록하는 것이 중요하다고 생각했기 때문이었다. 구술 생애사 인터뷰로 자택에서 총 6회차 12시간 동안 진행되었다.

이 분은 일제시대에 개풍군에서 서울로 이주하신 분이고, 사실상 서울이주민 연구와 여성사의 일환으로 인터뷰를 한 것이라서 미수복경기도 실향민 연구를 본격적으로 해야겠다는 생각으로 한 것은 아니었다.

2) 2008년: 개풍군 실향민 예비 조사

나의 두 번째 미수복경기도 실향민 인터뷰는 2008년에 수행한 한 개풍군 대성면 실향민이었다. 이때부터 본격적으로 아버지의 고향 분들을 인터뷰 해봐야겠다는 생각이 들었다. 이때에는 한국학중앙연구원에서 지원한 구술 아카이브 구축을 위한 구술채록이었는데, 나는 아버지에게 고향 분을 소개해 달라고 했다. 그 분은 개풍군 대성면 출신으로 아버지보다 더 연배가 높은 분이어서 개풍군의 일제시기와 해방 당시 좌우익 갈등에 대해서도 자세하게 알고 계셨다. 인터뷰는 한국구술사연구소에서 3회차 약 5시간 동안 진행되었다. 이 분의 인터뷰는 매우 힘들었는데, 왜냐하면 이 분은 이산가족의 아픔으로 인한 트라우마를 가지고 계셨기 때문이었다.

3) 2009년-2010년: 개성실향민 연구

본격적인 미수복경기도 실향민 연구는 2009년과 2010년에 국사편찬위원회의 지원 하에 이루어졌다. 당시 나의 연구 제목은 "구술사를 통한 개성실향민의 이산 연구"였다. 나의 아버지는 개풍군 출신이지만 해방 이후 개성 송도중학교에 다녔기 때문에 개성분들을 많이 알고 계셨다. 그리고 당시에 개성공단과 개성관광으로 개성에 대한 세간의 관심이 많아진 시기였기 때문에, 개성실향민으로 연구를 확대시키게 되었다. 2009년에 아버지를 통해서 송도중학교 동창 분을 소개받아서 예비구술자 명단을 확보한 다음 인터뷰가 진행되었다. 애초에는 3명의 개성실향민의 구술 생애사를 인터뷰할 계획이었으나, 한 개성토박이 구술자의 인터뷰가 17시간이 되는 바람에 개풍군 실향민 한 분을 포함하여 총 2명, 21시간 구술 생애사 인터뷰가 수행되었다. 이때 처음으로 서울 구기동의 통일회관에 가서 미수복경기도민회의 존재를 알게 되었다. 미수복경기도민 중앙부녀회 정기 총회에 참여하여 김금옥 회장과 최종대 미수복경기도민회 회장도 만나게 되었다. 또한 서울 효제국민학교에서 개최되었던 미수복경기도민의 날 행사에 아버지와 함께 참여하여 개풍군 대성면민회 회장님을 만나게 되었고, 또한 아버지의 송도중학교 동창 분들과도 인사하게 되었다.

2009년의 연구가 매우 부족함을 느낀 나는 2010년에 다시 한 번 국사편찬위원회의 지원을 받아서 두 번째 개성실향민 연구를 하게 되었다. 이때에는 2009년에 알게 된 개풍군 대성면민회 회장을 비롯하여 장단군 실향민을 포함하여 연구를 진행하게 되었다. 왜냐하면 2009년까지는 미수복경기도민회의 존재 자체를 알지 못해서, 개성실향민이라는 이름으로 연구를 수행했지만, 정작 내가 연구해야 할 사람들은 미수복경기도 실향민이라는 것을 알게 되었기 때문이다. 또한 여성과 남성의 남하 경험의 차이를 알아보기 위하여 여성 실향민의 인터뷰도 시작하였다. 그래서 개풍군 출신 남성 1명, 장단군 출신 남성 1명, 개성 출신 여성 3명을 인터뷰하여 총 5명, 22시간 30분의 구술 생애사 인터뷰를 진행하였다.

4) 2011년-2013년: 미수복경기도 여성 구술 생애사 연구

2011년부터 미수복경기도 실향민 연구는 여성 구술 생애사 연구가 되었다. 한국연구재단의 토대연구로 진행되었기 때문에 여성 구술자만을 인터뷰할 수 있었다. 2009년부터 나는 미수복경기도민 중앙부녀회 정기 총회에 참여하여 왔고, 그 동안 부녀회 회원들과 알게 되었다. 무엇보다도 김금옥 회장의 도움으로 3년간 총 11명 58시간 32분의 구술 생애사 인터뷰가 진행되었다. 이 시기 큰 성과는 2012년 미수복경기도 해외동포 만찬회에 참석한 것이었다. 이북오도청에서는 1994년부터 이북7도민 중 해외로 이주해간 사람들을 고국에 초청하는 사업이 시작되었다. 그래서 이 만찬회에서 만난 한 분을 어렵게 인터뷰하게 되었고, 미수복경기도 실향민의 이산의 경로가 해외로까지 확대되어 있음을 알게 되었다. 그런데 고국방문 일정이 너무 바빠서 다른 구술자들은 연락이 되지 않아서 인터뷰가 더 이상 진행되지 못하였다. 미수복경기도 실향민의 2차 이산에 대한 연구는 해외로 가서 직접 해야 할 것으로 생각되었다.

5) 2014년-2015년: 미수복경기도 남성 구술 생애사 연구

2014년이 되자 기존의 미수복경기도 실향민 구술자들 중 여성 구술자의 수가 남성의 수를 압도하게 되었다. 그래서 구술 자료의 성비를 맞추기 위하여 남성 구술자들을 인터뷰하는 것이 필요해졌다. 나는 다시 윤일영 사무총장에게 부탁을 하여 개풍과 장단 출신 6명의 구술자를 소개 받아서 인터뷰를 했다. 그리고 개성 출신 1명을 소개 받아서 인터뷰를 하였다. 현재까지 진행된 인터뷰는 총 7명, 27시간 30분이다. 그 외에 나의 아버지에 대한 추가 인터뷰를 하였다. 아버지의 자서전을 바탕으로 내가 더 알고 싶은 사항들을 중심으로 인터뷰를 1회 진행하였다.

이렇게 근 10년간 구술 생애사 인터뷰를 한 미수복경기도 실향민들이 총 30명이 되었다. 해외 동포와 나의 아버지의 인터뷰를 제외하고 모두 2회 이상의 인터뷰가 진행되었고, 인터뷰 시간은 4시간에서 18시간에 이른다. 현재까지 진행된 총 인터뷰 시간은 151시간 25분이 된다.

5. 미수복경기도 실향민 구술자 소개

다음은 내가 인터뷰한 미수복경기도 실향민 구술자 명단이다. 성별, 출생년도, 출생지역, 학력, 직업, 인터뷰 일시, 총 인터뷰 시간, 인터뷰 장소, 구술자료 소장 장소가 명시되어 있고, 출생년도 순으로 정리하였다. 구술자들의 이름은 신원 보호를 위하여 모두 가명임을 밝힌다.

[표 2] 미수복경기도 구술자 명단

성명	성별	출생년도	출생지역	학력	직업	인터뷰일시	총시간	인터뷰 장소	자료소장 장소
김명자	여	1916년(사망)	개풍군 대성면	국졸	행상인	2006년 4월-7월(6회)	12시간	경기도 용인시 자택	국사편찬위원회
이정욱	여	1921년	개성시 동흥동	고졸	수필가	2010년 6월(2회)	4시간	경기도 파주시 자택	국사편찬위원회
신철희	남	1926년	개풍군 대성면	대졸	공무원	2008년 6월(3회)	4시간 43분	한국구술사연구소	한국학중앙연구원
이미경	여	1926년	개성시 만월동	고졸	전업주부	2011년 2-3월(3회)	5시간 30분	한국구술사연구소	근대와 여성의 기억아카이브, 이화여자대학교
정연경	여	1928년	개성시 북안동	고졸	전업주부	2010년 10-11월(2회)	4시간	서울시 일원동 자택	국사편찬위원회
정선희	여	1928년	개성시 동변정	대졸	전업주부	2011년 2-3월(2회)	4시간	서울시 서초동 자택	근대와 여성의 기억아카이브, 이화여자대학교
박선예	여	1928년	개풍군 중면	중 중퇴	농업인	2012년 6월(2회)	2시간 44분	한국구술사연구소	근대와 여성의 기억아카이브, 이화여자대학교
김승찬	남	1929년	개풍군 봉동면	대졸	공무원	2009년 5-6월(3회)	5시간	서울시 구기동 통일회관	국사편찬위원회
김정선	여	1929년	개풍군 상도면	국 중퇴	자영업	2012년 12월(2회)	3시간 48분	서울시 미아시장 방앗간	근대와 여성의 기억아카이브, 이화여자대학교
이병석	남	1931년	개풍군 대성면	국졸	군인	2010년 3-4월(2회)	4시간	경기도 과천시 자택	국사편찬위원회

성명	성별	출생년도	출생지역	학력	직업	인터뷰일시	총시간	인터뷰 장소	자료소장 장소
최수철	남	1931년	개성시	고졸	군무원	2015년 4월(2회)	4시간	한국구술사연구소	국사편찬위원회
신체오	남	1931년	장단군 소남면	국졸	군인, 소상인	2015년 1월(2회)	4시간	서울 도봉동 자택	국사편찬위원회
김수하	남	1932년	개성시 동흥동	대졸	은행원	2009년 3-5월(6회)	18시간	서울시 동선동 자택	국사편찬위원회
신철규	남	1932년	개풍군 대성면	대졸	군인	2014년 6월(1회)	2시간	경기도 의왕시 자택	한국구술사연구소
박석중	남	1932년	장단군 군내면	고졸	공무원	2014년 6월(2회)	4시간	서울시 구기동 통일화관	국사편찬위원회
윤정희	여	1932년	장단군 대남면	국 중퇴	자영업	2012년 5월(2회)	3시간	서울시 구기동 통일화관	근대와 여성의 기억아카이브, 이화여자대학교
최동훈	남	1933년	개성시	대졸	회사원	2010년 5월(2회)	4시간	서울시 중계동 자택	국사편찬위원회
이혜숙	여	1933년	개성시 덕암동	대졸	교사	2012년 2월(4회)	9시간	한국구술사연구소	근대와 여성의 기억아카이브, 이화여자대학교
윤철환	남	1933년	개풍군 광덕면	대학원졸	교사	2014년 4월(2회)	4시간	한국구술사연구소	국사편찬위원회
박희수	남	1933년	개풍군 상도면	대학원졸	교수	2014년 5월(2회)	4시간	한국구술사연구소	국사편찬위원회
김영신	여	1933년	개성시 자남동	고졸	은행원/주부	2010년 5월(2회)	4시간	서울시 중계동 자택	국사편찬위원회

성명	성별	출생년도	출생지역	학력	직업	인터뷰일시	총시간	인터뷰 장소	자료소장 장소
김정숙	여	1934년	개성시 북안동	대졸	교사/ 꽃꽂이 사범	2013년 3월(3회)	6시간	한국구술사연구소	근대와 여성의 기억아카 이브, 이화여자대학교
김숙영	여	1936년	개풍군 중면	국중퇴	전업주부	2011년 4월(3회)	6시간	한국구술사연구소	근대와 여성의 기억아카 이브, 이화여자대학교
김경배	남	1936년	장단군 대남면	고졸	상인	2015년 2월(2차)	3시간 30분	한국구술사연구소	국사편찬위원회
조우경	여	1936년	장단군 장도면	고졸	자영업	2013년 5월(3회)	5시간 10분	서울시 구기동 통일화관	근대와 여성의 기억아카 이브, 이화여자대학교
조미선	여	1937년	장단군 장도면	대졸	전업주부	2011년 4-5월(3회)	5시간	경기도 고양시 자택	근대와 여성의 기억아카 이브, 이화여자대학교
조철우	남	1937년	장단군 장도면	대졸	공무원	2010년 4월(3회)	5시간 30분	서울시 구기동 통일화관	국사편찬위원회
최말숙	여	1937년	개성시 만월동	고졸	전업주부	2012년 12월(2회)	4시간 20분	한국구술사연구소	근대와 여성의 기억아카 이브, 이화여자대학교
파종섭	남	1938년	개풍군 봉동면	대졸	은행원	2014년 3월(2회)	4시간	서울시 구기동 통일화관	국사편찬위원회
김민석	남	1938년	개성시	대졸	사업	2012년 (1회)	2시간	서울시 프라자호텔	한국구술사연구소

위의 표를 지역별, 성별, 출생년대 별로 그 분포를 정리하면 다음과 같다.

[표 3] 지역별, 성별, 출생년대 별 분포

출신 지역별	성별	1910년대생	1920년대생	1930년대생	지역별 총계	성별 총계
개성시	여성		4명	4명	12명	여성
	남성			4명		15명
개풍군	여성	1명	2명	1명	11명	
	남성		2명	5명		남성
장단군	여성			3명	7명	15명
	남성			4명		
총계		1명	8명	21명	30명	30명

또한 각 지역 내 주거지 별 분포는 다음과 같다.

[표 4] 구술자의 지역 내 주거지별 분포

지역	전체 동, 면 수	구술자의 출신 및 주거 동, 면	비고
개성시	15동	고려동, 덕암동, 동흥동, 만월동, 북안동, 남안동	개성의 북부, 동부, 남부
개풍군	14면	대성면, 중면, 봉동면, 상도면, 광덕면	개풍군의 남서부
장단군	10면	장도면, 대남면, 소남면, 군내면	장단군의 서북부

[표 5] 구술자의 출신지별, 성별, 부모의 직업별 분포

출신 지역별	성별	지주 및 개성상인	자영농	소농 소작농	소상공인
개성시	여성	7명	1명		
	남성	2명			2명
개풍군	여성		3명	1명	
	남성	1명	4명	2명	
장단군	여성	3명			
	남성	1명	2명	1명	
총계		14명	10명	4명	2명

[표 6] 구술자의 출신지별, 성별, 학력별 분포

출신지역별	성별	대학원졸	대졸	고졸	중졸 중 중퇴	국졸, 국 중퇴
개성시	여성		3명	5명		
	남성		3명	1명		
개풍군	여성				1명	3명
	남성	2명	4명			1명
장단군	여성		1명	1명		1명
	남성		1명	2명		1명
총계		2명	12명	9명	1명	6명

위의 5개의 표를 종합하여 보면, 내가 인터뷰한 구술자들의 특성을 알 수 있다. 구술자들은 성별로는 균형을 이루고 있으나 출생년대로 보면 1910년대와 1920년대는 여성 구술자가 더 많다. 전체적으로 1930년대 생이 2/3를 구성하고 있다. 출신지역 별로는 개성시 출신이 가장 많고 장단군이 가장 적다. 출신 지역 내 주거지 별 분포는 개성시, 개풍군, 장단군 전체의 1/3 정도만을 반영하고 있다. 구술자들의 계층은 부모의 직업 별로 유추할 수 있는데, 집안이 지주 및 개성상인인 경우가 거의 1/2이고 소농 내지 소작농이 4명으로 대부분의 구술자의 계층적 위치는 중상층이라고 볼 수 있다. 그러한 계층적 위치를 반영하듯이 구술자들의 학력도 상당히 높다. 여성 구술자들도 고졸 이상이 2/3이고 남성 구술자들도 2명을 제외하고 모두 고졸 이상의 학력을 가지고 있다. 구술자들은 한국전쟁 시 1920년대 생들은 1명의 남성을 제외하고 기혼자였고, 1930년대 생들은 모두 미혼의 상태에서 남하하였다.

구술자들의 이러한 특성은 이 연구가 미수복경기도민회를 중심으로 이루어졌기 때문이다. 본격적으로 연구가 시작되면서 미수복경기도민회 회장을 비롯하여 사무총장을 먼저 인터뷰하게 되었고, 그 분들을 통하여 구술자를 소개받다보니, 고학력이고 도민회 활동에 적극적으로 참여하는 분들을 중심으로 인터뷰가 진행될 수밖에 없었다. 게다가 나의 주요 제보자인 윤일영 사무총장이나 김금옥 회장도 인터뷰를 할 수 있는 사람들은 식자층이여야 한다는 선입견을 가지고 있었기 때문이었다. 여성 구술자들 경우에는 개성실향민들의 부모가 지주 또는 개성상인이다 보니 개풍군이나 장단군 여성 구술자에 비하여 학력이 상당히 높다. 남성 구술자들도 미수복경기도민회에서 활발히 활동하는 고학력이고 공무원과 같은 조직생활을 해본 분들이기 때문에 남성 구술자들의 학력도 상당히 높다. 학력이 높은 여성 구술자들은 대부분이 전업주부이거나 교사라는 직업을 가졌고, 학력이 낮은 여성 구술자들은 행상인, 종업원, 자영업에 종사하였다. 남성 구술자들의 직업도 공무원, 군인, 군무원이 많고, 소수가 은행원, 교사, 상인이나 사업을 하였다.

  따라서 구술자들의 특성은 김귀옥의 연구에서 말하는 '엘리트층 월남민'[126)]과 비슷하다는 한계가 있다. 김귀옥이 분석한 '엘리트층 월남민'과 달리 미수복경기도 실향민들은 정치적, 경제적 동기보다는 대부분이 비자발적 동기에 의해서, 구체적으로는 이남지역이었기 때문에 잠시 피난을 갔다 올 것이라는 생각으로 남하하게 되었다. 또한 어떤 구술자에 의하면 하층민들은 굳이 남한으로 올 필요가 없었고, 남한에 왔다가도 다시 고향으로 돌아간 경우도 있다고 하였다. 그 만큼 미수복경기도민들은 분단의 경계에서 살았기 때문에 남한으로 내려오는 것이 더 유리한 사람들이 실향민이 되었다고 볼 수 있다. 그리고 남한사회에서 성공적으로 정착한 사람들이 군민회, 면민회와 미수복경기도민회에 더 적극적으로 참여하게 되기 때문에 계층과 학력이 높은 구술자들이 많게 되었다.

제II부
미수복경기도민의 해방과 한국전쟁

제5장
일제시기 생활문화

　미수복경기도 실향민을 디아스포라의 새 영역으로 간주하고 이들의 이산 경험을 재구성하기 위하여 나는 이들의 고향 또는 본거지를 하나의 지방(local) 또는 로컬로 간주하고 이들 고향의 지역성(locality) 또는 로컬리티를 이해하는 것으로 시작하고자 한다. 미수복경기도 실향민들이 분단과 전쟁으로 인하여 자신들의 로컬을 떠나 38선 또는 휴전선을 넘어서 새로운 자신들의 로컬을 만들어가는 과정의 시작은 이들의 일제시기 지역 문화의 재구성으로부터 시작되어야 할 것이기 때문이다.
　미수복경기도 실향민들의 기억은 그들의 어린 시절인 일제시기로부터 시작된다. 내가 인터뷰한 실향민들은 일제식민지배 시기인 1920년대와 1930년대에 태어났다. 그러나 이들이 기억하는 고향은 1930년대 중반부터 1940년대의 고향이다. 이때는 이미 일제식민지배가 상당히 진행된 시기였기 때문에 개성, 개풍, 장단 지역도 일제식민지배에 상당한 영향을 받았을 것이다. 그렇다면 이 지역민들이 일제식민지배 속에서 어떻게 살았는지를 살펴보는 것이 필요하다. 개성, 개풍, 장단은 20세기 초까지 같은 행정 지역이었다가 실향민들이 기억하는 개성부, 개풍군, 장단군으로 나누어진 것은 1930년대에 이르러서다. 그리고 당시 개성부, 개풍군, 장단군은 서울에서 신의주로 가는 경의선의 경기북부 지역으로 개성을 중심으로 하나의 지역문화권을 형성하고 있었다. 그래서 나는 이 장에서 일제시기부터 해방 전까지의 개성, 개풍, 장단의 역사적 맥락을 살펴보고자 한다. 이를 위해서 이 지역 관련 문헌자료 및 연구서를 참고하였고, 구술자들의 일제시기에 대한 구술 증언을 참고하였다. 이 작업을 통하여 미수복경기도 실향민들이 기억하는 일제시기 개성, 개풍, 장단의 지역성(locality)을 파악하고자 한다.

1. 개성

개성은 고려의 황도였지만, 조선이 창건되고 태종이 한양으로 천도하면서 송도(松都)라 개칭되었다. 그 후 개성이 하나의 행정구역으로 나타난 것은 조선 세종조 때 경기도가 하나의 지방행정구역이 되면서 개성군으로 된 때부터다. 세종 20년(1437년)에는 개성군을 개성부로 바꾸어 유수를 두었고, 그 후 여러 번 구역이 변천하였다. 개성부는 1782년 『松都誌』에 따르면 4부 17리와 7면 43리였으나 정조 20년(1796년)에 나성(羅城) 안의 동서남북 4부와 나성 밖의 7개면(동면, 청교면, 남면, 서면, 중서면, 북서면, 북동면)으로 구성되어 있었다.127) 1881년 『中京誌』에 의하면 4부 14리 13면 109로 확대되었다. 개성부의 행정구역은 조선시대를 통하여 꾸준히 확장되었다. 개성부는 다른 군현과 달리 영역이 매우 좁아서 좁은 토지로부터 산출된 생산물로 재정을 충당하기 어려웠다. 그래서 개성부는 주변 지역을 합병해서 재정을 확보했다. 1796년 정조 20년에 개성부는 금천군의 소남면과 대남면, 장단부 사천의 서쪽 지역과 백치진을 병합하였다. 1823년 순조 23년에는 폐지된 풍덕부 전체가 개성부에 합병되어 개성부의 행정편제는 4부 13면이 되었다.128) 개성부의 인구는 지속적으로 증가하였고, 전국 인구증가 추세에 비하여 훨씬 높았던 것으로 보인다. 주변 지역 합병 전인 1756년에 9,400호 34,285명이었는데 1855년에는 금천군 일부와 풍덕부가 개성부에 합병하여 17,946호 75,482명으로 1백 년 동안 약 2배가 증가하였다.129)

개성이 고려시대에는 왕도였다면 조선시대에는 상업도시로서 명맥을 이어왔다. 개성부가 조선시대 상업도시로 발전하게 된 것은 개성상인들이 전국 각지에 송방(松房)을 운영하여 장시 시장권을 장악했기 때문이었다.130) 이러한 배경은 개성의 도시구조가 상인중심으로 주민들이 구성되어 있었고, 개성의 공간 자체도 도시기반시설이 있었기 때문이었다.131) 조선 후기 개성은 남대문을 중심으로 동서남북을 가르는 십자로가 있었고, 수도 한양과 마찬가지로 상설점포인 시전이 있었다.132) 1789년 당시 개성부의 인구는 12,075호 49,423명으로 가장 인구가 밀집된 곳은 남대문 안에 위치한 개성의 지배층이 거주하는 북부였다.133) 또한 개성주민의 대부분은 공상(工商)에 종사하여 초립과 같은 것을 생산하는 수공업이 발달된 도시였다.134)

개성부는 유수(留守)가 관할하는 고을이어서 관부의 운영은 수도인 한성부와 거의 동일하여 개성사람들은 개성을 한양과 동일하게 경도(京都)라고 인식하기도 하였다.135) 개성부는 인구수에 비하여 토지가 적은 고을이어서 전세수입은 극히 적었다. 개성부는 다양한 방법으로 화폐수입을 만들어서 운영을 하였는데, 개성부자들로부터 돈을 거두는 부거안(富居安), 상인들에게 빌려주어 이자를 얻는 식리(殖利)방법, 상매세(商買稅) 등을 통해서 상업이윤이나 금융대출의 이자수입을 기반으로 재정을 운영하였다.136) 그러나 상업이윤과 이자수입은 상업의 성쇄에 크게 의존하기 때문에 개성부에서는 재정위기를 해결하기 위하여 위에서 언급된 1796년과 1823년 인근 지역을 통합하였다.137)

1906년 광무 10년에 개성부는 다시 개성군이 되었고, 소남면과 대남면은 장단군으로 되돌아가고, 풍덕군 7개 면을 개성군에 이속시켰다.138) 이때까지만 해도 개성군은 개성과 후에 개풍군이 되는 지역을 함께 포함하고 있었다. 그런데 1930년 지방행정제도 개편에 따라 개성군의 송도면 전체가 개성부로 독립되면서 나머지 개성군 지역이 개풍군이 되었다. 이렇게 하여 개성군은 1930년에 개성부와 개풍군으로 분리된 것이다. 개성부가 독립한 후 1933년에 호수는 10,506호, 인구수는 50,780명이었고,139) 1936년에는 5만 4천 명을 돌파했다.140) 1938년에 시가지 계획령에 따라서 청교면의 덕암리, 중서면의 관전리, 영남면의 용흥리의 일부

가 모두 개성부에 편입되어 개성부는 17정, 인구 7만 명의 대도시가 되었다.[141]

　조선시대 상업도시로 발전한 개성은 나성 안의 4부(동, 서, 남, 북)가 있었는데[142] 그 특징은 일제시기에도 지속되었다. 개성부는 동서남북으로 나누어져 계층이나 사회적 지위에서 서로 다른 거주 구분이 있었다. 북부에는 지주나 개성상인, 고리대금업자들이 살고 있었고, 남부에는 상

[지도 2] 개성시 옛 지도 (이상은 제공)

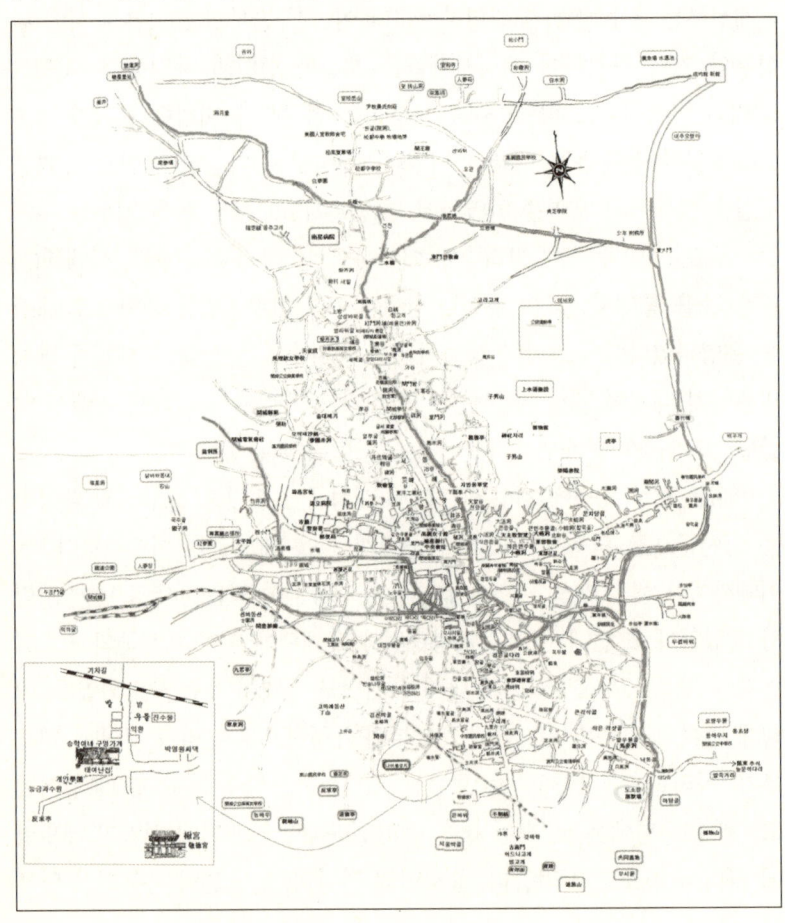

공업자나 서민층이 살고 있었다. 동부에는 대체로 학자들이 살고 있었고, 서부에는 관청가로 관리들과 일본인들이 살고 있었다. 개성부는 일제시기 일본인들이 거주하기가 어려운 곳이어서 남대문 옆 서쪽 관청가(야마또 마찌, やまとまち)를 제외하고는 일본인들은 개성시에 살 곳을 얻기도 어려웠다. 1936년 호수돈여학교 교사로 부임한 류달영은 "개성의 특색은 애향심과 자부심이 강하다는 것을 말할 수 있으며 서울로 내려간다고 했습니다. 일인들이 개성역을 변두리에 먼 곳에 세운 것은 일인들의 상가를 만들려고 한 것인데, 일인에게 땅을 팔지 않아 이루지 못했습니다. 해방될 때까지 역전에 일인여관 하나가 있었을 뿐이었으니까요. 그렇다고 일인에게 심한 적개심 같은 것이 있어서가 아니라 서로 부드럽게 지내면서도 일인과의 거래가 없었던 거죠."143)라고 하였다. 개성부의 부윤도 모두 조선인이어서 개성실향민들은 인터뷰에서 개성에서 일본인들이 발을 붙일 수 없었던 것에 대해서 대단한 자부심을 드러냈다.

『개성지 I』에 의하면 개성부에서 3.1운동 당시 어윤희가 독립선언서를 서울에서 가져다 개성지역에 뿌렸고, 개성을 네 지구로 나누어 동부대장에는 조숙경, 서부대장에는 이경체, 남부대장에는 이경화, 북부대장에는 유관순 양오라버니댁인 조화벽이 활동하였다.144) 송도고등보통학교와 호수돈여학교의 많은 학생들이 기미독립만세에 참여하였고, 투옥되어 옥고를 치른 남자는 20명 여자는 5명이었다.145) 해방직전 1944년에는 일본에 유학하고 있었던 학생들이 학병 동원을 피해 개성 주변의 산에 숨어있었는데, 이들과 연계하여 개성상업학교, 송도중학교, 호수돈여학교를 중심으로 항일투쟁조직이 만들어져서 항일운동을 전개하였으나 일제에 의해 발각되었다. 1944년에는 개성상업학교에서 항일조직을 결성하여 총화기 도난사건이 일어났고,146) 같은 해 송도중학교에서도 무기고 탈취사건이 일어났다.147) 또한 개성 자남산에 있었던 경성중앙방송국 개성주계소에서 미국의 단파방송 청취사건이 일어났다.148)

기미독립운동 이후 해방 전까지 개성군은 1920년대와 1930년대를 거쳐 인삼을 중심으로 하는 상업도시로 더욱 발전하면서 관공서, 기관, 학교, 도로 및 철도 등을 구비한 근대적인 도시로 발전하게 되었다. 1922년 『동아일보』 4월 16일자 기사에 의하면 개성군(송도면)은 가구수 8천여 호에 인구 4만 5천 명으로 경성, 평양, 부산, 대구 다음으로 많은 인구수를 가지고 있었다.149) 1923년 『동아일보』 11월 4일자 기사에는 개성군 호수는 2만 5,866호, 인구수는 13만 1,522명으로 그 중 송도면은 8,560호 인구는 4만 1,462명으로 나온다. 그런데 다른 네 도시는 부제를 실시하고 있었는데, 개성군만이 부제를 실시하지 않고 있어서 개성군 내에서 부제 실시에 대한 진정을 하였다.150) 이러한 요구는 1930년 송도면이 개성부로 승격되면서 이루어졌다.

이 시기 개성군의 급격한 인구 증가로 인해 더 많은 교육기관이 필요해졌다. 1921년 『동아일보』 6월 22일자 기사에 의하면, 개성군 내 13개의 사립학교와 4개의 공립학교가 있었다. 1927년 『동아일보』 11월 2일자 기사에 의하면, 개성군의 학령 아동이 2만 8,808명인데 공립보통학교 6개가 3,501명을 수용하고 사립보통학교 4개가 1,785명을 수용하고 있어서 1931년까지 공립보통학교를 4개 증설하여 4,000명을 더 취학하게 할 계획이라고 하였다.

1930년 송도면이 개성부로 독립한 후로부터 해방 전 개성부의 대표적인 학교들은 [표 7]과 같다.*

개성에는 유치원부터 고등학교까지 공립과 사립의 다양한 학교들이 있었다. 개성상인을 중심으로 인삼, 논농사, 고리대금업으로 민족자본을 축적하고 있었고, 자본의 많은 부분을 교육에 투자할 수 있어서 사립학교의 설립이 활발했다. 일제시대에 송도중학교와 호수돈여자고등보통학교는 전국각지에서 학생들이 올 정도였다. 개성사람들의 교육열도 대단해서 개성토박이 김수학에 의하면, 일제시기 말에는 개성시내에서 극빈층을 제외하고는 대부분 국민학교나 사설학교에서 어린이들이 교육을 받을 수 있었다고 한다. 따라서 개성은 일제시기 대표적인 교육도시

---

* 표 내용의 출처는 『개성지 II』의 제8장 제3절 개성의 근세 교육기관이다.

[표 7] 해방 전 개성부의 대표적 학교들

분류	명칭	개교년도	1938년 개칭	1941년과 해방 당시
공립 보통학교	개성제1공립보통학교	1907년	개성만월공립심상소학교	만월공립국민학교
	개성제2공립보통학교	1912년	개성원정공립심상소학교	원정공립국민학교
	개성제3공립보통학교	1930년	개성궁정공립심상소학교	궁정공립국민학교
	개성제4공립보통학교	1938년	개성고려공립심상소학교	고려공립국민학교
	개성여자공립보통학교	1920년	없어짐	
	개성남산국민학교	1943년		
사립 보통학교	사립송도제1보통학교	1917년	개성송도심상소학교	송도국민학교
	사립호수돈여자보통학교	1918년	개성호수돈심상소학교	호수돈국민학교
	사립정화여자보통학교	1918년	개성정화심상소학교	정화여자국민학교
	사립송도 제1보통학교	1920년	개성중경심상소학교	중경국민학교
	사립 미리흠여학교	1922년		
사립고등 보통학교	사립송도고등보통학교	1917년	송도중학교	송도중학교
	사립호수돈여자고등보통학교	1918년	호수돈여자중학교	명덕여자고등학교
공립 중학교	개성공립상업학교 (전개성공립간이상업학교)	1919년		개성공립상업학교
	개성공립중학교	1939년		개성공립중학교
	개성공립고등여학교	1942년		개성공립고등여학교

중에 하나였다.

개성상인 연구자인 양정필에 의하면 19세기 초반에 성립된 개성상인의 경제조직은 크게 3대 사업부문과 3대 상업제도로 이루어졌다.151) 3대 사업 부문은 상업 활동, 토지경영, 삼포경영이고 3대 상업제도는 시변제도, 차인동사제도, 사개치부법이다. 개성상인의 사업에서 특이한 것은 삼포 경영인데, 이것은 세계적인 경쟁력을 갖추어서 일제하 제국주의적 자본의 침투 속에서도 개성상인들이 주변화 되지 않은 이유였다.152) 그래서 개성상인들은 상권을 유지하여 그 부력을 기반으로 주변 농촌 지역을 장악하였고, 그것은 다시 개성상인의 경제력을 증대시켰다. 또한 개성상인들에게 독특한 것은 시변제도로서 국내에서 그 유례를 찾기 힘들다.153)

[사진 1] 개성 송도중학교 (『개성지』, 2015)

시변제도를 통해 개성상인들은 자금융통을 원활히 하여 일본 제국주의 자본에 크게 의지하지 않고 경제활동을 할 수 있었다. 사개치부법과 차인 동사제도는 개성상인 특유의 것은 아니나, 개성상인들은 이 두 제도를 가장 적극적으로 활용하여 최대의 효과를 누릴 수 있었다. 양정필에 의하면 "이러한 경제조직을 기반으로 개성상인들은 일제하에서도 제국주의의 경제적 침투를 저지하면서 자신들만이 경제권을 유지할 수 있었다."[154)

그래서 일제시기 일본인들이 사회경제적인 주도권을 장악하는 데 실패한 곳은 개성이 유일하였다. 그것은 개성이 일본인들에게 경제적으로 매력적이지 않아서가 아니었다. 개성에는 일본인들이 크게 관심이 있는 인삼과 고려청자가 있었기 때문에 일본인들은 개성으로 진출하려고 하였다.[155) 그래서 개성역을 개성의 중심지인 남대문 부근이 아닌 시가지 서쪽의 빈민굴에 건립하여 일본인의 상권을 형성하려 하였다. 그러나 일본인의 개성 진출은 매우 미약하였고, 일본인의 개성 상권 장악도 실패했다.[156) 이것은 개성실향민들이 증언하는 바와 일치한다.

일제시기 개성에서는 수공업도 상당히 발전되고 있었다. 개성에는 유명한 송고실업이라는 공장이 있었는데, 개성토박이 김수학은 개성의 남부 진수물에서 6형제의 장남으로 태어났다. 그의 아버지는 항양보통학교를 나와서 송고실업에서 일을 배워서 직물을 짜는 공장을 차려서 자수성가한 상공인이 되었다.

김수학: 그래가지고 송고실업장에. 인제 가만 있어. 내 여기다… 이거거든요. [컴퓨터 홈페이지의 송고실업장 사진을 보여주며] 저기 보이지. 저기 송고실업장인데 공장을 자기가 돈으로 짓는 학교 공장이 어딨어요. 저기 돌로 지은 공장이 세계 유일할 거야. 그만큼 송도(중학교)에 송도(중학교)에 학생들이 공부하는 교실은 얼마나 크겠냐구.

면담자: 아, 텍스타일 릴링(textile reeling)이라고 써있네요.

김수학: 그러니까 저게 옛날에 저렇게 공장을 저렇게 하니 말이야. 보면은… [송고실업장 반공생 사진을 보여주며] 이게 반공생이야. 이 학생이 반은 공부, 반공생이거든. 이 반공생들이 하는데. [아버지가] 여기 가셔서 일을 하시는데 이 돌집을 누가 지었냐, 개성의 마공무소(馬工務所)라고 있어요. 마공무소. 성이 마가고 공무. 지금으로 치면 건설주식회사야. 옛날에 주식회사가 없으니까요. 그냥 마공무소라고 해가지고 그 일꾼들을 중국사람 끌어다 했는데. 송도중학교는 다 그분이 지은 거야. 그 분뿐 아니라 송도중학뿐 아니라 서울 이화대학 이화대학도 마공무서(마공무소)에서 지은 거야. 이 전국에 그 공무소가 여기저기 있었는데 아마 이 탄탄했었나봐 마공무서. 여기서 [아버지가] 인제 일을 하시고. 그때 송고직(松高織)이 유명해가지고 양말 공장 다니셨는데 텍스타일(textile), 양말 기계를 갖다가 미국서 들어오고 또 최신 거 들어왔는데 그때 선을 막 돌리고 전기도 뭘 하고 그랬다는데. 그 유명해가지고 지난번에 말씀을 드렸잖아요. 세계적으로 유명하고 염색도 기가 막히게 돌아가지고 텍스타일이나 양말 같은 것도 외국 동양에 있는 사람들은 다 여기 거 사다 썼다구. 그러니까 송도중학교가 얼마나. 근데 교사(校舍)들이 전부 이런 식으로 지어 놨어. 엄청 크지 뭐. 근데 그때 당시에 대학도 그렇게 드물었다고. 그 규모가. 허허. 그래서 내가 왜 얘길 드리냐면 공장도 이렇게 지었다는 거야. 공장도. 하하. 그리고 고등학교 송고실업장이 그거고.*

---

* 2009년 4월 8일 김수학 2차 인터뷰 중에서. 국사편찬위원회 구술자료번호. OH_09_017_000_06.

[사진 2] 송고실업장 (이상은 블로그 http://songmisinsun.blog.me)

일제말기에도 개성은 수공업 도시로서 면모를 이어갔다. 일제 말 족탁기를 가지고 천을 짜는 수공업이 개성 내에서 상당히 부흥하여 김수학의 아버지도 그 사업으로 크게 부를 이루었다. 장단군 소남면 출신의 신채오는 해방이 되어 고향이 이북이 되자 개성으로 이주하였다. 그는 2남 1녀의 장남으로 개성 남부에 있는 족탁기 공장에 들어가서 일을 배웠고, 나중에는 남동생과 함께 돈을 벌어 개성 운학동에 집을 마련하였다. 나중에는 자신도 족탁기를 구입하여 작은 공장을 운영하기도 하였다.

인삼으로 유명한 개성에서 여성들도 인삼제조에 참여하였다. 개성 시내 여성들은 빈부나 지체를 가리지 않고, 백삼을 만드는 때가 되면 이른 아침에 인삼 조합에 가서 인삼 껍질을 벗겨서 백삼을 만드는 부업을 하여 삯을 받고는 집에 와서 아침상을 차렸다. 개성토박이 김수학은 개성 여성들과 백삼제조에 대해서 다음과 같이 구술하였다.

김수학 : (중략) 그리고 백산포가 있어요 백산포가 어디냐하면. [지도를 가리키며] 이게 백산포거든요. 북쪽에. 송도중학교가 사이트가 이렇게 크고 넓고. 백산포가 있고 홍산포도 있고 그런데. 뭐를 하는 데냐 하면 홍삼을 여자들이 깎아가지고 잘 좋은 거는 홍삼으로 해 가지고 쪄서 그걸 홍삼으로 만들잖아요. 나머지는 백삼인데 백삼도 그냥 만드는 게 아니라 이렇게 고걸 깎는 데 그게 작업이 많아요. 많아 가지고 8, 9월 달에 되면은 삼을 이제 육년근을 캐 가지고 저기 잔뜩 가져다 놓고 홍삼으로 다 가 빼고 나머지는 백삼포라 해 가지고. 그게 손에 일이 많이 들잖아요. 그니까 기록에 보니까 매일 만 이천 명씩 여자들이 갔다는 게. 그게 말이 안 되는 게야. 그때 인구가 6만인가 5만 그래 됐었는데. (면담자 : 개성 인구가?) 어. 그 반이 하면 2만 5천이 반 이면은 여자는 뭐, 만 이천이면, 거의 3분에, 거의 애들 빼놓고 다 왔다는 얘긴데. 그게 맞는 얘기면 맞을 수도 있고. 그 기록에는 만 이천 명으로 나와 있어요. 그러면 아침에, 새벽에, 그니까 뭐 동도 트기 전 깜깜한 새벽에 여자들이 다 그걸 한다고. 아무리 사람 많아도 다- 받아줘. 야, 사람 많으니까 고만 두라는 거 없어 다- 받아줘 가지고. [사진을 가리키며] 그 그 이게 지금 일하는 거야. 이게 이거 여자들 일하잖아요… 이거 이거 넓은데서. 그런데 거기서 이런 큰- 섬에다 그 개성에 삼밭이 오죽 많아요. 다 까 가지고 이 큰 거 한 섬을 펴놓고 여자들이 다섯도 붙고 여섯도 붙어 일곱도 붙어 가지고 또 사람들이 모자라면 조금 덜 붙고 사람이 많으면 일곱 여덟도 하고. 그러니깐 이 돌아오는 돈이 적어지지. 그럼 일원이면 일원 딱 내놓고 뭐 일원 오십전이 다 딱 내놓고, 이걸 노놔 가져라. 여섯이면 얼마씩, 십 몇 전씩 노놔 갖잖아요. 아침 아홉시 열시 되면 다 집으로 돌아가. 집에 가 또 살림해야 되니까.

면담자 : 오, 새벽에 왔다가.

김수학 : 오. 새벽에 왔다가. 그 일허구. 그게 이게 뭐 정부에서 하는 게 아니라 한국 사람 인삼 조합서 하는 거. 홍삼포는 정부에서 하지만은. 그니까 그게 다 배려해 주는 거야. 한국 여자들 하고 부지런하니까 아침 용돈에 조금씩 받고 와서, 또 서로 얘기도 하고 여자들이 전부 갇혀가지고 바깥에 구경 못하잖아. 그 모여서 얘기하는데 그게 여자들 치고 돈 버는 게 목적이 아니라 대화의 장이 되고. 또 사람 얼굴도 보고. 또 새벽이지만은 왔다 갔다 하는 게 그 스트레스가 얼마나 해소돼. 여자들로서 최고지. 그러잖아요. (중략)*

---

* 2009년 4월 8일 김수학 2차 인터뷰 중에서. 국사편찬위원회 구술자료번호. OH_09_017_000_06.

2. 개풍

조선조에 태조가 도읍을 한양으로 옮기고 고려의 옛 도읍지인 개성은 송도개성유후사로 부르다가 세종 24년(1442년) 덕수현과 합쳐서 풍덕군으로 독립된 군이 되었다.157) 고종 3년(1866년) 풍덕군을 다시 개성부로 독립시켰다가, 고종 32년(1895년) 개성과 분리하여 개성의 관찰부를 폐지하고 개성부윤을 배치하였다. 이때 개성부를 제외한 다른 지역(풍덕군)을 합쳐서 개풍군이 되었다. 1906년 광무 10년에 개성부를 다시 개성군으로 고치고 소남면과 대남면이 장단군으로 되돌아가고, 풍덕군 7개 면이 개성군에 이속되었다. 일제시기 1930년 지방행정제도 개혁에 따라 개성군의 송도면을 독립시켜 개성부가 되고, 나머지 지역이 개풍군이 되었다.158) 개성군의 개(開)와 풍덕군의 풍(豊)자를 따서 개풍군(開豊郡)이라 부른 것이다. 1937년 조람에 의하면 인구는 9만 1천 4백 60명이었다. 1937년에 중서면이 토성면이 되어 개풍군을 구성하는 14개의 면은 토성면, 상도면, 북면, 임한면, 대성면, 남면, 봉동면, 광덕면, 청교면, 중면, 흥교면, 서면, 영남면, 영북면이 되었다.159) 그러나 1938년 개풍군의 청교면 덕암리, 중서면 관전리, 영남면 용흥리가 개성부로 편입되어, 개풍군은 14개면에 89개 리로 구성되었고, 개성군의 군청소재지는 개성부 남산동에 있었다. 개풍군은 경기도의 서북쪽에 위치하여 동쪽은 장단군, 남쪽은 파주군, 북쪽은 황해도 연백군, 서쪽은 한강 및 서해를 경계로 하여 현재 서울이 경기도 안에 있는 것과 마찬가지로 개풍군 안에 개성부가 위치하고 있었다.

　개풍군은 개성을 둘러싸고 있으면서 한강과 예성강 하류연안에 있는 평탄한 벌로 되어 있는 농촌지역이었다. 북쪽에는 천마산을 비롯하여 높은 산지이고, 남쪽 임진강변에는 월암벌, 한강과 예성강변에는 풍덕벌과 신광벌이 펼쳐져 있었다. 개풍군의 넓은 평야에서는 논농사가 주류를 이루고 또한 인삼재배가 성행했다. 대부분의 토지는 개성과 경성에 있는 부재지주의 소유였으나 일부 자영농들은 부재지주들의 마름을

[지도 3] 개풍군 지도 (『개풍군지』, 2010)

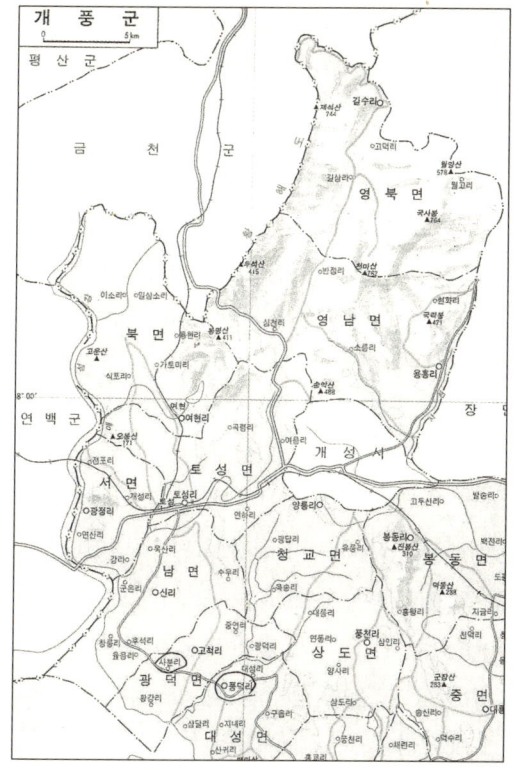

하며 부를 늘려갈 수 있었다. 개풍군 청교면 출신의 소설가 박완서의 글에서도 나타나는 것처럼 개풍군은 보통 농촌보다 더 풍요로운 곳이었다. 자영농이 비교적 많았고, 소작을 하더라도 개성 지주들의 소작을 하였기 때문에 일본 제국주의 자본에 종속되어 농촌이 피폐해지지 않았다. 또한 일제시기 말에 소상공업이 개성 시내에 증가하면서 개풍군의 농촌인구가 개성으로 유입될 수 있었다.

개풍군 각 면의 소재지에는 면사무소, 공립보통학교, 경찰관 주재소가 있었다. 실제로 개풍군의 중심지는 대성면 풍덕리였다. 풍덕리에는 대성면사무소 외에도 풍덕공립보통학교, 풍덕수리조합, 풍덕금융조합, 풍덕곡물검사소, 풍덕우체국, 개풍군농사훈련소, 경찰관 주재소, 대성농협창고가 있었다.160) 특히 풍덕장은 큰 시장으로 우시장이 5일 간격으로 흥교면 기야리장-파주 금촌장-장단 시루리장-풍덕장-개성 여무네장-황해도 연안장 순으로 개장되었다.161) 그 외 토성면 소재지인 토성리에는 토성역이 있어서 상당히 번화했으며 토성에도 금융조합과 우체국이 있었다.162) 흥교면 면소재지인 영정리에도 금융조합과 어업조합이 있었다.163)

개풍군 각 면에는 공립보통학교가 있었고, 일제 말기로 가면 그 수요가 증가하여 국민학교 분교까지도 만들어졌다. 일부 부농들의 자녀들은 극소수이지만 면내 국민학교를 졸업하고는 개성부에 있는 중학교나 상업학교에 진학하기도 하였다.

개풍군내의 철도역은 경의선으로 1905년에 평양–신의주에 먼저 건설이 되고 1911년에는 경성에서 신의주까지 완공되었으는데, 경의선은 봉동면의 봉동역과 개성역을 지나 토성면의 토성역으로 이어졌다. 국도는 장단에서 개성을 거쳐 토성면과 영북면으로 갈라져 있었다. 1938년 조선총독부 지방도로 개설령에 따라 개성에서 청교면, 대성면, 흥교면, 임한면까지 지방도로가 만들어졌고, 중면 덕수리와 대룡리에서 장단역까지 신작로가 개설되어 트럭과 버스가 다니게 되었다.164)

또한 개풍군은 임진강, 한강, 예성강을 끼고 있어서 북면, 서면, 남면, 광덕면, 대성면, 흥교면, 임한면과 중면에는 도선장이 많이 있었다. 그 중 유명한 도선장은 대성면 고군리 해창동에 있는 도선장으로 강화군 철산리 산이포로 가는 뱃길이 있었다. 대성면 산귀리 월포에서는 김포군 월곳면 조강리로 갈 수 있었다.165) 남면 창릉리 창릉포에서는 인천, 강화, 연백, 서울을 왕래하는 배편이 있었다.166) 중면 식현리 일원은 사천 하류와 임진강 연안에 접하고 있어서 수운업이 활발하였다. 사천하구 수운동의 물운이 나루터, 임진강 연안의 식현리 화장동 탄풍정 나루터, 내촌동 장바위 나루터가 있어서 파주 문산포, 서울 마포, 임한면 흥교면 소재 포구, 김포 강화유역의 포구 등에 목선과 똑딱선이 다녔다.167) 흥교면 영정포구에서도 황해도 연백, 강화, 인천, 김포, 서울을 왕래하는 정기여객선, 어선, 화물선이 있었다.168) 광덕면 황강포도에서도 연평도, 서울의 마포와 인천을 왕래하였다.169) 개풍군 실향민들은 한국전쟁 시 이 도선장들을 이용하여 남하하였다.

개풍군이 대체로 농촌지역이었지만, 광산도 여러 곳이 있었다. 특히 북면에 소재한 삼보광산, 영광광산, 이포광산은 모두 금을 채취하는 광산으로 1930년대 초반에 개발되어 해방 시까지 지속되었다. 북면 려현

[사진 3] 개풍군 삼달리 포구와 평야 (강화도 평화전망대 전시물)

리에는 석탄광도 있었다.170) 1943년 중면 대룡리 청깨 소재 대룡광산이 있어서 형광석을 채굴했고, 여기에서 장단역까지 기동차 철로가 개설되어 기동차가 다녔다.171)

3. 장단

조선 태종 14년(1414년)에 장단현과 임상현이 합쳐 장림현이라고 하였는데, 다시 장단과 임진을 합쳐서 임단현으로 바꾸었다. 세종 원년(1491년)에는 장단현으로 되었다가 고종 23년(1886년)에 장단군으로 되었다.172) 따라서 장단군은 옛날의 장단현, 임강현, 임진현의 땅을 말하는 것으로 보인다.173) 장단군은 경기도의 서북쪽에 위치하고 있으며 동쪽은 연천군, 남쪽은 파주군, 서쪽은 개풍군, 북쪽은 황해도 금천군과 이웃하고 있다. 1911년 한일합병 이후 개정된 행정 구역에 의하면 20면 68개리로 구성되어 있었다.174) 1934년에 행정구역이 다시 조정이 되어 10면

[지도 4] 장단군 지도 (『장단군지』, 2009)

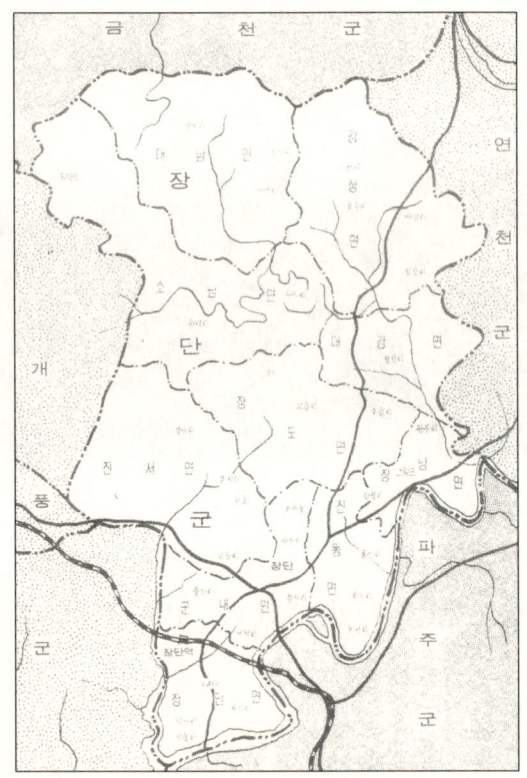

66개리로 되어 해방까지 유지되었다. 10개 면은 장단면, 군내면, 진동면, 장남면, 장도면, 대남면, 대강면, 강상면, 소남면, 진서면이다.[175]

장단군의 인구는 1930년대 말 13,290호수에 총 인구는 67,702로 기록되어 있고, 10,765호가 농업에 종사하고 677호가 상업 및 교통업에 종사하고 있어서 전형적인 농촌지역이라고 볼 수 있다.[176] 장단군의 북부에는 마식령산맥이 황해도와 분수령을 이루고 있어서 그 지맥이 군내에 뻗어 있기 때문에 지형은 동남을 향하여 완만하게 경사를 이루고 북쪽은 구릉지대이나 남쪽은 임진강 연안의 비옥한 평야가 펼쳐져 있었다.[177] 이러한 지형적 특징으로 인해 장단군은 1916년 경지면적 중 논이 총 76,900단, 밭은 총 132,406단으로 밭농사가 발달하였다. 그래서 장단 콩과 조가 유명하며, 개성에 접해 있어서 삼포 농사도 많이 하였다.178) 그러나 개풍보다는 삼포 농사의 규모가 작고, 개성실향민 중 지주집안들에서 장단보다는 개풍과 황해도에 소작지를 많이 가지고 있었던 것으로 보아서, 개풍군과 달리 부재지주보다는 대농이나 재촌지주들이 더 많았던 것으로 보인다.

원래 장단군의 군청은 군내면 읍내리에 있었으나 경의선 장단역이 진남면 동장리에 생기면서 군청이 동장리로 이전되었다. 1933년 장단경찰서가 읍내리에서 20리 떨어져 있는 장단역전으로 이전하면서 장단군청도 이전하게 되었는데, 이에 읍내 주민들이 크게 반발하였으나, 당해년 말에 역전에 신청사가 건설되었다.179) 진남면사무소는 도라산리에 있었는데, 진남면은 1934년에 장단면으로 개칭되었다. 그래서 군내면에 있었던 장단군 최초의 보통학교인 장단공립보통학교는 1938년에 군내심상소학교로 개칭되었다. 1924년 진남면에 세워진 진남공립보통학교는 진남면이 장단면으로 되어서 장단동심상소학교가 되었다.180) 장단면 거곡리에는 1942년 개성소년형무소가 만들어졌다.181) 따라서 장단면은 진남면에 장단역이 생기면서 일제시기 크게 발전한 지역으로 장단군청이 이곳으로 이전하면서 장단면으로 개칭하여 장단군의 중심지가 되었던 것이다.

그런데 장단군의 지도를 보면 장단역이 서울과 개성에 가까운 장단군의 하단부에 있어서 대부분의 면들은 군청에서 먼 곳에 있었다. 그래서 군청소재지인 장단면 북부에 위치하고 있으면서 임진강변에 있는 고랑포가 장단군 내의 또 하나의 중심지였다. 고랑포리에는 장남면사무소가 있었으며, 1924년에 고랑포공립보통학교가 세워졌고, 경찰관 주재소, 곡물, 가마니검사소, 우편소와 금융조합이 위치하고 있었다.182) 고랑포는 상업의 중심지로서 오일장뿐만 아니라 우시장이 섰고, 금전거래가 활발하여 1932년에 고랑포 금융조합이 설립되어 인근의 적성, 백학, 대강, 장도, 진동면 등지의 주민들까지 조합원이 되었다.183) 고랑포는 장

[사진 4] 고랑포 사진 (『한국민족문화대백과』)

단역, 문산역, 전곡역으로 도로가 만들어져 있어서 버스가 운행하였고, 임진강변에 있어서 수운이 발달하여 고랑포에서 경기도 이천, 서울 마포까지 왕래하는 늘배가 있었고, 고랑포에서 마포, 강화, 인천, 황해도 토산까지 운행하는 장두리배가 있었다.[184]

그러나 개풍이나 개성에 비하여 장단군의 교통은 그다지 좋지 않았다. 경의선이 장단역을 통과하고, 철도와 육로를 잇는 간선도로 외에 몇 개의 3등도로가 있었다. 장단군은 개성 토목 관구에 속하여 서울-신의주간 국도의 연장선과 개성-연천, 개성-장단, 연천-장단, 장산-삭녕, 문산-위천 간의 지방도로가 있었다. 『장단군지』에 의하면 문용준이 운영하는 장단 자동차부 승용차가 장단읍을 출발점으로 하여 장단읍-장단역, 장단읍-고랑포리(장남면), 장단읍-구화리(강상면)간 매일 왕복 운행하였다. 그 후 이경순이 운영하는 장송 자동차부 승용차가 장단읍에서 개성 간 노선을 개통하여 매일 수차 왕복 운행하였다.[185] 또한 문용준은 김현조와 함께 장단상사 주식회사를 설립하여 승용차와 화물자동차를 운영하여 장단의 중요 생산물인 대두, 인삼, 대리석, 고석(맷돌 돌), 곡물 등을 강상면 구화리, 장남면 고랑포리, 장도면 등지에서 장단 역과 서울 등지에 수송하는 사업을 하였다.186)

장단군 내에 근대적 교육은 1911년 군내면에 장단공립보통학교가 설립되어 시작되었다. 그 후 1924년 이후로 고랑포공립보통학교(장남면), 구화공립보통학교(강상면), 위천공립보통학교(대남면), 진남공립보통학교(진남면)가 생겼다. 1934년까지 군내 모든 면에 보통학교가 설립되었고, 1938년에 심상소학교로 개칭되었다가, 1941년 국민학교로 개칭되었다. 1939년에 설립된 장단농업실수학교가 중학과정으로는 유일한 군내의 학교였다.187) 그래서 장단에서도 중등교육을 위하여 개성 또는 경성에 있는 학교로 가야했다.

일제시기 장단군에서도 항일운동은 활발히 일어났다. 장단군에서의 항일운동은 개성, 개풍과 연계되어 일어났다. 3.1운동 전에도 장단군 출신의 김수민의 의병부대가 활동하였고, 고랑포 출신 강기동의 의병활동이 있었다.188) 1919년 3.1운동 당시에도 진남면, 진서면, 장도면, 대남면, 고랑포 장터에서 만세운동이 있었다.189)

4. 개성문화권

개성, 개풍, 장단이 개별의 행정구역이 된 것은 1938년부터다. 장단군은 1906년에 개성부가 개성군이 되면서 소남면과 대남면이 장단군으로 되돌아가면서 개성군에서 먼저 분리되었다. 개풍군은 개성군의 송도면이 1930년에 개성부로 독립하면서 송도면 외의 지역이 개풍군이 되었던 것이다. 1938년에 시가지 계획령에 따라서 청교면의 덕암리, 중서면의 관전리, 영남면의 용흥리의 일부가 모두 개성부에 편입되어 그때부터 개성부, 개풍군, 장단군이 독립적인 행정구역이 되어 한국전쟁 때까지 유지되었다. 따라서 20세기가 될 때까지 개성, 개풍, 장단의 일부 지역은 모두 개성군에 함께 속해 있었다. 현재 미수복경기도에 개성, 개풍, 장단이 함께 있었던 것처럼 이미 이 지역들은 오랫동안 같은 지역권에 속해 있었던 것이다.

게다가 개성상인들의 출상(出商) 지역은 하나의 '개성 상권' 내지 '개성문화권'을 형성하고 있었다. 전통적으로 개성상인들은 개성 인근의 황해 동부, 경기 북부, 개성과 가까운 강원 서부 등지로 출상하였다. 구체적으로는 황해도 토산, 누천, 문구, 한포, 남천, 사리원, 흥수원, 신계, 신막, 연백, 곡산, 금교, 경기도 장단, 파주, 연천, 구화, 고랑포, 강원도 철원, 이천, 평강 등이다.190) 양정필에 의하면 이들 지역은 "조선 전기 이래로 '개성 상권'으로 부를 수 있는 곳으로, 역사적으로 보면 고려시대 개성이 수도였을 때 개성을 중심으로 형성된 경기 지역에 속한 곳이었다. 특히 고려 시대 경기 가운데 개성과 지리적으로 가까운 지역이 조선시대에도 경제적, 사회문화적으로 개성의 영향을 크게 받으면서 '개성문화권'을 형성하고 있었음을 알 수 있다."고 한다.191) 따라서 미수복경기도에 속하는 개성과 개풍은 개성상인의 본거지이고 장단은 출상지역으로 개성문화권에 속해 있었다.

조선 전기부터 만들어진 개성상인의 출상 지역인 경기북부지역은 일제시기 경성에서 신의주로 가는 경의선의 개통으로 근대적인 철도망으로 다시 연결되었다. 경의선은 경성역에서 출발하여 장단군 장단면 장단역-개풍군 봉동면 봉동역-개성시 개성역-개풍군 토성역을 경유하여 평양을 거쳐 신의주로 향하였다. 또한 일제시기 개성, 개풍, 장단을 연결하는 도로망이 확충되면서 이 지역은 더욱 더 밀접해졌다.

개성은 모든 면에서 개풍과 장단의 중심지였다. 개성에는 개성상인, 지주들이 거주하였고, 이들은 상업 활동, 토지경영, 삼포경영을 통해서 개성 주변 지역을 장악하고 있었다. 개성실향민들 중 개성상인과 지주 집안들은 모두 개풍군과 황해도에 소작지를 가지고 있었고, 삼포 경영을 하였다. 1933년 개성의 업종별 상공인 수를 보면 가장 많은 영업이 금전대부업이고 그 다음이 인삼업이었다.192) 개성상인들은 지주이면서 동시에 고리대금업을 함께 하는 경우가 많았던 것이다. 그 만큼 개성상인들은 일제의 제국주의 자본의 침투에 큰 영향을 받지 않고 민족 자본을 축적할 수 있었는데, 개성을 둘러싼 개풍군은 대부분 서울과 개성 지주들의 소작지가 되어서 경제적으로 개성에 종속되어 있었다. 개풍군 대성면 출신의 신철규의 집안은 자영농으로 개성지주 한씨(한명석)의 마름을 하면서 소작을 겸하고 있었다. 그의 할머니는 지주 한씨의 집안 행사 때마다 개성으로 가서 일을 도우러 다녔고, 타작 때마다 한씨네에서 와서 소출을 걷어 갔다고 한다.

교육면에서도 개성은 개풍과 장단의 인재들이 모이는 곳이었다. 개성 내의 지주나 개성상인의 자식들은 경성의 고보나 전문대학, 또는 일본, 미국, 유럽으로 유학을 가기도 하였다. 그러나 개풍군과 장단군에서는 개성시 유명한 중학교로 고등교육을 받으러 왔다. 개성의 송도중학교와 호수돈여자중학교는 전국에서 학생들이 입학하러 왔다. 개풍군이나 장단군에는 보통학교 외에는 고등교육기관이 없었지만, 개성에는 위의 두 학교 외에 개성공립상업학교, 개성공립중학교, 개성고등공립여학교가 있어서 고등교육을 받기 위해서는 개성으로 가야 했다. 개풍군 대성면의 신철희는 개성공립상업학교에 진학했고, 신철규도 대성면 풍덕국민학교를 졸업하고 개성의 송도중학교에 진학했다. 개풍군 봉동면 봉동국민학교를 졸업한 김승찬도 개성의 송도중학교에 진학했다.

문화적으로도 개성의 풍습과 전통이 개풍과 장단에도 많은 영향을 주었다. 세 곳 모두 고려시대의 문화전통이 강한 곳으로 고려시대 이래로부터 전승된 풍속들을 공유하고 있었다. 유명한 개성의 음식문화는 개풍과 장단으로도 파급되었다. 개성 지주들의 음식 장만을 개풍군의 소작인들이 도와주면서 개성음식을 배우고, 개성에서 개풍군과 장단군으로 시집을 오는 여자들을 통해서 개성의 음식 맛이 전수되었다. 『개성 댁들의 개성음식 이야기』의 공동저자인 이명숙도 개성토박이지만 장단군 해평 윤씨 집안으로 시집와서 개성 음식을 전수하였다. 그래서 조랭이 떡국, 편수 만두 등은 개성, 개풍, 장단의 지방지에서 모두 토착 음식

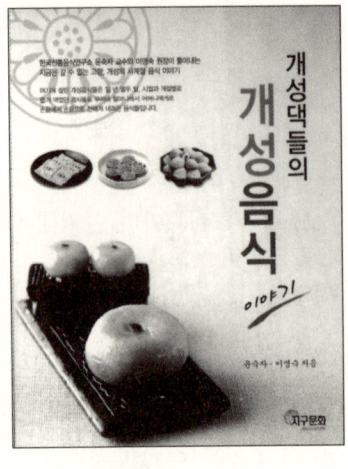

[그림 1] 『개성댁들의 개성음식 이야기』 표지

으로 기록되고 있다. 개성, 개풍, 장단은 각기 다른 음식문화를 가지고 있는 것이 아니라 정도의 차이가 있겠지만 개성 음식을 모두 공유하고 있었던 것이다. 음식문화와 같은 문화의 공유는 혼인망을 통해서 지속될 수 있었다. 개성토박이 최수철의 어머니는 개풍군 중면 출신인데 개성으로 시집왔다. 장단군 군내면 출신인 박석중도 외가와 친가가 모두 개성 출신이어서 개성에서 태어났다. 그러나 아버지가 사업실패로 장단으로 이주하여 그곳에서 자라났지만, 개성에 있는 외가집을 자주 방문하였다. 장단군 소남면 출신의 신채오는 해방후 개성으로 이주하였고, 큰 누님은 개성 사람과 결혼하였고 막내 누님은 장단 사람과 결혼하였다.

특히 개성의 유명한 전통인 북성지(北城址) 또는 북성기(北城岐)는 『개성지』193)와 『개풍군지』194)에도 나와 있다. 개성과 개풍에서는 노인들이 개풍군 영북면에 있는 천마산 대흥산성을 타고 박연폭포까지 걸어서 갔다 와야 저승에서 극락에 갈 수 있다고 믿는 풍습에서 나온 것이 북성지 또는 북성기다. 북성기의 코스는 장단군 진서면 화장사에 이르러 1박을 하고 개풍군 영북면의 원통사로 가서 휴식을 취하고 대흥산성를 돌고 박연폭포에 가서 다시 1박을 한 다음 남문을 거쳐 서사정과 비둘기성채에 이르러서 가족들이 '마지'라는 잔치를 벌임으로써 끝났다.195) 북성기는 출발하는 곳에 따라서 2박 3일이나 3박 4일의 등산코스로서 개성 천마산 일대의 절경을 구경하고, 노인에게 자손들이 잔치를 베푸는 것이었다. 따라서 자손들이 없거나 경제적으로 여유가 없는 사람들은 '마지'를 하지 못하였다.196) 개성토박이인 이정옥과 김수학은 북성기에 대해 구술하였는데, 1921년생이고 지주 집안의 장녀였던 이정옥은 실제로 친척 할머니가 북성기를 돌고 마지를 한 것을 목격하였다고 한다. 이정옥은 다음과 같이 북성기에 대해서 설명해주었다.

이정옥 : 북성기는 북쪽으로 성을 도는 거야, 한 바퀴. 그 인제 이 뭐라 할까, 대갓집 사모님들 일 년의 행사 비슷하지. 그, 그거를, 거기를 이제 돌면은 성돌이야, 그게 말하자면은. 개성 성돌이인데, 그 성돌이를 하는 게 인제 그러니까 시방(지금)들 인제 그 뭐라 지금, 뭐라 그러냐, 놀러가는, 휴가, 휴가 때들 노는 식으로, 해방, 집안에서 해방되는 거지. 성돌이를, 성돌이를 가면은, 갔다 올 적에는 자, 자손들이 대단하게 채려가지고요(차려가지고요), 중간까지 사, 사린교[사인교(四人轎)의 변한 말]라 그래, 네, 네 사람이 밀 수 있는 가마. 대갓집을, 그 그게 인제 큰 부자 종류, 또 중간 사람, 상인 종류, 여, 여기서도 관광 가도 끼리끼리가 있잖아. 그렇게 이제 대갓집에서 가면은 그 마중에, 성돌, 이거, 뭐나, 성돌이 마지가 그렇게 대단해요. 북성기, 남성기 그래. 남쪽 성을 도는 걸 남성기고, 북쪽 성을 도는 건 북성기야. 그래가지고 그거, 북성기마지, 마지 나가는 게 북성기마지 나가면 박연폭포랑 다 돌아서 오는 거, 서사정(逝斯亭)*이라는 데가 있어. 그 서사정으로 가면요, 가마에다가 넷이서 메, 메는 가마에다가 실어가지고 정말 잔치 거기서 크-게 벌이지, 서사정에서. 마중 잔치. 그게 참, 거기가 갈 적에 힘들면은 그 아저씨들이 업고 가고 그랬어. 마중, 할머니 오면 마중 나가면은 나 같은 사람 이제 마중, 할머니 오시면 이제 마중을 나가잖아. 며느리들, 인제 딸들이 모두 마중 나가거든. 음식 그렇게 차려가지고. 그것도 음식 차리는 건 그렇게 하인들이 이렇게 지고 이고 그러고 가면은 거기 또 어린 것들 쫓아가는 건 못 가면 하인들이 업고 가고 그래서 쫓아갔던… 응응응, 그래서 그 대접 받았던 생각이 나더라고.

면담자 : 오 그래요?

이정옥 : 응. 그건 대단한 행사야. 거기 개성에만밖에 없는 행사지. 북성기, 남성기 그래가지고 도는 거야, 성을. 성돌이. 성돌이 하는 거. 그러니까는 그건 층에 따라서 대갓집, 거 귀, 귀부인들 가는 또래 있고, 그러니까 마지 나가는 거도 다 차이가 있겠지. 우리 같은 집에 인제 대갓집에서 나가는 거 대단했어. 그 뭐 닭 잡고 소 잡고 난리지, 뭐. 그렇게 해가지고. 음식 채려가지고(차려가지고). 그냥 갖은 음식 채려가지

---

* 서경덕이 벼슬을 단념한 후 화담계곡에 지은 초당.

고(차려가지고) 사린교에다 태워가지고 자식들하고 인력거 타고 뭐 다들 그러고 갔지. 그 대단했지.

면담자 : 그럼 그 집에 제일 맏, 웃어른 어머, 그 여자가 가는 거예요?

이정옥 : 그럼. 이제 그 그 댁, 그 댁에 주인아주머니들이 인제 가는 거지. 응, 시어머니가 가면 며느리들이 그렇게 아랫돌에서 다 채려가지고(차려가지고) 가고. 그 며느리들이 또 갈 땐 또 아랫사람들이 하고. 그러니까 자식들이 그렇게 마중을 나가고, 자식들이. 그리고 그 웃어른은 그렇게 성돌이, 그러니깐 아주 걷지만 못하지 않으면은 성돌이 가요. 늙어서, 한 환갑 쯤 될 제(때) 그냥. 개성서는. 그 옛날에야 환, 환갑 지나면은 금방 죽었잖아. 그러니까는 그냥, 그 며느리 얻고 그러면은 어른 노릇하는 거야, 그게.

면담자 : 그 여자들만 가는 거예요? 남자는 안 가고?

이정옥 : 남자는 아니고 여자만. 그러니까 여자만. 여자만. 성돌이. 응. 남자들끼리 따로 가는 건 있는지 몰라도.

면담자 : 일 년에 그러면 어느 철에 해요?

이정옥 : 가을, 봄.

면담자 : 가을, 봄.

이정옥 : 응. 그러니까 소풍이지, 말하자면. 그러니깐 여행이지, 소풍.

면담자 : 그러니까 일 년에 한 번 하고, 또 그 다음에 또 하고, 돌아가실 때까지는.

이정옥 : 아니에요. 매년 하는 거는 아니고, 그 사람 갈 수 있으면 이제 가는 거고. 대개 한 두 번 가지, 뭐.*

그런데 두 구술자가 모두 북성기는 여유 있는 집안의 시어미니들이 노후에 북성기를 돌고 자손들이 마지를 해주었던 것으로 구술하고 있어서, 『개성지』와 『개풍군지』에 기록된 것처럼 남녀를 막론하고 누구나 노년에 할 수 있는 것은 아니었다.

일제시기 개성은 경성하고도 가까웠기 때문에 지주층들은 자녀들을 서울의 고보나 전문대학에 보내는 것이 일반적이었다. 개성, 개풍, 장단

---

* 이정옥, 2010년 6월 23일 2차 인터뷰 중에서. 국사편찬위원회 구술자료번호. OH_10_019_000_06.

[지도 5] 송도주변의 명산들 (이상은 제공)

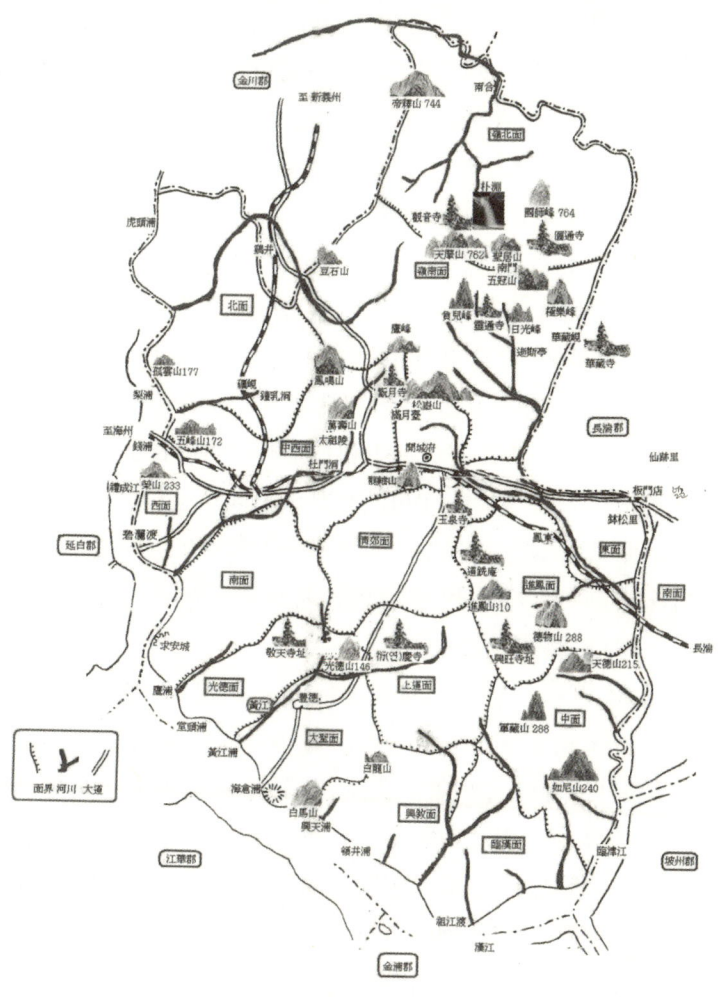

에서도 부유층이 아니더라도 친척들 중 서울에 상경해 있는 사람들도 꽤 있었던 것으로 보인다. 개성토박이 이혜숙은 외삼촌이 경성에 살고 있었고, 장단군 장도면 출신 조미선도 큰오빠가 경성에서 살고 있었다. 개풍군 대성면 출신의 중농의 아내였던 김명자도 1938년에 흥교면 영정포구에서 배를 타고 마포 나루터를 통해 경성으로 이주했다. 당시 김명자의 시가 친척이 이미 경성 신당정에 살고 있어서 그녀도 남편과 큰아이를 데리고 그곳에서 경성 생활을 시작했다. 개성토박이인 최수철은 누님이 세분이 있었는데, 첫째 누님이 서울로 시집을 가서 돈암동에 살고 있었고, 셋째 누님도 매형의 직장 때문에 서울에서 살고 있었다. 장단군 소남면 출신의 신채오는 이모가 서울로 시집을 갔었다. 서울에 친척이 있었던 개성, 개풍, 장단 사람들은 한국전쟁이 휴전되어 실향민이 되었을 때 서울에서 정착하는 데 도움을 받았다.

개성은 또한 깍쟁이로서 유명하다. 조선의 3대 깍쟁이는 개성 깍쟁이, 서울깍쟁이, 수원깍쟁이인데, 이 중 개성 깍쟁이를 당할 수가 없다고 한다. 개성, 서울, 수원 모두 상업도시라서 생겨난 특징이라고 볼 수 있다. 세 곳 모두 상거래가 활발한 곳이기 때문에 셈에 바르고, 인간관계에서 절대로 손해 보는 일을 하지 않고, 대인 관계가 깔끔하고, 절도가 있어서 붙여진 이름이다. 개성사람들이 앉은 자리에는 풀도 안 날 정도로 지독한 사람들이라고 할 정도였다.

『개성지 II』 제8장 "빛나는 개성의 보물과 자랑," 제1절 "개성, 개성인"에서 "자랑스러운 개성사람의 특성 10가지"를 거론하고 있다.[197] 그 특성은 뚜렷한 주체성, 절약과 검소, 비축과 저축, 신용과 신의, 밝은 사리, 철저한 자립정신, 청교도적 결벽성, 협동정신과 상호협력, 정도와 교육열, 자유주의 정신이다. 개성인들의 주체성의 근거는 "외래상품을 기피하고 자체 상품과 개성인과만 거래하려는 대쪽 같은 기질"[198]이라고 한다. 이는 일본인들이 일제 식민지시기에 개성 상권을 장악하지 못한 것을 봐도 알 수 있는 특징이다. 절약과 검소, 비축과 저축, 신용과 신의, 철저한 자립정신, 협동정신과 상호협력은 개성상인들의 상업제도인 시변제도와 차인동사제도에서 나온 것으로 볼 수 있다. 밝은 사리, 청교도적 결벽성, 정도, 자유주의 정신은 인간관계에서 정도에 맞게 처신하고 신세는 반드시 갚고, 독립성을 유지하는 기질이라고 볼 수 있는데, 이러한 기질이 개성 깍쟁이를 만들었다고 볼 수 있다. 개성인의 이 특징은 한 개성토박이에 의하면 개성사람들은 집에서 나오면 나오는 집과 차리고 다니는 옷매무새가 일치한 것이다. 즉 그 만큼 자신이 살고 있는 집안의 경제력에 맞게 옷매무새를 하고 다닌다는 것으로 자신의 분수를 지킨다는 것이다. 특히 자유주의 정신은 권력을 멀리하고 자유인으로 외지에서 활동하는 정신이라고 해서 고려의 왕도였으나 조선시대 정치 권력에서 배제된 개성상인들의 삶에서 나온 것이라고 하겠다. 마지막으로 교육열을 들고 있는데, 일제시기 많은 사립학교의 설립을 볼 때 개성인들의 교육열이 대단했다고 볼 수 있다.

  개성사람들만 깍쟁이인 것은 아니고, 개성문화권에 있는 개풍사람들도 깍쟁이 같은 성향이 있다. 『개풍군지』 제9장 "풍속의 개요"의 제1절 "개풍인의 특성"에서 "개풍인의 4가지 특성"을 지적하고 있다.199) 개풍인의 첫 번째 특징은 근면하고 검소하다는 것이다. 개풍인의 두 번째 특징은 대인관계에서 불의와 부정을 배격한다는 것이다. 역사적으로 고려가 원나라의 지배를 받았어도 저항하였고, 국권을 되찾았던 것처럼 언제나 다시 일어서는 재기의 정신이 있다는 것이다. 세 번째 특징은 교육열이다. 몽고의 침입으로 고려가 강화로 옮기고 나서도, 일제 식민지시기에 간도와 만주에 가서도 개풍인들은 교육을 놓지 않았다는 것이다. 네 번째 특징은 특수의 멋과 미적 감각이 있다는 것이다. 이 네 가지 특징 중에 두 번째와 세 번째는 송도가 고려의 수도였고, 고려의 저항정신과 교육열에 기반 하여 설명하고 있지만, 네 번째 것은 딱히 고려로부터 내려오는 특징이라고 보기는 힘들다. 개풍인들의 근면하고 검소한 것, 청렴한 것, 교육열은 개성인들의 특징과 공통적인 점이다.

  개풍군 청교면 출신의 소설가 박완서는 산문집 『두부』200)에서 개성사람의 특징에 대해서 서술하였다. 박완서는 개성토박이가 아니지만, 일제말기 서울에 와서 살면서 고향을 개성이라고 했다는데, 다른 개풍군 사람들도 거의 그렇게 이야기했을 것이다. 왜냐하면 개풍군은 개성과 함께 개성군에 속해 있었기 때문이다. 박완서는 고향사람들도 스스로를 개성사람들이라고 했다면서 개성사람들의 특성을 돈거래에 있어서 투명성과 정직성, 청결한 것, 겉치레보다는 실속을 중히 여기는 것, 근면함, 일본상인이 발을 못 붙이게 한 저항정신이라고 하였다. 또한 박완서는 참게장, 보쌈김치, 강정, 약과, 개성제육, 개성순대 등 음식사치도 개성사람들의 특징이라고 하였다. 특히 개성 여성들의 부지런함을 개성 시내 거주하는 여성들은 '장롱 걸레질과 솥뚜껑 행주질'로, 개풍 시골 '호미와 종댕이'로 설명하였다. 개성 여성들은 단순히 집안 살림과 농사일에만 부지런했던 것은 아니고, 경제활동에도 부지런하였다. 농촌 여성들은 새벽에 채소를 따서 걸어서 개성 시내에 가서 팔고 아침에 돌아왔고, 개성 여성들은 이른 새벽에 백삼 제조에도 참여하고 집에 와서 아침상을 차렸다. 또한 박완서의 어머니가 서울에서 자녀교육을 하기 위하여 서울 산동네에서 삯바느질로 공부를 시켰던 것도 개성사람들의 교육열 때문이지 않은가 싶다.

제6장
해방과 분단

 미수복경기도 실향민들에게 해방은 일제식민지배에서의 해방이었으며 동시에 일상생활에서 38선을 경험하는 분단을 의미했다. 즉 미수복경기도 실향민들에게 분단은 자신들의 로컬을 넘어서는 이산의 출발점이 되었다. 38선은 개성시 송악산 북쪽을 경계로 하여 남북을 나누었으며, 개성시를 둘러싸고 있었던 개풍군의 북쪽에 위치한 영북면, 영남면, 북면이 북한 땅이 되었다. 장단군은 38선이 군의 중북부를 관통하여 대남면, 강상면, 소남면, 대강면, 장도면, 진서면 등 대부분이 이북이 되어 장단군을 이분하였다. 따라서 개성, 개풍, 장단 사람들 중에 가장 첨예하게 분단을 경험했던 사람들은 장단군 사람들이었다.
 개성에는 소련군이 먼저 진주했고, 그 후에 미군이 주둔하여 미군정이 시작되었지만, 미군은 개성, 개풍, 장단 지역에 큰 영향을 주지는 못한 것 같다. 이 지역에는 미군보다 소련군이 먼저 들어왔기 때문에 소련군에 대한 기억은 많이 남아있다. 하지만 미군은 개성에만 주둔하고 있어서 개풍과 장단에서는 미군의 존재를 인식할 수 없었다. 그러나 개성에서의 미군은 개성시민들과 충돌하기도 하였고, 개성 좌익들은 조직적으로 활발하게 활동하여 좌우익이 충돌하는 사건들이 생겼다. 1948년 남한의 단독정부가 수립되면서 개성 좌익들은 지하로 들어가게 되었다. 같은 해 개성은 개성시가 되었고, 국군이 창설되어 제1사단이 개성시를 수비하게 되었다. 따라서 국군과 북한군이 38선 경계를 맡게 되면서 개성 사람들은 한국전쟁 이전에 이미 전쟁의 전야제 속에 있었다.

1. 개성, 개풍, 장단의 해방

1) 장단에서의 해방

장단군의 절반이 38선 이북에 있었기 때문에 장단군 사람들은 분단을 가장 일찍 경험하였고, 한국전쟁 이전부터 38선 이남으로 남하를 시작하였다. 고향이 38선 이북이었던 장단군 사람들 중 특히 지주계급은 가장 먼저 남하를 시작하였다. 조옥경은 해방 당시 10살이었는데, 장도면 대농 집안의 장녀였다. 그녀의 가족은 해방 당해년말에 서울 아현동으로 이주하였다. 그러나 당시 38선은 아직 경계 감시가 심하지 않아서 고향에 남아있었던 가족들을 만나기 위한 왕래가 가능하였다.

조옥경 : 응. 제가 인제 열(10)살 때 팔일오(8.15)가 됐거든요/ (**면담자** : 예) 그래가지고 저는 이제 바로 음, 구(9)월쯤 될 거예요. 하루는 할아버지가 나가시더니 그 옛날에는 이 마고자에 이 회중시계가 드물었잖아요. 그거를 이제 로스케(러시아) 애들한테 뺏기셨대요. 걔네들이 지금 생각하면 조금 이렇게 저, 시계가 그땐 우리나라뿐만 아니라 전부 러시아(에서)도 그런 귀했는지 태엽을 줘야 되는데 들어보고 가지라면 그냥 여기서부텀 여기까지[팔 윗쪽부터 아래까지를 보이며] 찼더래. 손목시계를. 그래서 (시계가 작동하지)가지 않으면 버리고. 민간인 만나서 또 (시계를) 찬 사람 또 착취해서 하고. 그래서 이걸 뺏기서가지고 안되겠다 그때는 엄마가 젊으셨을 때니까. 지(제)가 열(10) 살이면 엄마는 삼십(30)이거든요. 스무(20) 살 차이예요. 그러니까 장단읍으로 잠깐만 피신해 있다가 들어오라고 그러셔서 이제 아버지 엄마 저 세 식구가 이제 장단읍으로 나왔었어요. 그래가지고 한 한 달을 거기서 지내다보니까 이게 장기전으로, 안 될 것 같애서 오로지 저는 아버지가 독신이시고 할아버지가 독신이신데 아버지가 이제 옛날에 면서기셨대요. 그래서 사는 데는 이제 또 양반이고 이제 지금은 그런 거. 그러니까 아랫사람들도 그때 할아버지가 전씨라고 성씨가 그런 할아버지도 있었고. 일 해주는. 또 이제 그 아주 이제 안에서 일하는 이제 부부가 또 있었어요. 저 이렇게 어린 것한테도 "아씨, 아씨" 그러더라구요. 그래가지고 이제 서울로 이사를 이제 또 피신을 왔어요. 서울은 단지 아무도 없고 아버지가 독신이시니까 이종사촌, 할머니의 이제 언니의 아들이 거기도 역시 독신인데, 아현동에 사셔서 미곡상을 크게 했어요. 지금 생각해보니까, 거기를 바라고 이제 아현동으로

서울을 첫(처음으로) 떨어진 게 십일(11)월 달쯤 된 거 같애요. 날짜는 확실히 모(르고), 추울 때였어요. 그래서 거기를 목적으로 해가지고서 이제 거기서 이제 뭐 피난 같이 기거는 안하고 집은 하나 조그만 걸 얻어주더라고 그래서 아현초등학교를 제가 입학을 해서 이제 초등학교는 아현초등학교를 나와 가지고 그때서부터는 거기서 생활을 했는데 여동생이 하나 있었어요. 이제 팔일오(8.15)되기 전에 저하고 네(4)살 차이니까 지금 일흔네(74) 살이거든요? 그러니까 사십(40)년생이죠. 그거를 할머니 할아버지 외로우시다고 그거를 놓고 나왔어요. 그 어린 동생을. 근데 그때만, 이런 얘기 이렇게 하는 거죠? 지금. (면담자 : 예, 예) 그랬는데 이제 그래서 접때도 내가 이런 인터뷰를 하게 됐는데 "너 어떻게 돼서 그렇게 엄마 아버지를 떨어질 생각을 하고, 안 쫓아왔었느냐." 이제. 너무 어렸을 때 얘기니까. 그러니까 "뭐 아버지 엄마가 할아버지 할머니 외로우시다고 있으라 그러니까 있었지." 이제 그렇게 얘기를 하더라구요. 그랬는데 그때만 해도 이 삼팔(38)선이 그렇게 아주 철저하질 않았어요. 저희는 아직 경계선이 바로 가까우니까 더구나 아버지가 면서기를 하셨으니까 그 일대를 아마 다 아시나봐요. 그러니까 밤에 이것만 돈만 주면은 그 술래꾼이라고 그거를 밤에 이렇게 인도하는 사람이 있었어요. 그래서 이제 노할머니가 또 한 분 계셨거든요. 할머니 할아버지 말고. 그니깐 할머니 할아버지는 이제 백(100)세가 넘으셨으니까, 아버지가 지금 백(100)세가 이제 저하고 이십이(22)년 차이니까 제가 삼십육(36)년생이니까 이제 십사(14)년생 그럴, 십사(14)년이고 엄마는 이제 십육(16)년이고 그렇게 차이. 그랬는데 그 노할머니 그때는 증조할머니라고 그랬죠. 이제 그 팔일오(8.15) 때 계셔서 그 할머니 기일에 그 사람들을 또 쫓아서 이제 제사를 지내러 갔던 생각이 어렴풋이 나는데. 밤에 가는데 개가 짖으면 산에서 이렇게 인기척이 있으면 민가에서 개가 짖잖아요. 그 어렸을 때 무서웠던 생각이 몸을 웅크렸던 생각이 지금도 아직도 생생해요. 기일을 제사를 지내고 또 나왔어요. 그 사람, 그때는 이제 밤에 자유롭게 그렇게 움직였나봐 막. 그래가지고 이 동생은 이제 네(4)살 터울이니까 입학할 때가 됐잖아요. 그래서 또 다시 들어가 가지고 그걸 데려다가 걔는 북송초등학교 아현동에 이쪽엔 아현초등학교 이쪽은 북송초등학교. 지금 개발되는 웨딩타운 있는데 그쪽이 북송학교가 지금도 있거든요/ (면담자 : 예) 거기를 입학을 했었구요. (중략)*

---

* 2013년 5월 27일 조옥경 1차 인터뷰 중에서. 이화여대 근대와 여성의 기억 아카이브 구술자료번호. yoontl-000-de-01.

장단군의 지주층은 늦어도 1948년도에는 남하했던 것 같다. 대남면 지주집안의 장녀인 윤정희 가족도 1948년에 서울 을지로 4가로 이주하였고, 장도면 지주 집안의 장녀인 조미선도 1947년에 서울 돈암동으로 이주하였다. 장도면 지주 집안의 막내아들인 조철욱도 1947년에 고랑포를 거쳐서 경기도 고양으로 이주했다. 조철욱의 집안은 장도면에서 유명한 양반 집안이었는데, 해방이 되자 하루아침에 "도련님"하고 부르던 하인들이 "동무"라고 자신을 불렀다고 회고하였다. 그는 면소재지에 있는 장도국민학교에 가서 지주의 아들이라고 토요일마다 자아비판을 해야 했던 것을 뼈아프게 기억하고 있다. 그의 두 형이 서울에서 고등보통학교를 다니고 있었기 때문에 그의 홀어머니는 보안대에 불려 다녔고, 마침내 1947년 그는 어머니와 함께 서울로 남하했다.

조철욱: 예/ 그렇잖아요/ 왜냐, 동네 애들이 해방되기 전에는 "도련님, 도련님" 하다가, 애, 어른이 다… (**면담자**: 그렇죠) 해방 딱 되니까 "야", "자" 하는데 친구가 있어요? 그죠/ 싸우자고 덤비고. (**면담자**: 호호호) 그러고 그 머슴, 머슴 하던 게 "도련님, 도련님" 하다가 "야, 야, 너 이리와", 막 이러는데 그 환장하는 거 아니에요, 하루아침에/ (중략) 장도면에. 면장인데, 일제 말기, 그 그게 45년도일 거야, 봄에/ 우리집에 제기까지 전부 몽땅 그 공출을 내라 그래갖고 노끈으로 다, 다 저 압수해갔어. (**면담자**: 그땐 그랬어요) 예. 뭐 어린 사람이 뭘 알겠어요, 근데 들어서 알겠지. 그죠/ (**면담자**: 하하하) 하여간에 그렇게 다 하고 그때는 놋그릇만 가져갔다고, 이게 뭐 저 48년, 45년 해방되고 나서 빨갱이들 세상이 되니까는 집에 있는 거라고는 뭐 있는 거 있는 거, 난 지금 그- 있어봤자 무슨 고려청자도 아닐 거고, 흔히 우리집에 있던 게 백자야, 백자. 그게 뭐 싸구려 백잔지 비싼 백잔지 모르지만, 뭐 설, 설탕가루라든가 각설탕이라든가 조청이라든가 이런 조금 그 좀 에… 고급 음식, 애끼는(아끼는), 옛날에 애끼는 음식, 그런 거 담아있는 거 그런 백자야. 이거 다 그냥 거기서 다 가져갔다고, 그거. 다. 그때 그 사람들 값을 알았는지 뭔지 뭐 모르지만은. 예, 심지어 뒤주까지 다 가져갔어. 뒤주까지. 예/ 그 저 지금 생각하면은 그 저 그 항아리들은 왜 안 가져갔는지 몰라.*

---

* 2010년 4월 5일 조철욱 1차 인터뷰 중에서. 국사편찬위원회 구술자료번호. OH_10_019_000_06.

조철욱의 집안이 세간을 몰수를 당하자 1947년에 드디어 남하를 감행하였다.

조철욱 : 고 넘어오는 과정이, 사십칠(47)년도, 그 46년도, 46년도 추석에, 그 우리 어머니가 보안대에 가서 일주일간 그 구류를 당했다고. 그 이유인즉, 그 남하한 아들들, 북으로 두게, 들어오게 하라고 회유, 회유를 하기 위해서 그 일주일을 가뒀었어. 그러다 인제 풀려났어요. 큰 죄가 없으니까. 그러다가 1946(7)년도 그 명절, 명절을 앞두고 보름을 우리 어머니를 또 그 보안대에서 붙들어다가 가둬놨다고. 감옥살이지, 감옥살이. 그 명절 가까워오면 우리집이 감시가 얼마나 대단했냐면은, 에 우리 어머니하고 나하고 그 집이 굉장히 컸는데, 거기에 그 밤에 자다보면은, 그 뒤울 안으로, 마당으로 눈이 많-이 그땐 내리는 계절이었었는데, 서벅, 서벅, 서벅 그 걷는 소리가 나요. 자지러진다고. (**면담자** : 보초 서는 거예요?) 아니 그 밤에 염탐하는 거지, 우리를. 그럼 우리 어머니가 나를 그냥 땀을 흘리면서 그냥 으스러지게 끌어안으셔. 무서워서. (**면담자** : 그렇죠) 아무도 없고 뭐. 이 모자가 그냥 그렇게 있으니까, 그때 우리 어머니 나이가 그러니까 마흔아홉? (중략)
우리집에 그 머슴이, 바로 아랫집에 살았어요. (아랫집에) 살았는데, (중략) 그 하루는 그 이제 우리 어머니를 찾아와서, 그 "마님" 그 "서방님, 도련님들 계신 남쪽으로 가시죠. 제가 그 남쪽으로 갈 수 있게끔 도와드리겠습니다." 그 조건은 뭐냐면, 집안에 있는 것들 뭐 귀중품들 있으면 달라. 그 귀중품이 뭐 있어. 그거 뭐 지난번에 조금 언급했지만은, 일제 말기에 하다못해 제기까지 놋그릇을 다- 공출한다고 해서 압수해갔다고. 그 해방되면서 반동분자 집안 재산이라고 또 몰수를 해갔기 때문에, 그 사람들이 뭐가 소중해서 가져갔는지 나 지금 기억이 잘 안 나요. (중략) 그 나중에 인제 그 어머니가 인제 말씀하시는 거 들어보니까, 그 로스케/ 소련군하고 보안대하고 같이 38선을 지키는데, 그 사람들을 그 술을 잔뜩 멕였다고(먹였다고) 그래. 술을 잔뜩 멕였다고. 그 3월 달에 이제 그 머슴이 나가래는(나가라는) 날에, 그 어머니하고 나하고 인제 38선을 넘어오는데, 그 넘어오는 그 넘어오는 길목에 인제 그 말하자면 우리 학교 가는 학생들을 만났다고. "동무 학교 안 가고 어디 가?", 하하 어디 가느냐고. 인제 어머니가, 우리 애가 봄 보리씨 사러 가는데, 나 혼자 들고 올 수 (없어) 같이 들고 올라고(오려고) 얠 데리고 가기 때문에 오늘 학교 못 간다. 좋게 얘길 해서 에 보내시더라고. 그 이제 38선으로 해서 그 아주 유유히, 그 뭐 검문소라고 하는 게 그 신작로, 길, 옆에 있는 그 큰 집, 사랑방이요. 검문소가 뭐 따로 지어진 게 아니고, 하하 사랑방에, 그 검문소 거기서 방문 열고 내다보고 검문소가 이제 그게 검문소라

고. 예/ 그 뭐 저 보안대야 무슨 뭐 총이 있나, 그 저 뭐 그냥 나뭇대기(나뭇가지) 깎은 거, 작대기(막대기) 같은 거 그런 거고, 러시아군이나 따발총 까꾸로(거꾸로) 메고. (중략)*

조철욱은 어머니와 함께 38선 검문소를 넘어서 둘째형이 금융조합에서 일하고 있는 장단군 고랑포에 갔다가 큰형이 교사로 일하고 있는 일산으로 이주해 갔다. 그리고 그곳에서 한국전쟁을 겪었다.

38선 이남에 미군이 주둔하기 전에 38선 이북은 이미 소련군이 진주하여 점령하고 있었다. 처음에는 38선 이남과 이북 사이의 왕래가 다소 허용되었으나 날이 갈수록 경계가 심해져서 나중에는 소련군들이 38선 경계표지를 세워놓고 공식적으로 왕래를 허용하지 않게 되었다.『장단군지』에는 38선이 가져온 분단으로 인한 두 개의 사건이 기록되어 있다. 두 사건은 모두 진서면에서 38선이 지나는 경계 부근에서 일어났다. 38선 남쪽 약 500M 지점에 위치한 진서면 진서국민학교에는 해방 이후에도 38선 이북에 사는 학생들이 학교에 다니고 있었다. 이 학교 학생들은 남한 경찰관과 미군 그리고 북한 경비대원과 소련군을 번갈아서 학교에서 만나고 있었다. 초기에는 미소 양군과 남북 경찰관과 경비대원들도 서로 만나 인사도 하고 가져온 음식도 나누어먹기도 하였다. 1946년 7월 1일 해방 후 제1회 진서국민학교 졸업식 날 38이북과 이남에 있는 학부모들이 모였고, 남한 경찰관과 북한 경비대원도 참석하여 졸업식이 진행되었다. 식 후에는 다과회를 치르고 모두 집으로 돌아가려는 순간 소련군이 운동장에 나타나서 다발총을 겨누면서 모두 밖으로 나오라고 하였다. 소련군은 학생을 제외하고 교장을 비롯하여 군수를 대신하여 참여했던 학무과장과 진서면장 등 지역 어른들을 38선 이북 소련군 주둔지역으로 끌고 갔다. 이 사건으로 인해 진서국민학교는 폐교하게 되었고, 잡혀간 어른들은 고초를 겪은 후에 풀려나 돌아왔다.[201]

---

* 2010년 4월 12일 조철욱 2차 인터뷰 중에서. 국사편찬위원회 구술자료번호. OH_10_019_000_06.

장단군 소남면 중농 집안의 장남인 신채오는 해방이 되었을 때 15살이었다. 그의 고향마을이 38선 이북이 되어 온 가족이 개성으로 이주하였다. 그런데 1946년 겨울 장단군 장도면에 있는 외가집 혼인식에 참석하러 갔다가 소련군 사살사건이 났다.

　(중략) 그러면서 큰 사건 난 거는 한 번 46년도 겨울일거야. 겨울에 외가집, 외사촌이 둘째가 외사촌 형이 결혼식을 했어요. 근데 그때만 해도 몰래 다닐 때니까 어머니하고 갔는데, 결혼식을 보고 넘어와야 되는데 결혼식 하는데 한 이삼일, 사오일 일찍 갔을 거예요. 갔는데, 동생 외사촌들이 오형제야. 둘은 학교 다닐 때고, 신식 학교 다닐 때야 그때. 신식학교 다닐 땐데, 학교 갔다 오더니 그냥 난리 났다는 거야. 왜 그래 무슨 일이냐니까 소련 사람 두 사람 죽은 거 차에다 실은 거 팔 쭉 뻗친 거 담요에다 덮은 거… 죽였는데 내일 모레 되면은 그 진서면이야, 시방 경계선. 진서면 국민학교 앞에서 그랬는데 내일 모레면 소련군이 와서 다 싹 쓸어내고 그 주위에 다 잡아 죽인다고 그리고 그냥 설친다는 학생들이 그런 소문을 얘기가 나오고 그래. 근데 우리는 이남 사람이라서 거기를 거쳐서 가야 되는데 큰 일 났더라고. 어쨌든 결혼식 보고선 이삼일 후에 보니깐 경계가 심해져요. 소련군이 두 사람이나 죽었으니까. 심해져. 그랬더니 그때 죽은 내막은 거기서는 무조건 죽였다고만 애들이 알지 거기도 시골이니까 좀 떨어진 데니까 몰르지 내막이, 사실 실정은. 거기를 넘어오면은 또 어머니 친척이 있었어요. 경계선 바로 산… 요런 쪼그만 야산인데 넘어 동네 거기 두미리라는 덴데 거기에 두미리에 왕고모 할머니네가 있었어. 우리가 거기서 들러서 쉬게 되니깐 거기서 자구 가라고 쉬고 가라고 그래서 거기서 쉬면서 얘기 들으니까 거기 사람들 내막을, 그 배급 타러 갔다가 사건을 알더라고. 배급을 그때 이남에서 줬어, 어려운 사람들. 근데 배급을 진서면에서 주는 거를 타가지고 이렇게 받아가지고 가는 걸 소련 놈 두 놈이 와서 뺏은 거야. 뺏어가는 걸 처음에는 경계를 안 했으니까 그냥 가지고 뭐 경계선 조금만 넘어서면 경계선이니까. 못 따라가니까 개인들은. 개인들은 또 총 가지고 그 놈들은 들어가니까 다 뺏기고. 2차 온 거야, 또 2차 뺏으러 오는 걸 순경들이 거기 벌판이 쭉 된 데 이렇게 국민학교에 가면 사거리가 돼 있어 거기에. 거기서 건너가면 한 이백 몇 리? 건너가면 거기가 배급소 받는데. 거기서 진서면 면소재지 여기서 한 3키로 쯤 가야 있고, 순경들이 그 신고를 받고 살살살 길 쪽으로 오면서 보니까 또 와서 또 뺏어가거든. 여기서 갈겼대요. 갈기면 뭐 이 놈들 못 당해서 뭐 두 놈 다 죽었지. 그 야단이 났더라고, 여기서 얘기를 들으니까 이남서

와서 얘기를 들으니깐. 그렇게 위험한 것도 겪어 보고… 그리고 나서는 38선에다 어떤 표시를 했냐면 내 그건 직조 짜면서 겪은 건데 한 번은 소련군이 그냥 한 일개 중대… 일개 소대 넘어가 한 2~30명이 차에다 뭐 미군하고 합작하는 거 싣고 동부 쪽으로 쫙 나가요. 뭔가 하고 봤더니, 전선주… 전선 저… 전기선 기름 나무? 나무 그거를 끊어가지고 38 표시를 합동 그 놈들 합동해 다니면서 박더라고. 38선을. 박으러 가는 걸 또 봤지. 그래서 사건이 나니까 정확한 선 아니까 사건 나서 그런 걸 표시하고 그때. 그런 걸 보고…*

신채오가 증언하는 사건은 『장단군지』에도 기록되어 있다. 소련군의 행패는 이렇게 남북 접경지역에서 심했는데, 소련군은 농민들을 동원하여 전투 참호를 파게 하였고, 38선을 넘어 남쪽으로 와서 행인들의 주머니를 털어 시계, 만년필 등을 빼앗아가곤 하였다. 그래서 남한 경찰과의 시비가 자주 벌어졌는데, 1947년 6월** 진서면 눌목리 옥심동에서 식량 배급을 나가는 아낙네들에게 소련군 2명이 배급미를 약탈하여 지게를 진 농민들을 잡아 지워가지고 소련군 주둔 지역으로 끌고 갔다. 이에 남한 경찰관 세 명이 소련군을 뒤쫓아 가서 폐교된 진서국민학교 옆 산직물 동네에서 소련군 2명을 만나 접전 끝에 사살하였다. 그러자 38선 이북의 소련군과 북한 경비대원들이 몰려들고 남한 경찰들도 집결하여 대치하는 상황이 만들어졌다. 이에 옥심동, 눌목동, 구정동 주민들은 장단역 쪽이나 개풍 봉동면 쪽으로 피난을 가게 되었다. 개성에 있던 미주둔군이 구정동에 주둔하게 되어 남북 대치군이 해산될 수 있었다.202)

이 사건은 미소양군이 참석한 가운데 재판이 열렸는데 38선 이남에서 소련군이 사고를 낸 것으로 판정되어 남한 측이 유리하게 끝났다. 3명의 남한 경찰관은 소련군을 죽였기 때문에 개성 주둔 미군 사령부로 갔지만 사흘 만에 풀려났다.203) 그러나 이 후에도 소련군의 보복이 계속

---

* 2015년 1월 14일 서울 도봉동 자택에서 진행된 신채오 1차 인터뷰 중에서.
** 신채오는 이 사건을 1946년 겨울로 기억하고 있다. 농촌지역에서는 혼인식을 대개 겨울에 하기 때문이다. 신채오는 2016년 봄에 작고하셔서 이 사건에 대해서 다시 확인할 수 없었다.

되었기 때문에 진서면 주민들은 피난을 위해 남하하였다. 『장단군지』에 기록된 진서면의 소련군 충돌 사건을 보면 장단군 내에서 위의 구술자들처럼 지주계급이 아니더라도 난을 피하기 위하여 38선 접경 부근의 군민들은 한국전쟁 이전에 남하를 시작했던 것이다.

2) 개성에서의 해방

김성찬 초대 개성명예시장에 의하면204) 개성에서는 1945년 8월 16일 미군 B29기에서 종전이 되었다는 삐라가 뿌려지고, 남대문 근처에서 농악이 울리면서 독립을 축하하는 함성이 터져 나왔다. 일본 경찰은 자진 무장해제를 하였고, 일본인들의 안전을 위하여 일본인 소학교에 집단 수용되었고, 개성청년들은 치안대를 조직하여 경찰서를 접수하였다. 그런데 미군이 들어오기 전에 소련군이 개성에 들어와서 개성역에 주둔하였다. 김성찬의 글에 의하면 소련군 장교는 매일 인삼장에서 술에 취해 있었고, 병졸들의 행패가 대단하였다. 당시 개성부청은 아직 일제 식민정부의 직원들이 지키고 있었는데, 부윤 이하 전 직원이 소련군 접대로 분주하였다. 9월 10일경 미군이 서울에 입성하였고, 개성에는 9월 15일경에 입성한다는 소식이 있자, 소련군들이 전부 철수하였다. 그런데 소련군들은 철수하면서 홍삼 400근과 조흥은행의 현금 800여만 원과 부청의 세단차를 강탈해 가버렸다.205)

개성 상공업자 집안의 장남인 김수학은 해방 당시 송도중학교 1학년이었는데 해방 당시를 이렇게 증언하고 있다.

김수학 : (중략) 그 이 말씀 왜 드리냐하면 해방 직후에, 해방 직후에, 개성에는 미군이 들어온 게 아니라 소련이 들어왔어요. **(면담자** : 그래요?) 그거 모르셨죠? **(면담자** : 몰랐어요) 소련군이 확- 들어가지고. 그런 거지도 그런 상거지가 없었어. 뭐 팔로군인지 뭔지 들어왔는데. 하이튼 그때 사람들이 사람 순해 가지고 계집 막 데려가지고 뺏어먹거나 그런 건 없어. 그러니까 저희들이 잘 때가 없잖아. 그 야다리 밑에서 잤어. 군인들이 막사 치고, 천막 치고. 저것도 있고 그러니까. 거기만 해도 옛날에 사

람들이 많이 안 살고 그러니까. 시내는 인제 아마 명령 받았나보지. 저 현지분들 괴롭히지 말아라 아마 그랬을 거야. 그 야다리 그 쪽에 천막 치고 야다리 밑에서 있는데, 재미있는 거는 시계를 이게 여섯 개씩 찼었어. [팔뚝을 보이며] 아니 어떻게 저렇게 시계 생전 [손목]시계 구경 못한 사람이야. 그 나중에 그 알고 보니까 그 2차 대전 때 급하고 그러니까, 그 뭐야 그 도둑질하고 그런 사람들, 그 형무소에 가뒀던 죄가 중하지 않은 사람들, 절도범으로 들어왔다가 군대 입대하여 보냈다는 얘기야. 그런 얘기가 들려. 사실인지 몰라. 하이튼 지저분하고 빵도 이만한 거 빵 이만한 거 그 비구 자고 그랬대. 난 내 눈으로 못 봤는데, 근데 차고[손목시계] 있는 건 내 봤어. 이 그러니 구경거리 구경을 하고 그랬거든. (중략)
그래가지고 이 저 미군이 들어온다- 그러더라구. 이승만 박사 저걸 못해 가지고 "이금강, 이승강"박사 그렇게 했어. 발음을 잘 못해서 똑바른 이름을 못하고. 미군들이 들어오는데 글쎄 짚차(jeep), 짚차 우리 첨 봤지. 짚차 착- 들어오는데 옷이 그냥 깨끗하고, 외출복, 군인들 얼마나 깨끗해. 아주 일류 그냥 신사 같은 군인들이 짚차 타고 쫙- 들어오는데. 소련군하고 그냥 비교가 안 되잖아. 그래 탁- 들어오더니 우리 인제 송도중학교에 거기도 인제 저 들어와서 하고. 만월대, 만월대 폐허가 돼 가지고 기둥밖에 없잖아. (중략) 그래 가지고 거기 글쎄, 뭐야, 트렉터로 다 깎아. 그래 개성 사람들이 막 뛰어 갔다고. 이게 황(궁)터인데 다 깎으면 말이 되요? 아이, 저, 뭐야. 저거 있잖아. 기둥 그건 기둥 그거나 놔두어야지. 미군들이 깎으니까 난리가 났잖아. 사람들이 다 뛰어 가지고 말리고 난리가 났다구. 그래가지고 그걸 갖다가 겨우 못하게 미국 사람하고 겨우 합의를 봤다고. 그래서 미군이 주둔 못하고 송도중학교에 주둔하고 인제 그랬지. 근데 지금 잠시 있고 그랬을 거야. 근데 그 금융기관 같은데, 내 지금 생각나는데, 남대문 옆에 그 저 무슨 조합 있었거든, 지금하면 농협인가, 거기 군인들이 다 미군들이 지키고 있는데 일류 멋쟁이야. 짝짝 하이튼 흐트러진 게 없어.*

9월 15일 미군이 개성에 입성하여 야다리에서 시민환영대열이 만들어졌고, 미군들은 송도중학교 강당에서 개성의 첫날밤을 맞았다. 미군 장교들에 대한 환영회는 고려여자관에서 개최되었는데, 환영사는 윤치

---

* 2009년 4월 15일 서울 동선동 자택에서 진행된 김수학 3차 인터뷰 중에서. 국사편찬위원회 구술자료번호. OH_09_017_000_06.

호 선생이 하였다. 개성토박이 최말숙은 작고한 아버지가 개성상인이어서 남대문 근처의 큰 집에서 살고 있었다. 그녀는 7형제의 차녀인데 오빠들이 미군을 위한 개성 입성 축하 파티를 집에서 열었다.

최말숙 : 행사를 하는데, 그러니까 막 그 이제 태극기 들고 흔들고 나가는 것만 아니지. 근데 얼마 안 있는데 에, 그, '웰컴 아메리카(Welcome America)' 그 천, 그 현수막이 그 고려여자관 앞에 하고 우리집, 우리 그 행, 집 있는데 까지 행길이니까, 큰 행길이니깐. 이렇게 걸렸었어요. 그러면서 이제 다 직장에 있는 사람들을 권장을 했어요. 집안이 된, 조금 에 이제 그런 거 할 수 있고 여유가 있는 사람은 어, 이제 이 '웰컴 아메리카(Welcome America)' 이 잔치를 하라고 그래서 우리도 했어요. (중략) 응, 우리가 초청을 해서 와가지고 요리 잡숫고 그리고 막-- 엄마랑 나랑은 방에서 무서워서 이제 구경을 하는 거야. 미국사람이 막-- 진짜 이러고. 우리집이 그때에 이만-한 유선기도 있고 뭐, 뭐야 저, 전화도 있고 다 있으니까 몰라 다 그 친구들끼리 합해서 했는지는 모르겠어. 그러니까는 친구들도 다 오고 오빠들 친구들도 다 오고 이래가지고 이제 저 파티를 하는데, 아유-- 막 그 자기네들이 막 (레코드)판을 가지고 왔어요. (면담자 : 음-- 레코드 판?) 재즈 판. 그래가지고 그걸 틀어놓고 막-- 춤을 추는 거야. 근데 나는 이제 유리 밖으로만 이렇게 내다봤지. 엄마하고 이렇게 내다봤어. 그랬더니 그때 내가 처음 봤지. 이렇게 내가 보기에는 생각이 어떻게 봤느냐면 난 춤추는 것도 못 봤지만, 처음 봤지만. 서로들 이렇게 붙잡고 엉덩이만 흔드는 거 같애. 그런 인상을 받았어요. 하여튼 그리고 이놈의 사람들이 또 안가고 또 밤에 또 저 방으로 가서 또 밤새도록 술을 먹어. 나 자는데 나와서 또 노래를 하래. 아이고-- "무슨 내가 노래를 하나. 뭘로 노래를 하나" 그러니까 또 엄마가 엄마도 "그만 두라 그만 두라"고 그러는데 또 오빠가 와서 노래하라고 막-- 그냥 데려와. 내가 미국 말을 할 줄 알아 또 한국말을 할 줄 알아 뭐 한국노래도 잘 못하고 그러는데. 가만히 얼른 생각에 그 외국노래, 랄랄라랄라-- 랄랄라 라랄라라-- 이 노래를 그때에 배웠어요.

면담자 : 그게 무슨 노래예요?

최말숙 : 그게 고향의 노랜데, 그게 외국노래예요. (**면담자** : 아, 그래요) 예, 그런데 그거를 도레미파로 했어요. '도레미솔솔 솔라솔솔' 뭐 이렇게요. 뭐 말을 못하니까. 말을 해봤댔자 못 듣겠고 그러니까 그걸 음으로다가 그냥 했더니 그 사람들도 같이 뭐-- 그러더라고. 그리고 나는 뛰어왔지. 그 생각뿐이야."

미군은 개성부청을 접수하고 군정을 포고하였다. 그러나 배급 제도를 실시하여서 쌀값이 급등하고 품귀하여 식량사정은 매우 불안했다. 군정 당국은 쌀값 안정과 원활한 수급을 위하여 개성 유지들과 상의한 결과, 개성 유지들은 쌀의 생산량이나 재고가 부족한 것이 아니라 수급 공급 면의 문제로 지적되어 배급을 철폐할 것을 건의하였다. 그 결과인지 알 수 없으나 점차 배급제도가 철폐되고 자유판매로 환원되었다.206)

　개성 송악산이 38선의 분계선이 되어 미군과 소련군이 대치하게 되었다. 또한 개성 공설운동장에 전재민 수용소가 설치되어 매일 38선을 넘어오는 사람들을 수용하였다. 미군정은 한인 시장을 선출하기로 하여 간접선거를 실시하여 초대 시장에 손흥준이 선출되었다.207) 그런데 김수학이 증언한 바와 같이 1946년 미군이 만월대에 미군 병사(兵舍)를 건립하려는 사건이 생겼다. 미군은 고려궁터인 만월대가 중요한 사적지라는 것을 모르고 그곳에 콘세트를 세우고 불도저로 땅을 뒤덮기 시작했다. 이에 개성시민들이 동요하여 일종의 데모가 시작되었다. 개성 지주 집안의 막내딸인 이미경은 호수돈여학교를 졸업하고 1948년 개성토박이인 연희전문학교 학생과 결혼하였다. 그녀는 남편에게서 만월대 사건에 대해서 들었다. 그녀의 남편은 학병으로 징병 당했다가 창씨개명을 안 해서 일본군에게 좌익으로 몰려서 고초를 겪다가 해방이 되어 개성 집으로 돌아와 있었다. 남편은 만월대에 미군의 병사 건립을 막기 위해서 개성 시민들에게 염판장을 돌려서 그것을 하지중장에게 보냈다.

이미경 : (중략) 또 친구 하나 쫓어[와]서 아니. 큰-일 났다구, 만월대를 허굴(허물)르구 거기다가 국민학교를 지은, 아니. 아니. 숙사를 지은다구--. 미군. 그리니까는 어디서 [웃으며] 그냥 기운이 났는지 벌떡 일어났대. 그래가주군 자기 제일 좋아하는 친구가 이 저, 형님처럼 모시는 선배가 있어요, 연전(연희전문). 그이를 불러서 이러다가는 우리 만월대 오백(500)년 도읍지가 없어지믄은 거기 일본 병사가 나가믄 뭘

---

* 2013년 1월 18일 서울 역삼동 한국구술사연구소에서 진행된 최말숙 2차 인터뷰 중에서. 이화여대 근대와 여성의 기억 아카이브 구술자료번호. yoontl-000-de-01.

허, 뭐가 될, 폐허밖에 더 괜, 되갔느냐구, 나허구 서울로 올, 이 밤중에 올라가자구. "아픈… 다 자네 아[픈] 병이나 곤치고(고치고) 나중에 해도 된다." 그러는 걸 아니라구. [만월대에]올라가 보니까는 불도자를 처음 봤죠, 개성서--. 불저가, 불도자가 봐서 하루 날을 미뤘드래. (**면담자** : 만월대에) 만월대를. 그 무슨 정인가…. 그 무슨 궁을. 그러니깐 그날 밤으로 올라갔대요. 짐차를 타, 이 짐 화[물]차를 타고. 그래가주구 서울역에서 밤을 새-고 시수(세수)를 [웃으며] 어떻게 하고. 그 반도호텔에 이묘목, [말을 고쳐서] 이묘목 박사님이 제일 우(위)에 사랑했어, 우리요 남편을. 그 선[생], [말을 바꾸어] 그 사람이 저 이… 하지중장(中將)* 비서로도 많-이 계셨어요. 하지중장이 여기 처음 나왔을 때부터. 그래서 만월대가 지끔 저렇, 저 지경이 됐으니깐 그걸 중지를 시켜야 서는데 어떻허면 좋으냐구. 그랬드니 이릏[게] 하지중장 방으로 데리고 들어 가드래요. 근데 이, 이 사람[남편]이 제일 많-이 영어를 잘했거든, 개성서. 그래서 하지중장 보구 그릏게 이러구저러구 그르는데, 지끔 그걸 허굴(허물)구 있으니깐 스돕(stop)을 시켜 달라구 그러니깐, 하지중장이 그래두 이해가 많드래요. 그러냐구. 그럼 집에 가서, 저 이… 뭐야. 도장을 받고 염판장을 맹글어 갖고 오면은 그거 가주, 그 근거로 해서 내가 그걸 중지 시키겠다구. 그러니깐 너무도 고마워 갖군 나오다 가만히 생각허니까, [웃으며] 둔한 사람이 또 아, 이렇허다가 그거 맹그는(만드는) 동안에 만월대 다 허굴(허물)은은 어떻게 또 그걸 복구를 시켜요. 그러니깐 도로 들어가서 "아무래도 내가 내려가서 그거 맹그는 게 한 이주일은 걸릴 텐데, 그러면은 다- 그거 없어질 테니까 중장님께서 지끔 전화로라도 그걸, 저 이걸 스돕(stop)을 시켜 달라." 그러니까 아 그것도 일리가 있다면서 그 자리에서 전화를 걸었대요, 글쎄. 그래가주구 내려가니까 그게 스돕(stop)이 됐다.**

당시 초대 국립박물관장이었던 김재원에 의하면 일본 미태평양 지구 총사령부 문화재 담당 골덴볼스 씨와 랑동워너 씨가 만월대 미군병사건립 이야기를 듣고 지프차로 개성에 달려가서 현장을 보고는 곧 도쿄에 있는 총사령부에 전보를 쳐서 중단시키도록 요청하였고, 서울 미8군사령부에 명령이 떨어져서 이 미군병사 건립은 중단되었다고 한다.208) 이

---

* 해방 후 미군정시 미군정사령관.
** 2011년 3월 4일 이미경 2차 인터뷰 중에서. 이화여대 근대와 여성의 기억 아카이브 구술자료번호. yoontl-000-de-01.

미경의 증언처럼 그녀의 남편이 아니면 김재원의 증언처럼 골덴볼스와 랑동워녀가 만월대 사건에 결정적인 역할을 했는지는 분명하지 않지만, 개성시민들의 동요가 상당했던 것은 확실하다.

1948년 남한의 단독정부 수립을 위하여 5월 30일 총선거가 실시되었고, 개성시에서는 이성득이 초대 제헌국회의원이 되었다. 정부 수립 후에는 김학형이 개성시장이 되었다. 1950년 5월 10일 총선에서는 김동성이 제2대 국회의원이 되었으나 곧 한국전쟁이 터졌다.[209]

3) 개풍에서의 해방

개풍군에 해방의 소식이 전해진 것은 개성으로부터 소식이 들려온 후였다. 도시인 개성에 비하여 소식이 늦은 농촌인 개풍군에서는 사람들이 해방의 기쁨을 표현하는 것도 늦었고, 군내 일본인에 대한 보복도 그다지 심하지 않았던 것 같다. 대성면 대농 집안의 장남인 신철규는 해방 당시 풍덕국민학교 졸업반이었다. 그의 자서전에 의하면 우리가 알고 있는 해방의 기쁨을 나누는 장면은 그가 기억하는 고향에서의 해방 모습은 아니었다.

> 일본 천황이 무조건 항복 했다는 소식이 농촌 구석구석까지 전파되었지만 아직은 그 감격과 기쁨을 행동으로 표현할 단계가 아니었다. 일본 경찰이 무장을 해제하지 않은 상황이었고 미군 경비행기에서는 종전(終戰)에 따른 국민들의 경거망동을 경고하는 전단(傳單)을 살포하는 등 한때 실벌한 분위기마저 감돌았기 때문이다.
> 그러나 그 다음날 저녁이 되자 누가 주도했는지 농악 소리가 이 마을에서 저 마을로 옮아가며 퍼져 나갔고 8월 17일에는 일본 경찰이 자진해서 무장을 해제함에 따라 동네 청년들이 치안대를 조직하여 경찰서를 접수하였다. 이때부터 일본 사람들은 그들 가족의 안전을 위해 학교 또는 그들 관사에 모여 예측할 수 없는 사태에 대비하고 있었다.
> 다음날 아침에는 어른(청장년)들이 주재소장(駐在所長, 일본경찰지서장)에게 보복을 하러 간다는 소문이 돌았다. 나는 설레는 마음을 안고 동네 애들과 신읍[풍덕읍]으로 달려갔다. 주재소 뒤편에 있는 주재소장 관사에는 이미 수십 명의 청장년들이

안마당을 꽉 채우고 대문 밖까지 밀려나와 술렁거리고 있었다. 그들은 대부분 몽둥이를 들고 있었으나 흉기를 든 사람은 없었던 것 같고 한 두 사람은 태극기를 들고 있었다.

평상복 차림으로 군중들 앞에 불려나온 주재소장은 서 너 살 된 아들의 손을 잡고 있었다. 그는 집에서 나올 때부터 겁에 질린 듯 안색이 창백했고 어린 아들도 심상치 않은 분위기를 알아차린 듯 불안한 표정으로 자기 아버지에게 매달렸다. 군중 속에서 누군가 소리를 치며 앞으로 나오더니 주재소장의 뺨을 몇 대 때리고는 그를 꿇어앉혔다. 그때부터 갑자기 떠들썩해지면서 그××죽여라! 죽여! 하는 함성이 여기저기서 터져 나왔다. 긴장된 순간이었다. 또 한 두 사람이 앞으로 나가 그의 뺨을 때리고는 제자리로 돌아갔다. 그러나 누구하나 몽둥이질하는 사람은 없었다.

주재소장은 모든 것을 군중들의 처분에 맡긴 듯 아무 말이 없었다. 다만 겁에 질려 움츠리는 그의 아들을 한 두 차례 감싸 안으면서 어색한 몸짓을 했다. 잠시 후 달아올랐던 분위기가 가라앉으면서 누군가 "자! 다음은 교장 관사로 가자!" 하며 소리쳤다. 군중들은 다시 술렁이며 주재소장 관사를 빠져 나와 학교 옆 산자락에 있는 교장 관사로 향했다.

군중들이 주재소장 관사로 모여들 때의 등등했던 기세는 너무 쉽게 가라앉았다. 더욱이 일제 36년간의 학정과 탄압에 대한 화풀이로서는 의외로 점잖게 끝낸 해프닝이었다. 천둥번개 소리만 요란하고 벼락이나 소나기 한 방울 없이 지나가 버린 먹구름 같았다.

며칠 전까지 무소불위(無所不爲)의 지배자였던 그가 지금 평범한 어린애의 아버지로 돌아가 우리 앞에 무릎을 꿇고 있는 무력한 모습에서 연민의 정을 느낀 때문이었을까? 그러나 지금 나는 그런 연민의 정보다는 순박한 우리 농민들이 오랜 세월동안 일제의 강권 탄압과 막강한 권위에 눌려 풀이 죽고 주눅이 들어 더 이상 몸과 마음이 움직이질 않았을 것이라는 생각을 하게 된다.

주재소장 관사에 모였던 군중들이 교장 관사에 도착했을 때는 그 숫자가 절반 정도로 줄어들었다. 군중들의 흥분과 들 뜬 분위기도 훨씬 평온해졌다. 별로 뚜렷한 목적의식도 없이 그냥 군중심리에 끌려가는 분위기였다. 몇 사람이 교장 관사 안으로 들어갔다가 잠시 후 나왔는데 노무라 교장은 나타나지 않았다. 밖에서 기다리고 있던 군중 속에서 장난 끼 섞인 큰소리가 몇 번 터져 나왔지만 그 이상 적극적인 실력행사는 하지 않았다.

그 후 들리는 소문에는 소련군은 황해도까지 들어왔는데 미군의 서울 입성(入城)은 아직 그 시기조차 알 수 없다는 것이었다. 또 장차 정부 형태는 어떤 것이고 연합군은 어떠한 조치를 취할 것인지? 모든 것이 오리부중이었다. 신문을 볼 수 없는 시골에서는 뜬소문과 유언비어 속에서 나날이 민심만 혼란 속으로 빠져들고 있었다.210)

윤철환은 개풍군 광덕면 대농 집안의 외아들로 해방 당시 광덕국민학교 5학년이었다. 8월 15일은 여름방학 중이라서 그는 집에서 해방의 소식을 들었다. 해방이 되었다는 것을 어떻게 알았냐는 면담자의 질문에 그는 다음과 같이 구술하였다.

윤철환 : 어… 어른들이 얘기해 줘서 알았지 몰랐지. 우리 그때는 라디오가 없어 시골에. 그냥… 뭐… 그… 저기 뭐 조금… 풍덕읍이래던가 뭐 개성 이런 데서 그땐 그쪽에 라디오가 있었잖아요. 거기서 얘기 나온 거 듣고 우리는 그게… 상당히 후에 알은 거지… 팔(8)월 십오(15)일 날 안…

면담자 : 아… 당일 날 안 게 아니라…

윤철환 : 아니고. 응. 그래 소문 듣고 알고, 그…

면담자 : 학교에 가지 않았어요? 학교에 갔을 때는 알지 않나?

윤철환 : 여름방학이니까… 하하… 우리 그렇지 않아요. 구(9)월 일(1)일까지는 여름방학 아니야. 그러니까… 그 몰랐고… 또 우리가 초등학교 때 그 삼일(3.1)운동 같은… 기념일이 있었어요. 그러면 그 학생들이 태극기를 갖고 마을로 막 다녔어. 마을로 다니면서 만세 부르고 그 기념일이죠 뭐 그건. 해방 후니까.

면담자 : 음… 해방 후에… (**윤철환** : 음) 자, 그래서 그러니까는 해방 됐다는 거 잘 모르다가 인제 구(9)월 달에 개학하면서 인제 학교에 가서…

윤철환 : 어, 아니 아냐. 그 정도는 아니고… 어, 팔(8)월 십오(15)일날 모르고 팔(8)월 한 이십(20)일 경쯤엔 소문이 쫙 퍼졌지.

면담자 : 음… 아, 그러면 해방이 돼서 뭐 마을에서 뭐 사람들이 무슨 뭐 잔치한다던지…

윤철환 : 그것도 일이야. 그거 얘기하면 이런 거 있었어. 해방이 되니까… 친일파를 잡아야 된다고 그래갖고 마을별로 이런 거 있었잖아. 그러니까… 하하하… 그… 그때야 뭐 고급 관리래는 게 면사무소 직원밖에 없는 거야. 어? 면장. 고 다음에가 노무계래는 게 있어. 노무계. 징용 뽑아 보내는 사람.

면담자 : 아, 맞아요. 노무계. 징용. 음.

윤철환 : 또… 그… 아무튼 그런 게 동네에 있는 사람네 집을 그 지금 같으면 데모대지. 그… 광덕면 거기서 모여 갖고 그… 뭐… 친일파 뭐 어쩌고 그래갖고 떼로 지어서

와요. 떼를 지어서 우리 집에서 왔더랬지. 우리 아버지가 수리조합*에 다녔으니까.
면담자 : 진짜요… 아니 수리 조합에 다녔다고 친일파인 거예요?
윤철환 : 그런데 와 보니까 뭐 아, 그건 아니잖아. 그러니까 지나갔어. 왔다가. 하하…
(중략)**

    개풍군 대성면 부농 집안의 장남인 신철희는 개성상업학교를 졸업하고 풍덕금융조합에 취직하여 다니고 있을 때 해방을 맞이했다. 그는 해방이 되었어도 여느 때와 같이 풍덕금융조합의 업무로 개성의 식산은행으로 돈을 가지러 갔다. 풍덕읍은 당시 개풍군의 중심지였는데, 해방이 되었다고 해도 풍덕읍의 일상은 그대로 돌아가고 있었다. 그는 풍덕에서의 해방 상황을 다음과 같이 구술하였다.

면담자 : 그러면 해방 당시에 고향이나 개성 상황은 어땠어요?
신철희 : 해방 나는 이제 비이십구가(B29) 그때 풍덕 위로 지나갔어요. 비이십구가. 지나가는데 아 이 저 흰 스봉(바지) 하얗게 흰 스봉 입고 나가섰는데 막 [일본]순사가 와가지고 그 사람이 [나보고] 참 나쁜 놈이라고 말이야. 왜 내가 표시로다가 흰 걸 입었다고. 그래가지고 한동안 말싸움을 하고. 거. 하하하.
면담자 : 오. 비행기 폭격하는데.
신철희 : 그렇죠. 근데, 미안하지만 비이십구는 지나만 갔지 건드리지도 안 했어요. 그 저 저리 갔어요. 해주 그리 해가지고 지나갔거든요. 그런데 그-- 뭐 그래가지고, 하여간 해방될 땐 그랬어요. 별로 없었어요. 그 칠월 며 칠 날인가 지나가는데, 얼마 있다가 팔월 십오일 날 해방됐다고. 그니까 뭐 해방 되가지고, 이 저 돈을 가지러 식산은행 갔어요. 왜 그냐면 식산은행에서 돈 대줬어요. 우리는. (**면담자** : 금융) 금융조합 연합회에서 어디로 가냐면 식산은행으로 갑니다. 식산은행에서 우리는 돈을 찾아옵니다. 거기서 돈을 찾아가지고 그저 륙샥[짊어지는 가방]에서 백 칠십만 원이에요. 딱 큰 류크사크에. (**면담자** : 차에다도 아니고) 그저 지고 나오는 거예요. 해방 되고 나서 돈도 없고 그 참 또 체격이 좋아서 그런지 몰라도 거 참.
면담자 : 그걸 가지고 걸어오는 거예요? (**신철희** : 그럼요.) 풍덕까지?

---

* 광덕면 옥련저수지에 있는 수리조합을 말한다.
** 2014년 4월 3일 윤철환 1차 인터뷰 중에서.

신철희 : 그럼요. 사십 리를. 그럼 하하하.
면담자 : 호호호, 개성 식산은행에서.
신철희 : 하하하, 네. 네. 네. 아휴. 참.*

2. 해방공간의 좌우익 갈등

개성, 개풍, 장단 사람들에게 해방은 분단이면서도 또한 좌우익 이데올로기의 갈등이 표면적으로 드러나기 시작하는 시기였다. 개성이 상업도시여서 다양한 사상이 들어올 수 있는 조건을 가지고 있었고, 또한 서울이나 일본 유학생들이 많아서 사회주의 계열의 민족주의 운동이 강하게 자리 잡고 있었다. 개성은 또한 개풍군과 장단군의 중심지였기 때문에 개성의 사회주의 계열의 민족주의 운동은 개풍과 장단에도 영향을 미칠 수밖에 없었다.

1) 개성의 좌우익 갈등

미군정에도 불구하고 해방과 동시에 개성시내에서는 좌익들의 활동이 활발히 전개되었다. 미군정은 개성시민들의 일상생활에 크게 영향을 준 것 같지 않다. 초대 개성명예회장인 김성찬에 의하면 군정이 실시 된 후에 생활은 안정되어갔으나, 군정정책이 용공적이어서 좌익 세력이 날로 조직화되어 그 세력이 확장되어 갔다고 하였다.211) 김성찬은 1976년에 『송도민보』에 이 글을 실었는데, 1976년은 10월 유신 이후 박정희 독재정권이 맹위를 떨치던 시기였다. 1970년대 반공사회의 입장에서 볼 때 김성찬은 개성 좌익들이 활발히 활동할 수 있었기 때문에 미군정의 정책이 용공적이었다고 판단하였던 것이다. 그 만큼 개성에서 미군정은

---

* 2008년 6월 11일 신철희 1차 인터뷰 중에서.

좌익 세력을 제어할 통제권을 가지고 있지 못했거나, 좌익 세력에 대한 정보를 가지고 있지 못했던 것일 수 있다. 개성토박이 김수학은 해방 당시 송도중학교 1학년생이었는데, 그에 의하면 개성에서 웬만한 지식인들은 거의 다 좌익이었다고 한다.

> **면담자** : 해방이 되자마자 벌써 사람들이 내려왔어요?
> **김수학** : 아 해방이 되자마자는 아닐 거야. 며칠 있어서 그랬을거야 뭐. 그래가지고 뭐 해방되고 나서 복잡하지 뭐. 뭐 공산당들이 얼마나 설치는지 말도 못하지. 아- 굉장했지… 그 우리는 나이 열 살 때 뭐 그렇게 정치 그런 거 없고. 중학생이지만 뭐 그때는 초등학교에서도 안 놀았나, 노는데 도시니까 엄청 놀았는데. 그때는 뭘 했냐하면, 그때 하여튼 밤낮 뭐 뭐야 그 인민대회 같은 걸 많이 열었어 공산당 빨갱이들이. 그때는 그때는 좀 배웠다는 사람의 한 7, 80 프로는 공산주의야. 그러니깐 그때 내가 생각나는 게 이 서해랑에 책방이 많았어. 큰 길가에도 물론 있었고, 저기도 있었지만, 서해랑 뒷골목 죽- 책방이 여러 개 있는데. 보며는 써 있어. 옛날 일본책 그때는 그러니까 아, 책방에 오면은 무슨 독서회, 어디 모임, 다 공산당들 학생들 모임. (중략)*

송도중학교도 예외는 아니어서 개성 좌익들의 집회는 송도중학교에서 이루어졌고, 우익들의 집회는 공설운동장에서 이루어졌다. 1948년 남한의 단독정부가 생기기 전까지 개성에서 우익은 거의 활동을 못했고, 좌익학생들은 독서회를 중심으로 대단히 조직적으로 활동하였다. 김수학은 당시 송도중학교 상황과 개성의 좌익세력의 정도를 다음과 같이 구술하였다.

> **김수학** : (중략) 근데 이제 선생들도 한- 반 정도 이상은 아마 공산주의에 물들었을 거야.
> **면담자** : 개성 굉장히 공산주의 셌네요.
> **김수학** : 센 게 아니라 좀 배웠다는 사람은 다 글로 돌았어. 그때는 뭐냐면 칼 막스

---

* 2009년 4월 8일 김수학 2차 인터뷰 중에서. 국사편찬위원회 구술자료번호. OH_09_017_000_06.

(Karl Marx), 또 이런 사람들 이론이 말이지, 사회주의 공산주의래 가지고 뭐 소련이 1917년에 저기 됐잖아. 공산화가 됐잖아. 그러니 그걸 보면 책을 보면 진짜 멋있지. 자기 이력 공산주의 되면 사회주의 거쳐 공산주의 되면, 자기 하고 싶은 만큼만 일하고, 자기가 쓸 만큼 가져 쓰고, 모든 생산수단은 국유화고, 소비재는 갖고 싶으면 갖고, 그렇게 되니까 천상 낙원이지. 그러고 있는 사람들은 저 이 자본가들은 다 착취해서 번 돈이다. 그걸 자본을 다 국유화해야 된다 그런 식 아니야. (면담자 : 그렇죠) 그래고 하니까 얼마나 달콤해. 가난한 사람이 어딨어. 다 잘 산다니까. 전부 배웠다는 사람은 다 빨강 물이 다 든 거야. 우리 육촌 되는 그 사람인데, 우리 할아버지 할아버지 뭐 육춘 이라든가 그랬어. 일본서 공부 와세다 대학 나와 가지고 공부 잘 해 가지고 개성서 마루보시* 했어. 저 이 뭐야 난 물건 날르는 거.
면담자 : 와세다 대학 나온 사람이?
김수학 : 공산주의에 물들어 가지고, 그렇게 실천을 하는 거야. 그런 식으로 하니까 개성에 뭐 보통 우리 아버지 친구 분은 아니지만 친구 한 동생쯤 되는데, 그 6·25때 "언제 먹어도 김일성이가 먹는 밥"이라고 그런 소릴 했다고 우리 아버지에게 혼났지. 허허허. 그때 우리 아버지가 우리 아버지 기운 좀 세셔. 휙- 두 바퀴 돌려. 죽을 지경, 혼났지. "아무 때 먹어도 김일성 먹을 밥이라고?" 하하하.**

개성상인이며 지주집안의 장녀인 김정숙은 해방 이후 호수돈여자중학교에서 명덕여자고등학교로 개칭된 명덕여고 1학년이었는데, 개성 여학생들도 좌익에 많이 가담했다고 증언하였다.

면담자 : 근데 그 해방되고 나서 개성에서도요, 좌익들이 되게 많았잖아요 (김정숙 : 좌익 많았죠) 예, 개성 되게 심했다고 제가 들었어요 .
김정숙 : 우리 똑똑한 선생들은 다 빨갱이야.
면담자 : 호수돈도? [구술자가 고개를 끄덕인다] 음.
김정숙 : 사실은 그 당시에 인테리겐차(intelligencia)들은 다-- 빨갱이 많았어. 그래서 그냥 우리 영어선생, ooo. 참-- 우리한테 열심히 가르쳐. 그 선생이 그렇게 그냥 희생적으로 방학이던 뭐던 우리를 불러내서 가르쳐서 우리가 영어 잘해. 응? 총각이

---

* 역에서 화물을 실어주는 일.
** 2009년 4월 8일 김수학 2차 인터뷰 중에서. 국사편찬위원회 구술자료번호. OH_09_017_000_06.

었었는데. 아주 격려를 쏟아서 우리한테 영어 가르쳐서 우리가 진짜 우리기는 영어 잘해요. ㅇㅇㅇ씨한테 물어봐도 되지만 굉장히 ㅇㅇ이도 잘하고 다 영어 잘 해. 근데 그 이는 빨갱이로 갔잖아. 이북으로 가버렸잖아. 그런 선생이 많으니까 이게 그러니까 는 굉장히 심했어요. 이쪽 운동장에서는 국민, 이쪽에서는 좌익단체 그렇게 굉장히 파가 꽉꽉 지면서 궐기대회하고. 어-- 개성 심했어요.
면담자 : 근데 그렇다고 여, 여, 여고 학생들도 많이 참여하고 그랬나요?
김정숙 : 여고 학생들도 그 당시에 이승만 대통령 시대에, 그 '미군 물러가라'. 그러면서 우리 선배들이 학교 못 나오게 어떨 땐 하고 그러면 못 나가고 그랬지 (**면담자** : 어, 그랬었어요?) 그런 적도 있고. 일선에서 나는 안 뛰었지만 일(1)학년이니까. 우리 선배들 무슨 그런 모임에도 많이 해가지고 저도 참가했지만 일(1)학년이니까. 그렇게 적극적으로 못했지. 그랬어요.*

모스코바 삼상회의로 인해 신탁통치 안이 전해지자 개성 좌익들도 찬탁운동을 시작하게 되었고, 우익들은 반탁운동을 하게 되면서 좌우익이 충돌하게 되었다. 이때에 우익인사인 대동청년단 단장인 민완식 피습사건이 일어났다. 당시 1948년 송도중학교 4학년이었던 김수학은 민완식이 피습된 아침에 목격한 것을 다음과 같이 증언하였다.

김수학 : (중략) 충돌이 있었지. 이 충돌이 직접 관련됐는데 내가. 그러니까 내가 역사 속에서 사는 사람이야. 하이튼 여기 나와서 내가 역사 속에서 산 게 한두 가지가 아니야. 자,… 여기 보면요, 내가 골라났어… 아, 여기다, 참- … [자신의 홈페이지를 보며] 이 양반이 누구냐면 민관식 씨라고 있죠? 국회의원도 하고. 민관식 씨 형님[민완식]이에요. 한 댓살 위야. 이 양반이 개성에서 무얼 했냐면, 자전거포를 하면서 자전거포가 여기 각골 안쪽 바깥쪽에서 하면서, 뭘 하셨냐면 유도관을 하셨어. 북부에도 있고 남부에도. 북부는 모르겠는데 남부 유도관이 오천(烏川)이라고 있어요. 거기 유도관 저기 있었는데. 그 저이 유도관, 유도관이 머 크진 않았는데 유도관인데. 거기 우리 초등학교 놀러가면은 이 양반이 이리와 여기 앉어 뭐 열 살 그때지. "요기 앉아라" 우리 앉을 자리 마련했죠. 그러니까 얌전히 앉아서 구경하는 거야. 유

---

* 2013년 3월 5일 김정숙 1차 인터뷰 중에서. 이화여대 근대와 여성의 기억 아카이브 구술자료번호. yoontl-000-de-01.

도하는 거. 바로 이분이야. 다른 유도하는 거 구경하면 다들 우리 구경하다가 다 끝나면 여러 조심조심 개구쟁이들 기가 죽어 가지고 나오고 그랬는데. 내가 1900, 아, 1949년이 저거 났지, 아마 48년 일거야. 중학교 4학년, 47년인가 그때 일거야. (중략) 근데 이제 아침에 저녁때 어스름 어스름 할 땐데, 겨울은 아니지. 거기 우리집이 거기니까 경덕궁 따라 저 천변을 따라가지고 도둣다리 쪽으로 해가지구 남대문 옆으로 인제 가는데, 거기 가는데, 우리 집이 여기거든요. [지도를 보이며] 어, 여기니까. 요-렇게 걸어갔어. 내가. 요-렇게 걸어가서 내가 요기 요기 우리 고모님 살던데 여기고, 아까 그 친구집 여기고. 요렇게 해 가지고 각골로 갈려고 남대문으로 해 가지고, 여기가 각골이거든, 각골에 책을 사러. 여기 그래 슬슬 걸어가는데, 아 요기쯤 가는데, 이게 우리집에서 요로게 가서 시우물 다리가 있고, 쟁명두골이 있고 여기 위쯤 가는데. 쟁명두골 여기 고려청년회관이 있고. 여기 가는데 하, 물이 괴여 있어. 그래서 물인줄 알고, 깜짝 놀랬잖아. 어둑어둑하니까 근데 물이 아니고 사람이 코를 골고 있단 말이야. 술 취한 사람이. 그니깐 깜짝 놀래서 술 취한 사람인줄 알고, 나는 가 가지고 책을 사 가지고 오고 그러는데 아, 그 다음날 아침에 이 민완식 씨가 총에 맞아 죽었다는 거야. 그 다음날인가 『고려시보』에 나오고. 내가 그 총에 맞아서 피가 나와서 크륵그륵한 것 갔다가 뛰어 넘은 거야. 바로 고 자리에서 돌아가셨어. 개성에 술 먹고 쓰러지는 사람이 드물거든. 아 그래, 그래가지고, 여기서 쐈지. [홈페이지에] 그냥 껑충 뛰어 넘은 사람이 바로 나야. (중략)*

장단군 소남면 중농 집안의 장남인 신채오는 해방이 되자 고향이 38 이북이 되어 개성으로 이주하였다. 그는 개성에서 직조공장에 다니면서 1948년 대동청년단에 가입하여 활동하기도 하였는데, 당시 민완식 암살 사건을 기억하였다.

신채오 : (중략) 뭐 개성에 사건이라는 거… 청년단 단장, 민관식 씨 있잖아요. 여기 민완식 씨(가) 형. 그 분이 민관식 씨 개풍군에 있었어요. 우리들 청년단 나갈 때 그 때 나갈 무렵에 그 빨갱이한테 죽어서 총살당해서 집에서 청년단 사무실 들어가다가 퇴근해 들어가다가 맞아서… 그 죄수들 1급이나, 이놈들 잡아가지고 현장 조사 다니는 것도 따라 다니면서 다 봤지. 허허허. 그렇게 죽어서 선죽교에… 선죽국민학

---

* 2009년 4월 8일 김수학 2차 인터뷰 중에서. 국사편찬위원회 구술자료번호. OH_09_017_000_06.

교에서 장례식을 하는데 그 장례식 상여를 해가지고 가는데, 그 새끼들이 포를 막 쏘고 그 짓 하고 그 청년단들이 이렇게 저걸 하면은 청년단들이 그… 38선에 가서 봉사한다고 했잖아. 개들이 와서 쏴서 죽는 거야. 드문드문 죽으면은 시방 조병옥 씨도 와서 거기 가서 저거하고 그랬어요. 축사하고… 장관. 저… 그때 내무장관 초대 내무부 장관 때야 그때. 조병옥 씨가 거기 선죽교 마당에 와서 강연도 하고 그랬는데, 그런 적도 한 번 있고 그랬는데 근데 선죽교 마당에서 장례식 하는 거야. 총포 쏘고 군인 애들이. 그렇게 개풍군 쪽으로 많이 갖다 묻었던 것 같아. 그렇게 죽은 사람들. 민관식이도 개풍군으로 갔어요.

면담자 : 이 청년단은 서북청년단을 얘기하는 거죠?

신채오 : 청년단… 그땐 대한청년단이라고도 하고 대동청년단이라고도 했어. 대동청년단, 서북청년단들도 있고. 서북청년단하고 민관식(민완식을 말함)이 이렇게 다니면서 빨갱이 잡다가 빨갱이들이 저거 하는 바람에 죽은 거야, 그 사람. 그 사람은 맨손으로 그 청년단 힘으로 빨갱이를 잡으러 다닌다고 개성시내 그 유명한 동네, 한 동네가 전부 빨갱이예요. 그때 그 동네를 덕암동이라고 모스크바라고 그러는 데야, 거기가. 우리는 운학동이고 동구를 나가면서 우리는 운학동 비둘기… 약채연구소 뒷동넨데, 생의학 연구소 왜놈들이 지었던 뒷동넨데, 그 길 건너 쪽이 덕암동인데, 덕암동이 개성의 모스크바야.

면담자 : 어, 저는 못 들어 봤어요.

신채오 : 그 내막을 개성사람들이나 알지 몰라요. 그런 무시무시한 동네야. 그래가지고 그 동네에 서북청년단을 데리고 밤… 세시, 이렇게 되면 그냥 가서 딱 동네 뒷산이 얕아요. 거기 가서 그때 어디서 보고 그 빨갱이 동 젊은 분들 도망가니까 잡으러 가면 도망가거든. 옆에서 경계하고 막 그냥… 그러면서… 거기 돌아서면 38선 넘어가면 그만이니까. 그렇게 됐었어 거기. 그러다 죽었어. 아까운 사람 죽은 거야. 민관식 씨가 그래서 여기… 문교부 장관까지 하고, 개성시민회장 뭐 이런 거 했지만은 그 양반이 형의 저것이 아니야. 공적이 많아. 그 형이 일 하면은 뭐 어마어마한 저걸 대한민국에 저걸 한 사람이고, 맨 손으로 개성시에 빨갱이를 소탕을 했다면 그 뭐 보통이 넘는 사람 아니예요? 청년단장이었어… 명칭은 단장이야. (중략) 근데 8.15 해방이 되고선 개성서 그렇게 세 개 청년단을 통으로 관리했어요.*

---

* 2015년 1월 14일 신채오 1차 인터뷰 중에서.

신채오가 사는 운학동은 38선 바로 밑에 있어서 남한의 좌익들이 북으로 가는 루트였다. 당시 그가 속한 대한청년단은 경찰과 국군의 좌익 검거에 협조하였다.

면담자 : 청년단은 그럼 어떻게 해서 들어가시게 된 거예요?

신채오 : 무조건 다 들어가야 돼. 거긴 뭐 그 야단이 나니까 38선에서 항상 빨갱이들이 출몰하니까는 우리 때는 아주 무서웠어요. 무서워. 그냥 이… 우리 동네는 참 이런 얘기를 내가 시방 해도 저거하고… 우리 동네는 어떤 동네냐면 등 넘어가면 38선 이북이에요. 개성시내까지는 이남에 빨갱이들이 다 와. 개성시내까지 오니까 뭐 완전 쉬운 거야. 버젓이 오는 거야. 마음 놓고. 와서 개성서는 고 산을 타 넘어가야 되니깐 산 넘어가는 루트가 우리 동네였었어. 그래가지고 그 일주일에 한 번씩 이 정도로 맨날 이삼십 명 씩 데리고 인솔해서… 그렇게 일주일이 멀다하게 우리 동네를 데리고 오는 사람이 있으니까 우리는 알게 된 거야. 그 동네 토박이들은 저 놈이 이상한 놈이다. 저 놈이 데리고 넘어가는구나. 그런데 그거를 고발했다가 6.25 사변 나고 나서 그 동네 나도 없었기에 말이지 거기 있었으면 맞아 죽었어. 고발한 거.

면담자 : 아, 그렇겠네요.

신채오 : 잡아 넣으면은 한 달, 두 달 만에 또 나와요. 지금도 저 뭐야 저… 정부에서 하는 무슨 누구야 간첩 뭐 하다가 잡혀 들어간 놈도… 내가 기억력이 없어서 말이 이름이 안 나오는데, 그런 식이야. 그때도 그런 식으로 잡아 넣으면은 뒷구녕에서 검찰이나 판사 이런 사람들이 어딜 저걸 했는지 도루 내놔줘요. 그 중에도 그런 사람이 있는 거야. 빨갱이들이. 도루 나오는데 나오면 또 한 두 달 한 서너 달 지나면 또 인솔을 하는 거야. 또 인솔을 해. 그러니까 그렇게 잡혀 들어가는 거 우리 뻔히 알잖아요. 그러니까 한 달 동안 죽어있어. 그런데 알았는데, 그 한 달 후에 또 다니는 거야. 그때는 고발해 봤자 우리만 희생당하는 거 아냐. 빨갱이한테. 그러니깐 우리 동네애들도 쉬쉬하고 연락 알면서도 모른 척하고 이러고 말고 그래. 그랬는데 어쨌든 빨갱이들 넘어가는 루트였어요. 어떨 때 그냥 여름에 보면 모시 저고리, 모시 이런 거 입고 하얀 인텔리들이 열 명씩 와서 그냥 거기 껴서 넘어가고. 한 번은 공장에 갔다 오면서 보니깐 여름인데 파출소 마당에 벌서고 있더라고. 그런 사람들이. 모시 저고리 이렇게 깨끗이 입은 영감이, 나이 좀 많아. 오십, 사십대 분들이. 어떻게 잡았느냐니깐 거기서 한 우리 있는데서 한 1킬로 나가면 강, 샛강 삼댐이라는 강이 있어. 삼댐. 거기서 수영을 하면서 작전모의를 하는 거야. 거기서 빤히 보이는 데만 넘어가면 되니

까. 그거를 경찰이 이상하게… 그 지역 사람들은 빤히 아니까 벌써. 누구든지 저 이상한 놈들 딱 찍으면 아니깐. 고발했는지 어땠는지 해가지고 가서 작전 들어갔다고 그래가지고 그래 잡혀 온 거래. 나중에 얘기 들어보니까. 그래가지고 벌서 있어. 일곱인가 여덟 명이 이렇게 서 있어. 그래 어떻게 잡았냐니깐, 넘어가지는 못하고 강에서 수영하는 것처럼 다 와서 탕 속에 이렇게 드러 누워서들 수근대고 그러는 거 잡아가지고… 조사 해보면 알지 그 사람들 벌써. 그래 잡혀가고 했는데, 나중에 그 놈이… 그래가지고 나중에 또 고발을 어떻게 했나 하면은 십용사 나고 그럴 무렵에는 자꾸 여기도 군인이 자꾸 많아지고 이렇게 되면서 여기서도 강하게 38선을 경계하고 군인들이 나와서 헌병 초소를 만들어 놓고 우리 동네 있었어요, 앞에. 우리 동네 들어가는 입구 앞에 군인들… 거기서 조금 돌아가면 우리 집인데, 거기 그 비둘기고지 주머니 쏘는 동네 있었고. 그러니깐 동대문 나가는 길, 사거리 거기에 헌병 초소가 있었어. 우리는 또 그때 열일곱(17), 뭐 열여덟(18) 나이니깐 까불고 놀 때지. 그런데 그거를 내가 가서 뭐 총을 만져보고 헌병들 신기하잖아. 그땐 폼 잡고 아가씨들이 전부 그런 놈들에게 시집가고 그랬어요. 그래 헌병들 아주 정장 하고 나면 멋있잖아. 그랬는데 그 사람들하고 짰어 우리가. "야, 빨갱이 잡을래?" 빨갱이 잡겠대. 어떻게 잡게 해 달라고 그래. 여기 빨갱이 인솔하는 놈이 있는데 이러이러해서 우리가 고발을 했는데 잡혀 들어갔다가 금방 나왔다 이 말이야. 그러니깐 너 잡으면 어떻게 할 거야. 잡으면 어떻하냐고. 그러니깐 또 잡아서 고발해서 집어넣는대. 또 나왔어. 헌병대에서 조사하면 경찰서 검찰… 또 나오는 거야. 거기서 그거 제일 놀랬어 그때. 그 살얼음이 끼고 십이월달이예요. 그때 잡혔는데 인솔해 갔다가 오다가 잡힌 거야. 인솔해 가는 걸 잡아야 여러 놈 잡는 건데 갔다 탈탈… 우리 동네 가서 그 옆에 동네를 그 길 들어서서 꽤 튼 국도니까 그 들어서 오더라고. 저 놈이라고. 잡아가지고 그냥 생화학연구소 있는데 연못이 차요, 깊어요. 얼음이 얼고 그랬는데, 거기 들어가라 그래. 거기 들어가면 죽지… 얼어 죽을 지경인데 들어갈 수 있어 추운데? 안 들어가니까 이만한 총으로 공포 쏘면서 그냥 안 들어가면 쏴 죽이겠다고 그러니까 거기 들어가서 있어. 들어가 있는데 그 옆에다가 그냥 총을 쏘니까 진흙물이 치고 올라가. "바른 대로 대지 않으면 너 죽어, 내가 다 아는데 아니야?" 어떻게 했다고 그랬겠지 뭐. 지가 안 했다고 할 수 있어? 다 이웃에서 사람이 고발했는데. 그놈이 또 나중에 또 나왔어요. 그렇게 잡았는데 또 나왔더라고. 그런 걸 겪었어요 우리는. 참 무서운 일이지.*

---

* 2015년 1월 14일 신채오 1차 인터뷰 중에서.

초대 개성명예시장 김성찬에 의하면 1948년 개성 좌익들이 우익의 중심인물인 민완식을 암살하는 사건 이후 좌익들은 개성 시내에서 인기를 잃고 지하로 들어가게 되었다고 한다. 또한 경찰도 본격적으로 좌익탄압을 시작하였다고 한다.212) 1948년 남한의 단독정부 수립 이후에는 개성과 개풍군의 좌익들은 모두 지하로 숨어들거나 이북으로 갔다. 신채오의 증언에서 알 수 있듯이 이승만 정부 수립 후 월남민으로 구성된 서북청년단과 이범석의 조선민족청년단이 합하여 조직된 대한청년단이 경찰과 함께 좌익 탄압을 시작했다.

2) 개풍의 좌우익 상황

개풍군 풍덕금용조합에 다니고 있었던 신철희에 의하면 대성면에서도 해방 이듬해부터 이데올로기적인 입장들이 드러나기 시작했다. 대성면은 좌익이 센 곳이었는데, 그것은 일제시기 삼정회사(三井, 미쓰이)에서 나온 최모라는 사람이 주위사람들에게 좌익사상을 가르쳤기 때문이라는 것이다. 그래서 대성면은 면소재지인 풍덕리에서 흥교면으로 가는 길로 오른쪽 마을들은 대부분 좌익이고 왼쪽 마을들은 대부분 우익이었다. 좌익 마을들은 풍덕리, 삼달리, 고군리, 산기리등이었고, 우익마을들은 대성리, 신죽리, 무안리, 진회리 등이었다.

대성면은 삼달리라는 넓은 평야를 가지고 있었고, 그 평야의 주인들은 대부분 서울과 개성에 사는 부재지주들이었다. 그래서 대성면 사람들은 대부분 부재지주의 소작을 하고 있었지만, 그래도 다른 면에 비하여 삼달리 평야 때문에 잘 사는 부면이었다. 그래서 부자들이 많았고, 부자 중에서도 좌익 지도자들이 있었다. 대성면이 좌익이 강한 배경으로는 소작이 대부분이면서 보통학교에 갈 수 있는 정도의 학력을 지닌 사람들이 오히려 좌익에 더 가담했을 가능성도 높다.

대성면에서 좌우익 대립은 1947년 해방 기념일에도 그대로 드러났다. 마침내 좌익과 우익이 완전히 갈라져서 우익들은 풍덕국민학교에서 기념식을 하고 좌익들은 삼달리에서 기념식을 가졌다. 대성면 좌익들은 1946년 10월 1일 풍덕지서를 공격하여 배주임을 살해했는데, 신철희는 이것을 '폭동사건'이라고 명명하였다. 면담자는 해방 이후 특별한 사건이 있었는가에 대해서 질문하였다.

신철희 : 없었죠. 없었고요. 없었는데 사십 육(46)년 시월 일일 날. 그날 이제 새벽에 사십 육년 시월 일일날 그날이 시월 십일 폭동 사건이라고 있어요. (**면담자** : 시월) 시월 십일 아니 시월 일일 폭동사건. 아 그랬는데, 경찰서가 뭐예요. 지사가, 지서지. 지서가 습격을 당했다고 그래요. 그래가지고 막 그런 연락이 와가지고 우리도 그냥 낫하고 괭이 이런 도끼 들고 같이 나간 거예요. 나가봤더니 지서 주임이 그날 저녁에 그날 전날 오양식 씨라고 삼십 삼인 한 사람이 있어요. 오양식 씨 고향이 어디냐면 대성면 고군리입니다. 그 오양식 씨가 그 삼십 삼인 한 사람이. 그 양반이 강연을 했는데 그냥반의 집을, 그냥반의 강연회에서, 그 저 그 [잠시 생각] 그 성이 뭐냐… 그래가지고 파출소 주임이 생각이 성이 아휴 이제 안 나오네. 성이.

면담자 : 파출소 주임이라는 게.

신철희 : 경위에요. 경위인데. 그 사람이 죽었다고 연락이 왔어요. 그래가지고 그냥 전화도 없고 동네가 전부 그냥 입으로다 전달이 오는 거예요. 그래 그래가지고 우리가 부락 사람이 전부 모여가지고 인제 풍덕리로 내려간 거예요. 풍덕지서 있는데 내려갔더니, 아 풍덕지서 주임이, 아휴. 0주임. 0. 0. 아 그런데 산 사람을 집어넣었어. 산 사람을 죽였단 말이에요. 그래가지고 조금 있으니까 미군들이 동네에서 개성 경찰서까지 [초인종 소리가 들림, 대화 잠시 중단] 아. 그래가지고 사람을 보냈더니 거기서 연락이 왔군 그래. 왜. 그래 미군들이 그냥 한 세 츄럭(트럭)이, 중무장을 하고서. 미군들이 와서 찾아보니까 산속에다 코로다 흙이 들어왔어요. 사람을 생 산 사람을 집어넣어가지고. 그때에 0주임은 돌아가고 00이라고 있었어요. 000이라고 그 사람이 차석인데 그 사람이 000라는 빨갱이를 쏴 죽인 거예요. 000란 사람이 삼달리에 살던 삼달리. 그 벌판 가운데 000 그래가지고 그만 000가 살았으면 이 구읍리, 대성리 이쪽으로 신중리 이쪽으로 돌격을 했을 텐데, 그 놈이 죽는 바람에 못 온 거예요. 그래가지고 아휴. 고생도 많이 했어요. 사람은 사람대로 고생하고 상하기도 많이 상하고. 그래가지고 그 십일 폭동은 전국적으로 일어난 거니까. 대구서 제일 많이 일어났고, 그리고 개풍군에서는 이 풍덕서만 일어났어요. 개성에서는 일어나지 않고.*

이 사건은 삼달리 출신의 주모자가 다른 좌익들과 함께 풍덕지서를 공격하여 O주임을 죽였는데, 당시 지서 차석이 그를 총으로 쏴 죽였던 것이다. 그 주모자도 삼정회사의 마름을 하던 사람으로 최모에게 좌익사상을 주입 받았던 것이다. 그의 죽음으로 대성면의 좌익들은 이때 대부분 서울 서대문 형무소에 가게 되고, 한국전쟁이 있을 때까지 지하로 들어갔다. 신철희는 그가 죽지 않았다면 대성면에서 우익들이 더 큰 피해를 입었을 것이라고 하였다.

같은 대성면 자영농 집안의 차남인 이병석도 이 사건을 기억했다. 그는 신철희보다 5살이 어렸지만 당시의 상황을 다음과 같이 구술하였다.

이병석 : (중략) 49년도* 가을 10월 말일 경인가- 그랬는데, 그때에 좌익 편들이 폭동을 한 번 했어요. 그때. 면 자체를 두드려 부신다고 그래가지고 폭동을 해 가지고.
면담자 : 면 소재지에서?
이병석 : 어, 면 사람이야. 어 우리 대성면 사람이야. 주모자가.
면담자 : 주모자가? (이병석 : 어) 어디요? 어느 마을이요?
이병석 : 삼달리라고 있어. 삼달리. 거기에 사는 사람인데, 그 사람이 주모자를 해가지고 저녁에 인제 참- 사람이라는 게 운이 없는 사람이 있어. **내-일**이 인제 지서 지서장 인수인계 교대하는 날인데, 개성서 오는 사람이 '내가 내일 가면 뭐하나. 하루 빨리 가겠다'라고 해가지고. 하루 먼저 와서 관사를 차지하고 잔거야. 관사가 있었어요. 그리고 그 갈 사람은 지서에서 잔 거야. 잤어. 그랬는데, 마침 그날 저녁에 폭동이 일어난 거지. 그래가지고 관사에 지서장이 잔다는 거는 다 규정 사실 다 아는 거 아냐. 그래 가 가지고 그냥.
면담자 : 새 지서장이 죽은 거예요?
이병석 : 그렇죠. 그렇게 해가지고 무슨 무자비하게 그냥. 그리고 거기 그냥 또 요게 지서라고 하면 뺑- 돌려가지고 때려부시고 들어오는데. 딱 지서장에 갈 사람이 들어오고. 뭐 팬티바람이지. 아닌 밤중에 홍두깨야 그게. 순경 하나하고 그 사람하고 급

---

* 2008년 6월 11일 신철희 1차 인터뷰 중에서.
* 1946년을 잘못 기억하여 구술한 것으로 추정된다. 구술에서 숫자는 추상적인 것이어서 특정한 이유가 없는 한 정확히 기억하기 힘들다. 그래서 구술에서 년도와 날짜 등 숫자는 정확하지 않은 경우가 많다.

사하고 서(3명)이 자는 데 들어오니까 어쩔 수가 없지. 꼼짝 안 하게 해가지고, 딱 해가지고 한 사람이 쓰러졌어. 쓰러진 게 그 사람이 주모자야.

면담자 : 아-- 죽었네요/ 그 주모자가/

이병석 : 그 주모자가 죽었지. 그런 일이 있었어. 응. 그래서 이제 그러니까는 이 사람이 죽을 때 그랬대. 난 뭐 확실히 모르지만, 자기 이름을 대면서 나 마지막이라고. 하니깐, 주춤하고 그냥 뒤를 피한 거지. 그 바람에 그냥 튀어나갔는데, 순사 하나가 몽댕이로 여기 골통(머리) 맞아가지고 깨졌어. 그 이튿날 보니까. 깨져가지고 갔는데(죽었는데). 아, 그 이튿날 난리가 났어. 그래가지고 우리 동네 요-만한 사이렌이 하나 있는데, 고거 왜정시대 방공 훈련 잘 받는다고 사이렌을 하나 달아준 거야. 아침에 세수할 때 먹고, 일어나고 밥 먹으려고 세수하는 데 막 사이렌 소리가 울리고 난리야. 그래 세수 하다 말고 쫓아 나와 보니까 뭐 난리가 났어. 하여간 뭐 도끼 들은 사람, 낫 들은 사람, 몽댕이 들은 사람 뭐 해가지고 옹기종기 해서 30명 보이는데 가만--히 보니까 그런 폭동이 일어난 거지. 근데 이렇-게 보는데, 이렇-게 여기서 앉아서 보면 개성서 내려오는 찻길을 보이게 되있어. 우리가 그날 모였던 데가. 가을이니까. 새까맣게 입었잖아. 까맣게 입었는데 츄럭으로 두 트럭이 가더라고. 나오더라고. (**면담자** : 경찰이?) 경찰이. 이 사람이 그 친 사람이 개성경찰서까지 간 거지. 이런 일이 있었다 하고. 그랬다고. 전부 면 소재지로 모인 거지. 그래가지고 고런 일이 있었어. 나도 그때는 나이가 열아홉 살인가 그랬는데, 보니깐 그 지서장 죽은 사람 시신을 내가 발굴하는 것까지 이렇게 봤어요. 봤어요. 그게 면사무소에서 얼마 안되는 학교 뒷산이 있는데 거기다가 갖다가 처리를 했더라고. 들것에다가 막대기로 해가지고 갖다가. 그래 뭐 난리가 났지. 근데 그것이 뭐냐면 이 사람들이 그런데 거사를 할 적에 초저녁에 했으면 얘기가 되는 데, 술 먹고 뭐 하고 해가지고, 한 시 넘어서 거사를 행사를 했대, 그런데 거기서 술 먹은 삼달리에서 들어가려면 약 1km 정도 되는데 술 먹고 걸어 들어가려면 어쩌구 저쩌구 하니까 한 세 시 가까이 됐나봐. 근데 어떻게 하다보니까 날이 밝으니까는 주모자가 죽었으니 그냥 뭐 풍지박산(풍비박산)이 되버린 거지. 서로 다치고 지랄하고. 아이고 전-부 뭐 그때는 시골에는요, 이런 데는 저 앞집에 누가 사는지도 몰라. 이름도 몰라. (**면담자** : 흐흐흐, 맞아요) 근데 그때는 아무 동네 누구하면 면사람 거의 다- 알아. 아는 사람은. 조금 껄떡거리는 사람은. 어. 그 난리가 나가지고 누구네가 빨갱이라고 다- 알아 다.*

---

* 2010년 3월 26일 이병석 1차 인터뷰 중에서. 국사편찬위원회 구술자료번호. OH_10_019_000_06.

김승찬은 개풍군 봉동면 중농의 장남으로 1942년 봉동공립보통학교를 졸업하고 서울의 이모댁에 있다가 해방이 되어 고향으로 돌아와 송도중학교에 입학하였다. 그러나 1946년 10월 인민항쟁 때 부면장인 작은 아버지를 도와 좌익들을 경찰에 인도하였는데, 좌익들이 그 경찰을 죽이고 도망하는 사건이 발생하였다.

김승찬 : (중략) 개성 이제 송도중학교, 에 들어가서 삼학년 때 고향을 떠나게 됐어요. 삼학년 때 왜 고향을 떠나게 됐느냐, 우리 동네가 10월 인민항쟁사건 때, 그때 동네 장년, 청년들이 열 두 명이 한꺼번에 없어 졌어 별안간에. **(면담자 : 오오)** 그 왜 없어졌느냐. 알고 봤더니, 경찰서를 습격해 가지고, 총기를 갈취해서 삼팔 이북으로 넘어갔다구. 그 소위 10월 인민항쟁 사건에 좌익 저거로써 가담해가지고 그렇게 돼서 동네가 완전히 좌경화됐어요. **(면담자 : 오오, 그래요?)** 동네 전체가. 그리다가 그 삼팔이북에 넘어갔던 친구들이, 그 후에, 몇 달 후죠. 동네 와서 밤중에 회의를 하다가, 그 회의를 하다가, 미처 삼팔이북으로 넘어가지 못하고, 밀주 조사하러 나온 경찰관 두 명한테 발각이 됐어요. 그래 발각이 되니까 한 사람이 체포되고, 나머지 열 명은 도망가고. 그런데 그 체포한 경찰관 두 명을 우리 작은댁에서 작은 집에서, 작은 집이 내 삼촌이 뭘 했느냐면 봉동면사무소 부면장을 하셨다구. 부면장 댁이니까 으레히 면직원, 군직원, 선생님 뭐 이런 분들이 오면은 점심을 대접을 했거든. 그때 시골에서, 내가 그걸 거기서 그 서빙을 했단 말이에요. 심부름을. 근데 한 두 어 시간 걸렸잖아요? 그리고 나서 체포한 한 사람을 데리고 늘문이 판문점 늘문이까지 가는 거리가 약간 있어요. 가는 버스를 태워 가지고 개성 경찰서로 압송하기 위해서 그 늘문이 이 도로 경의선이죠… 나가는 도중에 얘들이 중간에서 잠복을 해 가지고 있다가 도끼, 삽, 곡괭이 등을 가지고 경찰관을 죽였어. 때려 죽였어. 체포 걔네들하고 경찰관 한 사람은 도망가고 한 사람은 죽었는데. 그리고 나니까 경찰관들이 한 500명 동네 와 가지고 개성 경찰서에 경찰관이 모자라서 경기도에서까지 지원됐다 그래요. 한 500명 와 가지고 가가호호 가택수색을 했단 말예요. 우리 대소가하고 또 거기 좀 지주세력의 대소가만 남겨놓고 나머지는 전부 다 남로당에 다 가입이 됐더라구. 그리고 집집마다 그 시골 초등학교도 못 나온 그 전연 무학자들이 거기다 포함됐었는데. 골망태에다 그 공산 서적이, 다락에서 머 이런 데서 골망태가 하나씩 다 나오더라구. 말하자면 인제 칼 막스의 공산주의 서적이라든가, 레닌의 혁명 서적이라든가, 또 그 변증법적 유물론 같은 것은 사실 대학교 가서 배우는 거거든요. 그걸 뭐 초등

학교 안 나온 이들의 집에서 골망태에서 나오더라구. 놀랬어. 그렇게 그런 사건이 있은 후에 나하고 삼촌하고 개성 경찰서에 가서 혹-독한 고문을 당했습니다. (**면담자** : 오, 그러셨어요) 왜 고문을 당했느냐. 걔들로 하여금 그만큼 그런 사건을 벌일 수 있는 시간적 여유를 제공해주기 위해서 계획적으로 두 시간 동안에 점심시간을 해준다는 미끼로 해서, 이유를 해서 시간적 여유를 주지 않았느냐. 같이 공모했지 않았느냐 그 얘기야. 그래서 고문을 당했는데, 뭐 우리 삼촌이 원래 반공주의자고 어, 또 저도 그렇고, 뭐 온 면민들이 전부 다 진정을 하고 그래서 왔는데. 그 또 후에 우리 집안에 촌수는 멀지만, 촌수는 멀지만, 우리 집안사람이 청년회 가입해서 이북에 간 사람이 있었는데. 그 부모를 통해서 우리 아버지한테 귀띔이 왔어요. 나를 피신을 시켜라. 나를 왜냐? 그 당시에 내-가 고발을 해서 쟤네들이 체포되고 그런 저런 일이 났다. 난 처음 들어 봐요. 피신시켰으면 좋겠다. 그러니 어디로 가요. 그래서 서울로 왔지. 서울로. 서울로 와서 서울 이모네, 이모님이 서울 왕십리에 살았는데. 이모님 집에서 있으면서 취직을, 오래 있었으니까, 그때 좀 못 댕기고, 취직을 했어요. (중략)*

이 사건으로 인해 김승찬은 서울 왕십리 이모댁으로 피신했고 거기서 한국전쟁을 겪었다. 이 사건은 봉동면과 같은 농촌지역에도 좌익세력이 얼마나 많이 확대되어 있었는지를 말해준다. 물론 봉동면에는 봉동역이 있어서 다른 농촌보다는 외부의 영향이 큰 곳이었다.

김승찬 : 봉동이. 봉동역이 그때 해방 때 해방되기 전부터 봉동역이 아주 상당한 교통의, 그 지역에서는 교통의 요지가 됐었죠. 거기 와야, 경성도 오고 개성도 가고 뭐. (중략)
면담자 : 근데 그렇게 일제시대 때는 그 좌익이 세다는 걸 전혀 모르시다가, 해방이 되면서 좌익들이 이제 활동을 하게 된 거예요? (**김승찬** : 그렇지) 그러면 그 10월 인민항쟁 전에는 그런 거가 전혀 나타나지 않았나요?
김승찬 : 10월 인민항쟁, 10월 인민항쟁 그 사건의 난 동기나 그 우리 마을의 그 청년들이 거기에 그 뭐야, 개입된 그 연유가. (**면담자** : 그 연유가) 보성전문 댕기던 대학생이 하나 있었는데. 일제 때 군인 갔어요. 나올 때 육군 중위 계급장을 달고 나왔더

---

* 2009년 5월 13일 김승찬 1차 인터뷰 중에서. 국사편찬위원회 구술자료번호. OH_09_017_000_06.

라구. 일본군. (**면담자** : 일본군) 음. 걔가 사회주의 이념을 가지고 포섭한 거야. 근데 일제시대에 소위 그 대학공부를 하고 전문학교가 대학이 아니에요. 전문대학의 그 공부 정도를 하고 일본 군대에 가서 항일투쟁, 항일정신이 투철한 사람들, 항일정신을 하다 보니까 일제에 항거를 하려다 보니까, 사회주의 사상이 녹인 거야. 그래서 그걸 사회주의 사상이 그 진보적 보수 진보가 아니고, 완전히 공산이념에 좌익이념에, 그러니까 시골 사람들, 노동자 농민을 대상으로 하는 혁명운동, 레닌의 혁명운동사, 그때부터 넘어간 거지 뭐. 그니까 머슴살이 하는 놈들, 못사는 놈들, 전부 다 공산주의 개념을 그렇게 하니까 있는 사람 뺏어서 다 공평하게. 그러니까 다 넘어간 거야.

면담자 : 근데 이 보성학교 출신 이 학생, 이분은 어떤 사람인데요?

김승찬 : 그 사람도 소위 서울의 그래도 보성전문까지 갈 수 있을 정도면은 시골에서 부자죠. (**면담자** : 그럴 거 같아요) 부자집 아들이지. 그만큼 지식이, 지식 수준이 그만큼 있는 거다. 사회주의 사상이. 그러니까 그런 사회주의 지식이 있고 하는 사람이 주장을 하는 선동을 하니까 배우지 못한 사람들이 따라간 거지.

면담자 : 봉동면에서도 잘사는 집이었어요?

김승찬 : 잘 사는 집이었어요. 그 후에 그 저 내가… 이후에 그 알아보니까, 아, 완전히 38선, 북한으로 넘어가가지고 모스크바 유학까지 갔다 와서. 어 개풍군 인민위원회 부위원장까지 했다는 그런 얘길 들었어. 그 사람이. (**면담자** : 어어, 그래요) 그 사람 우리 선배요.

면담자 : 그러면 그 봉동국민학교 선배?

김승찬 : 에, 우리 선배. 우리보다 우리보다, 3년인가 4년인가 선배. 3년인가. 한 3, 4년 선배.

면담자 : 그렇죠. 그러니까 징병이, 징용이 됐죠. 갑자년부터 징용이 시작됐으니까. 갑자생이시겠다. 그러면 이 봉동에는 그러면 가난한 사람이 많았던 거예요? 이 사람이 그렇게 막 뭐.

김승찬 : 시골서 그렇지 뭐. 시골서. 어, 아, 일제하, 일제로부터 벗어난 지 얼마 안 되잖아요. 시골에서 뭐 발전되고 뭐 저 속이 그렇다고, 별안간 좀 잘사는, 잘 살 수가 있나. 다 그러니까 순박한 농촌사람들이라고 봐야지. 잘 살고 못 사는 건 뭐 그 차이도 얼마 없고. 잘 살면 얼마나 살겠어요. 물론 그야말로 1년 동안 농사지어도 자기 생계 식량도 자급 못하는 사람도 있지만은. 그래도 그렇게 말이야 가난할 정도는 아니었거든. (**면담자** : 봉동면이?) 저기 저 주 생산이 개풍이 삼포에요. 삼. 그래서- 아-주 풍요로운 그건 아니지만은, 거기 뭐냐 하면 그 저, 일본 애들 좀 많이 왔었어

요. 왜 일본 애들이 많이 왔었냐하면 역둔지니까. 역둔지는 일본 애들이 다 점령하고 있었잖아요. 좋은 땅은 다. 그래서 그 과수원도 있구, 또 뭐 거기 뭐 면사무소 소재지 있기 때문에, 거기서 상업도 발달하고 좀… 그래서 조금 괜찮았지. 아주 오지에서 그야말로 사는 사람 아니면 괜찮았어요. 우리 동네 같은 데는, 자연부락이 186호 정도가 옹기종기 마을 살 정도면 상당히 큰 부락이니까, 행상하는 사람들, 그런 사람들이 전부 다 우리 동네를 제일 먼저 와.*

김승찬의 동네는 이 사건으로 인해 서대문 형무소에 갔던 좌익들이 풀려나면서 한국전쟁 때 좌우익 간에 서로 죽고 죽이는 사태로 번져서 동네가 쑥대밭이 되고 말았다.

3. 전쟁의 전주곡

개성은 한국전쟁이 일어나기 전부터 이미 전쟁 상태에 있었다. 미군정 시 미 7사단이 38선 경계를 맡고 있었는데, 1948년 남한의 정부 수립으로 그 임무를 국군이 맡게 되었다. 국군 제 1사단은 임진강을 중심으로 북방과 남방 지대를 작전 지역으로 하였고, 북방 지대인 38선 분계선 일대는 예성강을 중심으로 서쪽과 동쪽으로 나누어져 있었다. 38선 경계 지대는 북고남저(北高南低) 지형으로 해서 국군 제1사단은 북한의 감제 하에 있는 불리한 상황이었다.213) 국군 제1사단은 청단-백천-개성-적성으로 배치되어 있어서 개성의 경계를 맡고 있었다.214) 개성의 송악산은 38선으로 양분되어 488고지와 주요 능선이 38이북에 속하게 되어 이곳에 북한군이 강력한 진지를 구축해놓고 있었다. 따라서 지형상의 취약점을 보완하기 위하여 1949년 초에 이 지역 경비를 맡은 제 1사단 제 11연대는 475고지, 292고지, 유엔고지와 비둘기고지에 진지를 구축하기

---

* 2009년 5월 13일 김승찬 1차 인터뷰 중에서. 국사편찬위원회 구술자료번호. OH_09_017_000_06.

시작했다.215)

　해방 후 송도중학교에 다니고 있었던 신철규는 개풍군 대성면 고향 집을 떠나 개성시 고려동에 있는 하숙집에서 살고 있었다. 그의 자서전을 보면 38선 부근에서 한국전쟁 이전에도 국군과 북한군 사이에 빈번한 교전이 있었다. 그에 따르면 "송악산 기슭에 있는 우리 학교에서는 수업 중에도 38선에서 교전하는 총소리를 들을 수 있었다. 그런 날에는 휴식시간을 알리는 종이 울리자마자 학생들은 2층 베란다로 뛰어나가 마치 전쟁놀이를 구경하듯, 송악산 남쪽 능선에서 교전 중인 국군 병사들의 각개약진 동작을 일일이 추적하면서 전화의 추이를 지켜보곤 하였다."216)

1) 예비 피난

송악산에 바로 38선이 지나가기 때문에 개성좌익들은 수시로 이북과 개성을 드나들며 활동을 할 수 있었다. 그리고 38선 경계로 이북과 이남의 수비대과 방어보루 사이에서 간헐적으로 전투가 진행되고 있어서 개성 시민들은 피난을 가야 할 정도였다. 그러나 개성의 대부분 지역이 이남에 있었기 때문에 이북오도와 달리 해방으로 인하여 남하가 촉발되지 않았다. 개성토박이 김수학도 송도중학교에 다니고 있었는데, 당시 전투 상황 때문에 가족들이 개성의 남쪽에 위치한 덕물산으로 피난을 가기도 했다.

　　김수학 : (중략) 그 후에 역사가 또 있죠. 그 후에 어떤 역사냐면 전투가 시작됐어요. 개성서. 개성전투가 엄청 전투가 시작돼 가지고 매일 전투야. 이 만년교 다리에서 보면은, [지도를 가리키며] 여기 앉아서 보면은, 여기 여기 그냥 불이 왔다 갔다. 뭐 빨개지다가 멀리서 천천히 가는 게 보여. 일로 좍- 들어가고. 일로 들어가고. 계속 싸워. 이쪽으로도 넘어오고. 그러고 여기 보면요, 그 서사정이라고 있어요. 이 이게, 38 이북이야. 바로 이북. 고 밑에 비둘기 성재라는 데는 성균관이 여기 있고 고기는 이남이고 요 서사정이라는 데는 벌써 이북으로 넘어 간다구. 38선이 송악산, 요 봉오

리, 요 봉오리, 사이를 지나서, 박연폭포 물론 이북이고. 요렇게 해 자기고 일로 지나간다구. 요 38선이. 그니까 밤낮 전투가 심해요. 그리고 이 위장, 그 저 간첩 오고 그런 얘길 내 지난번에 했는데. 여기서 밤낮 전투가 뭐 그때는 서울 딴데는 모르고 개성만 아는 거지. 뭐 '십용사' '십용사' 이런 얘기가 많고. 항상 싸우고 죽고 그냥. 그지 6·25날은 다 놀러 갔잖아요. 그니 그냥 그냥 뭐 전투 소리 안 나. 포 소리 하나 안 들리고 여기 내려온 거야. 크, 그건 나중 일이고. 그래가지고 서사정으로 해 가지고 이리로 된 거지. 그니깐 그 후에 무슨 일이 있었냐하면 전투가 심해지다가 48년, 저 수립하고 그때쯤 될 거야. 48년인가 49년 촌가, 하이튼 겨울은 아니에요. 겨울은 아닌데. 전투 심해져가지고 폭탄이 여기저기 막 떨어져. 이놈들이 그냥 여기 저기 막 떨어지는거야 폭탄이. 겁이 나 가지고. 야 피난 가자 그래가지고. 아버지 어머니만 놔두고 우리는 다 피난, 동생 들어가는데. 얼로 갔냐 하면은 이 저 이 그 저 이 용수산 말고 저 뭐야 덕물산.*

이렇게 개성 근처로 개성 사람들이 피난을 가지고 했지만, 서울로 피난 간 사람들도 있었다. 개성상인 집안의 장녀인 정연경은 개성 지주집안의 차남에게 시집가서 자남동에서 시부모를 모시고 살고 있었다. 그런데 1949년 개성 내 전투와 폭격이 심해지자 시부모가 서울로 피난을 보냈다.

정연경 : 그러니까는 밤이면 "펑펑" 대포소리가 들려요. 그러면 그때 우리 친정아버님 친구분이 하나 돌아가셨어요. 폭격에 맞아서. 근데 누구네 사랑채 뭐 폭격을 당했다 이런 소리는 들었죠. (**면담자** : 오- 그러셨어요?) 그러니까 그게 뭐 "펑펑" 하고 계속 온 게 아니고, 밤이면 그냥 한 두 번 "펑펑" 왔어요 49년. 그래서 우리 집에서도 시아버지, 시어머니만 집에 계시고, 우리 인제 부부하고 큰 집… 큰 시아주머니 내외하고, 막내 지금 시누님하고, 그렇게 서울에 아는 집으로 피난을 갔어요. 나는 만삭이드랬죠(만삭이었죠) 그때. (**면담자** : 아 그렇죠) 그래가지고 그 서울서 그 집에서 이제 생활을 했어요. (중략)
49년도에는 개성서 개성서 우리가 나갔다니까 아버지가 서울에 오셔서 나를 우리 친정 고모부 되시는 분이 저 원효로에서 해방 직후에 나와 가지고 45년도에 나와서

---

* 2009년 4월 15일 김수학 3차 인터뷰 중에서. 국사편찬위원회 구술자료번호. OH_09_017_000_06.

병원을 하고 있었거든요 내과병원을. 그래 거기 데려다 주시고, 개성으로 가시면서 이제 애 낳으려고 그런다고, 다동에 애 아버지[남편] 계신 데로 와서 "가보라"고, "애 낳으려고 그런다"고. 그래서 거기서 낳았어요. 원효로에서 서울서. 49년도에 8월에. 그렇고 하고 그냥 한 일주일 만에 시어머님이 오셔서 데리고 개성으로 도로 갔죠.*

2) 십용사 사건

정연경이 만삭의 몸으로 서울로 피난 간 그 해 1949년 5월에 십용사 사건이 일어났다. 국군 제 1사단이 4월에 구축하기 시작한 고지를 5월 4일 북한군 제 38경비대 3여단 예하 3개 중대가 국군이 진지 공사 중인 292고지와 유엔고지, 비둘기 고지를 기습 공격하여 점령해 버렸다. 국군은 북한군 진지 토치카의 기관총 사격으로 고지 탈환이 어렵게 되자, 특공대를 조직하여 북한의 토치카를 파괴하기로 하였다. 그래서 제 1사단 제 11연대는 10명의 병사들이 박격포탄을 가슴에 안고 정해진 토치카로 돌진하여 목숨을 버렸고, 5월 8일에 빼앗겼던 고지들을 재탈환하였다.217) 개성실향민들은 이 사건을 '육탄(肉彈) 10용사'로 기억하고, 『한국전쟁전투사』에서는 이 사건을 '송악산 전투'라고 한다.218) 그래서 개성사람들은 1950년 6월 25일 당일에도 통상적인 국군과 북한군의 전투가 일어난 줄 알았지, 한국전쟁이 일어난 지는 꿈에도 상상하지 못했다.

4. 개성, 개풍, 장단에서의 해방의 의미

개성, 개풍, 장단 사람들의 해방 경험에 대한 구술은 분단과 해방 정국에 대한 공식적인 역사 내지는 공식적인 기억과는 다른 기억들을 드러낸다. 이 지역민들의 기억 속의 해방의 의미는 첫 번째로 미소 강대국의

* 2010년 11월 2일 정연경 2차 인터뷰 중에서. 국사편찬위원회 구술자료번호. OH_10_019_000_06.

존재를 확인하는 것이었다. 해방이 되자 이 지역은 38선 이남인데도 먼저 소련군이 진주해 왔고, 그 후에 미군이 주둔하였다. 개성토박이 김성찬과 김수학의 구술에서 볼 수 있듯이, 해방은 조선의 독립이 아니라 두 강대국의 잠정적인 지배 하에 들어가는 것을 의미했다. 그런데 소련군과 미군에 대한 구술은 매우 대조적이다. 소련군에 대한 구술은 개성토박이들뿐만 아니라 장단군의 조옥경의 경우에도 모두 부정적이다. 반면에 김수학의 구술에서 볼 수 있듯이 미군은 매우 긍정적으로 표현된다. 김수학은 위의 구술에서 소련군을 "그 뭐야 그 도둑질하고 그런 사람들, 그 형무소에 가뒀던 죄가 중하지 않은 사람들, 절도범으로 들어왔다가 군대 입대하여 보냈다는 얘기야."로 표현한다. 반면 미군은 "미군들이 들어오는데 글쎄 짚차(jeep), 짚차 우리 첨 봤지. 짚차 촥- 들어오는데 옷이 그냥 깨끗하고, 외출복, 군인들 얼마나 깨끗해. 아주 일류 그냥 신사 같은 군인들이 짚차 타고 쫙- 들어오는데. 소련군하고 그냥 비교가 안 되잖아."로 표현하였다. 송도중학교 1학년인 김수학의 눈을 통하여 해방 당시 개성사람들이 미국과 소련에 대해서 가지게 된 대조적인 이미지를 알 수 있다. 김수학의 구술에서 해방 당시 이미 미국은 선진화된 문명을 대변하고 있었다.

　개성, 개풍, 장단 사람들의 해방은 또한 38선의 존재를 알아가는 과정이었다. 김성찬은 해방에 대한 회고의 글에서 "미군이 개성 입성 후 처음으로 38선을 인식하였다"라고 하였다.[219] 진서면의 진서국민학교 졸업식 사건에서 볼 수 있듯이 38선은 초기에는 장단군 사람들의 일상적 삶에 큰 영향을 주지 못하였다. 그러나 1947년 소련병사 사살 사건과 같이 38선 경계에서의 미군과 한국 경찰과 소련군 사이의 충돌은 38선의 존재를 확인시켜 주었던 것이다. 신채오의 구술에서 알 수 있듯이, 미소 양국은 38선의 경계목을 세워서 지역민들에게 38선의 존재를 확고하게 인식시켰다. 이후로 이들의 삶과 인식 속에 38선은 확고하게 자리를 잡게 되었고 38선은 분단의 상징물이 되었다. 지도상에 있는 북위 38도선이라는 인위적인 설정물이 이 지역민들에게는 자신들의 목숨을 위태롭게 할 수도 있게 된 것이다.

　해방과 함께 만들어진 38선의 존재는 장단군 사람들에게는 남하의 시작 즉 북한과 남한 중 선택을 의미했다. 38선을 경계로 북한에는 소련군이 남한에는 미군이 존재하면서 이들은 양대 강국의 잠정적인 지배 하에서 선택을 해야 했다. 이러한 선택은 비단 장단군의 지주층만의 것은 아니고 진서면 사건들과 같이 38선 경계에서의 삶이 허락되지 않았던 장단군 사람들은 비자발적으로 남하를 할 수 밖에 없었던 것이다.

　개성, 개풍, 장단군 사람들에게 해방은 또한 좌우익 갈등이 표면적으로 시작되는 것을 의미했다. 개성과 같은 도시가 아니라 개풍군과 같은 농촌에서 1946년 대구 항쟁 사건의 여파로 좌익의 저항이 나타났다는 것은 매우 흥미롭다. 또한 개풍군 봉동면 출신의 김승찬의 구술에서 알 수 있듯이 해방 후 지방 좌익들이 사실은 일제에 저항했던 사회주의 계열의 항일 운동가들이었다는 것이 다시 한 번 확인된다. 이는 내가 연구했던 충남 예산군의 시양리 마을에서의 경우와도 같다. 일제시기 시양리의 지주였던 한 사상가는 해방 이후에 남로당에 가입하여 좌익으로 드러났고 보도연맹에 가입했다가 한국전쟁 시 시양리를 "예산의 모스코바"로 만들었다.[220] 개풍군 봉동면의 경우도 부자 집안의 아들이 일본 유학 후에 좌익 사상을 가지고 해방 후 지방 좌익으로 활동했다는 것을 알 수 있다. 또한 개성토박이 김수학의 구술에서 알 수 있듯이 당시에 학력이 높고, 계층적으로 중상층 이상의 지식인들과 학생들이 사회주의 사상을 받아들였던 것이다. 이는 한국전쟁을 계급투쟁으로 보는 시각으로만 볼 수 없음을 다시 한 번 확인하게 한다.

　마지막으로 개성, 개풍, 장단 사람들에게 해방은 한국전쟁으로 가는 전야제의 시작이었다. 38선의 존재가 가시화되고 남하가 시작되고, 개성 시내에서 국군과 북한군 사이의 접전이 시작되었다. 1949년 십용사 사건은 전쟁을 예고하는 대표적인 사건이라고 할 수 있다. 그런데 개성 사람들에게 한국전쟁은 일상적인 전투의 하나로서 간주되었고, 그것이 실향과 이산의 삶의 시작이 될 줄은 몰랐던 것이다.

제7장

전쟁의 시작

미수복경기도 실향민들에게 한국전쟁은 해방과 동시에 시작된 분단으로 야기된 이산의 절정이며 또한 결정타였다. 분단을 해방과 동시에 경험했던 장단 사람들뿐만 아니라 개성, 개풍사람들도 이제는 잠시 난을 피한다는 의미로 피난민이 되어 남하했다. 한국전쟁은 1950년 6월 25일 새벽에 북한군이 38선을 넘으면서 시작되었다. 그러나 38선으로 이미 분단을 일상에서 체험하면서 38선을 인식하고 있었던 개성, 개풍, 장단 사람들에게도 한국전쟁은 예기치 못한 사건이었다. 그리고 한국전쟁은 이남사람이었던 개성, 개풍, 장단 사람들이 이북사람으로 인식되게 하는 운명을 바꾸어 놓은 사건이 되었다. 개성, 개풍, 장단 사람들은 전쟁의 시작을 어떻게 기억하고 있는지 알아보자.

우선 개성시, 개풍군, 장단군에서 한국전쟁이 시작되기 직전 당시 이 지역의 군사적 상황을 알아둘 필요가 있다. 1949년 개성에서 십용사 사건(송악산 전투)가 있은 후에 1950년 4월 제1사단 사단장으로 부임한 백선엽 대령은 작전지역의 특징을 파악하고 100km에 이르는 사단 방어 지역을 지킬 수 없다고 판단하여 38도선 분계선 일대를 고수하는 사단 방어계획을 재구성하였다.221) 제1사단의 방어계획은 제1선이 38선 분계선이었고, 제2선은 주저항선으로 임진각 남쪽의 문산리-208고지-파평산-적성을 연결하는 선이었고, 제3선은 최후 저항선으로 원룡산-119고지-151고지를 연결하는 선이었다.222) 당시 사단사령부는 수색에 있었고, 좌전방부대인 제12연대는 청단-개성-대원리 연결선을 담당하여 예하 제2대대가 개성103고지에 배치되어 있었다. 우전방부대는 제13연대가 의명, 화석동-적성 간의 주저항선을 방어하기로 되어 있었다.223)

1. 개성시

개성에서는 1950년 6월 25일 이전에도 작은 전투들과 폭격이 있었기 때문에 개성사람들에게는 6월 25일도 그러한 또 하나의 하루로 보였다. 개성은 국군 제1사단 제12연대가 38선을 경비하였는데, 개성의 방어 병력은 1개 대대정도였다. 당일 북한군은 제6사단의 1개 연대를 송악산에서 정면으로 공격하게 하고, 열차로 경의본선을 따라 여현 쪽에서 개성역으로 우회하여 협공을 시도하였다.224) 국군 제1사단 제12연대는 북한의 전면적인 공격으로 오전 8시 전후에 개성을 잃었고, 개성-문산 간 도로가 이미 북한군에 의해 침투당해 퇴로가 차단될 위기에 처했다.225) 개성에서는 개성철도경찰대226)가 끝까지 저항하였지만 북한 인민군의 총격에 의해 전멸되었고, 개성은 오전 9시 30분에 북한군에 의해 완전히 점령되었다.227) 그런데 개성에서 가장 오랫동안 북한군에 저항했던 곳은 개성소년형무소였다. 개성소년형무소는 개성시 선죽동 208번지 송악산 맞은편에 자리하고 있었는데, 38선에서 1km 지점이었다. 6월 25일 당일 새벽에 북한 인민군이 형무소를 포위하였으나 형무소 직원들의 저항으로 점령하지 못하고 있다가 10시간 후에 형무소장의 자결로 북한군이 점령하였다.228)

　6월 25일 오전에 북한군의 점령을 당한 개성사람들은 가장 빨리 인공시기를 맞이했고, 가장 오랫동안 북한군의 지배 속에서 살아야 했다. 최수철은 개성토박이 지주집안의 막내아들로서 당시 송도중학교 6학년이었는데 고려동에서 살고 있었다. 그는 6월 25일 당일을 다음과 같이 기억하였다.

[그림 2] 요도18. 개성지구 공방전 상황 (『한국전쟁전투사』 38도선초기전투편)

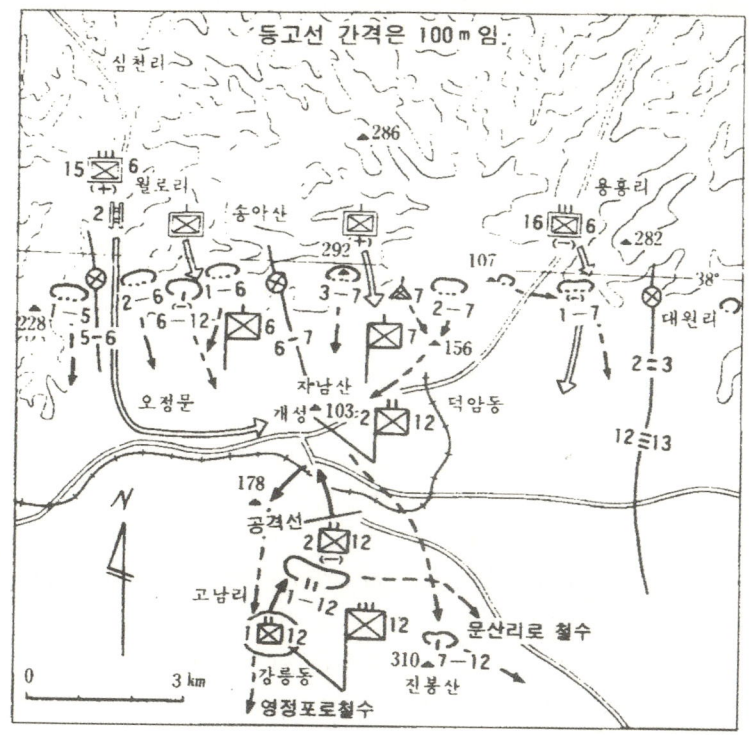

최수철 : 인제 6월 25일 날 일요일 날이에요. 아침에 총소리가 요란하게 났어요. 총소리가. 그리고 사람이 왔다 갔다 하는 소리가 발자국 소리가 나서 대문을 열고 이렇게 나가니깐 인민군이 여기 모자에 풀을 꽂고 따발총을 어깨에 메고 오는 거야. 그러니까 문 딱 닫으니까 문을 뚝뚝 뚜들겨요. 열라고 말이야, 어떡해. 열었지. 그러니깐 왜 우리 인민군이 해방 시키러 왔는데 와서 나와서 환영은 못하고 문을 닫냐고, 그러잖아. 어떡해. 그래서 그냥 아이, 쌍손을 들고 "환영합니다." 그랬지. 하하하. 그랬더니 다들 동네마다 돌아다니면서 다 그렇게 하라고 말이야, 그러더라고. 알겠다고 그러고 들어왔죠. 그러다가 얼마 안 있어서 이렇게 나갔는데 우리 집에서 한 200메탄(m)가 떨어진데 고려동 파출소가 있어요. 고려동 파출소. 거기 앞에를 가보니깐 그 파출소에서 근무하던 순경들이 다 총에 맞아가지고 다 넘어져 있더라고.

면담자 : 죽였어요?

최수철 : 응, 그 놈들이 다 그랬더라고. 그래서 그 날 새벽… 아마 두시 경인가 개성은 미리 다 잠복해서 들어온 모양이에요. 그래가지고 밤 열두시에 비상… 뭐야, 울리는 거 있죠? 왱-하고 울리는.

면담자 : 비상 싸이렌?

최수철 : 응, 비상사이렌이 불었어요. 비상 싸이렌이 부니까 경찰관 소방관들이 비상 왔다 그래가지고 다 경찰서로 가고 소방관들은 소방서로 다 들어갔어요. 그러니까 들어오는 놈 마다 다 무릎 꿇리고… 응/ 날 샐 때까지 무릎 꿇리고 있다가 한 아홉시나 열시쯤 되가지고, 우리 집에 소방관이 세를 들어 살았더랬어요. 그래서 그치도 갔다가 저녁때 들어오더라고. 그치가 얘기하는 게 뭐냐면…

면담자 : 그 사람은 살았어요?

최수철 : 살았지. 그니깐 그때는 어떻게 했느냐면 다 해 놓고는 교화를 시켰어. 아주 연설을 해서 절대로 인민군(인민)을 해치지 않고 인민을 해치지 않고 다 저거 해준다, 니들도 김일성 응/ 어버이한테 충성 맹세에 각서를 쓰며는 다 된다 그래서 다들 충성맹세에 각서 썼어요, 다. 그리고는 내보내 줬어요. 그리고 내보내 줬다고.

면담자 : 그래서 돌아왔구나.

최수철 : 네, 그래서 돌아왔다 이거야. 그래가지곤 가끔가다 뭐 매일같이 나올 필요는 없고 가끔 나오라고 말 했던 모양이야. 그러니깐 그 교육받은 그 내용은 우리한테, 나한테 얘기를 안 해. 얘기를 안 하고 김일성 장군이 이거[엄지손가락을 올리며, 최고]라고. 그리고 인제… 어떻게 됐냐면 저거할 때, 9.28 수복 될 때 그때 자기네들이 철수해야 되니깐 그때들 불러가지고 데리고 가다가 다 중간에서… 산에서 다 정리[학살]했지. 그러니깐 그 경찰관하고 소방관들이 그때까지 남아있던 사람도 있고 중간에 도망간 사람도 있고 중간에 또 잡혀간 사람도 있고 그래가지고… 그러니깐 다 죽일 순 없으니깐 그냥 자기네들이 사상검토를 해가지고 자기네가 저거에[이념] 맞는 사람들은 조금 늦춰주고 아닌 건 또 강제로 저거 하고, 하여간 9.28 수복 될 당시에 개성역에다가 경찰관하고 소방관들을 죽여가지고 시체가 너드룻해서(널려있어서) 그 경찰관 가족들이 자기 남편, 자기 아들들이 있나 해가지고 그냥 그 시체들 다 더듬었다고.

면담자 : 그러면 세 들었던 소방관은 어떻게 됐어요?

최수철 : 세 들었던 소방관은 나는 집에 있을 수가 없었어요. 왜 그러느냐면 내 유도부장도 했고 내가 독서회에 들어가지 않고 그래서 난 들어가지도 않았지만, 반공학생연맹이라는 게 있었어요. 반공학생연맹. 그 반공학생연맹 감찰부원으로 내가 명단에 들어가 있어. 그렇게… 나도 몰르게 허락도 맞지 않고 그… 간부들이 내 이름을

올려놨기 때문에 나중에 알았어요, 그거를. 무슨 날보고 도망가라고 가르켜줘서. 그 외가댁 개풍군 중면으로. 외가댁에 가서 9.28 될 때까지 거기 있었죠. 그랬다가 왔지.*

같은 송도중학교 5학년이었던 개성토박이 김수학은 동흥동에 살고 있었다. 그의 아버지는 선일공업사라는 양말공장을 운영하고 있었다. 그는 점점 신변의 위협을 느껴 지하로 숨어서 3개월 동안 피신생활을 하였다.

면담자 : 6·25에 대해서 말씀해 주실래요?
김수학 : 6·25요? 아이구, 6.25. 아침에 일요일 날 이었나 봐. 비가 오는 날이야. 내 기억에 나는데. 선착방, 그때는 우리가 공장을 다 역직기 공장으로 다 나가니까 집이 비었잖아. 이 집이 널찍했으니까 선착방에서 공부했다 절로 갔다 집이 넓으니까. 다 공장 저기서 하니까. 그 선착장에 가서 아침에 바깥을 내다 봤더니 비가 오는데 저 보선장(개성 동남쪽의 건물) 쪽으로 다 보이구. 다 보이는데, 쫙 넘어서 야다리 쪽으로 구루마, 달구지, 달구지 아, 말이 끌었나봐 아마. 그러고 군인 하나가 뒤에 서서 걸어가더라구. 근데 우비, 우비를 이렇게 팔도 다 입고 하루 죙일(종일) 지나 가. 뭘 실었는지 모르지.
면담자 : 군인은 국군이?
김수학 : 하, 인민군이지. 인민군이 마, 마차에다가 뭘 잔뜩 싣고 뭐가 들어갔는지 모르지. 마차 한 사람씩 뒤에 군인들이 뒤에 우비 입고 지나가는데 쫙 그냥 일렬로 좍 지나가는데 하루 종일 지나가더라고. 그깐 그때 갑자기 세상이 바뀌니까 가슴이 쿵쿵 뛰고 이상하더라고 기분이. 그리고 우린 중학교 2학년(5학년) 때 딴 어른들은 기절을 했겠지 그잖아. 하루아침에 정권이 바뀌었는데. 총소리 난 들은 기억이 없어. 들은 기억이 없어. 아마 앞에서 다 총을 쏴서 난거 같기도 하고 아닌 것도 같은데. 군인들은 다 휴가 갔고. 그 몇 다 사살한 거지 뭐. 즉석에서. 그래가지고 아 하루 죙일 비 오는데 가더라구. (중략) 근데 우리는 학생이니까 학교는 다녀야 되잖아요. 인민군 들어와서 학교 안 간다 그런 생각도 없고. 아침에 학교 갔다고. 학교에 이제 갔는데 학교에 인제 걸어서 항상 걸어가니까. 학교에 가니까 말, 말이 여기저기 있어, 말.

---

* 2015년 3월 5일 최수철 1차 인터뷰 중에서.

인민군이 여기 저기 학교에서 자고 먹고 그랬나 봐. 인민군이 여기저기 있는데 학교에서 있는데 인민군이 아이들 모아놓고 얘길 하는데. 하나같이 다 달변이야. 말들을 그리 잘 해. 아마 선전요원인지, 우리들 붙들어 놓고 말이야. 하, 어떻게 얘기하는데, 무슨 얘길 했는지 기억은 안 나지만 그리 얘길 잘 해. 잘 하더라구. 인민군들이. 그 학생들이 여기 모여서 얘기 듣고 저기서 얘기 듣고. 그래가지고 그때 학교는 학교에서 공부를 안 하고. 그냥 그렇게 놀다가 온 거야. 집으로. 집으로 와 가지고는 그 다음에 뭐 학교 갈 생각이 안 나니까 학교를 안 갔지. 근데 그 다음에, 근데, 어, 가만있어 봐. 그 다음에. 어, 근데 그 다음에 인제 학교는 다 안나갔는데 그 다음부터 수상한 얘기가 자꾸 돌더라구. 뭐냐 하면 자꾸 모임을 가져. 모임을. 어디 모여라. 어디 모여라. 그니깐 뭐가 한 마디로 요약 하자면은 친구 사냥하기, 제자 사냥하기가 시작되는 거야.

면담자 : 친구 사냥?

김수학 : 친구 사냥하기. 제자 사냥. 이 내가 쉽게 간단하게 하는 거에요. 친구들 잡아가지고 인민군 보내기. 또 과거에 저 이 저거 좀 우익하고 그런 갖다 때려죽이기. 죽이는 거, 때리기. 또 선생들은 자기 제자 집 찾아다니면서 고려청년단 보내기. 뭐냐면, 그 인민군 보내기. 그게 시작이 되는 거야. 금방. 그러니까 친구도 믿을 수 없고 선생도 믿을 수 없잖아. 근데 선생이 나오래니 어떡해. 지금 그 선생 중에 기하학, 0 무슨 선생이 있었고. 또 물리 가리키는 0선생 있었는데. 그 사람들이 새빨간 빨갱인 거 그때 알았지만. 빨갱인데. 그 0선생 동생은 또 우리하고 동기동창이야. 그 어디 살았냐면, 저 이, 남대문 북쪽에, 그 시장터 여기 어디 살았거든. 요기 정도 살았어. 영주골인가. 요 어디 살았으니까. 고 살았는데. 0선생이라고. 000야. 000 선생. 그 양반이 얘기 재미있고 물리도 잘 가르키고. 키가 조그매가지고 얼굴 아주 예쁜 선생인데. 그 양반이 좌익인지 누가 몰랐지. 그 양반이 저, 댕기면서 집 대강 거기 알잖아. 저 놈은 학교, 저희들끼리 물어 봐 가지고, 야 너 저 내 친구한테 그러더래. 너 저 이 저기 가 보라고. 고려청년회 가보라고. 그때는 우리는 저 이 뭐야, 저 폭격이 막 왔거든. 저기서. 미군이. 여기저기 폭격 그러니까. 우선 굴에 인제 안전이 굴이니까 아까 그 왕대문집.

면담자 : 네, 알아요.

김수학 : 그 부잣집. 글로 인제 우리 아는 사람이거든. 000 씨라고. 글로 우리 식구들이 다 일로 간 거야. 그래가지고 숨는다는 거 보담도 인제 굴속에 인제 안전하니까. 그리 데려가셨고 우리 어머니하고 애들은 여기 이 골에 있었고. 나는 인제 이 왕대문집 땅은 아니지만 내 친구네 요기 봤지. 여기 굴이 있어. 위에는 다 땅콩 밭이고. 여

긴 우리 아버지 난 여럿 사람 앉아서 폭격이 우선 무서우니까. 거기 이제 안전하게 있을텐데. 그래가지고 있는데 나는 거기 다 왔는데. 고 동안에 우리 집이 이제 인민군 보위부 높은 사람이 거기서 관사로 그걸 썼단 말이야. 관산지, 보위부 본부 아니고 관사 같애. 넓으니까 얼마나 좋아요. 뭐 먹을 거 많고. 쌀이 막 갖다가. 거기서 느긋하게 이 양반들이 산거지. 근데 이제 북쪽에 사는 아이들 학교에 같이 선생이 댕기면서 애들 돌아다니는 거야. 어느 정도 남쪽이니까 이 쪽은 좀 뜸했지. 뜸하고 상당히 그 안 잡혀가는 유리한 지역이 된 거지.

면담자: 음. 그랬네요.

김수학: 그래 된 거지. 그래가지고 이제 OOO이라고 내 친구, 그걸 당한 아이가 많지. 예를 들면 어느 날은 O선생이 왔더래. 야, 너 저, 고려청년회 가 봐라. 선생님이니까 어떡해. 갔대요. 갔더니, 고려청년회 여기야 여기. 고려청년회 여기 아니에요. 여긴데 그 돌집으로 요란스럽게 지은 집이지. 이은관 씨가 배뱅이굿하고 저 옛날에 저 누구야, 만담 잘하는 사람, 만담하고 그랬는데. 그, 그게, 거기가 4층인가, 5층인가 되는 큰 집인데. 그 강당도 있거든요. 모이라 그래서 갔대요. 나는 그런 우리 집 아는 사람도 선생이 드무니까 거기서 빠졌는데. 가니까 우리 친구들이 뭐 수십 명이 와 있더래. 뭐 누가 올라가서 말이야. 확 이 놈이 뭐 하고, 뭐 하고, 그래가지고 뭐 인민공화국 뭐 강의가 난리가 났더래요. 그래서 인제 아무리 수상하더래. 그래서 인제 이렇게 나가 보니까 문이 다 잠겼더래. 허, 그러고, 누가 지키고 있고. 그때 인제 나보다 한살 위인데. 그래가지고는 야 갔혔냐. 배가 아프다고 그냥 막 야단했대. 내가 지금 죽겠다고. 배가 아프다고 그래가지고 막 배 아프다고 막 그러니까 진짜 얼굴 하얗게 돼 가지고 배가 아프다니까. 문 열어 화장실 금방 갔다 오라고. 그 나와 가지고 여기서 나와 가지고 일로 뛰어가지고 이게 장항산이거든요. 이 뒤로 해 가지고 걔네집이 여기, 아, 여기가 어디야, 여기 이, 집하천 여기 가게. 어 집이. 여기서 자기네 집으로 들어갔어요. 그래가지고 그 인민군 됐음 죽었지. 그래가지고는 지금 산거야. 그때 당시에는 한 시간 한 시간이 운명의 갈림길이야 다. 내 경험을 이제 얘기하겠지만, 내 경험인데, 저 친구 지금 얘기하는 그 친구나 나나 그 양태는 달라도 그 겪은 고초는 다 똑같애. 똑같은 시간에 똑같이 다 겪은 거야. 그리고 순간순간이 운명의 갈림길이라는 거. 순간, 순간순간 운명의 갈림길. 순간순간이. 언제 잡혀갈지 모르니까. 근데 우리는 학생이니까 그러한 걸로, 이런 양식으로 당했지만 그 후에 공무원 했던 사람, 가족, 또 경찰서 하는 가정, 또 부잣집으로 살던 사람들의 가족, 또 가난한 뭐 노동이나 하는 가족, 그 직업별로다가 그 당하는 그 고초는 다 스타일이 다르게 겪었죠. (중략) 그래가지고 이 고모님 댁에 뭐 조그만 집이에요. 안방에 건넌방

마당 고만이야. 혼자 사시니까. 지금으로선 한 20평 될까 말까. 기와집이야. 그 천장을 다락으로 천장에 들어가서 대들보가 있잖아요. 거기 이럭하고 있었다구. 그래 얼마나 고통스러워. 하루 이틀 아니고. 근데 소문이 천장을 갖다가 이제 그 저 인민군 뭐야 보위부에서 창으로 찢고 다닌다는 소문이 났어. 실제로 또 그랬을 거야. 아마. 겁나잖아. 거 있다가 찍히면 어떡해. (중략) 그래가지고 겁이 나니까 다시 나와서 어디로 갔나 하면 이 땅콩 밭이 있어요. 땅콩 밭. 넓은데 땅콩이 요렇게 땅콩 고랑, 요렇게 심어 있잖아요. 고기 땅콩 열매 요렇게 있는데. 그 사이가 이렇게 되잖아. 고 사이에 누워 있었어. 그러니까. 얼마나 더운지 그때 아마 9월, 8월 달인가 그랬을 거야. 6·25니까 6월, 7월 달 아니야. 그 더운데서 그냥 요렇게 머리도 못 내밀잖아. 요래 누워있는 거야. 아무도 없지 뭐 혼자. 그 얼마나 더워서 아주 미칠 지경이지. 잡혀가는 거보다는 낫잖아. (중략) 이 나온 집하고 이 집하고 사이에 담과 담 사이가 양쪽이 다 벽이야. 거기 숨으면은 뭐 담 속에 있으니까. 그래가지고 돌을 몇 개 이렇게 열면 밥상에 밥이 들어오고. 그 껌껌한 데서 먹는 거지. 요렇게 하면 담이 되고. 그래가지고 여기서 꽤 오래 있었을 거야. 아마, 근까, 여기가 9·28 수복, 9월 말 수복되니까 9월, 8월, 한 8월 한 달 정도는 아마 여기 있었을 거 같데. 한 달 좀 더 있었나. 요 사이. 요 사이에서. 담과 담 사이. 깜깜하지, 뭐 머리 수염 있는 대로 다 나고 머리 있는대로 그대로야. 세수는 어디서 해. 그냥 밤낮 밥만 먹고 가만있는 거야. 거기 숨고 있는데 아버지 어머니, 아버지 기침 소리 나고 그래. 그거 들리니까. (중략)*

개성이 북한군 점령 하에 들어가자 장년층은 노력동원에 동원되었고, 청년들은 인민군 동원이 시작되자 대부분이 숨어살거나 피신하였다. 개성 자남동 지주집안의 막내딸인 김영선과 개성 중산층 집안의 차남인 최동훈은 강화로 피난을 나왔다가 인천으로 이주하여 결혼하였다. 한국전쟁 당시 김영선은 명덕여자고등학교 5학년이었고, 최동훈은 송도중학교 5학년이었다. 그들은 당시의 상황을 이렇게 구술하였다.

최동훈: 그 저 이 나이 먹은 사람들은 노력 동원으로 나갔고, 젊은 사람들은 그 처음서부터 그렇지는 않았지만 의용군, 소위 인민군 나가게 권유를 하고 이랬을 때니까

---

* 2009년 4월 15일 김수학 3차 인터뷰 중에서. 국사편찬위원회 구술자료번호. OH_09_017_000_06.

서로가 집에 숨어있었다고.

김영선 : 남자들은 이제 저녁…

면담자 : 집에 어디에 숨어계셨어요?

김영선 : 그러니깐 집에까진 들어오진 않, 않죠. 벌써 이게 낯선 사람이 대문에 와서 뭐 저거 하면은 숨죠. 하하하.

면담자 : 어디로? 숨어있을 데가…

김영선 : 저, 저희는 이렇게 집으로 들어오면은 집이 있고, 또 동산이 있어요. 동산 위에 또 집이 이렇게 또 있거든요? 그리고 또 방공호 같은 게 지하 그런 데 있으면 그런 데 가서도 숨고.

면담자 : 어 방공호가 있어요, 집에?

김영선 : 방공호라는 게 이제 지하실처럼 이렇게 해놓고 거기 겨울이면은 화분 들여 놓고 하는 데가 있거든? 그래도 그때 뭐 그다지 개인집에 뭐 이렇게 인민군들이 뭐 들어오거나, 벌써 어드럴(어떤) 땐 와서 이리 두들기면은(두드리면은).

최동훈 : 아무 집에 감히 집에 들어와서 뭐 이런 거는 없었어요.

면담자 : 어 그럼 집에 숨어있을 수 있겠, 있었네요.

김영선 : 그렇죠. 숨어있었죠. 그때. 벌써 대문에 와서 이게 뭐 낯선 사람 같으면 이제 지하실로 들어가든지, 숨어있죠.

면담자 : 그럼 오, 오빠들은 이제 다 숨어있고 그 뭐 다른 뭐 피해를 주거나 아니면 뭐 노력 동원을 하거나 이런 건 없었어요?

김영선 : 없었어요. 뭐 인민군들이 그리 일반사람들한테 피해 주거나 그런 건 없었어.

면담자 : 그런데 (명덕)여학교에서 뭐 나오라고, 나와라, 학교에서 학생들 동원하고 그런 건 좀 있었잖아요. 그런 건…

김영선 : 그런 건 저는 못 느꼈다고. 그때도 이제 좌익 사상 가진 사람이 학교에, 여학교에도 몇 있었을 거예요. 그런 사람들. 그러니깐 몰라, 상급생들 그런 사람들이, 좌익 운동 하던 사람이 아마 몇 있었을 거예요.

최동훈 : 그 당시에는 교과서가 없잖아. 인민군 교과서가. 그러니깐 나가서 공부하는 게 아니고, 뭔 노래나 가르키거나(가르치거나), 인민군 노래 같은 거. 혁명가의 노래라든지. 남자는 그랬는데 아마 여자도 마찬가지였을 거야. 그리고 특히 여자들은 집안에서 엄하니까 학교를 안 보냈을 거야.

김영선 : 집에서 그럼, 뭐, 못나가게… 그다지 여학교에서는 심하게 그리 좌익 운동 하는 사람이 별로 없었을 거 같애, 그때는.

면담자 : 그럼 아예 뭐 이제 6.25 나면서 학교는 전혀 안 가신 거예요?

김영선 : 왜요, 갔죠. 6.25 나고는 고 임시에는 못 갔죠.

면담자 : 아 그럼 수복 이후에?

김영선 : 그럼요. 여학교에서는 우리 좌익 계통으로 운동 한 사람 별로, 우리 다닐 때 만해도 별로 없었던 거 같아요.

면담자 : 그래서 인제 인민군이 보통 인제 들어온 다음에 에… 얘기를 들어보면, 인민군이 아니라 사실은 인제 그 집 근처나 이웃에 있는 사람들 중에서 인제 좌익이 된 사람이 인제 상당히 인제 뭐 괴롭혔다든지, 아니면 뭐 의용군 나가라고 한다든지 이런 식으로 많이 했다고 인제 제가 들었어요. 네, 그런데 그 그때 사시던 인제 자남동 거기에는 상황이 어땠어요? 그리고 잘 사는 집이었으니까 좀 박해가 있지 않았을까? 하하하.

김영선 : 그런 거 별로 못 당한 거 같은데요? 우린… 예, 예. 우린 벌써 뭐 그런 낯선 사람들이 오거나 그런 적은 별로 없었던 거 같애.

최동훈 : 비록 우리가 생각하는 것보다 우리도 인민군 치하에서 인제 백일을 보냈는데, 그 전쟁 말기에 가서는 어드런(어떤) 뭐가 있었을지 모르는데, 그렇게 그 함부로… 교육을 철저하게 받았기 때문에 얘네들도, 민폐를 끼치거나 하는 일도 없었어요, 거의.

면담자 : 아 인민군 같은 경우에는 민폐를 끼치거나 그런 게 없었다고 인제 들었는데, 그거보다는 그 소위 지방좌, 지방좌익이라는 사람들이 있잖아요. 그 지방에서, 그 그러니까 인민군, 이북에서 내려오는 사람이 아니라 그 마을이나 동네에 있던 사람들이, (사람) 중에서 인제…

김영선 : 근데 가만히 보면 개성 출신으로 우리 좌익 활동 한 사람이 별로 없어요. 그때만 해도 머리에 든 사람들이 조금 저러 했죠, 좌익 계통으로 활동한 사람들 별로 없어요.

최동훈 : 그 사람들도 마찬가지로, 그 지방 그 소위 인민재판이다 뭐다 이렇게 해서 그런 방향으로 뭐를 하거나 그런 건 없고, 사람들 동원해야지 전쟁 중에 다리가 끊겼으면 그거를 복구하고, 군인들이 지나가야 되니까 노력 동원을 시켰는데, 그걸 하려면은 강제성이 약간 있었지. 그거 외에는 그렇게 함부로 아무 집이나 들어가서 뭘 내놓으라 그러고 밥도 달라 그러고 이런 걸 안 했다고. 그래서 우리가 보기에도 아우, 철저하게 교육을 받았구나, 그랬지. 생각보다 상당히 놀라웠지.*

---

* 2010년 5월 12일 김영선, 최동훈 1차 인터뷰 중에서. 국사편찬위원회 구술자료번호. OH_10_019_000_06.

개성 구술자들이 계층적으로 상층임에도 불구하고 이들이 기억하는 인민공화국 시기는 예상보다 극렬한 고난의 시기는 아니었다. 노력 동원된 장년들이나 피신한 청년들은 수복이 될 때까지 고통스러운 시간을 보내야 했지만, 일반 주민들은 집안에서 숨어있을 수 있을 정도로 북한군의 감시와 통제는 강력한 것이 아니었다. 개풍군 봉동면의 김승찬은 농촌에서는 면단위에서도 서로를 다 안다고 했는데, 이에 비해 개성은 상대적으로 도시가 가지고 있는 익명성이 있었기 때문이라고 짐작된다.

장단군 대남면 부농 집안의 장남인 김경태는 해방이 되자 고향이 38선 이북이 되어 개성으로 이사 와서 해방과 한국전쟁을 겪었다. 그는 당시 15살이어서 인민군 징집 대상은 아니어서 자유롭게 돌아다닐 수 있었다.

면담자 : 그래서 6.25 났을 때 그러면은 한 여름 지나고 그 다음에 수복이 되는 과정에서 그러면 그때에 어떤 뭐… 개성에서의 변화랄지 어떤 상황은 어땠어요?
김경태 : 상황은 걔네들이 거기서 우리는 인제 솔직한 말이라, 스무 살도 넘지 않고 열다섯 살 때니까 걔네들하고 이렇게 보면 인민군 보면 인민군이 저기 간다 이러고서는 자꾸 가깝게 안 하고 있고, 인제 걔네들하고 이거, 이거(환영하는 몸짓) 하는 거를 못 하고, 다만 인민군 들어왔을 때, 개성 점령당했을 때는 개구쟁이들이니까 송학산까지 올라가는 거야. 올라가 보면 벌써 그때는요 송학산 그 집 밑으로 다 땅굴을 파 놨어. 그러니까 송학산이요, 개미굴 같아 다. 그러니까 인제 거기에다가 이남에서 포를 거기다 쏘면은 그 공구르(콘크리트)로 해가지고요, 그게 안 무너져. 그러니까 하-얗도록 포를 쏴도 그 밑으로 다 다니기 때문에 그 놈들이 안 죽어요. 그러니까 거길 병정놀이 한다고 거기까지 갔다 왔어요, 우리는. 대여섯 명이. 그러니까 만날 그 놈들이 쫓아버리고 그래도, 짓궂어가지고 그렇게 다녔어.
면담자 : 그리고 인제 뭐 회의에 오라고 그러면…
김경태 : 오라 그러면 가야죠. 그러면 거기서 사상교육 하는 거야. 이북에서 미군들은 니네들 누나 있으면 누나도 다 그냥 강간하고 이래가지고 다 그냥 미국놈들이 그냥 다 못 살게 하니까 너희들은 미군… 그거를 믿나 우리는 이미 미군들이 있는 걸 다 봤는데, 안 믿지. 안 믿죠.*

청년들은 의용군에 끌려가지 않기 위해서 도망 다녔지만, 젊은 여성들은 주로 집에 숨어 있었다. 그러나 여학생들도 노력 동원되기도 하였다. 개성상인 집안의 장녀인 김정숙은 당시 명덕여자고등학교 5학년에 재학 중이었다. 그녀는 북한군에 의해 노력 동원되어 개성도립병원에서 간호보조원 생활을 하였다.

김정숙 : (중략) 육이오(6.25) 때는 다 뭐 들으셔서 알겠지만, 새벽 여섯(6) 시에 사이렌 소리가 나더라. 그러니까 여기서도 긴급경보같이 그냥 위험하면 사이렌 소리가 개성서도 났어요. 그런데 여섯 시에 사이렌 소리가 나서 어, 이게 뭐야. 그리고 라디오 켜보니까 뭐 어쩌고 저쩌고 그러길래 밖으로 뛰어 나갔더니 그땐 벌써. 우리가 신작로 집이야요. 쫙-- 탱크부대 들어오대. 인민군들. 어려, 한 열여덟, 열아홉 살 된 인민군들이 복장 다 무장하고 탱크부대라는 왜 달구(지)에다 뭐 이상한 거 뭐 이상한 거 다 싣고 들어오는데 그것이 인민군이, 육이오(6.25) 사변이 터지는 날이야. 그게 일요일이었어요.

면담자 : 맞아요. 음.

김정숙 : 그래가지고 우리는 '어머나 이북사람도 우리하고 똑같구나'. 그리고 난 집으로 우리 다 들어갔지요. 그 지켜서 보다가. 그러다가는 그 다음에 마지막에 그 소방소에 사이렌 울린 사람이 피난 가라는 말은 못하고 그냥 죽은 거라. 그래서 우리는 육이오(6.25)를 그냥 뭐 도망가고 얼로 갈 때도 없이 그냥 그냥 겪은 거라. 그게 육이오(6.25) 사변. 그리고 이북에서 쳐들어, 쳐들어왔다는 사실. 그 당시에는 우리를, 우리가 길거리에 나가도 죽이지 않았다는 사실 그것밖엔 몰라. 그랬는데 그 다음부터는 뭐 숙청이다 뭐 어쨌다 그 다음에 그냥 막-- 그게 학교에 가지도 못했죠. 그리고 어느 날 학교에 가라는 전령이 그래도 왔어. 그래서 갔더니. 저는 그 당시에 반장이었어요.

면담자 : 음. 그 당시 몇 학년? 오(5)학년인가?

김정숙 : 그러니까 고 이.

면담자 : 고 이(2). 오(5)학년. 음.

김정숙 : 고 이 반장이더랬는데 봉사를 내보내는 거야. 얼로 보내느냐면 대게 도립병원의 간호원, 그 환자들, 인민군이고 뭐 누구든지 와서 하면은 보조간호원이 있어

---

* 2015년 2월 9일 김경태 1차 인터뷰 중에서.

야 되잖아. 그러니까 글루 저는 개성도립병원으로 파견이. 그냥. 끌려갔어요. 그래서 저는 욕심이 의사였기 때문에. 저는 약제실로 들어갔어. 그래서 어 감기약, 소화제 잘 지었어요.

면담자 : 그래요? 어, 어떻게 그렇게. 배우시지도 않았는데? 거기서 배우신 거예요?

김정숙 : 아니, 약제실에서 뭐 뭐 넣고 하면 감기약, 뭐 넣고 뭐 넣으면 소화제. 쉽지요, 공부보다. 그리고 피하주사는 직선으로 꽂아라, 피하주사 잘 놨어요.

면담자 : 어, 소질이 있으셨구나.

김정숙 : 그러니까 의사가 될려고는 아마 욕심이고 자기가 거기에 대한 뭐가 있었갔지요. 그러니까 피하, 칭찬받아 이렇게 딱! 볼기처럼 눌르고 탁! 찔르면은 잘 들어가. 하하하. 근데 지금도 제일-- 무서운 게 폭격 맞아, 머리 터진 아이들 어른들 오면은 그때가 육이오(6.25) 아닙니까/

면담자 : 그렇죠.

김정숙 : 와-- 구대기가 진짜 끓어요. 그 상처에서. 구대기가 버글버글 있어. 그러면 그걸 핀셋으로 잡아내야 돼. 나 그건 증--말 못하겠더라. 정말-- 지금 생각해도. 어쩌면 구대기가 부글부글 거기서 살아있어요? 그 핀셋으로 뽑으래. 날보고. 난 이건 죽어도 못해. 그래가지고도 어떻게 그래도 몇 번 해봤어요. 그게 제일 악몽이야. 그래도 거기서 점심주고 그러니까 그렇게 해가지고 뭐 어떻게 해요. 그러다가, 육이오(6.25) 사변 그날로 동원된 건 아니야. 뭐 칠(7)월 달인가 뭐 그렇게 아무튼 그렇게 동원이 되가지고 한 달 넘어 있어서 구이팔(9.28 수복)할 때는 철거할 때. 지네 철거한다고 뭐 뭐 끌고 갈려고 그러길래, 뭘 끌거가-- 그래서 그냥 나보고도 가재요, 이북으로. 그 도립병원 원장이. 그러길래 아니라고 "나 가족이 여기 있는데 난 아니예요, 안 가요." 그때는 겁 없이 그냥 내 마음을 말했지, 끌려 안 갔어요. 그것이 구이팔(9.28)이야.*

    서울은 9월 28일에 국군과 유엔군에 의해 수복이 되었지만, 개성은 10월 3일에 수복이 되었다. 개성에서도 북한군이 후퇴하면서 우익인사들의 납치와 학살이 자행되었다. 개성 시내 친척집에서 숨어 있었던 김수학은 개성이 수복이 되자 밖으로 나왔고, 당시 개성의 상황을 다음과 같이 구술하였다.

---

* 2013년 3월 5일 이경순 1차 인터뷰 중에서. 이화여대 근대와 여성의 기억 아카이브 구술자료번호. yoontl-000-de-01.

김수학 : 그 구들장 밑에 숨어있었으니까 모르잖아요. 그래가지고 있다가 다 나왔는데 뭐 그때 이제 우리집도 시내지만 국군도 들어오고 유엔군도 들어오고 그랬는데. 여기 들어올 때 환영하는 사람도 있고 뭐 굉장했었나봐요. 그리고 또 워낙 상처를 많이 받았거든. 개성 사람들이. 왜냐면 딴 데는 피난 갈 여유가 조금이라도 있었는데 아침에 꼭 잡혔잖아요. 그러니 군인이 주둔해서 군인가족도 많고, 일요일이라서 다 없다고 그랬지만 군인 많고, 다만 학생들은 그때 방학이었었어. 다 지방 아이들이 많고 우리 학교만 해도 한 학년 150명인데 한 뭐 6,70명은 다 지방 학생들인데 다 가버리고 없다고. 이북으로 간 아이, 함경도로 가고, 부산 사는 부산 다 가고 없기 때문에 학교도 6·25 딱 나가지고 학교도, 고 개성 사는 사람이 아니면 갈 사람이 없잖아요. 그래가지고 해방 되고 나서 나는 간 생각 잘 안 나는데 아마 갔다고 그래. 아. 갔었어. 미군이 꽉 찼었거든. 미군 꽉 차고. 그 강당에도 뭐야, 큰 매트가 있어가지고 거기서 뭐 미군들 잔 흔적도 있고. 좋지 않은 흔적도 많고 그랬더라고. 우리 그 세수하고 손 닦는 데서 면도도 미군들이. 질레트라는 면도도 주서가고 그러니 확실히 올라갔지. 그때 미군들이 거기서 주둔하고 그러니까 학교는 뭐 학교는 뭐 없어진 거는 아예 없어진 학교는 문 닫은 거지. 왜냐면 학생도 반은 없어지고. 집집마다 다- 상처 다 입고. 집집마다 상처 안 받은 사람 없어. 아버지가 잡혀 가거나 애들이 다치거나 뭐 뭐 옆집에서 뭐 신고해가지고 잡혀가거나. 뭐 숨었다가 겨우 살아나는 집. 또 인제 고 동안에 어떻게 저 강화로 걸어서 거기서 도망 나온 집. 갇혔지만은 몰래. 별 집이 다 많기 때문에, 그니까 다- 상처받은 집뿐이에요 하여튼. 우리 집도 상처받았지만. 그런 상태거든. 그래 복잡했어요. 그래가지고 그때 당시에 좌익 계통은 다 넘어갔고 이미, 넘어갈 때 그냥 넘어 가는 게 아니라, 이 뭐야 그냥 있다가 동네 좀 우익계통 많이 한 사람 조금 많이 한 사람 다 잡아가지고 갔다구. 그래가지고는 이 사람들이 얼로 갔냐하면, 그깐 9·28 수복될 때 그때가 다 위험 했어. 라디오만 듣고 나왔다 잡혀간 사람도 많고. 그래가지고 완전히 이제 여기서 국군도 다 들어오고 미군들 다 들어오고. 그런데 그때에 그 다 도망갔는데 아 저, 잽혀 간 사람도 많은, 그걸 가서 쫓아 숨었는데, 소문이 어떻게 났냐 하면, 서사정이라고 있어요. 내가 그래서 이걸.

면담자 : 서사정?
김수학 : 네. 이걸 놔뒀는데. 서사정에 이북이라고.
면담자 : 네. 삼팔(38) 이북.
김수학 : 삼팔(38) 이북. 바로 이거지. 비둘기 성채가 여기 있고 바로 여기 너먼데. 거기에 잡혀간 사람이 묻혀있단 소문이 쫙 났어요. 그래가지고 내 요새 만나는 친구 몇

명이 거기 갔었대요. 난 안 갔는데. 갔는데 도치카, 북한 쪽이지. 도치카가 땅을 좍 파 가지고 위에 도치카가 뭐냐 있냐며는, 한 아름되는 나무, 그걸 좍- 덮어가지고 그걸 흙을 덮어 놨대요. 여기 군인이 포탄 터져도 괜찮게. 거기서 인민군들이 남침준비도 하고 한창 싸웠으니까. 거기 좍 들어가 있는데, 그 안에 사람들이 묶여있단 소문이 좍 났어요. 우리 친구들이 여러 명이 갔었어. 내가 이름 다 적어 놨는데. 가 가지고는 보니까 사람들이 미군, 미군 전선줄, 그걸 다 묶여 가지고 그냥 산채로 집어 넣는 거야 거기다가. 근데 그게 뭐 경찰 가족이든지, 여기 우익 쪽에 좀 잘 사는 사람 거기 끌고 가 집어넣고 도망간 건대. 거기서 묶여 가지고 며칠 만에 여기 찾았으니 다 죽었지 뭐.

면담자 : 다 죽었어요?

김수학 : 근데 묶인데만 파져 있고 나머지는 다 퉁퉁 부었더래. 온 몸이 다. 죽인 흔적은 없고 고새 죽은 거야. 덮어서 죽은 거지. 그래 사람들이 거기서 다 놀래 가지고, 사람마다 자기 뭐 형님 아들 뭐 찾는다고 다 뒤집어보고 그랬을 거 아니에요. 근데 저기 넘어서 보니까 거기 꽉 차 있는 넘어서는 골짜긴데 거기도 그냥 송장 좍- 다 묶여 있는 송장 가-득 있더래요. 난 보진 않아서 모르겠는데. 직접 갖다 온 사람들이 그래요. 내 친구들이. 그래가지고 그 많은 사람이 거기서. 개성이라는 게 꽉 잡혔으니까. 새장에 딱 갇힌 거 아니에요. 그러기에 피해가 많았어요. 집집마다 상처 안 받은 집이 그렇게 없었지. (중략)*

김수학이 친구들에게 들은 북한군에 의한 서사정 학살 사건은 인공시기 개성사람들이 당한 가장 큰 피해였다. 김수학은 개성사람들이 상처 안 받은 집이 없었다고 하였는데, 이러한 피해는 인민공화국 시기 말에 북한군이 후퇴하면서 많은 사람들을 학살했기 때문이라고 보인다.

2. 개풍군

한국전쟁이 나자 바로 북한군에게 점령당했던 개풍군 사람들도 피난을

---

* 2009년 4월 22일 김수학 4차 인터뷰 중에서. 국사편찬위원회 구술자료번호. OH_09_017_000_06.

갈 시간적 여유가 없이 인민공화국 시기를 겪게 되었다. 봉동면의 김승찬과 같이 1946년 10월 항쟁 사건으로 좌익에게 찍힌 사람들은 이미 1948년 이후 서울로 피신한 상태였지만, 갑자기 인민군이 들어오자 개풍군의 우익들은 모두 처형당할 수밖에 없었다. 개풍군 대성면 출신의 신철규는 송도중학교 5학년이었는데, 개성 고려동 하숙집에서 한국전쟁을 당했다. 그는 개성시 전체가 북한군의 점령 하에 들어간 며칠 후에 시내를 빠져 나와 40리 떨어져 있는 고향으로 향했고 수복이 될 때까지 고향 은신처에서 숨어 지냈다.

> 그때부터 시내 각 중학교는 빨갱이 선배(좌경 학생)들이 학생들을 소집하여 집회를 갖거나 인민군을 환영하는 시가행진을 벌렸다.
> 내가 시내를 빠져 나오는 동안 그리고 고향에 이르는 길목에서 혹시 북괴군이나 내무서원의 검문에 걸리지 않을까 겁을 먹었는데 다행히 별일 없이 고향집에 돌아올 수 있었다.
> 그로부터 9·28수복(收復)에 이르기까지 장장 100일 동안 나는 은신처를 전전하면서 낮에는 두더지처럼, 밤에만 올빼미처럼 움직이는 이중생활을 계속했다.
> 우리 집 대청마루 밑 방공호(비밀 지하실), 남산기슭 계곡의 땅굴 그리고 동네 으슥한 곳에 쌓아놓은 나무더미 속 등이 나의 은신처였다. 아침밥을 먹자마자 은신처로 들어갔다가 해가 지고 사람을 분간할 수 없을 만큼 어둠이 짙어지면 은신처를 빠져 나와 집으로 돌아왔다.229)

신철규의 자서전에 의하면 그가 고향에 은신해 있는 동안, 즉 북한군의 지배 시기 동안 대성면의 상황은 다음과 같았다.

> 면사무소 소재지 신읍(新邑)에는 내무서가 들어서고 인민위원회·민청(민주청년동맹)·여맹(민주여성동맹) 등이 조직되었으며 우리 마을에서는 리(里) 인민위원회 또는 민청이나 여맹의 주관으로 밤마다 노동당 정책을 선전하기 위한 집회를 가졌다. 노동당 정책에 관한 팜프렛이나 유인물을 낭독하고 암기하는 학습과 당면과업을 토의하는 것이 집회의 목적이었다.
> 그런데 나는 단 한 번도 마을 집회에 참석한 적이 없었고, 참석하라는 통고를 받은

일도 없었던 것 같다. 아마 내가 개성에서 여전히 학교에 다니고 있는 것으로 간주하고 처음부터 대상에서 제외한 것인지? 어쨌건 나는 집회에는 나가지 않고, 우리 집 식구들 편에 회의 내용도 듣고 배포되는 유인물도 받아 보았다.

각종 유인물을 받을 때마다 낯선 활자체로 인쇄된 빨간 글자가 혐오감을 일으켰다. 적기(赤旗)는 물론 한결 가치 빨간 색으로 쓰여 진 현수막이나 게시물을 처음 보았을 때도 섬뜩함과 불쾌감을 느꼈지만 빨간 활자로 메워진 유인물을 받아 볼 때는 거부감을 지나 혐오감까지 솟아오르곤 했다.

소문에 의하면 '면민(面民)의 성분을 조사하여 그 결과 반동이나 우익성분으로 분류된 자를 숙청하기 시작하였고, 청년들을 의용군으로 강제 동원하고, 숨어있는 자가 발각되면 내무서에 끌려가 세뇌(洗腦)와 고문을 당한다'는 등 공포 분위기가 조성되고 있었다.

그런 가운데 우리 집에도 인력동원명령이 떨어졌다. 인민군의 군수물자를 수송하는 데 필요한 소와 달구지를 동원하라는 것이었다. 우리 집 머슴아저씨는 벌써 자기 고향 전라도로 귀향했고 작은아버지는 농사일 때문에 집을 떠날 수 없으니 별수 없이 아버지가 소달구지를 몰고 다녀올 수밖에 없었다.

아버지는 해방이 되는 날까지 서울(京城)에서 직장생활을 하셨고 그 후에도 농사 일과는 거리가 먼 분이었다. 어쩔 수 없이 아버지는 오라는 장소로 소달구지를 몰고 나가셨다. 그런데 4~5일이 지나도록 아버지가 돌아오시지 않았다. 온 집안 식구들은 걱정이 태산 같았는데 일각이 여삼추 같은 일주일이 지났을 때 아버지는 초췌한 모습으로 돌아오셨다.

모두들 안도의 한숨을 내쉬며 아버지를 맞이하고 보니 소와 달구지가 없었다. 홀몸으로 돌아오신 것이다. 그뿐 아니라 기진맥진(氣盡脈盡)하여 며칠 동안 몸져누워 계셨다. 그 후 나는 아버지가 소와 달구지를 버리고 홀몸으로 돌아오신 뒷이야기를 할머니로부터 들었는데 그 내용은 대략 이러했다.

아버지의 수송임무는 개성 근교에 있는 탄약을 문산 부근에 전개한 인민군 전방부대까지 추진하는 것이었다. 인민군 전방부대가 문산 부근에 있었던 것으로 미루어 볼 때 한·미 연합군이 낙동강 전선에서 반격을 개시하는 한편 맥아더 원수가 인천상륙작전을 결행(決行)한 9월 중순인 것으로 추정된다.

우리 집에서 개성을 경유 문산까지 가는 거리는 줄잡아 100리(40km)에 달하는 먼 길이다. 농사일은 물론 소달구지로 무거운 짐을 운반해본 경험이 없는 아버지는 정말 힘겹고 지겨운 고난의 행군이었다고 한다.

그런 고역을 얼마나 더 겪어야 할는지, 아버지는 앞날이 막막했다. 그러나 소와 달구지가 있는 한 인력동원을 모면(謀免)할 방법이 없었다. 그래서 아버지는 고심 끝에 탄약운반을 끝내자마자 문산 장터로 가서 소와 달구지를 모두 헐값에 팔아버렸다는 것이다.

그러나 장차 또 소를 사게 될 때를 대비해서 쇠굴레(소의 코뚜레에서 고삐에 이르는 줄)만은 집으로 가지고 가기로 했다. 그런데 그 쇠굴레가 엄청난 화근(禍根)이 될 줄이야!.

아버지는 귀로에 내무서원의 검문을 받게 되었다. 소와 달구지를 팔아버린 사유에 대해 추궁을 받았고 결국 동원을 회피하기 위한 반동행위로 몰려 모진 고문을 당한 후 유치장에 감금당하는 신세가 됐다.

며칠 후 아버지는 다시 변명을 하면서 귀가시켜줄 것을 간청한 끝에 풀려나기는 했으나 온몸에 멍이 들고 후유증이 나타났다. 그때 내무서원에게 맞은 아버지의 왼쪽 귀는 청각 장애를 일으켜 돌아가실 때까지 내내 불편한 생활을 하셨다.

빨갱이 세상이 된 후 농촌은 농촌대로 도회지는 도회지대로 고생이 말이 아니었다. 시간이 흐를수록 일상생활의 리듬이 깨지고 곳곳에서 제동이 걸려 점점 더 살기가 어려워졌다. 농촌에서는 무엇보다 일손이 부족해서 농사가 엉망이 되었다. 젊은 사람들은 숨어살지 않으면 의용군으로 지원해가거나 강제로 잡혀갔고 중장년이나 부녀자들은 빈번한 노력동원과 각종 집회에 나가다보니 농사일은 할 사람도 없고 사람이 있어도 그럴만한 시간이 없었다.

그나마 농촌 사람들은 끼니 걱정만은 하지 않고 그럭저럭 견딜 수 있었지만 하루아침에 직장이나 직업을 잃어버린 도회지 사람들은 대부분 호구지책(糊口之策)이 막연하여 동분서주(東奔西走) 했다. 100리 길도 마다 않고 농촌을 찾아다니며 먹을 곡식을 구해 왔다. '수복(收復)이 조금만 늦었다면 굶어죽을 뻔했다'는 말이 거짓이 아니었다.230)

당시 풍덕금융조합에 다니면 신철희에 의하면 대성면은 1946년 10월 항쟁 사건으로 서울 형무소에 갔던 좌익들이 돌아오면서 본격적으로 인공시기를 겪게 되었다. 대성면에서 지방 좌익과 우익의 보복 상황을 대성면 자영농 집안의 삼남인 이병석은 다음과 같이 구술하였다.

면담자: 수복된 다음에는 우익들이 좌익도…
이병석: 아-, 그러게 개판이었었지. 왜냐면 거기가 49(46)년도 그렇게 해가지고 폭

동 일으켜가지고 그-냥 이- 새끼들 잡아다 들일 것 아냐? 다. 그러면 한 놈 잡아들이고 두 놈 잡아들이고 잡아들이니까 6.25사변이 터지니까 얘내들은 해방된 거야. 생각을 해봐요. 우리가 전쟁에서 일본 해방된 거와 똑같은 거야. 그놈들은 생각이. 그러다보니까 저네들이 전-수 저희들 맘대로 시켜먹다가 안 되니까, 또 9.28 수복 되니까, 그게 또 망한 거 아냐. 패전된 거 아냐. 그러니까 잡아다가 막- 이렇게 하면, 1.4 후퇴 때니까 완전히 빼도 박도 못하게. 그게 몇 번이야. 그러니까 거 아래서 녹아 버렸지. 그리고 그때서부터 9.28. 1.4 후퇴 때 나와 가지고 여태 못 들어간 거지. 알지도 못하는 거지.

면담자: 아, 그래요? 개성하고 개풍군이 좌우익의 대립이 서로 굉장히 심했군요.

이병석: 다른 데-는 모르고 그렇다고 그때는… 해방이 되면서 당이 많았어요. 뭐, 남로당이다 무슨 당이다 뭐 해가지고 면소재지도 간판이 한 댓 개 있었어.

면담자: 아, 그래요? 하하하.

이병석: 응. 그러니까 지금은 뭐 한나라당, 민주당, 민주노동당 뭐 이런 거 공식적으로 다 있잖아. 그때도 마찬가지 그렇게 있었어요. 음. 그런데 우리 뭐 모르지, 우린 그런 대행에 대해서는 관심을 가질 때도 나이가 안 됐고. 그러니까 그런 건 몰라. 그런 건 모르지만 하여간 그거 있었어요. 그렇게. 그리고 음 저놈 저놈 어느 동네 이거 좌우익이라는 거 다- 알았어요. 나는 모르지만 우리 세대 선배들은 다- 알았어요.

면담자: 아, 그랬구나.

이병석: 그럼요. 다- 알았어요.

면담자: 그러니까 이미 좌우익으로 인제 갈라져있었다.

이병석: 아, 그럼요.

면담자: 아, 그런데 어떻게 해서 좌익이 그 대성면이나 이런데 이렇게 자리 잡게 된 거예요?

이병석: 그건 자리를 잡은 게 아니라 그 면 사람들이야 다-. 자리가 아니라. 어디서 이북서 와서 자리를 잡고 있는 게 아니고. 거기 있는 사람 자체가 그렇게 된 건데. 그건 누가 주동자가 누군지는 모르지. 그러니까 지금 주동자가 한 사람이 그렇게 됐는데, 그거는 뭐 어떻게 된 건지 우리는 전혀 모르는 거지. 그거는. 그러니까 세상이 뒤바뀌어가지고. 지금도 그렇잖아요? 지금도 뭐 빈부의 격차가 굉장히 심하다고 그러잖아. 그러니까 그때도 보면 뭐 그런 것도 좀 있었겠지.

면담자: 음, 대성면 내에서도/

이병석: 아니면 남의 집에 가서 살고 뭐 이렇게 해서 그런 감정이라던가. 아니면 어떤 누구에 의해서 사주를 받았다던가. 뭐 이렇게 해서 뭐 그런 거 있었겠지. 그런데

그거는 무식한 놈들이 더 잘 먹혀 들어가요. 저거 하는 사람보다. 갖다 주면 그냥 좋은 거지 그냥. 말하자면, 그런 건 난 보지도 못했고 알지도 못했지만 실질적으로 그래. 지금도 보면. 아, 없어서 밥 굶는데 쌀 갖다 주는 데 얼마나 좋아요. 그런 격이지 뭐.

면담자 : 그 좌익 지도자라는 사람은 어떤 사람인지 아세요?

이병석: 지도자는 그 사람들은 나 몰라. 하여간 농사짓는다는 건데 그 사람 농사가 한두 평이 아냐.

면담자 : 부자네요?

이병석: 몇 만 평 된대요. 하여간 그 사람께.

면담자 : 어--그런데도 좌익지도자가 된 거군요.

이병석 : 어, 그런데, 뭐 그런 걸 보면 그건 진짜 사상이지.

면담자 : 사상가/

이병석 : 응. 그렇다면은. 그게 사상이지. 먹을 게 없어서. 근데 사실상 먹을 게 없다고 해서 꼭 그렇게 좌익사상을 갖는 것도 아니고, 많다고 해서 좌익 사상을 갖는 것도 아니고 무슨 우익 사상을 갖는 것도 아니에요. 그건 자기 나름대로의 다- 각자가 다르니까, 나름 이런 걸 한 번 해보고 싶다. 뭐 하는 거지. 그런데 지금 뭐 솔직히 얘기해서 지금 뭐 각국 전체적으로 국제적으로 볼 때 좌익 사상 가진 사람들이 별로 잘 되는 건 없는 것 같애.

면담자 : 흐흐흐

이병석 : 흐흐흐. 뭐 헝가리니 뭐니 그런 데는 결국 다 그런 분들인데, 그 나라도 그런 건데. 다 그래도 지금 소련 같은 데가 무너졌는데…

면담자 : 대성면도 잘 사는 면이었지만 그래도 빈부격차는 그래도 좀 많이 있었던 것 같애요.

이병석 : 아, 있었어요. 잘 살지는 못했지만, 원인은 해외로 나갈만한 그런 뭐가 없고. 농토가 많았기 때문에 좀 밥걱정은 덜 하지 않았나. 그렇게 생각이 드는 거지. 그렇게 뭐 잘 사는 거나 그런 건 없었어요. 내가 가만-히 우리 동네를 이렇게 보면, 그거야. 그런데 못 사는 사람들은 그 집에 가서 일을 해 준 머슴으로 있다던가, 또 장리쌀을 먹는다던가. 쌀 한 가마니. 그 이듬해 한 가마 반을 줘야 된다던가 뭐 이런 식으로 해서 연명을 해나가고 그런 거지. 실질적으로 자기가 농사를 다 지어서 자기네가 먹는 사람은 그렇게 별로 많지는 않았어요.

면담자 : 그렇죠.

이병석 : 옛날에는 다 그랬어.*

북한군의 점령 하 개풍군에서도 개성과 마찬가지로 신철규의 아버지처럼 장년들은 노력 동원에 끌려갔고, 신철규 자신처럼 청년들은 여러 곳을 전전하면서 피신해 다녔다. 그리고 개풍군의 인민공화국 시기는 해방 후 좌우익 대립의 연장선상에 있었다. 10월 사건으로 인해 감옥에 갔거나 지하로 갔던 지방 좌익들이 우익들을 처단했다. 개풍군 봉동면에서와 같이 대성면의 지방 좌익 지도자도 일제시기부터 사회주의 사상을 받아들인 사상가였고 부농집안 출신이었다. 이병석은 중농의 집안 출신이었는데, 부농인 김승찬, 신철규, 신철희와 달리 개풍군 내의 계층적 차이를 인정하면서 빈농들이 부농인 좌익 지도자를 따라 나선 것으로 이해하고 있다.

10월 3일에 개성이 수복되면서 대성면에서도 우익에 의한 좌익에 대한 보복이 일어났다. 당시의 상황을 신철규는 자서전에서 다음과 같이 전하였다.

> 수도 서울이 9월 28일에 수복되었다는 소식이 전해졌으나 유엔군이 개성에 입성(入城)한 것은 10월 3일 이었다. 개성과 개풍군 일원의 인민군과 내무서원들은 비밀리에 철수하고 그 동안 하늘 높은 줄 모르고 날뛰던 극렬부역자(極烈附逆者)들은 그보다 한발 앞서 이북으로 야반도주(夜半逃走)를 했다.
> 면사무소 직원을 비롯한 관공서의 직원들이 속속 출근하여 업무를 개시하고 경찰과 청년단체들이 나서서 합동으로 치안확보에 주력하는 일편 빨갱이 색출에는 학도호국단 기치아래 중학생들이 그 일익을 담당했다.
> 나는 100일간의 공산치하에서 의용군에 끌려가지 않은 것을 천만다행으로 생각했다. 그러면서도 한 가지 석연치 않은 의문이 남아 있었다. 그때 내 나이 19세였으므로 의용군에 징집될 수 있는 나이였다. 그럼에도 결코 짧지 않은 100일간을 무사히 넘길 수 있었던 것은 무엇 때문이었을까? 하는 점이다.
> 처음 얼마 동안은 내가 숨어있는 것을 몰랐을 수도 있지만 얼마쯤 시간이 흘러갔을 때는 알 만한 사람은 다 알고 있었을 것이다. 그럼에도 그런 일은 일어나지 않았다.

* 2010년 3월 26일 이병석 1차 인터뷰 중에서. 국사편찬위원회 구술자료번호. OH_10_019_000_06.

그런데 잡혀온 빨갱이들을 심문하는 과정에서 다른 일부 마을에서는 많은 청년과 일부 학생들이 의용군에 자원을 했거나 강제로 끌려갔다는 사실 그리고 그 배후(背後)에는 빨갱이 열성분자와 첩자들의 배신(背信)이 있었다는 사실이 밝혀졌다. 그런 사실을 알게 된 나는 내가 태어난 우리 마을 사람들이 한없이 고맙고 자랑스러웠다.231)

10월 1일 38선을 돌파한 국군은 후퇴하는 적을 추격하면서 파죽지세로 북진을 거듭하여 10월 19일 마침내 북한의 수도 평양에 입성하였다. 이 무렵 우리 고향 신읍(풍덕읍)에서는 대한청년단이 조직을 재정비하여 조직적인 활동을 시작했고 한편 자발적으로 발족(發足)한 면(面)단위 학도호국단은 임시 사무실을 마련하고 비상연락망을 편성하여 일단 유사시에 대처하기 위한 만반의 준비를 갖추었다.
그 당시 대한청년단이나 학도호국단이 할 수 있는 중요한 역할은 유사시 또는 치안 유지를 위해 필요한 경우 경찰을 보조하거나 협력하는 것이었으므로 평상시에는 별로 할 일이 없었다. 그러나 대한청년단이나 학도호국단의 혈기 왕성한 젊은이들은 우리 지역사회를 위한 일이라면 무엇이든지 해야만 되겠다는 열의가 넘쳐서 가만히 앉아있지를 못하고 일거리를 찾아다녔다. 그때 학생들이 제일먼저 앞장선 것이 빨갱이를 색출하여 경찰서로 넘기는 일이었다.
나도 상급생이었으므로 학도호국단본부의 간부 직책을 하나 맡고 있었는데 학도호국단 간부들은 매일 비상연락망을 통하여 색출한 빨갱이들(주로 젊은 남녀)을 학도호국단 사무실로 끌고 와서 간단히 약식 신문조서(訊問調書)를 꾸민 다음 경찰서로 넘겼다.
그런데 빨갱이를 심문하는 방법에 문제가 있었다. 간부학생들 중에서 성질이 급하고 독한 애들이 주로 심문을 맡았는데 그것은 심문이 아니고 고문(拷問)이었다. 우선 나무 몽둥이로 인정사정없이 두들겨 팬 다음 심문을 시작했다. 나도 처음에는 한두 번 심문을 하면서 구타를 했으나 다른 애들처럼 모질게 다루지는 못했다.
공산치하에서 100일 동안 공포에 떨면서 숨어살던 생각이 나 특히 아버지가 당하신 심신양면의 고통을 생각하면 당장에 때려죽이고 싶은 복수심이 솟아오르지만 빨갱이도 사람이고 우리 고향 사람들인데 차마 그럴 수는 없었다. 빨갱이들이 매를 맞고 기진맥진하여 비명을 지를 때는 그 몰골이 사람 같지 않고 죽기 일보직전에 몸부림치는 짐승처럼 보였다.
어느 날에는 젊은 부인 한사람이 잡혀 와서 심문을 받고 있었는데 알고 보니 우리 동네 변두리에서 아주 가난하게 살고 있는 내 동갑네의 형수였다. 그 친구의 형제가 빨갱이 끄나풀(첩자) 노릇을 했다는 소문을 듣고 그들을 찾아 나선 학생들이 그의 집에 숨어있는 형수를 잡아온 것이었다.
나는 서로 아는 사이서서 그 자리를 피해 다른 방으로 갔다. 심문이 끝난 후 심문 장소에 있던 애들의 말을 듣고 보니 해도 너무했다는 생각이 들었다. 그 부인의 옷을 전부 벗긴 다음 차마 눈뜨고는 볼 수 없는 굴욕적(屈辱的)인 방법으로 심문을 했다는 것이다. 나와는 같은 동네에 살고 내 친구의 형수라는 생각 때문에 나는 얼굴이 뜨거워지고 마음이 불안했다.
그 부인은 '빨갱이 끄나풀이라는 남편과 시동생의 혐의' 때문에 대신 잡혀와서 수모를 당했는데 내 생각에는 그 형제가 그렇게 열성적인 끄나풀은 아닌 것 같고 다만 가난했기 때문에 끄나풀 포섭(包攝) 대상에 포함된 것 같다는 생각이 들었다. 만일 그들이 열성적인 첩자였다면 은신생활을 하던 나도 결코 무사하지 못했을 것이라는 생각 때문이었다.232)

신철규의 자서전에 나타난 개풍군에서의 수복과 우익의 보복 상황은 개성과 달리 농촌 지역의 특성을 보여준다. 농촌에서는 면 단위 내에서 서로를 잘 알고 있었기 때문에 지방 좌익이나 우익에 의한 보복도 심할 수 있었지만, 또한 서로를 눈 감아 줄 수도 있었기 때문이다. 내가 연구한 충남 예산군 시양리에서도 좌익과 우익의 구분은 계급이나 이데올로기가 아니었고, 상황적이었기 때문에, 마을에서의 평판은 생존에 중요한 요소였다. 신철규가 인공 동안 살아남을 수 있었던 것은 그의 마을 내에서 암묵적인 호의와 합의가 있었기 때문이라고 볼 수 있다. 수복 후 국군이 들어오기 전까지 많은 지역에서 지방 우익에 의한 보복성 학살이 자행되었다. 신철규의 자서전에서 개풍군에서는 대한청년단과 학도호국단에서 청년들이 지방 우익과 경찰을 도와 부역자 색출에 동원되었다는 것을 알 수 있다. 그리고 10대 청년들의 부역자 색출이 얼마나 비인간적인 방식으로 이루어졌는지를 알게 해 준다. 또한 남편과 시동생의 부역 때문에 아내(형수)까지 처벌당했던 것을 보아 연좌제가 작동하고 있었고, 이는 부역자를 구분하는 경계선이 모호했음을 알려준다.

3. 장단군

장단군은 국군 제1사단의 우전방에 속해 있었고, 제13연대가 방어를 맡고 있었다. 제13연대 제3대대는 한국전쟁이 나자 장단 일대에서 지연전을 펼쳤다. 고랑포 지구 북방에 있었던 북한군 제1사단은 주공격대를 구화리-적성으로 통하는 사미천 접근로에, 조공격대는 상리-장단도로 접근로에 투입하여 6월 25일 새벽에 38선을 넘어왔다.233) 국군 제13연대 제3대대는 대덕산 부근에서 북한군과 교전을 펼쳤고, 제10중대 방어지역인 고랑포에서도 북한군과의 교전으로 북한군의 남침을 지연시키려 했다.234) 그러나 제1사단은 제1선 즉 38선 지역을 포기하고 제11연대와 제13연대는 주저항선으로 철수하였다.235)

장단군은 해방 당시 38선에 의하여 대부분이 북한 땅이 된 상태여서

[그림 3] 요도21. 고랑포 일대의 교전 상황 (『한국전쟁전투사』 38도선초기전투편)

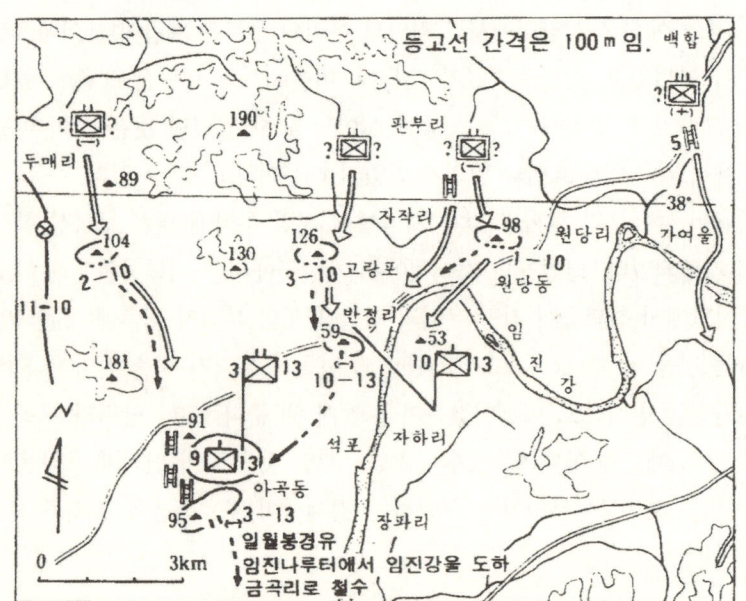

한국전쟁이 날 때까지 38선 이남인 곳은 장남면, 진동면, 군내면과 장단면뿐이었다. 고향이 38선 이북이 되어버린 사람들 중 지주 등 상층계층들은 1948년까지 서울, 개성, 경기도로 남하하여 한국전쟁을 겪었다. 반면 38선 이남에 있었던 장단군 사람들은 고향에서 한국전쟁을 겪었다.

박석중은 개성 고려동에서 태어났으나 보부상하는 아버지의 사업 상 장단군 군내면으로 이주하였다. 그는 해방 후 군내국민학교를 졸업하고 읍내리 집에서 서울운수학교(교통고등학교 전신)로 통학을 하고 있었다. 전쟁이 나자 서울로 가서 피난을 가려했으나 한강다리가 끊어져서 고향으로 돌아와서 의용군 동원을 피해 백학동 산골에서 숨어 지냈다.

박석중 : (중략) 근데 육이오(6.25)가 터졌어요. 근데 그때 한참 가물었어요. 유월 이십오일이면 상당히 그 장단은 이게 삼팔(38)… 이남이지만 북쪽이 돼서 늦었어요. 이 모내기가. 다른 데 다 오월달에 하는데 유월이십오일이면 늦었죠. 근데 비가 왔어. 이십사일날. 친구네 집에 가서 아버지 하고 같이 가서 모내기를 하는데 아침에… 거기는 저 총소리 삼팔선에서 나는 총소리는 늘 들리던 거니까 별로 무뎌가지고 관심이 없지. 그 거기서… 피난민들이 막- 나가면서 우리 아버지를 보고는 "아, 지금 난리가 났는데 거 뭐하냐." 이거야. 빨리 피난 가라고… 소리를 막 지르고 길 옆이니까. 그래서 "아버지 이거 수상하니까 갑시다." 그래서 인제 씻고 집으로 오니까 뭐 사방에서 피난 가느라 어수선해. 그때는 다시 그 점원리로 나와서 읍에서 나와서 살 땐데… 고… 안 되겠어. 그 나는 열아홉살이니까 너는 도망을 가라. 아버진 또 연세도 오십 넘으셨고 이… 수염이 이렇고[길고] 그러니까 뭐… 너만 피난을 가라 그랬어. 피난을 나오는데, 그놈들 박격포탄이 말야 한 이킬로 가면은 한 오백미터 뒤에 와 떨어지고 더 가면 또 어떻게 자꾸… 뒤쫓아 오는 거 같은 그런 느낌이야. 그래서 그 임진강 그 하… 하구. 가까이 거기가 어디냐면 장단면 그게 석전린가? 석전린가 그럴거야. 장단. 여기 강가엘 왔는데 수십… 많은 사람이 피난을 가는데 배를 탈 수가 없는 거야. 건너가지 못하고… 근데 거기서 그 당시 오… 국민학교 오학년이었던 그 초등학교 오학년짜리 내 남동생을 만났다고. 지 또래들하고 서너명이 거길 왔다라고. 거기 피난 나와가지고. 이거 무작정… 따라서 거길 나온거야. 그래 그 놈 채가지고 다른 일행 한… 하고 같이 인제… 강을 못 건너니까 서울을 갈 수가 없잖아. 내 욕심은 인제 우리… 그 실업학교니깐 각지에서 온 친구들이 많아. 내려가면 밥 좀 얻어먹고 가서 일을 하면 뭐… 동생하나 데리고 밥 먹는 건 문제 있나 그리고 왔는데 아, 그게

아냐. 그래서 그 강가 어느 누구네 집에 들어가서 하룻밤 재우고 거… 일행에 있던 아저씨가 배를 밤에 구해왔어. 이 노 젖는데 쪼끄만 거… 나룻배지. 쪼그만 거… 거기서 열댓명이 타고선 건너서 인제 피난을… 피난을 왔어요. 그런데 서울 신촌에 오니까 뭐 야단이야. 서울 시민들이. 그게 유월이십… 육일날 저녁이예요. 근데 그날 저녁인가 이 저 한강 대교 폭파가 됐어. **(면담자 : 네, 맞아요)** 그 피난을 못 가니까 어떻게해. 그 친구네 신촌 역전에 우리 친구네 집에서 하룻밤을 자고 그 친구 어머니가 돈을 삼백원을 날 주시더라고. 그땐 하얀거 학생복 그대로 입고 학생모자 쓰고 있었는데 "우리도 피난을 가야 하니까 자네는 자네대로 행동을 해야 되지 않겠나." 그래. 아, 알겠다고. 근데 갈 수가 없잖아. 나 혼자도 아니고. 그래서 동생을 데리고 다시 집으로 가는거야. 그게 또 한 이틀 걸렸어. 도중에 뭐 감자… 그게 유월 말쯤이니까 감자 땅에 딱 덮어졌지. 캐서 씹으니까 배는 고픈데 에려서 못 먹겠어. 그래서 집에를 갔더니 아이 저 길 길거리에 인민군이 왔다갔다 해. 그래 못 들어가는거야. 집엘. 그래가지고 가까이 가가지고 쳐다보는데 우리 여동생이 그때 열일곱살이었거든? 머릴 들었다났다 하는걸 내 동생이 본거… 들락날락 머릴 들었다 났다 하는 걸 봤어. 그래가지고… 야단이 난 거지 또. 오빠 왔다고 야단해서 우리 아버지는 아마 도시락을 두 개를 싸가지고 아들 둘이 없어졌으니까 그 누구한테 듣고 헤메서 다니다가 여름에 밥이 쉬어서 본인도 잡수지도 못하고 그냥 돌아오셨다고 해. 그래 인제 집에 가 있는데 안 됀대. 여기 인민군이 젊은애들 다 잡아가니까 여기 있을수가 없다. 그 굉장히 불안해. 친구… 초등학교 친구들 만나고 그래서 인제 그… 백학동이라고 또 약간… 거… 산골이 있어요 약간. 우리는 큰 길 옆엔데 거기는… 거기 인제 서너명이 모여서 밤나무 밑에다가 땅굴을 파고 거기서 몇일 지냈지. 그렇게 이렇게 지내다가 보니까 이제 인민군놈들이 와가지고 학교를 뭐 저희 마음대로 인민학교로 고쳐놓고 그리고 거… 뭐 소집을 하는 거야. 동네에 있는 학생들을. 그게 아마… 팔월말이나 그렇게 될 거야. 그래가지고 의용군을 차출을 하는거지. 그 뭣 모르고 끌려갔어. 근데 어디로 가냐면 개성으로 가더라고. 끌고. 응, 됐다 개성가면 나는 내 고향이다. 여기 우리 외가가 다 거기… 이모들이 많이 사시지 외삼촌도 계시지 외할머니도 계시지 그러니까 그래… 좋다 이러고 걸어서… 사십리야 개성이. 갔더니 그… 잡혀 온 청장년이 무지무지하게 많아. 그렇게 헤아릴 수 없이 많은데 개성상업학교에다가… 수용을 하더라고. 근데 거기서 한 사람을 만났어. 누구냐하면 우리 아버지 장단역전에 거… 안경장사 하시는 분인데 아버지 친구분 아들이야. 근데 그 양반이 상처해서 거 전처 큰아들이야. 그 내가 그 집을 통학 할 때 자전걸 그 집에다 맽겨놓고 기차타고 서울 왔다 가고 이런거 몇 달 했기 때문에 그… 나를 보더니 "야, 너 이

거 가면 죽어. 너 어쩌자고 여길 따라왔어." 그래. "난 도망갈거요." 그랬더니 "그래 가라." 이걸 써주더라고. 쪽지를 딱 보니까 어 그 의용대대 대대장이야. 이 양반이. 직함이. (**면담자** : 하하하) 그러면서 "넌 여기 가면 죽으니까 도망가라." 이거야. 그리고 대문 나가다가 누가 뭐라고 그러면은 이 양반 심부름 간다고 이걸 보이래. 쪽지를 써 줬는데. 그 양반은 갔으니까 못 만났어. 나한텐 은인인데. (**면담자** : 그렇네요) 응, 그래서 그… 그 양반 거… 다 거기서 하룻밤 자고 다음 날 다른 친구들 보니까 다 도망가고 없어. 난 다음 날 아침에 나왔지. 그 증명서 있겠다 뭐라 하면 아, 이 양반 심부름 여기 갔다 온다고 그러니까 아무도 말 하는 사람도 없어. 그래서 인제 가만히 생각하니까 외가집은 멀고 가까운데가 외삼촌 작은댁이 있어. 그리 갔더니 아이, 이게 왠일이냐고… 아 이거 말 말라고. 나 여기 며칠 좀 재워 달라고 했더니 아이, 자는게 문제냐고… 무슨 일이냐고 그래. 아 의용군 붙들려 가다 내 도망 나왔다 그랬더니 아이 당연히 자라… 그래서 한 일주일 있는데 갑갑해서 있을 수가 있어야지. 그래서 다시 나왔어. 나 집에 간다 그러고. 그리고 인제 검문소 어디 어디 있는가 아니까 그것만 보면 돌아서 저 멀리 돌아서 하루… 잔뜩 걸려. 그 사십리… 네시간이면 오는 거… 하루 종일 걸려서 밤 중에 집에 왔다니 집에서 아버지가 놀래는 거야. 임마, 점점 더 심해지는데 어쩌자고 이거… 큰 일났다 이거야. 도망가야지. 그래서… 아 그러니까 집에서 잠을 못 자는 거예요. 노숙을 하는 거야. 나가서 산… 그… 그걸 며칠 했는데 인제 구월… 십이월… 시월 삼일날인가 됐는데, 그때 우리가 몇 명이서 작당을 해가지고 소위 그 게릴라 활동을 좀 했어요. 그게 뭐냐하면 인민군 패잔병들… 뭐 민간에 와서 옷을 달라, 인민군 인제 도망가느라고. 그래 그놈들 때려주고 가진 총 뺏고 그런 짓도 했어. 그건 무슨… 그래가지고 나중에 수복 후에 인제 파출소에다 경찰서… 지서에다 다 우리가 반납을 했지. 그랬는데 시월 삼일 쯤 미군 땡크가 들어오더라고. 그래 인제 살았다 그랬는데… 그게 다 철수해 버려. 그때 그 적막감은 이게 큰 일인거야. 그때 인민군 패잔병이 날치는 시간이잖아. 그래 인제 집에 있질 못하고 또 뛰쳐 나가서 그… 산골에 들어가서 인제 그 뭐… 그때 인제 좀 아침은 써늘하고 추워요. 시월 초가 되니까. 그렇게 며칠 있으니까 인제 유엔군이 왔다갔다 한 이틀 하더니 딱 들어오더라고. 그래서 그때 그 백학산이라고 거기 산이 하나 있어요. 거 뒤에 숨어 있었는데… 우리가 거 낮이면 그 산위에 올라가서 중간… 중턱쯤 올라가서 놀다 내려오고 시간 보낼데가 없잖아. 뭐 인민군이 거기 쫓아 안 오니까… (중략)*

---

* 2014년 7월 16일 박석중 1차 인터뷰 중에서.

박석중도 19세 나이여서 의용군에 동원되지 않도록 피신하였으나 끝내는 잡혀서 개성상업학교에 수용되었으나 은인의 도움으로 도망 나왔다. 그는 수복되기 전에 백학산에서 노숙을 하면서 북한군 패잔병들을 상대로 게릴라 활동을 하였다. 10월 3일 장단군에 유엔군이 들어와서 그는 서울로 학교를 가기 위해 왔다가 학교가 정상화되지 않아 다시 읍내리로 돌아왔다.

장단군 대남면 부농 집안의 장남인 김경태는 개성으로 이사 와서 해방과 한국전쟁을 겪었지만, 대남면 고향 소식을 계속 듣고 있었다. 그는 한국전쟁 동안 대남면의 상황을 다음과 같이 구술하였다.

김경태: (중략) 그러니까 그때는요, 지금 사실 이게 지금 사변 나서 하는 거 지금 억울하게 죽은 사람 많아요. 왜냐하면 이북사람들이 조산리까지 내가 얘기한 38선까지 왔잖아요. 왔을 때 이남에서 뭐 무슨 이남에 있을 때는 리장도 하고 이러는 사람 있을 거 아닙니까. 그러면은 그런 사람은 벌써 죽이지 않나, 또 거기 있는 농사꾼을 갖다 또 끌어들여가지고 여기 자기네들이 편을 만들라고, 그렇게 하잖아요. 그렇게 하고 또 거기 말 듣는 걸로 해 놓으면 또 아군이 또 들어오잖아. 그럼 또 아군이 죽여. 너 인민군한테… 그러니까 억울한 사람 많-이 죽는 거야. 그 놈들이 얘기 하니까 얘기 하는 대로 할 거 아니야. 시키는 거. '너는 부역했다.' 그러니까 갑자기 아군이 들어왔을 때 걔네들 죽는 거야. 그러니까 아유, 그때는요, 법이 없어.
면담자: 아니 근데 개성에서도 그랬어요?
김경태: 아니, 개성이 아니고 대남면. 저, 뭐야 지금 얘기하는데.
면담자: 조산리.
김경태: 조산리. 조산리에 우리, 우리 누이의… 그러니까 지금 여기 조카가 있는데 우리… 큰 할아버지의, 큰 아버지의 자식이 없어가지고 딸 밖에 안 낳았거든. 딸이 외동딸인데, 그 딸이 사촌 누이가 되는 거지. 내가 우리가 인제 우리 동생을 낳으니까 내가 큰 집으로 가야돼. 옛날에는 빌려 가잖아요. 아들들. 글루 가야되는데, 나는 글루 안 가지. 거기 아버지가 돌아갔으니까. 큰 아버지가. 그러니까 이 누이가 온 거야, 우리 집에. 누이의 신랑이 맞어 죽었잖아요. 개성으로 왔다 갔다 했거든. 그 양반도 곡식 가지고. 자전거에다 실고 왔다 갔다 했는데, 그게 왔다 갔다 한 게 해가지고서는 이남에서 그럼, 개성도 들어갔다 왔다 했는데 너도 농사짓는 사람에서 뭘 했지 않냐, 이래가지고선 아군이 죽였잖아. 때려 죽였어. 그렇게 돼요. 그러니까 그때는

억울하게 죽은 사람 많고, 그 아들이 지금 여기 있어요. 내가 키워가지고 시장에 장사 시켜가지고 지금 걔도 육십 일곱(67)인가 됐어.*

김경태의 고향 대남면에서도 개풍군에서와 같이 좌익과 우익의 경계는 분명하지 않았다. 수복 후에는 북한군의 점령 하에 살아남았다는 것 자체가 부역의 근거가 될 수 있었다.

4. 개성, 개풍, 장단에서 전쟁의 양태

개성, 개풍, 장단에서 한국전쟁의 시작은 서울사람들의 한국전쟁 경험236)과 비슷하다. 이 지역이 38선 경계에 있었기 때문에 가장 먼저 북한군에게 점령되었고, 10월 초에 수복이 되기까지 가장 긴 인민공화국 시기를 겪었다. 이 지역의 방어를 담당했던 국군 제1사단은 6월 25일 당일에 제1선 즉 38도선을 포기했고, 26일에는 주저항선을 포기하고 최후저항선까지 밀리면서 27일에는 이승만 정부가 한강다리를 폭파시키고 서울에서 후퇴하였다. 서울과 마찬가지로 한국전쟁이 시작되자마자 이 지역이 점령되어서 남한의 타 지역에서 있었던 보도연맹학살은 없었다. 장단군의 박석중의 경우와 같이 이 지역에서 피난을 간 사람들도 서울로 갔을 때 이미 서울도 북한 인민군이 점령하고 있었기 때문에 다시 고향으로 돌아온 경우가 많았다.

개성, 개풍, 장단도 다른 남한 지역에서와 같이 인공시기 많은 청년들과 학생들이 의용군에 징집되었고 인민위원회와 각종 조직들이 주민들을 교육시키고, 동원하였다. 그리고 개성의 서사정에서처럼 수복이 되기 직전에 후퇴하는 좌익들은 우익인사들을 납치하거나 학살하였다. 한국전쟁 이전에 대성면과 봉동면처럼 좌우익 충돌이 있었던 곳은 한국전

---

* 2015년 2월 9일 김경태 1차 인터뷰 중에서.

쟁을 통해서 좌익에 의한 우익학살과 수복 후 우익에 의한 좌익 학살로 이어졌다.

그런데 신철규와 김경태의 구술에서 알 수 있듯이 지역 내에서 좌우익의 경계는 매우 모호했다. 신철규의 경우처럼 3개월이 넘는 기간의 피신 생활에서 살아남을 수 있었다는 것은 그 지역민들의 암묵적인 협조가 없이는 있을 수 없는 일이었다. 또한 북한군과 국군의 점령이 교차되는 곳에서 과연 부역을 면할 수 있는 것이 가능했을까? 좌우익의 경계선이 모호할 때는 그 모호함은 언제든지 위험할 수 있었다. 그 모호함은 좌우의 이분법 하에서 자의적으로 판단될 수가 있기 때문이다. 그렇기 때문에 김경태가 증언하듯이 억울하게 죽은 사람들이 많았던 것이다.

개성토박이 김수학이 말하듯이 인민공화국 시기 동안 한 순간 순간이 운명의 갈림길이었다. 그 운명의 갈림길은 피난과 남하 과정에서도 지속되었다.

제8장
피난과 남하

한국전쟁은 개성, 개풍, 장단 피난민들을 실향민으로 만드는 결정적인 사건이었고, 이들이 자신들의 로컬을 떠나서 새로운 로컬로 진입하게 되는 트랜스로컬의 과정이었다. 개성, 개풍, 장단 실향민들이 들려주는 생애사의 절정은 한국전쟁이고 전쟁 이야기의 핵심은 피난과 남하다. 이것은 매우 아이러니하다. 왜냐하면 이들은 해방 당시 38선 이남에서 살았기 때문에 피난이나 남하를 생각해 본 적이 없었기 때문이다. 또한 피난이 휴전과 함께 남하가 되어버려서 실향민이 되어버렸기 때문이다. 또한 이들의 피난과 남하는 '경계에서의 삶'이라는 특성을 지닌다. 38선과 전선(戰線)의 경계를 넘나들면서 피난과 남하가 이루어졌기 때문에 이들의 피난과 남하의 유형이 매우 복잡하다. 이 장에서는 미수복경기도 실향민들의 남하 동기, 시기, 유형, 경로를 정리해보겠다.

[표 8] 미수복경기도 실향민 구술자들의 남하 과정 및 정착

	성명	성별	출생 년도	출생지	남하 경로 / 가족 동반 여부	전후 정착지
1	김명자	여	1916 (사망)	개풍군 대성면	1938년 흥교면 영정포구에서 배로 마포나루를 통해 신당동으로 이주/가족(기혼)	서울-용인시
2	이정옥	여	1921	개성시 동흥동	해방 후 만주에서 출발 이북을 거쳐 서울 아현동으로 이주/가족(기혼)	서울-문산

	성명	성별	출생년도	출생지	남하 경로 / 가족 동반 여부	전후 정착지
3	이미경	여	1926	개성시 만월동	6.25나자 개성에서 부산-순천으로 피난 갔다 인천으로 이주/가족 (기혼)	인천-서울
4	신철희	남	1926	개풍군 대성면	서산으로 1차 피난, 수복 후 귀향, 1.4후퇴 때 인천, 서산, 부산으로 배를 타고 남하/단신(기혼)	서울
5	정연경	여	1928	개성시 북안동	서울로 1차 피난, 귀향, 중공군 점령 후 강화로 남하/가족(기혼)	인천-서울
6	정선희	여	1928	개성시 동흥동	6.25나자 부산으로 피난갔다 서울에 정착/가족(기혼)	서울
7	박선애	여	1928	개풍군 중면	중공군 점령 후에 사천내강을 통해 파주로 피난하여 남하/가족(오빠네, 미혼)	순천-부산-서울
8	김승찬	남	1929	개풍군 봉동면	1948년 10월 사건으로 서울로 남하, 6.25나자 부산으로/단신(미혼)	서울-부산-서울
9	김경선	여	1929	개풍군 상도면	1.4후퇴 때 임진강 남하 실패, 중공군 점령 후에 강화로 피난 남하/가족(기혼)	서울-부산-서울
10	최수철	남	1931	개성시	1.4후퇴 전에 서울로 남하하여 군대 입대/단신(미혼)	서울-연천-서울
11	이병석	남	1931	개풍군 대성면	9.28 수복 때 방위군에 자원하여 서울로 남하/단신(미혼)	서울-과천시
12	신채오	남	1931 (2016 사망)	장단군 소남면	해방되자 개성으로 이주하여 의용군으로 끌려갔다가 거제도 포로수용소를 거쳐 국군하사로 참전하여 남하/단신(미혼)	포천-서울
13	신철규	남	1932	개풍군 대성면	9.28 수복 때 임한면 하조강에서 김포로 남하, 군입대/부자만 (미혼)	서울-의왕시
14	김수학	남	1932	개성시 동흥동	1.4후퇴 때 걸어서 서울로 피난가서 남하/가족(미혼)	수원-서울
15	윤정희	여	1932	장단군 대남면	1948년 서울로 남하/가족(미혼)	대구-서울
16	박석중	남	1932	장단군 군내면	6.25 때 1차 서울로 남하, 다시 귀향, 12월 말에 서울로 피난, 제2국민병 동원/단신(미혼) 가족은 삼송리로 강제이주당함	파주-서울

성명		성별	출생년도	출생지	남하 경로 / 가족 동반 여부	전후 정착지
17	최동훈	남	1933	개성시	1.4후퇴 때 강화로 남하/가족(미혼)	인천-충주-서울
18	김영선	여	1933	개성시 자남동	서울로 1차 피난, 귀향 후 중공군 점령 후 강화로 남하/가족(미혼)	인천-충주-서울
19	이혜숙	여	1933	개성시 덕암동	1.4후퇴 때 걸어서 서울로 남하/단신(미혼)	대구-서울
20	윤철환	남	1933	개풍군 광덕면	1.4후퇴 때 예산으로 1차 피난 후, 귀향, 1951년 10월에 강화로 남하/단신(미혼)	인천-서울
21	신현제	남	1933	개풍군 상도면	부 신광균 의원을 따라 1948년 서울로 이주, 1.4후퇴 때 부산 피난/가족(미혼)	서울
22	김정숙	여	1934	개성시 북안동	1.4후퇴 때 임진강 남하 실패, 중공군 점렴 후에 강화로 남하/가족(미혼)	서울
23	김숙영	여	1936	개풍군 중면	6.25직전 서울로 남하/단신(미혼)	서울
24	김경태	남	1936	장단군 대남면	일제시기 개성으로 이주하여 1951년 봄에 임진강을 통해 남하/가족(누나들, 미혼)	서울
25	조옥경	여	1936	장단군 장도면	1945년 철도로 서울로 남하/가족(미혼)	서울
26	조철욱	남	1937	장단군 장도면	1948년 철도로 파주로 남하/가족(미혼)	서울
27	최말숙	여	1937	개성시 만월동	중공군 점령 후에 임진강을 건너 파주로 남하/단신(미혼)	여주-서울
28	조미선	여	1937	장단군 장도면	1948년 철도로 서울로 남하/가족(미혼)	서울
29	곽종섭	남	1938	개풍군 봉동면	중공군 점령 후에 임한면에서 임진강을 건너 파주로 남하/부자만(미혼)	서울-충주-서울
30	김민석	남	1938	개성시 동흥동	1950년 서울 배재중 진학/가족(미혼)	서울-미국

1. 남하동기

개성, 개풍, 장단 실향민의 남하 동기는 월남민의 일반적인 남하 동기와 유사하다. 이들의 남하 동기는 크게 세 유형으로 나눌 수 있다. 첫째는 정치적 이유로서 김승찬, 신철희, 신현제의 경우다. 김승찬은 개풍군 봉동면에서 1946년 10월 항쟁 사건 이후 좌익들을 피하여 1948년 서울로 남하했고, 개풍군 상도면 출신의 신현제는 아버지인 신광규가 제헌국회의원이 되어서 1948년에 서울로 이주하였다. 이들은 모두 전쟁 전에 서울로 남하하여 서울에서 한국전쟁을 겪었고 전쟁이 나자마자 피난을 간 사람들이다. 그러나 개풍군 대성면에서 신철희는 좌익 친척의 압력을 받고 전쟁 중에 좌익에 가담하기 싫어서 피난을 떠난 경우다.

두 번째는 계급적인 이유로 38선 이북의 지주집안들이 한국전쟁 이전에 남하한 경우다. 이 경우는 대부분 장단군의 지주 집안인 조철욱, 조미선, 조옥경, 윤정희가 있다. 장단군 출신인 이들은 고향이 북한 땅이 되어 버려 가장 빨리는 1945년 말부터 1948년까지 서울로 남하하여 서울에서 한국전쟁을 겪었다. 따라서 이들의 한국전쟁 경험은 서울사람들과 유사하다.[237]

세 번째는 김동춘의 『전쟁과 사회』[238]에서 제시하는 '생존을 위한 피난'으로 개성, 개풍, 장단사람들은 비자발적인 동기에 의해 남하하였다. 대부분의 구술자들이 이 경우에 속한다. 이 지역은 한국전쟁이 나자마자 북한군에 의해 점령되어서 이 지역 사람들은 피난을 갈 수 없었고, 혹은 피난을 갔다가도 다시 고향에 돌아왔다. 그런데 11월부터 중공군의 참전 소식이 들려오자 이 지역사람들은 본격적으로 피난을 떠나기 시작하여 빨리는 11월 말부터 남하하기 시작했다. 이들은 대부분 자신들의 고향이 이남이었기 때문에 꿈에도 고향이 북한 땅이 될 줄 몰랐고 잠시 난을 피한다는 생각으로 남하를 한 것이었다.

2. 남하 시기

개성, 개풍, 장단 실향민들의 남하는 단순하지 않다. 시기적으로 볼 때 크게 4단계로 나누어질 수 있다. 첫 번째 단계는 1945년에서 1948년도 사이의 남하로 주로 38선 이북이 된 지역에서 만주에서 돌아오는 귀국 동포를 포함하여 정치적, 계급적 동기로 해서 남하가 진행되었다. 두 번째 시기는 1950년 6월 25일부터 11월까지로 한국전쟁이 나자마자 일단 1차 피난을 갔으나 이미 북한군의 남진이 더 빠르게 이루어져서 다시 고향으로 돌아오고, 수복이 되자 청년들의 군 입대가 이루어진 시기다. 세 번째 시기는 1950년 12월부터 1951년 1월 사이로 중공군의 참전으로 본격적인 피난이 이루어진 시기다. 개풍군 광덕면 출신 윤철환에 따르면 개성과 개풍군 지역에서는 중공군에 의한 후퇴가 1월 4일이 아니라 12월 14일이라고 하였다. 이 시기에도 피난을 가려다 실패하고 다시 고향으로 돌아오는 경우도 많았다. 네 번째 시기는 1951년 3월에서 10월 사이로 개성과 개풍, 장단 지역에서 국군과 북한군의 점령이 불완전한 시기다. 이 시기에는 개성, 개풍, 장단지역이 공백 상태여서 고향으로 돌아온 사람들이 있었고, 9월에서 10월에 마지막으로 피난을 떠났던 시기다. 이 시기가 지나면서 개성과 개풍, 장단으로 가는 길이 거의 봉쇄되었고, 1953년 휴전이 되면서 이들은 다시는 고향으로 돌아갈 수 없게 되었다.

1) 1945년-1948년 사이

이 시기에 남하한 구술자들은 세 부류로 나눌 수 있다. 첫 번째는 고향이 38선 이북이 되어버린 장단군의 지주층이다. 이에 속하는 구술자들은 장단군 대남면의 윤정희, 장도면의 조철욱, 조미선, 조옥경이다. 이들은 모두 지주 집안으로 해방과 동시에 소련군에 의해 고향이 점령되었고, 빠르게는 1946년부터 1948년까지는 모두 서울과 경기도로 남하하였다. 같은 장단군 출신으로 서울 대신 개성으로 남하한 구술자도 있었다.

[표 9] 미수복경기도 실향민 구술자들의 남하시기와 유형

피난과 남하의 시기별 단계	세부 유형	해당 구술자
1) 1945년~1948년 사이	(1) 고향이 38선 이북이 되어버린 장단군의 지주층의 남하	조철욱, 조미선, 조옥경, 윤정희
	(2) 정치적인 이유로 남하	김승찬, 신현제
	(3) 해외동포의 귀국으로 남하	이정옥
2) 1950년 6월 25일 ~12월 전 사이	(1) 한국전쟁이 나자마자 1차 피난으로 남하	김승찬
	(2) 1차 피난으로 남하했다가 곧 바로 다시 또는 수복 후 고향으로 돌아간 경우	신철희, 곽종섭, 박석중, 박신애, 김수학
	(3) 인공 중 의용군으로 동원되었다가 포로석방으로 남하	신채오
3) 1950년 12월 ~1951년 1월 사이	(1) 인공 때 고향에서 숨어 있다가 1.4후퇴 때 군에 입대하여 남하	박석중, 이병석, 신철규
	(2) 수복 후 귀향했다가 2차 피난	신철희
	(3) 인공 때 고향에 있다가 1.4후퇴 때 피난하여 남하	이미경, 정선희, 김수학, 이혜숙, 최동훈, 최수철
	(4) 1.4후퇴 때 1차 피난하고 다시 귀향	김정숙, 윤철환, 김영선, 김경선, 정연경
4) 1951년 3월 ~10월 사이	(1) 임진강(+사천냇강)을 건너서 파주로 마지막 남하	곽종섭, 최말숙, 박선애, 김경태
	(2) 한강을 건너서 강화로 남하	김정숙, 윤철환, 김영선, 김경선, 정연경

장단군 소남면의 신채오는 1943년 중학교에 진학하기 위하여 개성 남산동 둘째 이모댁으로 가서 성균관학교에 다니고 있었다. 그는 1945년 개성농업학교(전 개성상업학교)에 입학하여 2-3달 다니다가 해방이 되었는데, 고향인 두곡리가 38선 이북이 되어 소련군이 들어오게 되었다. 그래서 아버지가 집을 정리하여 팔고 온 가족 모두가 개성 손하동으로 이주하였다. 그러다 서울에 있는 중학교에 가기 위해 서울 마포에 있는 셋째 이모댁으로 가서 거기에서 한국전쟁을 맞았다.

두 번째 부류는 정치적 이유로 일찍 남하한 것이다. 개풍군 봉동면의 김승찬은 1948년 10월 사건으로 좌익에게 지목되어 서울 왕십리의 이

모댁으로 피신하였고, 서울에서 한국전쟁을 맞았다. 그는 한국전쟁이 나자 서울에서 화물차를 타고 재빨리 대구로 피난을 갔고 거기서 군대에 입대하였다. 수복 후 국군 장병으로 북진했다가 남하할 때 고향에 가서 부모님들을 수원으로 피난시키려 했다. 그러나 아버지는 고향의 가산을 지키기 위해 고향에 남았고 어머니와 동생들은 안양으로 피난 가다가 호주 폭격기의 오폭으로 어머니가 돌아가시고, 동생들은 다시 고향으로 들어갔다. 어머니의 죽음의 충격을 들은 아버지도 곧 돌아가셨다. 그래서 그는 남한에서 고아가 되어 생활하게 되었다. 개풍군 상도면 출신의 신현제는 아버지가 초대 개풍군 국회의원이었던 신광균 의원이다. 해방 이전에 신광균은 개풍군 군서기가 되어서 가족은 개성으로 이주하였다. 당시 개풍군청은 개성 남산동에 있었다. 1941년 신현제는 만월국민학교에 진학하였고, 해방이 되어 신광균이 개풍군수가 되었다. 신광균은 1948년 제헌국회의원이 되어 서울 삼청동 공무원 관사로 이사하게 되어 신현제는 가족과 함께 서울로 이주하게 되었다.

세 번째 부류는 해외 동포의 귀국이다. 이정옥은 개성토박이인데 호수돈여학교를 나와서 1938년 개성상업학교를 나온 진학사 집안의 막내아들과 혼인하여 만주로 이주하였다. 남편이 흑농합작사에 취직하여 무순의 사택에서 살았는데, 친정은 아버지가 금융조합의 참사가 되어 경성으로 이주하였다. 해방 당시 그녀는 만주 신민현으로 이주하여 흑농합작사의 사택에서 살고 있었다. 이정옥의 가족은 일단 신의주로 나왔으나 셋째 아이 임신으로 시간이 지체되어 피난민 신분을 상실하게 되었다. 그녀의 가족은 1948년에야 다시 피난민증을 발급 받고 38선을 넘을 수 있었다. 그러나 그녀는 개성에서 살지 않고, 친정이 있는 서울의 북아현동으로 이주해가서 서울에서 한국전쟁을 겪었다.

2) 1950년 6월 25일-12월 전 사이

이 시기는 한국전쟁이 시작되어 북한군이 남한을 거의 다 점령하다가 유엔군의 참전으로 서울이 다시 수복되었고, 중공군의 참전이 되기 직전의 시기다. 이 시기 남하의 유형은 세 가지로 나눌 수 있다. 첫 번째는 한국전쟁이 나자마자 부산으로 피난을 간 경우, 두 번째는 1차 피난을 갔다가 다시 고향으로 돌아온 경우, 그리고 마지막으로 북한군의 점령 당시 숨어 있다가 수복 후 군대에 입대하여 남하한 경우로 나누어 볼 수 있다.

(1) 한국전쟁이 나자마자 1차 피난으로 남하

한국전쟁이 나자마자 1차 피난으로 부산으로 간 경우는 매우 드물다. 서울의 경우 군인, 경찰, 우익인사, 월남인들이 한강다리가 폭파되기 전에 피난을 갔는데, 구술자들 중 한국전쟁이 나자마자 부산으로 피난을 간 사람은 봉동면에서 좌익 테러를 피해 서울 왕십리 이모집으로 피신을 해 온 김승찬뿐이다.

면담자 : 그럼 6·25가 나기 전에는 이모님 댁에서 별 일 안 하셨어요? 취직이나 뭐 이런 것도 안 하시고?
김승찬 : 이모님은 저 뭐야 저기 거기서 취직을 안 하고. 취직 할 수 있는 저거는 이제 아니고. 어떤 날짜만 지나면 다시 고향으로 들어갈려고. 그래서 우리 이모부가 그 왕십리에 그 야채장사를 하고 있었는데, 그 리어카에 끌고 다니는 거야. 그 당시에 야채장사를 하고 있었는데. 거기에 좀 심부름 좀 해 주고. 그리고 집으로 돌아갈려고 하고 있는 기간이니까 취직할 저것도 없었죠 뭐. 예.
면담자 : 그때 서울 분위기는 어땠어요?
김승찬 : 서울의 분위기는 평온했죠.
면담자 : 6·25 전에는?
김승찬 : 네. 아주 평온했지. 그 이제 별안간에 뭐. 뭐… 전쟁이 났는데, 개성이라고 하는 우리 고향 개풍군 일대, 피난할 수 있는 시간적 여유가 없었다고. (**면담자** : 그렇죠.)먼저 서울로 왔기 때문에. 14일 날. 아니 6·25 6월 24일 날 10시 이전에 이미 인민군이 개성 시내에 들어와서 경찰서 같은 데 이미 점령을 하고 있었어요. 그러니까 뭐 전혀 그러니깐. 고향에 들어갈 수도 없고. (**면담자** : 그렇죠.) 고향사람들이 나올 수도 없고. 그런 상태에 있었는데 서울이 그냥 벌써. 뭐 인민군이 들어올 단계에

있으니까, 그냥 뭐 피난 나간 거지.
면담자 : 피난을 갔다가 서울도 가기 힘들었잖아요. 인민군이 곧 왔으니까. 왕십리 뭐 금방 왔을 거 아니에요?
김승찬: 아, 그러니까 그땐 뭐 인민군이 그땐 나왔어요. 그땐 나는 여하튼 나는
면담자 : 어디로 가셨어요?
김승찬 : 이모님도. 다 그냥. 가족들은 이모님들 하고 같이 들어가고. 그저 난 젊으니까. 그냥 저 서울역에서 화차. 화차지. 화차에서 화차 꼭대기 타고 대구까지 내려갔지 뭐.
면담자 : 그러면 한강 철교 끊어지기 전이네요?
김승찬 : 전이죠.
면담자 : 오, 빨리 가셨네요. 기(차 타시고).
김승찬 : 그럼, 아주 동작 빠르게 갔지.*

(2) 1차 피난으로 남하했다가 곧 바로 다시 또는 수복 후 고향으로 돌아간 경우

개성, 개풍, 장단이 모두 6월 25일 당일 북한군에 의해 점령이 되었음에도 불구하고 1차 피난을 떠났다가 다시 고향으로 돌아온 구술자들이 있다. 이들은 6월 25일 당일 북쪽으로부터 피난민들이 내려왔기 때문에 자신들도 전쟁을 피해서 일단 고향을 떠났다. 하지만 북한군이 피난민들보다 더 빨리 남한을 점령하였기 때문에 실질적인 피난의 의미가 없어서 다시 고향으로 돌아오거나 수복 후에 고향으로 돌아왔다.

개풍군 대성면 출신의 신철희는 6월 25일 오전 10시에 개성경찰서장이 자전거를 타고 피난을 가는 것을 목격하였고, 피난을 가라는 소리를 들었다. 그런데 친척 형이 피난을 갈 필요가 없다고 하여 그냥 있었더니, 그 친척 형이 인민군 환영대회를 하는 것이었다. 그는 전쟁이 나자마자 7월 중순까지 20일 정도 고향이 머무르고 있었는데, 그 동안 그 친척 형에게서 계속 좌익에 가담해 줄 것을 강요받아서 서울로 도망갔다. 친척 형은 아버지가 일제시기 구장을 보았고, 부농의 고학력인 좌익

---

* 2009년 6월 9일 김승찬 2차 인터뷰 중에서. 국사편찬위원회 구술자료번호. OH_09_017_000_06.

이어서 군내에서 거물급 좌익이었다고 한다. 또한 인척인 사촌 매부도 좌익이어서 신철희는 친가와 인척의 좌익들로부터 계속 좌익에 가담할 것을 권유받아서 마침내 서울 보광동에 있는 고모네로 피신하였다. 7월 하순경 고모부와 함께 육로로 충남 서산 대산면 독꽃리로 피난하였다가 수복이 되었을 때 그는 다시 고향으로 돌아갔다.

개풍군 봉동면 출신인 곽종섭은 진봉국민학교 6학년 때 한국전쟁이 났다. 개성에 사는 외삼촌이 전쟁이 났다고 알려주었는데, 북한군에게 이미 점령을 당한 상태였다. 그러나 북한군이 남쪽으로 이동하자 아버지와 함께 파주로 피난을 갔다가 다시 고향으로 돌아왔다. 그는 중공군이 참전하게 되자 피난을 떠나려 했지만, 동네 남자들과 함께 장단군으로 가서 국군 제1사단의 정찰 첩보를 돕게 되었다.

장단군 군내면 출신의 박석중은 읍내리 집에서 서울운수학교로 통학하고 있었는데 6.25가 났다. 그는 피난하는 사람들을 따라서 남동생과 함께 임진강 하구 장단면 석관리로 가서 강을 건너 파주 교하를 경유하여 서울 신촌까지 피난을 갔으나 한강다리가 끊어져서 돌아왔다. 북한군이 점령해 있을 동안에는 의용군에 끌려가지 않기 위하여 백학동 산골에서 숨어서 지냈다.

(3) 인공 중 의용군으로 동원되었다가 포로석방으로 남하

대부분 당시 10대 말이었던 남성 구술자들은 인공시기 피신을 하였다가 수복 후 중공군의 참전으로 피난 겸 군대에 입대하게 되었다. 그러나 장단군 군내면 출신의 박석중이 의용군으로 끌려갔다가 도망쳐온 것처럼, 의용군으로 갔다가 나중에 북한군 포로로 잡혀서 거제도 포로수용소에서 석방되어 남하하게 된 구술자도 있다. 장단군 소남면 출신인 신채오는 1950년 중학교에 진학하기 위하여 셋째이모가 사는 서울 마포로 갔다가 한국전쟁을 만났다.

신채오: (중략) 인왕산 꼭대기로 올라서 이렇게 보니까 30일 날, 28일 날, 29일 날

지나갔죠. 30일 날 됐는데 노량진 시방 나무가 많지만, 노량진 건너짝 산이 빨개. 그때만 해도 나무 그렇게 힘들 때야. 나무 다 짤라 뗄 때야. 밤에 몰래 짤라 떼고. 그때 그냥 뭐 나무라는 게 아주 다 그런데. 근데 그 산에 보니까는 군인들이 다니면서 그 인왕산 환히 이렇게 건너다 보이더라고. 어떤 사람 왜정 때 망원경 하나 가지고 이렇게 보고 저기 군인들이 저 국방군들이라고 저 노량진 뒤에 저기 뒷산에 저기 군인들 주둔하고 시방 뭐 방카 파는 모양이라고 그랬는데, 여기서 그때 건너가지 못 할 때거든. 마포 그 짝에서 포만 데고 쏘는 거야. 드문드문 쏘고 처음에는 29일 날 30일 날까지 쏘지도 않았어요. 거기다 대고. 그냥 박헌영이가 서울까지만 들어가서 점령하면은 지역 빨갱이들이 다 손들고 나와서 그냥 박수치고 나와서 여기 다 해방 된다. 그러니 서울까지만 입성해라 이랬대는 거 아냐, 걔네들 시방 여기 나와서 선전이. 그 말이 맞는 거 같애. 서울 와서 멈추고 있었어, 멈추고 젊은 애들 대학생들 등교하라고 그래가지고 등교하는 학생들 강당에 몰아넣고 전부 다 앞잡이… 그때 대학생들이 많았어. 빨갱이들. 대학생들이 나가자, 나가자 이러고 선동해가지고 전부 뭐 일주일 열흘이면 평화 되니깐 해방 다 되니깐 나가서 궐기해서 응원하자고. 나가야 된다고. 학교 등교하지 않은 사람들은 안 걸렸지만, 등교한 사람들은 강당 문 딱 닫고 다 갔어요. 그렇게 잡혀 나갔어. 의용군으로. 그때 의용군이죠. 그런 식으로 잡혀 나가고 나는 그래서 31일 날 도저히 사는 수가 없어. 그래서 개성을 간대도 큰 일 나고, 난 우리는 이북서 와서 산 사람이래서 큰 일 나고 큰 걱정이야. 갔는데 아니나 달라, 7월 9일 날 아침이 됐는데 동네서 무슨… 늦게 잠이 많아 내가. 일찍 자거든.

면담자: 걸어서 다시 돌아가신 거예요?

신채오: 네, 걸어서 거기 내려 간 거예요. 거기 걸어 내려간 거.

면담자: 얼마나 걸렸어요?

신채오: 삼 일. 문산서 가서 하루저녁 자고 문산서 또 아는 데서 하루 자고 그 다음 날 사흘 만에 서울에… 집에 도착했지. 그런데 9일 날 아침인데 자고 일어났는데 와서 깨. 깨러 온 걸 할머니가 그래 내 자서 잔다고 그 다음에도 잔다고 그랬다고 그러면서 도로 보냈다고 그래. 근데 동네 가니깐 웅성웅성 하고 이상해. 근데 한 사람이 왔다 갔다 하면서 그러는데 청년단 동원계장 하던 사람이야. 그 사람이 뭐냐 그러니깐 우리 옆에 사니깐, 옆에 집이니깐. 뭐냐 그러니깐 아냐, 가봐. 어쨌든… 가보라 그래서 가보니깐 다 끝나고 나와. 회의를 하고 끝나고. 도로 이렇게 나와서 그 사람하고… 그 집에 한 서너 집 안 돼. 나와서 우물동지 이러고 있는데, 우물동지라고 있어. 큰 우물 있는 동네. 거기서 그 사람이 이렇게 있는데 그 사람이 그래. 이북서 다 동원 돼 나왔기 때문에 이북에 공장 같은 거 운영하는 것 때문에 사람 뽑는다. 그리가야 일 하는

사람을 데려가는 모양이다. 그러면서 또 걔네들도 그런 선전을 했대요. 그래, 아무래도 이상해. 보니까는 그 우리 동네 길 건너는 덕암동이라고 그랬잖아요. 걔네들 모스크바. 그 민관식(민완식을 말함) 잡으러 다니고 그랬대는 동네거든. 걔네들이 넘어왔대는 넘어온 거야. 근데 나는 그 동네 가서 산지가 8.15 해방 되고 사실 걔들을 모르잖아요. 근데 나중에 얘기하는데 한 애가 얘기하는데 덕암동 애들이라고 그래. 야, 큰일 났구나, 죽었구나. 그때 집에서 있었으면 잡혀가서 뭐 거기서 또 큰 일 당하는 건데 서울 도망쳐 다행히 온 거야. 서울 오니까는 7월 달이 중순이 되지 15일 경이 되는데 이쯤 되니까 다 없어졌어. 먹고 사는 것 때문에 다 없는 거야. 허데고(그렇게 살고) 있는데 그때는 이렇게 학생들 모여서 젊은이들 강당에서 잡아가고 다 잡아가고 나서 한 7월 10일 넘어서는, 동네 나오래는 거지. 동네 청년들 나오래는 거야. 근데 서울만 해도 청년회니 뭐니 이런 게 결성이 안 됐거든. 청년단체들이. 말 듣겠어 그 사람들이 나오겠어? 나오면 나오고 안 나오면 안 나오고 있다가 그때서부터 골목골목 마다 딱 잡는 거야, 젊은 사람들. 거기서 잡힌 거야. 7월 20일에.

면담자 : 그래서 어떻게 되셨어요?

신채오 : 그래서 의용군으로 잡혀 나간거지. 갔어. 거기 가서 참… 우리 같이 이렇게 잡혀간 사람들 낙동강 가서 다 죽었어요. 다 죽었는데 난 명(命, 목숨)이 하늘까지 닿은 사람이야. 내가 생각을 해도. 친구들하고 얘기 했더니 그래. 어디 까지 끌려갔냐 하면은 3일 동안에 굶고 이러면서… 근데 팔백(800) 명씩 이렇게 한 클럽(그룹)을 쥐어 가지고 가는데 한 사람이 도망 못 가. 한 사람, 두 사람이 도망가는 거 잡아서 앞에다 놓고 총살 시키는데 그걸 보고 그 800명을 한 열 명도 안 되는 빨치산들이 끌고 내려가는데 한 놈도 도망 못 가요. 그 죽이는데, 도망가다가. 그 내려가면 길을 알아 뭐 갈 데가 있어. 대부분 붙잡히는데. 문막까지 3일 동안, 4일, 3, 4일 걸려 끌려 내려갔어요. 근데 그때에 문막 가니까 800명을 강 건너에다가 이렇게 앉혀 놓고 쫙-(중략)*

    신채오는 의용군이 되어 문막, 횡성, 홍천, 춘천을 거쳐 철원 갈말면 지포리 인민군 전방 훈련소에서 훈련받았다. 유엔군의 개입으로 경원선을 타고 평강에 가서 걸어서 신고산 다리를 건너 안변에 갔다. 유엔군이 동해안으로 상륙하여 인민군 소대장과 함께 평양으로 갔으나 이미 평양

---

* 2015년 1월 14일 신채오 1차 인터뷰 중에서.

이 북진하는 국군에게 점령되어 순천으로 가서 다시 개천으로 갔다. 그는 개천에서 인민군 소대장에게서 도망쳐서 국군에게 투항하였다. 그는 북한군 포로로 평양으로 가서 대동강 남쪽 방직공장에 수용되었다가, 인천으로 이송되어 LST를 타고 부산진에 도착하여 동래수용소에 이송되었다가, 다시 거제도 포로수용소로 이송되었다. 그는 휴전 전인 1952년 포로석방이 되어 울산항으로 갔다가 경북 영천으로 갔다. 그는 서울 도봉동에 아는 친척이 있어서 도민증을 얻어서 의정부 미군부대에 취직하였다가 영장이 나와서 보충병 훈련을 받고 하사관 학교 10주 훈련을 받고 춘천보충대에 소속되었다. 그는 휴전이 된 후 35연대 작전과에 소속되어 지리산 공비토벌에 참여하였다. 신채오는 북한 인민군과 석방포로를 거쳐 국군이 되어 남하하게 되었던 것이다.

3) 1950년 12월-1951년 1월 사이

이 시기에 개성, 개풍, 장단사람들은 본격적인 피난을 하게 되었다. 6월 25일 당시에 이 지역은 이미 북한군이 당일 점령을 하였기 때문에, 피난을 갈 수가 없었지만, 중공군의 참전 소식을 듣자 이때에는 11월말부터 피난을 떠나기 시작하였다. 개성, 개풍, 장단 사람들은 기본적으로 중공군에 의한 피난을 임시적 피난으로 받아드렸다. 이때 10대 말 학생이나 청년들은 피난 겸 군대에 입대하면서 자연스럽게 남하를 하게 되었고, 수복하여 다시 고향으로 돌아왔던 사람들도 다시 2차 피난을 떠나게 되었다. 또한 당시 결혼해 있던 1920년대 생 구술자들도 가족들과 함께 피난을 떠났다. 그러나 피난을 갔다가 다시 돌아오거나, 혹은 임진강을 건널 수 없어서 다시 돌아온 사람들도 있었다. 이들은 1951년도 3월부터 9월 사이에 국군과 북한군의 점령이 불안정한 시기에 마지막으로 피난을 떠나게 되었다.

(1) 인공 때 고향에서 숨어 있다가 1.4후퇴 때 군에 입대하여 남하

한국전쟁이 났을 때 학생이었던 남성들은 대부분 의용군에 끌려가지 않기 위하여 피신했다가 수복 후에는 군에 입대하면서 남하하게 되었다. 장단군 군내면 출신의 박석중은 고향에서 숨어 있다가 8월 말 의용군으로 차출되어 개성상업학교에 갔다가 도망 나와서 게릴라 활동을 하였다. 수복이 되었으나. 그가 다니던 서울운수학교가 정상화되지 않아 다시 읍내리로 와 있다가 중공군의 개입으로 12월 10일 서울 돈암동 이종사촌네로 왔다. 서울 신문로 앞을 지날 때 그는 제2국민병으로 차출되어 군대에 갔다.

박석중 : (중략)그래서 인제… 서울로 왔지. 인제 그… 거기 집[읍내리]에 있다가 인제 수복이 됐으니까 그러니깐 너 임마 피난 안 갔으니깐 너 경찰서에 가서 신원증명 해오래. 학교에서. 등록을 해야 학교엘 가야 할 거 아냐. 그래 장단 경찰서로 왔어. 보초 서는데 보니까 거 우리 한 반에 있던 놈 형님이야. 나 잘 알지. "형님." "너 여기 왠일이냐?" "아, 나 피난 못 갔다고 신원증명 해오래. 경찰서에다 해야 된다." 그러니깐 그래, 그리고 전화를 걸더라고. 보안과에. 갔더니 학생 그래 뭘 했냐고… 난 부역 안 했다고. 인민군 때려주고 그 놈들 저 총도 뺐고 그런 짓을 했어도 딴 거 안 했다고… "그래? 음, 알았어." 그러더니 딱 신원증명서를 해 주더라고. 부역했으면 그거 안 돼요. 학교를 갔더니 등록은 했는데… 선생들이 절반이 없어졌어. 그니까 우리 학교에도 그… 붉은 사상 가졌던 친구들이 있었거든 몇이. 그 공부를 잘하는 건 그 첫째 포섭 대상이야. 그 상급생 한 놈이 그 서울 소년법원 판사 아들인데 나를 지목을 했어. 그 친구한테 짜장면 오므라이스 두 번 얻어먹었어. 근데 다 가고 없더라고. 응. 그래서 인제 학교 다닐 수가 없잖아. 기숙사도 없고. 도로 집으로 갔다가… 그럭저럭 십이월이 됐는데 또 피난 가야 하잖아. **(면담자 : 네)** 그때가 일사후퇴 임박할 땐데 나는 고… 십이월 한… 십일 경에 서울로 올라왔어요. 그래가지고 이종사촌형이 거 돈암동에 사시는데 그때 우리 학생들이 어디냐면 저기 일신국민학교에 잔뜩 모여 있었거든/ 그게 왜놈 시절에는 저 퇴계로에 있는 일신국민학교가 저… 욱구국민학교야. 욱구, 욱구. 저 경동처럼 욱구(旭邱). 이 아시히… 아홉구(九)에다 날일(日)하고 이 언덕하는 이 '구(邱)'자. 그게 일신국민학교 바뀐 거고 경동은 욱구중학인데 그 경동으로 바뀌고 그런 거지 해방되고. 근데 그거… 그 일신국민학교에 잔뜩 모여 있었는데 아, 난… 개성 가서 자기 어머니 좀 모셔 오래. 우리 큰 이모거든. 그리고 돈을

오백원 주시더라고. 그래서 이거… 심부름 안 할 수도 없고 넌 쪼끄마니까 괜찮대. 임진강 오니까 깡깡 얼었는데 군인이 못 가게 해. 아이, 저기 저 건너 집이 우리 집인데 쌀 좀 가지고 피난 나와서 어떻하냐고 먹어야지. 집에 쌀이 있는데 가지고 오겠다 하니까 "야, 임마 그럼 빨리 갔다 와." 그래서 건넜어. 얼음판을 건너서 임진강을 건너서 집에 오니까 아버지가 노발대발해. "임마, 피난을 갔으면 똑바로 그냥 가지 여기 지금 밤마다 와서 애들 잡아가는데… 아휴… 너 그리고 개성은 니가 못 가. 내가 갈게. 넌 그러니까 어디 숨어 좀 있어." 아, 이 양반도 아침에 가셨는데 저녁때 오는데 혼자 들어오시네. "아버지 혼자 오시면 어떻해 난 내일 떠나야 되는데" … "야, 임마, 그 살림살이 놔두고 니 이모가 얼른 그대로 놓고 딱 나 따라나서냐? 이거… 임마… 말이 안 돼지" … 그 고 이종사촌 하나가 있었어요. 막내아들이. 그 집에. 손씬데 거기는. 그 다음 날 점심 지나서 이 양반이 자기 막내아들 데리고 나타났어요. 그게 또 우리 어머니가 그때 돌아가신 이후니까 십… 구월달엔가 돌아가셨다고. 그래서 동생네 집이 이거 시골이라고 못 와봤는데 죽은 다음에 왔다고 또 울고 야단이 난거야. 그렇게 하룻밤 또 우리 집에서 자고 다음 날 인제 임진강에 온 게 십이(12)월 이십삼(23)일날인가 그래. (면담자 : 어휴… 마지막에…) 응, 십이월 이십삼일. 근데 이북에서 내려온 수-만명의 그 피난민이 있는데 한강을 못 건너가게 하는거야. 미군들이 다 막아. 저녁때 할 수 없어 거기 이웃에 있는 거… 그 우리 한 회 후배 놈 한 동네 살던 후배 놈 집이 있어. 거길 가서 "야, 어디 뒷방구석 하나 빌려 나 오늘 하룻밤 신세져야 겠다." 그랬더니 "야, 너도 피난 갔다가 못 가고 들어왔구나." 그래서 그래. "여기 자. 여기 방 비었어." 그래 거기서 저녁을 얻어먹고 자는데 아침에 새벽쯤 됐는데 화장실 가고 싶어서 시골은 인제 울타리가 있고 마당이 있고… 소변을 보러 나오는데 드르륵 드르륵 그래. 저기서. 아이고… 오줌도 못 누고 도로 뛰어들어가서 죽은 체 있었더니 조용하더라고. 인민군들이 패잔병들이 설치고 다니는거야. 그 이십사(24)일날 아침에 강가에 또 왔어. 그게 크리스마스지 이브날 아냐. 미국놈들은 크리스마스 전쟁이고 뭐고 이걸로[엄지손가락을 올리며, 최고로] 친다고. (면담자 : 하하하) 강가에서 하룻밤 샜어. 이십오(25)일날 아침에 허락이 떨어져서 얼음 위로 건너갔어요. 왜 그러냐면 거 임진강 철교가 그… 구이팔(9.28) 수복 전에 폭격을 해가지고 미군이 폭격을 해서 다리가 다 다리가 짤렸다고. 그 밑에 얼음이 이렇게[두 손으로 두께를 보여주며, 두껍게] 엉켰어. 이렇게… 비틀어져가지고 그 위를 엉금엉금 기어서 가까스로 해서 왔는데 건너서 이제 남쪽으로 딱 섰는데 앞에서 지뢰가 터진거야. 그러니까 이 피난민들이 미국놈들이 지키는데 요 길로만 가라고 그러는데 거 말을 듣나? 그 지뢰밭 있는델 들어갔나봐. 그게 철선을 건드리니까 지금이니깐 그렇

제8장 피난과 남하 191

지 내가 군대생활도 하고 해서 알지 그땐 뭐 그게 지뢴지 뭔지도 모르고 꽝 하고 뭐가 터지니까 다 또 죽었다 그러고 엎드리고 야단 났었지. 그래서 몇 사람이 인제 부상당하고 뭐 그러고… 나는 인제 또 통과를 시켰는데… 그 지뢰탐지기가 있어 미군들. 뚱그런 판에 작대기 대면 울리지 철물이 있으면 윙 하고. 근데 이북서 피난 온 사람들이 인제 그거 길가에 철 철길에 뻘건 돈 있지. 이북돈. 그냥 새 돈 뭐 할 거 없이 뭉태기로 있는 것들이 전부 찢어 버렸지. 근데 그 피난민들은요 번거로워서 그런지 신혼지[표시인지] 모르는데 우리가 놋쇠 숫갈 봤어요/ 요새 스텐 숟갈처럼 똑같이 생겼는데 끝이 요만큼만 냄기고 다 숟가락 요만큼만 냄기고 다 짤라 버린거야. 나중에 안 얘기지만 그게… 피난 나가도 인마 공화국에 협조해. 그 뜻이래 그게. 하여튼 그렇게 해서 서울을 들어왔어요. 들어오다가 수색역에서 설렁탕 한그릇 먹고 문산서 서울이 또 한참이예요. 멉니다. 임진강 철교에서 문산은 그게 한 이십리가 안 되는데. 한… 그것도 한 팔킬로(8km) 넘지. 그래요. 그래서 서울 와서 여기 서울고등학교 앞에 새문안, 신문로. 거기 오니까 형사들이 쫙 깔렸어. "야, 젊은 사람은 일루와. 학생 일루와. 그거… 할머니는 저리 가쇼." 그 어떻해. 그… 우리 그… 이모네 그… 누나가 서울대학병원에 간호사를 했어. 수간호원이었다고. 수간호사를 하기 때문에 그 양반이 서울을 몇 번 왔다갔다 하셨어. 그래서 돈암동도 아셔. 그래 대충 약도를 그려서 돈암동 가면 신사가 있고 여기… 저… 그… 바위 깨트리는 거 뭐야. 채석장. 그게 있는데 그 앞에 쪼그만 집이 있다. 그게 형네 집이요. 나는 거기 몇 사람들하고 같이 끌려서… 동대문 밖에 무슨… 동덕여댄가? 있어요. 거기에… 거기서 강당에서 하룻밤 자고 뭐 온 사람이 부지기수지. 다음 날 비원으로 데리고 오더니 쭉- 훑어 보더라고. 그러니까 학생들은 다 있잖아 뭐. 그래가지고 하루 종일 걸어서 인천까지 걸어 갔죠. 그래서 만석국민학교에서 하룻밤 또 새우잠을 자고 그냥 서서. 삐져 나오면 들어가지고 못 해. 어떻게 꽉꽉 들어찼는지. 뭐 유리창문은 다 깨졌고… 어이고. 그 십이월 말에 그 추위는 무서워요. 바닷가. 그니까 젊었으니까. 그 배를 타고 가는데 이 인천항구에서 전날 떠난 배는 부산으로 갔대는데 우리도 부산으로 가는 줄 알았는데 우리 배는 제주도야. 그게 십이(12)월 삼십(30)일이야. 근데 상륙을 안 시켜. 근데 어떻게 돼 있냐면 엘에스티(LST) 거 수송선에 태워가지고 바닷가에 나가서 그… 외국 선… 상선이 있어. 무지하게 커. 그 이 엘에스티(LST) 마스터(master)하고 상선 뱃전하고 같어 이렇게 무지하게… 그러니까 그 화물칸이 학교 강당 같은 게 뭐 몇 층이고 앞뒤로 몇 갠지 몰라. 처음 그런 걸 타 봤어. 그걸 타고… 그 인제 옮겨 타야지. 또 거기서 하루가 걸렸어. 그러니 출발 웅-하고 안 한 대. 삼 일 동안에 밥 한덩이 씩 밖에 안 줘. 아… 젊은 놈이 얼마나 배가 고파. 근데 강화도에서 온 사람들은 집에서 나와가지고 뭐 쌀, 곶감 뭐 별 거 다 가지고 왔어. 어떤 녀석이 "야, 학생. 배고파?" "배 고프죠." 쌀을 한 움큼 줘. 그거 어떻게 고소한지 몰라. 그거 이를 다 버렸어. 생쌀을 씹어 먹는데… 그래가지고 제주도 항이라 그러는데 사람들이 밥을 못 먹었으니까 비틀비틀. 우린 조금 젊어서 낮지만 그거 또 바닷물이 출렁거리니까 엘에스티 마스터 여기하고 송판떼기를 뭐 하나 놓더라고. 이렇게 넓은 거 한 두어개. 그리고 이걸 엉금엉금 출렁거리니까 배가. 엉금 옮겨서 저리 넘어가고 넘어가고 그러는데 또 시원치 않은 친구가 둘 떨어졌지 거기. 그 배와 배 사이로. 아… 근데 빠르대. 금방 그 구명보트가 떨어지는 거야. 근데 한 놈은 건지고 한 놈은 못 건졌어. 그렇게 해서 옮겨 카고 십이월 삼십일일 날 제주 항에 들어갔는데 상륙을 안 시켜. 그니까 그 엘에스티 창고 그 바닥 그 보셨는지 모르지만 그 자동차 들어가고 화물선 날르는 게 커요. 꽉 찼는데 사람이 숨을 못 쉬겠는거야. 그래서 이산화탄소 막 나오는데 공기가… 사람 죽는다고 아우성을 치고 야단 나니까 앞머리가 이렇게 내리잖아. 그 배 엘에스티. 뚝 열어놔. 이만큼. 그러니까 찬 바람 싹 들어오니까 정신이 번쩍 나더라고. 그걸 땅에 턱 대면 인제 건너 나오는건데 안 보내. 그 저녁때 하룻밤 새고 일일 날 아침이야. 오십일년 일월 일일. 제주에 상륙을 했어.*

박석중의 구술에서도 알 수 있듯이, 인민공화국 시기 피난을 못가고 살아있었다는 것만으로도 부역이 될 수 있었다. 그래서 그는 북한군 패잔병을 상대로 게릴라 활동을 한 것을 말하면서 장단경찰서에서 신원증명서를 발급받을 수 있었다. 실제로 그의 게릴라 활동이 아니라 그의 친구 형이 경찰이었기 때문에 그는 부역자가 아니라는 신원보증을 받을 수 있었다고 봐야 한다. 그가 제2국민병으로 징집되어 인천에서 엘에스티를 타고 제주도에 가는 구술은 전쟁 동원의 참상을 보여준다.

개풍군 대성면 중농 집안의 차남인 이병석은 풍덕국민학교를 졸업하고 아버지를 도와 농사일을 하고 있었다. 한국전쟁이 나자 고향에서 이리저리로 숨어 다니다가 수복이 되었고, 중공군의 참전으로 피난하러 흥교면으로 가서 방위군으로 입대하여 서울로 남하하게 되었다. 그의 구술은 당시 제2국민병과 방위군의 상황을 잘 보여주고 있다.

---

* 2014년 7월 16일 박석중 1차 인터뷰 중에서.

이병석 : 1.4후퇴 때 그렇게 해서 결국… 난 제일 먼저 나왔어. (**면담자** : 어떻게요?) 아니 그냥 모이라고 그래가지고 면 소재지로 모이라고 그래가지고, 가니까 어디로 가냐고. 그 내가 알기에는 그… 흥교면 영정포라는 데가 있고. 여쪽에 우리 면에 고군리 해청이라는 데가 있는데 해청에서 배가 있으니까 해청으로 다 모여라 해가지고 나가니까 잘 좀 모여가지고 진짜 면 소재지에서 데리고 가더라고.

면담자 : 누가 뭐라고 그러는데요?

이병석 : 그거는 거기 주모자가 또 있겠지. 우리도 그때 그 뭐 있었냐면 방-위라는 게 있었어. 방-위장교. (**면담자** : 예예)그 방위. 그런 사람들이 주체가 되가지고 모이라고 해가지고, 지시에 의해서 그렇게 했겠지?

면담자 : 아, 방위 장교가 젊은이들을 모으라고.

이병석: 아니 글쎄 그건 모르지만, 그런 조직이 있었다고. 그래서 인제 그 피난을 가거라. 이런 사태가 이렇다.

면담자 : 그때가 언제쯤이에요?

이병석 : 그러니까 뭐여. 55년 아니 50년도 12월 달이지. (**면담자** : 12월달) 응.

면담자 : 아, 1.4후퇴 전이요?

이병석 : 그렇지. 그걸 우리는… 50년도 12월 13일 날… 확실한 기억은 안 나지만, 인천으로 걸쳐서 서울로 와서 아현국민학교로 알고 있는데, 아현국민학교에서 이틀인가- 삼일인가 있다가 13일 날인가 **전체적**으로 몰아가지고 내려간 것 같은데. 그래서 그 코스에 의해서 벌서 정부에서는 이렇게 이렇게 내려가니까, 예를 들어서 여기서 지금 갈 적에 분당으로 간다. 그럼 분당서는 몇 명, 너희 동네 몇 명, 너 어디 몇 명 몇 명 그러면 밥 줘라. 자구 갈 거다. 잠자리 하고 밥도 주고 가고. 인제 우리는 이천으로 해 가지고 충주로 해서 수안보로 해서 문경새재 넘어간 거는 **확**실해요. 충주로 가 가지고.

면담자 : 그래서 저희가 문경새재 넘어서 경상북도까지 갔잖아요.

이병석 : 그럼 경상북도까지 갔지. 창녕까지 갔지. **창녕**이 종점이야. 우리 종점이야. 음. 그래 거기 가니까 1월 4일 날 51년도 1월 4일 날 거기를 들어갔지. (**면담자** : 창녕에?) 응. 그래가지고 그 학교로 모이더라고. 학교로. 그 학교에서 다 몰아가지고 거기서 뭐 방위대-라고 그러던가 뭐라고 그래가지고 거기서 훈련시킨다고 해가지고 밥 주고 뭐 재워주고 그랬는데 말이 아니지 뭐. 뭐 이만-한 죽대 그 뭐야/ 죽대. 그 대나무.

면담자 : 죽창 같은 거?

이병석 : 어, 그런 거 이만-하게 잘라서 하나씩 주고. 이렇게 찔르는 시늉하고 훈련

가리키더라고. 그래가지고 4월 10일 좀 넘었는데 그때, 4월 10일 넘어서 정확한 건 모르고 아마 4월 달인데 초순인데, 현역으로 편입시킨다고 그러더라고. 그래서 좋-아가지고 그랬는데, 보니까 그때 사람 많이 죽었어요. 그 일 전역을. 창녕, 청도, 밀양 일대에 **전**--부 나와 가지고 주먹밥 요만한 거 하나 주고 말야. 이게 그냥 도라무통(드럼통)에다가 넣게 되면 콩나물국이나 그거 뭐야. 미역 말린 건가, 파래인가 그런 것도 있어. 그거 국 해가지고 그릇에 떠 가지고 한 모금 마시고, 뒤로 넘기고 또 그놈 마시고 마시고 [차소리] 하[한숨], 나중에는 이 뼉다구만 남아가지고요. **자**-꾸 이가 생겨가지고 요 꼬맨 자리[옷의 꼬맨자리] 있어. 한복으로 말하면 요 꼬맨 자국이 요렇게 되어 있잖아. 그 이가 생기고. 하-- 알고 보니 열병 앓아서 죽는 사람이 많았어요. 염병이라고 그러지? 염병. 옛날에 염병이라고 그랬는데 장, 장티푸스. **(면담자** : 장티푸스/**)** 어, 그거야. 나도 그냥 거기 걸려가지고 그냥 어떻게 어떻게 하다가 살아남아서, 여태까지 살고 있지만. 그 살 사람도 달라? 그거이. 그래가지고 국방경비대 시절에 입던 그 광목 바지저고리 군복이 말하자면 그게 모자 하고 뭐 다 군복인데 그걸 다 한 벌씩 입히더라고. 옷 다 벗어버리고. 그리곤 세 사람 앞에 담요 두 장씩 줘 그냥. 츄럭(트럭)에 싣더라고. 그러니까 현역으로 간다고 좋-다고 가는데, 며칠을 갔는지 그것 기억은 안 나는데. 강릉에서 하루 잔 것 같기도 하고, 동해안으로 막 이렇-게 해서 들어갔는데, 밤중에 캄캄한 데 가니까 내릴라고 하니까 내리지 못하게 하더라고. 그래 "왜 그러냐?" 그러니까 잘 자리가 없다고 그래. 이 많은 식구가. 그러면서 밥은 준비가 돼있더라고. 이만-한 주먹밥을 하나 주면서 뭐 국도 없고. 소금인지 뭔지 먹고. 그 이튿날 아침에 내려가니까 자연적으로 집합하더니 다 데리고 가는 거야. 열 명, 스무 명, 두 명, 세 명 뭐 이렇게 해서 다 데리고 가더니, 우리는 통신대로 해가지고 들어가는데 두 놈이 할당이 되서 들어갔어. 갔더니 그 사람들이 현역군인이지. 보니깐 3사단이야. 3사단. **(면담자** : 3사단**)** 현역 3사단. 사령분가봐. 그래 거기서 점심에 밥을 좀 하겠느냐? 우린 나간다. 밥은 할 줄 모른다. 그럼 이렇게 이렇게 하라고 시키더라고. 알았다고. 그래 그렇게 하니까 뭐 되긴 되더라고. 반찬도 맨들라고 하면 다 그 야전용으로 해서 끓이고 뭐. 밥 먹으라고. 잔뜩 먹으라고 하는데. 아이고[한숨], 가서 저녁에 낮에 보니까요 그냥 이렇게 구댕이(구덩이) 파가지고 밥을 갖다 버렸는데, 구댕이에다가 남는 밥이지. 저희들이 군인이고. **(면담자** : 왜요?**) 남으니까**, 버릴 때가 없으니까 구댕기 파가지고 버리는데. 종-일 그거 먹어가지고 배때기가 고프니까. 하이고. 그래가지고 밥 **실컷** 먹었어. 여기까지[목까지 찬 모양을 하며], 그리고 "집합!" 하더니 우리는 스무 명을 떡 하더니. 스무 명을 하더니 "이거 하나 짊어져!" 이만한 거 요런 줄, 요런 줄이야[녹음기의 마이크 줄을 가리키며].

요런 줄 요거보다 조금 줄 감아놓은 것은 억수로 더 무겁고 이거보다 더 굵은 줄이 또 있어요[구술자의 안경다리를 가리키며]. 아주 굵은 데 이건 또 가벼워요 또. 둘레는 똑같은데. 지고 가자고 그러더라고. 아, 그거 가지고 100m 못 갔어요 그때. 밤을 꼬-박 샜지. 그런데 어떻게 보면 그 바람에 살았는지도 몰라요. 그래가지고 어디 어디로 가니깐 뭐, 3사단 23연대 1대대라고 통신대라고 그러는 것 같지. 3사단. 23연대/ 거기서 전쟁을 하는데 가보니까 노무자야 우리가. 그러니까 신발도 못 벗고 그냥 자고. 그냥 밤중에도 "집합" 하면, 우리는 그거 아무것도 없어. 그걸 하나 걸머져야 되. 그러니까 전화줄이 끊어졌다는 이야기지. 통신이 두절이 되니까 여기에서 시청을 갖다가 연결을 해야 되는데 없잖아요. 지고 나오는데 그…매일 그 지랄을 하는 거야. 매일. 그리고 왜냐/ 들어갔다가 나왔다가, 들어갔다가 나왔다가, 밀고 들어갔다 나왔다, 밀고 들어갔다 나왔다 하니까, 와이어가 줄이 이래요 그냥[검지 손가락을 가리키며]. 그때는 그 지금은 이어서 쓰지만 그때는 이을 새가 없어요. 그냥 새로 끌고 새로 끌고 하는 거야. 그 지랄을 하더라고. 여기서 생활하는데 그래가지고 그렇게 하니까 나중에 또 "집-합" 하더니, 어디로 가라 그러는데, 3사단 23연대 그 취사장으로 보냈는데, 그 23연대 취사장에 가가지고 그때 고성인가 어딘가 그쪽으로 가고. 동해안으로 가면서 이제 전장을 하면서 들어가는데 거기 가서 인제 밥 해주고 그러는 거야. 밥하고. 나무 해오고 밥하고 그거더라고. 그래 그거 우리는 그거를 했어. 그거 밥은 그때 실컷 먹었지. 밥을 실컷 먹고 그거 하는데 나중에 인제, 에 9월 달에 전원 집합이더라고. 노무자. 예비군이라고 그랬어. 그때는 예비군 그냥. "집합" 하더니 어디로 모이냐니까 그냥 저 양양으로 모이더라고. 양양에 가서 집합 다 하니까 사단장이 딱- 와서 내가 너네를 데리고 있었으면 좋은데, 현재 상황이 그렇지 못하니까 너네들 보내서 미안하고, 그동안에 고마웠다고 하면서 보내는데 그 현역으로 가는 거야. 그때. 그래서 속초로 양양을 거쳐서 속초를 가니까 속초에 가니까 잘 알 꺼 아니야. 거기서 텐트에서 군번 주더라고. 군번. 거기서. 그 군번 주니까 군인 되는 거지.*

개풍군 대성면 출신의 신철규는 송도중학교로 복귀하지 못하고 중공군의 참전 소식을 듣고 피난을 할 수밖에 없었다. 그래서 임한면 하조강리로 가서 임진강을 건너서 김포로 갔고, 거기서 서울 돈암동의 이모집

---

* 2010년 3월 26일 이병석 1차 인터뷰 중에서. 국사편찬위원회 구술자료번호. OH_10_019_000_06.

에 갔다가 선택의 여지가 없어서 제2국민병에 입대하였다. 그의 자서전
은 당시의 상황을 다음과 같이 서술하고 있다.

국군과 유엔군이 38선까지 후퇴했다는 소식이 피난민들을 통해 전해지면서 우리 동네에서도 피난 문제가 남의 일이 아니고 자기 발등에 떨어진 불똥이 되었다. 만일 또다시 우리 동네가 공산치하에 들어간다면 그 결과는 불을 보듯 뻔한 일이었다. 9·28 수복 후에 우리 고향 빨갱이들이 당한 보복을 몇 배로 불려서 되돌려 줄 것이 분명한데 그것을 생각하면 결론은 이미 난 것이었다. 그렇다고 모든 것을 다 버리고 훌쩍 떠날 수는 없는 노릇이 아닌가! 자자손손(子子孫孫) 대를 이어 살아온 삶의 터전인데…. 또 피땀 흘려 장만한 문전옥답(門前沃畓)과 소와 돼지 등을 어떻게 버리고 떠난단 말인가!
그러나 한 가지 마음에 위안이 되고 희망을 걸 수 있는 것은 유엔군이 참전하고 있다는 사실이었다. 유엔군이 있는 한 전쟁을 이기는 것은 시간문제라는 확신과 전쟁에는 작전상 후퇴라는 것이 있는 법이니 유엔군이 후퇴를 하더라도 며칠 후면 다시 반격을 할 것이고 그러면 반드시 수복된다는 것이 우리 고향 사람들의 상황논리였다.
상황이 그렇다면 최악의 경우를 대비하여 젊은 청년과 학생 그리고 지방 빨갱이들의 보복 대상이 될 가능성이 있는 사람들만 당분간 피난을 시키면 우선 발등에 떨어진 불은 끌 수 있지 않겠는가? 하는 것이 대체적으로 집약된 공론이었다.
우리 집 어른들도 그러한 판단과 여론에 전적(全的)으로 의견을 같이 했으므로 우리 집의 피난 대상자는 저절로 나와 아버지로 압축될 수밖에 없었다. 그러나 아버지는 떠나시기 전에 이것저것 정리하고 챙기실 일이 많을 것 같다는 판단에서 끝까지 상황의 추이(推移)를 지켜본 후 결정을 내리기로 하고 우선 나만을 서울에 사시는 이모님 댁으로 보냈다.
나는 중학교 교복 차림에 책가방과 노자(路資)돈만 가지고 훌쩍 집을 떠나왔다. 피난이라 하기보다는 며칠간 다녀오는 나들이쯤으로 생각했기 때문에 집안 식구들에게 일일이 인사도 못하고 노자 돈을 주시는 할머니에게만 인사를 드리고 떠난 것 같다. 내가 집을 떠나온 날이 1950년 12월 16일인 것으로 기억되는데 그날 그 시각이, 나를 반세기 동안 실향민 신세로 만든 운명의 순간이 될 줄을 어느 누가 알았으랴! 이것을 운명의 장난이라고 할 것인가! 아니면 하느님이 내리신 천벌(天罰)이라고 할까?
내가 서울 돈암동 삼선교 부근에 사시는 이모님 댁에 도착 한 것은 집을 떠난 다음날 (12월 17일)인 것 같다. 오랜 세월이 지나고 보니 그때 내가 어디를 경유해서 어떻게 서울에 왔는지 기억이 또렷하지는 않지만 그 당시의 도로망과 교통수단을 참작하

여 기억을 더듬어보니 대충은 알 것 같다.

우리 집에서 하조강(김포반도의 애기봉 북쪽 한강 건너편)까지는 걸어가서 그곳 나룻배를 타고 김포 방향으로 건너왔는데 어느 포구(浦口)에서 내렸는지는 아리송하다.

어쨌건 그날 나는 통진(김포군 소재)까지 걸어가서 하룻밤을 자고 김포 읍을 거쳐 영등포로 갔다. 영등포에서 돈암동 삼선교 까지는 전차(電車)를 타고 간 것이 분명한데 김포에서 영등포까지는 버스를 탔는지 짐차(트럭)에 실려 왔는지 전혀 기억이 나지 않는다. (중략)

내가 돈암동 이모 님 댁을 찾아간 것이 난생 처음 있는 일이었으므로 평시 같으면 구경하며 신나는 나날을 보냈을 것이다. 그러나 그때는 그럴만한 경황(景況)이 아니었다. 나는 일각이 여삼추 같고 바늘방석에 앉아있는 기분이었다. 이모님의 형편도 그렇지만 돌아가는 정황이, 나를 점점 안절부절못하게 만들었다.

처음에는 앞으로 우리 고향을 자유롭게 왕래할 수 있는 날이 오기만 하면 그 동안 이모 님 댁에 진 신세를 넉넉히 되돌려 드릴 수 있다는 느긋한 생각도 했지만 그러한 내 희망은 시간이 갈수록 가능성이 희박해지고 있었다.

그 동안 우리 고향은 어떻게 되었는지? 또 다시 빨갱이 세상이 된 것은 아닌지? 아버지는 고향을 떠나셨는지? 도무지 소식이 캄캄한데 정부 당국은 지난번(6·29)의 과오를 되풀이하지 않기 위해 서울 시민에게는 물론 한강 이북의 모든 주민들에게 일찍이 피난 갈 것을 권고하면서 피난길 행선지까지 일일이 지시하고 있었다. 그리고 한편에서는 '북한 땅에서 남하하는 피난민의 대열이 크고 작은 모든 도로를 메우고 끝도 없이 이어지고 있다'는 소문까지 들려오는 상황이니 나는 어떻게 해야 할 것인지 정말 갈피를 잡을 수 없는 난처한 처지에 놓이게 됐다.

여러 가지 정황을 종합적으로 판단 해 볼 때 나에게는 선택의 여지가 없었다. 군에 입대하는 것 이외에는 다른 대안이 없었다. 때마침 정부당국에서 제2국민병을 모집한다는 소문이 들려왔다. 나는 즉시 나와 같은 처지에 있는 이종 00형에게 나와 함께 제2국민병에 지원 할 것을 권고하여 동의를 받았고 큰 이모님도 별 수 없이 승낙을 하셨다.

정부는 12월 21일 '국민방위군설치법'을 공포하였는데 이 법에 의하여 청소년들을 제2국민병에 편입시켜 정규사단의 보충병으로 충원하거나 독자적으로 후방 경계 임무에 투입 할 수 있게 된 것이다.

크리스마스 전날인 12월 24일 아침 나는 00형과 함께 제2국민병 모집 장소인 창경원을 향해 발걸음을 재촉했다. 어쩔 수 없는 상황이었다 해도 군에 입대하는 것은 내 스스로 결정 한 것이고 전쟁터에 임하는 군인으로서 각오와 결의를 내 나름대로 단단히 다졌지만, 정작 창경원이 눈앞에 다가오자 갑자기 다리에 힘이 빠지고 가슴이 울렁거리며 불안감이 엄습 해왔다.[239]

박석중, 이병석, 신철규는 모두 군대에 갈 나이가 아니었지만 수복 후 어쩔 수 없이 제2국민병에 동원되어 군인이 되었고, 전후에도 돌아갈 고향도 없었고, 부양해줄 가족도 없었기 때문에 직업군인이 되었다.

(2) 수복 후 귀향했다가 2차 피난

개풍군 대성면 출신으로 풍덕금융조합에 다녔던 신철희는 충남 서산 대산면 독꽃리로 피난을 갔다가, 9월 28일 서울이 수복되자 다시 고향인 대성리으로 돌아갔다. 1951년 1.4 후퇴 때 어머니가 피난을 떠나지 않겠다고 하자, 아내와 아들이 고향에 남게 되었다. 그의 작은 아버지는 미리 부산으로 갔고, 그는 작은 어머니, 사촌들, 친지들 18명과 함께 배를 타고 인천으로 갔다. 거기서 다시 배를 타고 가다가 풍랑을 만나서 배를 댄 곳이 바로 서산 대산면이었다. 그의 친척들은 그가 1차 피난 시 갔던 독꽃리로 찾아가서 피난살이하였다. 1951년 5월 경 대산면에서 친척들의 피난살이가 안정되자, 그는 부산으로 내려가서 피난살이를 하다가 휴전이 되었다.

(3) 인공 때 고향에 있다가 1.4후퇴 때 피난하여 남하

개성, 개풍, 장단 사람들은 북한군의 점령 하에서 인공시기를 보내고 중공군의 참전 소식으로 본격적인 피난을 떠나게 되었다. 이때에는 멀게는 부산까지 피난을 가기도 하였다. 개성토박이 지주집안의 막내딸인 이미경은 1948년 개성토박이와 결혼하였는데 남편이 개성시 미국공보원 부원장이 되었다. 그녀의 남편은 개성이 북한군에 점령 되자 숨어서 지내다 수복 후에 중공군이 남하하기 전에 미국공보원 직원들과 함께 트럭을 타고 부산으로 갔다.

이미경 : (중략) 그리구는 아주 고생도 많고 그래서 왜 난 정신두 없어, 그냥. 그때 아-무 것…. 둘째 밴- 것도 몰랐데니깐요. 정신이 없어 갖구. 그러구 할아부지[남편]만 그날 들어오나, 안 들어오나 마구 그것만 그럴하고 있다. 그러다가 그냥 갑자기 그렇게 들[어]와서 중공군이 내려온다구 먼저 내려[가래]. 애기 때문에. 서울 집에 가서 풀, 몸 풀라 그래서 혼자 떠났잖아요.

면담자 : 어, 그래요.

이미경 : 그럼요. 자기는 그래서 "같이 가자." [그러]니까 나는 이, 공보원 직원들을 다- 데리구 나락에, [말을 고쳐서] 나가기 전에 못 나간다구. 그 사람들을 구해야지, 당신은 시방 몸이 무거우니깐-- 해산을 해야지, 서울서 오면 아이두 죽구 당신두 죽는다구. 그래서 내쫓겼다니까, 밥 먹다. 수저 두 벌만 데리구. 은수저 두 벌허구, 아이 기저구(기저귀), 큰 아이 기저구(기저귀) 보따리만 허구, 데리구 나왔어요. 걸어가래. 찝차(jeep)도 못 타구 가게 허더니. 그렇게 서울이 가고 싶은데 엄마도 보구, 그거 그째(그때) 엄마도 와 계셔. 안 된대요. "아이허구 당신 못 견딘다. 인제 좀 풀리믄 내가 데리고 간다." 그러더니, 걸어가래요 글쎄. 어둑어둑 헌데. 눈은 오는데. 그리구 일꾼을 아주 데려 와서 아이 짐을 지구. 내가 울면서 못 간대니[까] 우리 큰 시누님이 쫓아 나왔잖어. 나, 나, 내가 데리구 가께. 어멈 걱정 하지말구 아범 있으라구. 그래서, 그래서 그냥 갔죠 뭐. 내려갔는데 봉동 가니까 해가 져요. 그래섬(그래서) 그- 그냥 봉동으로. 그러믄 거기서 어떻게 자. 어디서 잘지도 몰르구 난 봉동이래는 데 가지도 않았는데. 그래서 집으로 도로 그저 가자구, 그, 그 사람보고. 나는 도저히 이렇게 걸어와서는 서울을 언제 가느냐고. "내가 가다 애기 낳으믄 길에서 어떻게 가냐." [그러]니까 어떻게, 어떻게 허드니 짐을 어디다 났어요. 그리구 "난 집으로 가께. 어, 어서 조기(저기) 타세요. 조기(저기) 타세요." 그래. 그래서 이렇게 보니깐 지, 잔뜩 뭘 싣구 뭘 뒤짚어 씌웠는데 요만-큼 자리가 있어요. 여기는 뭐-서, 기차에 우이(위) 사람이 꼭 차고. 요거, 요만-큼 한 일(1) 메타(meter)가 남았는데,

면담자 : 봉동역에서.

이미경 : 네. 거기다 그걸 내려놓고 나보고 타구 가래요, 고 앞에. 그러니깐 갈 수가 없고 뭐, 그 사람 발서(벌써) 없어지고 거길 뭐 올라갔죠 뭐. 깜깜하니까. 그랬더니 그 위지, 그 우이(위) 사람들이 난리 나. 거기만 앉으믄 총에 맞구 쏜다고, 미국[미군] 그게. 그래서 총으로 맞어 죽는다고. 어떻게 내릴 수도 없지--. 이거 올라가기도 그거 만삭을 허고 가(갈)까. 그래서 웅크리구 "아휴- 맞아 죽어야지 어떡해." 그리구 웅크리구 있는데, 밤에 군인이 둘이 오드라구요. 조끄마해. 근데 그게 영국 군인이에요. 근데 그게 뭐냐 하면은 탱크를 싣구 인제 이북으루 가는 건데, 저희들은 막을

치구 천막 속에서 자구 요기가 쪼금 남았어. 거기 앉아있더니 "밤에 추우니까 들[어]오라." 그러드라구. 그래서 그냥 뭐 그째(그때)는 뭐 무섭고 뭐, 뭐 그 따우(따위) 것도 몰랐어요. 그냥 추워 얼어 죽느니, 애기가 추우니까 들어갔더니 글쎄 저희들이 침대가 요렇게 두 개가, 간이침대가 있는데, 내려와서 자고 우릴 새- 담요를 주면서 거기 누워서 자래. 무슨 사람들이 그래요? 그이가 증말(정말) 생명의 은인인 데 내가 그거를 [수필집에] 못 썼었어요. 글로 쓸려 그리다가 그냥 자꾸 미루다가. 그랬더니 밤에 아이가 울잖아요. 근데 젖은 안 나오지, 그 애기[임신 중]가 있어서 그러니까. 뭘 뽐쁘(pump)질을 허드니 또 불을 이 람프(lamp)에다 해서 뭐 뜨거운 물을 디워(데워)줘요. 애기 우유 디워(데워) 맥이(먹이)라구. 그래서 가만히 한 두 번은 그러다가 가만히 생각하면 물을 좀 더 얻을 수도 있을 거 같고. 호호호. 그래서 "물을 좀 넉넉히 두라." 그래서 그 사람들을 밤에 노나(나눠)줬어요, 외랴(외려). 그이들이 우리 죽는다고 난리 치든 사람들이 얼마나 좋아요--. 그리구 인제 한… 그날은 뭐, 한 닷새나 있어야 이게 서울역에 닿을 거라고 거기서들 가만히만 있으라구 그러는데, 그냥 밤을 새벽에, 꼭두새벽에 서울역에 닿은 거 지요. 그러니 얼마나. 하루도 안 걸렸어. 그래서 거기서 인력거 타고 집으루, 화동 집이에요. 경기고녀 앞에. 경기중학 앞에. 그 화동 집으로 들어갔더니 깜쪽(깜짝)들다 놀라. 처음, 그 쪽에 전화가 있어요? 뭐 있어요? 아-무 것도 모르는, 밀구 배 뚱댕이가 들[어]오니, 아이를 업구--. 그래가주구 그냥 그날로 닿았죠. 근데 아부지는 한 열흘 있다가 왔어요. 그 사람들을 다- 데리고. 근데 어떻게 됐냐면 그 미국, 그쪽 유에스아이에스(USIS, United Staes Information Service 미국홍보문화원) 사람이 인부 오십(50)명만 구해주면은 저 이… 시체를 판대는 거야. 그 사람들이 시체를 그렇게 좋, [말을 고쳐서] 그거 존중해요. 저희 나라 시체를 해서 인제는 보낸대는 거야, 아래로. [빠르게] 왜 그러냐? 중공군이 들어온 걸 알구. 여기가 불바다가 된 대는 걸 알[고]. 그래서 아부지가 먼저 나를 내려 보낸 거지. 그걸 어떻게 알았겠어요. 그쨈 중공군 생각도 못했는데. 그래가주군 "그럼 나도 약속이 하나 있는데 들어주겠느냐?" 그랬더니, "무슨 약속이냐?" 그래서 난 지금 공보원 부책임자로 있는데, 그거 그 직원들에 가족을 다 실어줄랴? 실을 차량을 하나 내달라고. 그러면 내가 오십(50)명을 내일 보내주겠다고. 그니까 "그러라." 그러드래요. 그래서 오십(50)명을 그날 아침에, [말을 정정하며] 다음날 아침에 보니까 차를 한 량을 비워놨드래. 그 약속을 지키는 거 아니에요. 그래서 그 사람들은 뭐 재봉틀이고 뭐고 다- 갖고 왔어. 아이고 몇(몇) 집을 들어가 보지도 못했대, 그거 주선허느라. 그냥 맨 몸으로 왔어요. 아휴-- 그래가주군 그, 또 이 경찰서에 무죄로 갇힌 사람들 또 꺼내주느라 돌아댕기느라. 발, 발을 벗고두 뛰어-- 올르는 사람이 있어,

기차에. 그래가주구 그걸 다 싣구 개성으루 왔잖아. 아니, 서울루. 근데 나는 인제 저
- 어디서 얼마나 고생을 헐까봐 와보니깐 뭐 똥똥이 살이 쪄서 왔는데. 호호호. 하여
튼 못 말려. 그래가주구 그- 한 일주일 있다가, 여기 용산 오늘 내가 지나오면서 봤
어. 모터풀(motor pool, 차량정비기지) 있어요, 용산에. 거길 또 다- 집합해서, 그 공
보원 식구들을 다. 그래서 차량을 하나 내서 아주 전 식구들이 내려갔어요, 남쪽으
로 무조건. 그런데 일주일이나 넘어서 부산에 닿았어. (중략)*

개성토박이인 정선희는 서울에서 여학교를 졸업하고 해방 후 개성에서 있다가 1948년 개성사람인 남편과 결혼하여 관훈동 시댁에 살고 있었다. 그런데 남편은 서울 중앙청 앞에 있는 국립화학연구소에 다니고 있었다. 그녀의 남편도 북한군의 점령 시에는 개성집에서 숨어 있다가 수복 후에 서울로 가서 중공군이 내려오기 전에 대구로 피난을 갔다. 그런데 국립화학연구소가 부산에서 문을 열어서 그녀는 남편과 함께 부산으로 가서 피난살이를 했다.

위의 두 여성 구술자는 1920년대 생이고 한국전쟁 전에 결혼을 하였다. 그녀들이 부산까지 피난을 갈 수 있었던 것은 남편들이 정부 관리였기 때문이었다. 그리고 이들은 자신들의 직계가족이 모두 함께 피난을 갈 수 있었다. 반면 1932년생인 개성 상공업자 집안의 장남인 김수학은 가족 전체가 함께 남하한 보기 드문 사례다. 그는 11월 하순에 가족과 함께 서울 충정로에 부모님이 사 두었던 집으로 피난을 갔다. 그러나 중공군의 남하 소식에 계속 서울에 있을 수가 없어서 수원의 친척집으로 갔다가 수원 밤밭에 어머니와 여동생들을 남기고 아버지, 남동생과 함께 더 남쪽으로 피난을 갔다. 그들은 송탄, 천안을 거쳐서 대전에 갔다가 논산, 강경, 부여, 예산을 거쳐서 다시 수원으로 돌아왔다. 한국전쟁이 교착 상태에 빠지자, 그의 아버지는 수원에서 다시 족탁기로 천을 짜는 사업을 시작하여 북수동에 집을 구입하여 정착하게 되었다.

---

* 2011년 3월 4일 이미경 2차 인터뷰 중에서. 이화여대 근대와 여성의 기억 아카이브 구술자료번호. yoontl-ebkim-de-01.

1933년생인 이혜숙은 명덕여고에 다니는 덕암동 과수원집 외딸이었다. 그녀는 12월 말 부모님은 개성에 남고 일단 혼자 친척 언니와 함께 서울 안암동의 외삼촌집으로 피난을 떠났다. 그녀는 홀홀단신으로 시작된 험란한 피난길을 다음과 같이 구술하였다.

면담자 : 그러면 개성 그 관훈동 집을 출발한 거는 언제쯤이었어요?
이혜숙 : 그러니까는 그게 십이(12)월 아주 마지막 판이었어요. 마지막에 왔어요. 버티다가 버티다가 마지막에 나왔어요. 그게 십이(12)월 거의 말경이 될걸요 아마. (**면담자** : 삼십(30)일 경) 응. 십이(12)월 이십팔(28)일인지 그렇게 될 거에요.
면담자 : 그러면 개성역에 가서? (**이혜숙** : 아니요!) 걸어서? (**이혜숙** : 그럼)어머 그때 기차 다니지 않았어요?
이혜숙 : 아휴, 기차길 끊어진 지가 언제죠 벌써 임진강 그 저기 뭐에요. 철교도 다 끊어졌을 땐데. 그럼. 다 끊어졌어요.
면담자 : 그럼 어떻게 해서 가신 거예요? 관훈동 집에서 이제 출발해서…
이혜숙 : 관훈동 집에서 관훈동 집에서 그날 그때도 눈이 많이 왔어요. 그날 아침에 난 외가로 가니까 한 사람이 쌀 한 말 먹을 동안만 피난하고 있으면 된다고 그랬으니까. 그래서 아주 좋아서 교복 입고 오바 입고 저기 뭐야 그 뜨개질 하던 실이 있었어요. 뜨개질 하던 실하고 저기 뭐야 책하고 그때 책은 또… 사진이라도 한 장 가지고 나오지 왜 책을 가지고 나왔나 몰라. 책가지고 그렇게 하고 짊어 메고 그때에 저기 뭐야 우리 개[성]중학교 뒤에 저기 개[성]중학교 뒤에 우리 엄마 사촌언니가 살았어요. 그게 OOO이라고 수학, 수학 박사, 그 이화여고 교사도 하고 그러던 OOO이라고 있어요. 그 OOO이는 서울에 있었고, 거기 저기 뭐야 OO… 언니뻘이지 우리 엄마 사촌언니의 딸이니까 OO 언니하고 OOO이… 나보다 두 살 아랜가 OOO이 하고 걔네들이 서울에 있었어요. 그냥. 그러니까는 이제 OO도 나보다 세살 위니까 중공군이 데려갈 것 아냐. 그러니까는 엄마하고 이제 사촌언니하고 이제 연락이 되가지고 "야 우리 혜숙이도 그럼 같이 내보내자." 그래가지고 셋이서 이 저기 뭐야 개중학교 뒤에 살았으니까 거기까지 우리 엄마가 데려다 줬어요. 그래가지고 그 언니하고 동생하고 OOO이 하고 나하고 셋이…걸어 나온 거예요. 학생증 가지고. 그때는 학생증이지. 학생증 가지고 걸어 나와서 걸어 나오는데 얼마나 얼마쯤 그 늘문[다리] 지나서 오니까 그 이북 사람들이… 이북사람들하고 인제 한데 합류가 된 거야 우리도. 합류가 되서 임진강을 건너는데, 그때 임진강가에 오니까는 뭐 소도 있고 달구지도 있고 뭐 보따리가

싸여있고 그래요. 근데 임진강이 얼음은 얼었지만, 무거운 짐이 가면은 얼음이 깨질 거 아니에요. 그래서 그런 거를 전부다 그때는 그게 엔피(NP)야, 엠피(MP)가 아니라 엔피(NP)아. 그게 유엔(UN) 경찰이에요? 엔피(NP)가? (면담자: 어, 그러나 보네요?) 응, 엔피(NP)라고 여기 완장 둘른 그 군인들이 사람들을 인제 내보내는 거에요. 그러면은 저만츰(저만치) 사람이 지나가면은 한 사람 보내고, 저만츰 또 지나가면은 한 사람 보내고. 그러면은 저만츰 해서 얼음이 출렁출렁해요. 응? 얼음이 저쪽에서는 물이 그냥 출렁출렁 한다고. 그러니까는 무거운 짐이 가면은 그게 되겠어요? 그게? 깨지면은 그냥 다 임진강 물에 빠지는데? 그렇게 해서 우리는 인제, 그렇게 해서 얼음 위를 건넜어요. 건너서 기찻길을 서울까지 오는 기찻길을 따르는 게 제일…편하잖아. 그래서 기차길을 따라서 오는데 야, 그 기차길 가에도 어린 애 죽은 거 얼어서 죽은 거지. 그런 것들을 보면서…인제 기차길을 따라서 오는데, 오다가 보니까는 저기 뭐야 거의 다 빈집이에요. 빈집인데 그때 수확들은 했으니까, 쌀들은 다 있어. 김장도 해 논거 있고. 그러면 이북 사람들이 넘어오면서 거기서 그냥 해 먹기도 하고…우리도 거기 이제 합류가 된 거야. 그런데 그 언니가, 나는 살림을 안 해보고 밥도 한 번 안 지어 봤지만, 학교에만 다닌다고. 그 언니는 그런 걸 잘 하더라고.

면담자 : 그 언니는 학교 다니지 않았어요?

이혜숙 : 왜? 개성고녀 나왔어요.

면담자 : 오, 그 언니하고 동생은 둘 다 개성고녀?

이혜숙 : 아니, 동생 남자동생이야 걔는 아나 개중. 저기 개중 일(1)이(2)학년이나 그렇게 됐을 거예요. 이(2)삼(3)학년 됐을까? 그 언니는 개성고녀 졸업했어요. 그래서 인제 거기 있는데 "아휴 야, 인제 포 소리도 좀 뜸하고 그러는데 그냥 우리 여기 있다가 다시 개성으로 갈까?" 또 이래. 그래서 "아니 여기 있다가 어떻게 개성으로 가. 나는 외가로 갈 거야." 서로들 그렇게 하다가, 그 언니가, 거기서 하루를 잤나 이틀을 잤나 "야 그러면 우리 피란민 저기 뭐야 상대로 무슨 장사를 할까?" 그래 또. [하하하] "언니 무슨 장사를 해 이 추운데? 나 떡 할 줄 아는 데 떡 장사를 할까?" 그러는 거야. 그래서 "나는 아무것도 할 줄 모르니까는 몰라." 그랬더니 "내가 떡을 해줄 테니까 너가 기찻길 있는데 가주구 나가서 팔어." 그래 그 추운 겨울에 그 떡을 사 먹겠어요? 금방 저기 나가면 어는데? 그래가지고 하룬가는 언니가 떡을 해 주더라고 정말. 그래서 그 OO이하고 둘이 기찻길 가에 나가서 떡을 펼처 놨어. 누가 사요 그거를. 그냥 그대로 "야, 안되니까는 목적지까지 갑시다." 그래가지고 서울까지 온 거에요. 걸어서 걸어서. 그러니까는 지금 생각하니까는 그게 이[화여]대 거기 굴다리 있죠. 이대 그 굴다리를 지나서, 그 굴다리 오니까는 아 그거 저기 뭐야 기차 타고 서울 거진

(거의) 다 오면은 굴다리 지났던 생각이 나더라고 그래서 "아 서울 거진 다 왔네." 그러면서 이제 쭉 거기서 걸어서 그… 그 사촌언니의 나한테도 사촌언니야 그 분이 음… 서대문의 그 구세군 건물이 있어요. 구세군 건물 그 사직공원 있는 그 쪽에서 살았어요. 시집와가지고 결혼해가지고. 그랬는데 숙자 언니가 먼저 그 집으로 가자고 그러더라고 그러니깐 자기네 저기 자기네는 친사촌간이니까 그 집으로 간 거에요. 갔더니 문은 잠겨 있는데, 이 언니가 뭐 어디에 누구하고 연락이 됐는지 어디에 뭐 열쇠가 있으니까 열고 하여간 들어갔어요. 들어갔더니 아주 별천지지 뭐. 들어갔더니 편지가 씨 있더라고 그 언니가 "어디에 쌀이 있고 그러니까는 개성에서 너희들이 올 것 같아서 다 준비해 놓고 우리는 먼저 나간다." 그런 내용이야. 그리고 베개 속에 인민군 돈이 있으니까 꺼내서 쓰라고 그거까지 얘기를 하더라고 그래서 정말 그 집에서 밥해서 김치하고 인제 그렇게 해서 먹고 그 다음날 나는 외가를 찾아 가는 거에요. 서대문에서. 그 거기 전차길이 있으니까는 전차길로 죽-- 가면은 성동역 되잖아요. 응. 성동역에서는 내가 다녔으니까. 동대문 지나서 죽-- 가니까는 성동역이 나와 그때만 해도 사람들 그렇게 많지 않았어요. 그렇게 해서 인제 고려대학에 우리 외삼촌댁을 갔더니 그냥 문이 딱 이렇게 돼 있는 거야. 근데 고 밑에 저기 고려대학에 소사[경비] 아저씨가 살았어요. 그 집에 그, 그 할아버지를 내가 외가에 가면은 삼순네 할아버지라고 했어. 그 집 아들인지 누가 삼순이야. 그래서 삼순네 할아버지라고 해서 노인이 노부부가 살았드랬는데, 아 그분이 나를 보더니 반색을 하면서, 아니 그렇지 않아도 저기 뭐야 외할머님이랑 저기 "혜숙이 개성에서 왜 이렇게 소식이 없느냐"고 걱정을 하다가 나가셨다고, 벌써 나가셨다고 그러면서 얘기를 해 주더라구. 그러니 뭐 들어갈 데가 있어요? 그래서 다시 인제 뒤돌아 가는 거야. 다시 뒤돌아서 그 집밖에 갈 데가 없거든 사직동에. 그래서 글루로(거기로) 갔는데 가다가 이 검문소가 있어요. 검문하는 데가 많아요. 이 학생증 보여주면 그냥 무사 통과야. 그랬는데 광화문에 이렇게 왔는데 그냥 비행기가 낮게- 떠가지고 뭐, 서울은 안전하다고 그러는지 뭔지 하여간 뭐 하여간 그런 방송을 하면서 비행기가 아주 낮게- 뜨면서 그 방송을 하면서 서울 하늘을 날아 다니더라고. 그랬는데 가다가 이렇게 보니까는 광화문 네거리에서 교통순경을 하고 있는 사람이 아는 사람인거 야. (**면담자**: 하하하) 내가 기적이 있다고 했죠? 그 아는 사람은 누구냐하면 우리 외할머님이 마씨거든. 응? 그런데 그 우리 외할머님의 조카딸의 아들이야. 그 조카딸이 마씨에요. 응? 외할머님 쪽이니까. 근데 그 저기 분이 저기…아휴 이름이 박… 하여간 나중에 순경 이름은 내가 댈게요. 00이. 000이야. 000. 000이가 서울에서 순경한다는 소린 들었거든. 아 그러는데 거기에서 교통정리를 하고 있는 거야 000 오빠가. 그냥 뭐 저기

뭐야 물불 가리지 않고 OOO 오빠한테로 내가 근데 그때 짐을 많이 안 가지고 외가에 갔거든. 확인하고 다시 가서 짐을 가지고 올 거라고. 학생증 하고 그 뭐만 가졌나 모르겠어. 조그만 보따리에요 하여간. 책을 가졌는지. 그렇게 하고선 인제 그 오빠한테로 그냥 뛰어 들어갔어요. 교통 정리하는 가운데로 뛰어 들어갔다고. 갔더니 아주 깜짝 놀라지. "너 혜숙이 여기서 왠일이냐. 너 외가는 내가 벌써 저기 마지막 기차 편으로 대구로 저기 가시게 했다. 그러니까는 너도 살려면은 대구로 가는데" 그러면서 우리 외삼촌이 가신 주소를 적어 주더라고. 근데 그게 우리 이모네집이야. 이모네 시댁이에요. 응. 대구시 동인동 사십팔(48)번진지 칠십팔(78)번진지. 하여간 동인동이야. 그걸 적어주길래 "너 외가가 일루로(여기로) 갔으니까 그리고 자기 누이동생 다 같이 글루로(거기로) 갔으니까 그리로 가라." 그러면서 적어 주는 거야. 그래서 그거를 이제 주머니에다 넣고. 그런데 "너 지금 어디로 갈 거냐?" 그래서 내가 아 저기 뭐야 지금 이러저러해서 거기 가야 내가 짐이 있다고 그걸 가지고 나가야 된다고 그랬더니, "그 짐 생각하지 말고 너 학생증만 있고 돈만 가진 거 있으면 지금 곧장 마포로 가라." 그러더라고. 그래서 마포에는 그 순철이 지금 오빠의 이모가 살았어요. 응/ 그 이모가 살았는데 그 이모부가 아주 한량이에요. 뭐 청년당 단장하고 그런 이모부야. (중략) 근데 저기 자기 이모부는 청년단장이라서 먼저 나갔고 이모가 지금, 안 나가고 지금 나갈려고 그러고 있으니까는 빨리 글루로(거기로) 가래는 거에요. 그게 마포에 저기 도화극장 뒤에 거기 도화극장이라고 있었거든요. 도화극장 뒤에 집이 있었는데 빨리 가래 인제 오늘 중으로 그 이모가 갈 테니까 어서 나가라고 가라 그래요. 그래 짐도 그냥 사직동 그 집에다 둔 채로 거기를 찾아 간 거에요. 그것도 인제 마포 종점이니까 전철만 그냥 쭉-- 가서 도화극장만 찾으면 되니까. 그래서 갔더니만 아닌 게 아니라 그 이모가 짐 다- 짊어지고 문간을 나서려고 그러는 찰나야. (**면담자** : 세상에!) 아… 그래가지고 그러니까는 "아휴, 야 나랑 같이 나가자. 너 어디로 가겠냐. 나가자." 그래서 인제 그랬는데 나한테다가 짐을 뭘 맽겼느냐하면은 취사도구를 나한테다가 맡긴… 내가 짊어진 거에요. 근데 그 취사도구를 이만한 무슨 자루 같은데다가 넣는데 그때는 솥이 [손으로 모양을 설명하며] 이렇게 있고 가장자리가 요렇게 뺑 둘려있는 거 있죠. 고게 얼마나 뾰족하잖아. 야, 그게 등에 닿는데, 그건 어떻게 할 수 없는 거 아냐. 그 솥은 왜 그 솥… 솥을 들고 나가야 밥을 해 먹으니까. 거기에다가 [하하하] 그릇 넣고 숟가락 넣고 인제 그렇게 해서 그걸 취사도구는 내 담당인 거에요. 그걸 나한테 짊어지어 주더라고 "넌 짐 없어." 그러면서 그래서 내가 거기 가야지 사직동 가야지 있다고 그랬더니, 갈 필요 없다고 어서 같이 나가자고. 그래서 그냥 그 이모 따라서 나왔어요.*

이렇게 시작된 그녀의 피난길은 그 후로 9개월 후 1951년 추석 때 대구로 피난 간 외삼촌을 만나게 됨으로써 끝났다. 그녀는 친척 오빠의 이모 가족과 함께 한강을 건너서 군포에 왔는데, 거기에서 피난 중인 작은아버지 가족을 만났다. 그래서 그녀는 친척 오빠 이모 가족과 헤어져서 작은아버지와 사촌동생과 피난길을 떠났다. 그런데 도중에 작은아버지와 사촌동생과 천안역에서 헤어지게 되어 작은어머니와 나머지 가족은 논산 피난민 수용소로 갔다. 그들은 다시 온양으로 가서 어떤 할아버지 댁에서 한 동안 살다가, 그녀는 대구에 있는 외삼촌댁에 가기 위해 천안역에 갔는데, 그 곳에서 다시 우연히 그들을 찾으러 온 작은아버지와 사촌동생을 만났다. 그래서 그녀는 작은아버지 가족과 다시 온양에 가서 살다가, 9월이 되자 대구 외삼촌댁에 가기 위해 천안역에 와서 대구행 버스를 타고 추석 때 외삼촌댁에 도착하였다.

(4) 1.4후퇴 때 1차 피난하고 다시 귀향

서울사람들 대부분의 피난이 중공군의 참전으로 1.4후퇴를 전후로 이루어졌던 것처럼, 개성, 개풍, 장단사람들도 이 시기 대부분을 피난을 떠났다. 그러나 서울에서 피난살이를 할 수 없어서, 또는 임진강을 건너지 못하여 남하를 할 수 없어서, 중공군이 철수한 고향에 가서 농사를 짓기 위하여 다시 고향으로 돌아간 사람들이 있다.

개성토박이인 정연경은 1946년 개성고녀를 졸업하고 개성의 한 지주 집안의 차남에게 시집을 가서 시집살이를 하고 있었다. 1949년 개성에 폭격이 심하여 시부모님만 개성집에 남아있고, 시아주버니 내외와 시누이와 함께 서울에 있는 지인의 집으로 피난을 갔다. 당시 만삭이었던 그녀는 원효로의 한 병원에서 애를 낳고 다시 개성 시댁으로 돌아갔다. 1950년 한국전쟁이 나자 남편은 개성에서 숨어 지냈다. 중공군의 참전

---

* 2012년 3월 15일 이혜숙 2차 인터뷰 중에서. 이화여대 근대와 여성의 기억 아카이브 구술자료번호. yoontl-kokim-de-01.

소식으로 그녀의 가족과 시누이는 서울로 피난을 떠났으나 그곳에서 살 수가 없어서 다시 개성집으로 돌아왔다. 남편은 도중에 제2국민병으로 끌려가고 그녀는 아이들과 시누이를 데리고 험난한 역피난길을 겪어야 했다. 그녀는 개성에서 봄을 보내고 남편이 사람을 보내어 한강을 건너 강화로 마지막 피난을 갔다.

면담자 : 음. 그래서 그 삼선교에서 한 달 동안 계셨었네요.
정연경 : 네. 그 한 달을 있다 보니까 쌀 한 말 사준 것도 떨어지고. 그 댁에 안댁에도 할머니, 할아버님이 사시고. 거기 큰 아들네 손녀딸도 있고. 우리 시누가 셋째 아들 네인데 셋째 아들네 그 아들도 거기 있었고. 애들이 있는데, 우리가 거기서 뭐 얹혀 먹거나 그럴 수는 없는 처지이고. 그 쌀 한 말 가지고 문간방에서 시누하고 둘이 살았거든요. 그러니까 그때가 우리 아들은 막 돌 지났었어요. 그러니까 6.25 때 개성서 애 돌을 하는데 8월이니까… 49년생이니까 50년에 돌이었었거든요. 그 떡을 가지고 외갓집에 친정에 갔다 주라고 그러는데, 그냥 떡을 들고 가는데, B29가 그때는 비행기는 다 B29 [하하하] B29가 뭐 날라 가고 개성서 그랬거든요. 그랬으니까 인제 애하고 애는 밥은 뭐 얼마 안 먹었을 때고 조금 먹었을 때고 그러니까 한 달을 버텼는데, 그때 삼선교에서 그러니까 그때 허- 전차도 없고 걸어서 광화문을 왜 갔는지 갔어요. 시누하고 덕수[국민]학교 앞에를. 그랬더니 거기 일본집 같은 데 이렇게 보니까 거기 개성 사람이 있다고 해서 간 건가봐요. 개성사람이 어두운데 오글오글 대여섯 명이 있더라고요 피난 온 여자들이. 남자들은 그땐 다 그냥 갔고. 그래서 "우리는 내일 개성 들어가요." 그러더라고요. 그때는 인제 개성이고 여기는 다 이북이니까 인민군들 치하니까 맘대로 왔다 갔다 했죠. 그래 내일 개성을 간대요 일찍. 그래서 인제 집에 집에 와서 이제 고모보고 시누보고 "우리도 그럼 그 사람들 따라서 개성 갑시다. 인제 먹을 것도 떨어지고 그랬으니까" 그리고 인제 그 할아버님, 할머님 한테 우리 시누의 시어머님, 시아버지한테 우린 개성 들어간다고 인사를 하고 와보니까 그 사람들은 벌써 떠났어요 없어요.
면담자 : 오- 어디로 간 거예요?
정연경 : 개성으로 갔죠 벌써 새벽같이. 우리는 밥 먹고 해서 오니까 벌써 이렇게 환하니까는 없더라고요 벌써 떠났고. 비었어요. 그래서 "그냥 우리도 따라가자." 그러고 그냥 무작정 또 임진강 임진강으로 갔어요.
정연경의 딸 : 근데, 그때 방향도 모를 때인데 어떻게 임진강은 찾아 갔어 그때?

정연경 : 어?

정연경의 딸 : [하하하] 임진강은 어떻게 알고 방향을 찾아갔냐고 그 광화문에서.

정연경 : 아니, 개성 가는 길이 그거니까는. [하하하] 그러니까는 그냥 아무것도 모르고 지도가 있어요? 여기가 무슨 면이니 뭘 알아요? 그냥 개성 간다 하면 그냥 길도 하나였었는지 우리 둘이 떠났어요 애 업고. 그래가지고 임진강까지 오니까는 며칠 전에 비 올 때 강물이 녹았다는 거예요. 다리는 다 끊어놨으니까는 한강 다리 끊어지듯이 임진강 다리도 다 끊어졌으니까 이제 얼음이 있으니까 건너간다고 그 사람들이 어저께 그 사람들이 그랬으니까, 그이는 어디로 건너갔는지 몰라도, 가니깐 다리도 없고 물이 녹아서 못 간다는 거예요. 그러면 저- 고랑포로 올라가보라고. (**면담자** : 고랑포/) 그러면 거기 다리가 하나 있을 거라고 누가 아르켜줘요 그래도. 그래서 인제 강을 또 거슬러서 임진강을 거 임진강을 따라서 고랑포 건너가는 데까지 갔어요. 갔는데도 뭐 비행기가 미군들 비행기가 크- 다니면 애들 내리고는 앞으로다 하고 이 이렇게 요만한 길에서 인제 언덕에다 이렇-게. 움직이면 쏠가 쏘니까. 우리는 가만-히 있다가 비행기 지나가면 가고 그러고. 거기를 갔더니… 거기가 그러니까는 나는 그때 생각에 고랑포로 가라 그래서, 고랑포로 가서 건너가라 그랬으니까 고랑포인 줄 알았거든요. 그래 거기 가니까 그 다리도 끊어져서 지금 인민군들이 다리를 놓고 있대요. 그래 언덕에 이렇게 집인데, 그래서 그러면 얼마나 걸리냐니까 한 1주일 있어야 다리가 된 대. 그러니까는 또 거기서 큰 대문을 찾았겠지. 이만저만해서 개성에서 나와 가지고 개성을 다시 돌아가는데, 저 다리가 될 동안만 1주일만 여기서 묵게 해달라고 그랬더니, 거기 할아버지, 할머니가 계셨거든요, 그리고 열여섯 먹은 아들이 있고 큰아들은 국군으로 나갔대요. 그리고 이제 할아버지, 할머니가 살고 계시더라고. 그러니까 거기서 일주일을 묵는데 그렇게 고맙게 해주셨어요 할아버지, 할머니가. (중략) 너무 고맙게 1주일을 그냥 그렇게 해 주셔서. 그래가지고 인제 어느 날 다리가 다 됐으니까 인제 인제 떠나도 된다고. 근데 낮에 가면 낮에 걸어가면 폭격을 맞을 수 있으니까 밤에 떠나라고 저녁을 먹고는 떠나라고 저녁을 해주더라고요 그 할머니가. 그래서 이제 저녁밥을 먹고 6시가 되니까 겨울이니까 6시니까 어두워요. (**면담자** : 그렇죠) 그때 다리를 건너서 개성으로 간다고. 그러니까 거기서 개성이 제-일 가깝데요.

면담자 : 근데 거기가 고랑포에요?

정연경 : 그게 그게 고랑포인 줄 알았더니 그 건너가 고랑포래요. (**면담자** : 아, 건너가) 네. 그러니까 고랑포로 건너서 개성을 간 거죠. 그래 밤-새도록 가는데, 큰 도로로 그냥 인민군들도 지나가고 국 저 인민군도 지나가고 중공군도 지나가고 지나가

는데, 중공군은 우리가 여자가 애 업었으니까 여자인줄 알 거 아니에요? 처다도 안 봐요 이렇게 중공군들은. 인민군들은 쳐다보고 또. 중공군들은 그 학도병이라든가 이렇게 아랫두리가 아니고 지원병으로 나왔는지 그렇게 좋게 느꼈어요. 그리고 그냥 밤에 조명탄이 또 그냥 미군들이 비행기에서 조명탄을 터뜨리면 아주 대낮 같아요. 그러면 그냥 꼼-짝 안 하고 그냥 거기서 가만-히 서 있었어요 불 꺼질 때까지. 움직이면 사람 있는 줄 알고 폭격한다고 그래서. 그렇게 하고 개성엘 갔더니 개성에 그렇허고 도착을 했는데 훤-허게 동이 틀려고 그러더라고요. 개성서 이남에서 가노라면 야다리라는 게 있어요. (면담자 : 네, 알아요) 야다리가 있는데, 그 야다리를 건너기 전에, 이렇게 깜깜하지가 않고 어스-름히 해가 뜨려고 하는데, 거기서 고랑포를 지나서 개성 올 때는 무서운지 모르고 왔어요 밤중이라도. 내가 거기 야다리를 건너면 개성 시내인데, 건너려니까 무서워요. 만약에 우리집이 폭격을 맞아가지고 시아버니, 시어머니가 다 돌아가셔서 있는 것이 아닌가 겁이 나더라고요. 그냥 식은땀이 쭉쭉 나요 무서워서. 근데 그 못미처에서 불이 쪼그만 해서 깜박깜박 하고 얘기가 소곤소곤 소리가 나요. 그래서 두들기고 우리 날 밝으면 개성으로 들어갈 건데 조금만 쉬게 해달라고 그랬더니, 불을 딱 끄고 조용-해졌어. 그러니까 뭐 인민군들이 여자군인인지 뭔 줄 알았는지 불을 딱 끄고 조용-하더라고요. 고모한테 "아이고, [개성으로] 들어갑시다" 근데 무서우니까 내가 그 아버지한테 받은 종이[지폐] 두 장인데 그게 천 원인지 만 원인지도 모르겠어. 그때 뭐 내가 돈을 시집가서는 돈이라곤 시집가기 전도 그렇지, 개성서 뭐 돈 가지고 뭐 사러 댕기고 이런 게 뭐 별로 없었어요. 그러니까 이제 내가 고모를 하나 주고 이거 하나씩 가지고 가서 어떻게 될지 모르니까, 나눠 가지고 "갑시다." 하는데, 그냥 거 야다리를 건너는데 얼마나 무서운지 잔등에서 식은땀이 쫙쫙 나는데 집까지 왔어요. 그래서 인제 두들기고 "아버님-, 아버님- 누구 왔어요." 해도 안 열어줘요. 그러니까 큰집 아이들 이름을 다 댔어요 그냥. "OO 왔어요.", 뭐 "OO이 왔어요", 뭐 "OO이 왔어요." 그냥 아무 소리를 해도, 우리 고모도 "OO이야. 문 열어줘요" 해도 한 30분인가 넘어 안 열어줘요. 아이고, 그냥 그-냥 두들기니까 우리 시아버님이 한참 있다가 "누구요?" 그리고 대문까지 오셔서 얘기를 해. 그래서 우리라고 그랬더니 열어주시더라고. 방에 들어가서 시어머니 붙잡고 엉-엉 소리 내어서 울었어. [흐흐흐] 울었어요 그냥 그렇게. 그래가지고 거기서 이제 생활을 했죠. (중략)*

---

* 2010년 10월 26일 정연경 2차 인터뷰 중에서. 국사편찬위원회 구술자료번호. OH_10_019_000_06.

개풍군 광덕면 출신인 윤철환은 한국전쟁 당시 개성사범학교에 다니고 있었다. 그는 6월 25일에 고향인 사분리에 와 있었고, 전쟁 소식을 듣고는 아버지와 학생 친구들과 함께 배를 타고 강화로 갔다. 그러나 이미 북한군이 다 점령하고 있어서 다시 고향 사분리로 와서 수복이 될 때까지 숨어 지냈다. 수복 후에 12월 14일 중공군의 개입으로 개풍군지역에서 국군이 후퇴하자 그는 아버지와 동네사람 4,5명과 함께 서울로 피난을 갔다가, 1.4후퇴로 수원, 평택을 거쳐 충남 예산군 송악면 산골로 피난을 갔다. 1951년 3월 서울이 재탈환되자 그는 아버지와 함께 강화로 가서 5월에 다시 사분리로 돌아왔다. 그들은 농사를 짓고 있었는데, 10월 추수 전에 북한군이 내려와서 할 수 없이 사분리 청년 9명과 함께 강화로 피난을 떠났고, 그것이 가족과 마지막이 되었다.

개성토박이 김수학의 증언에 따르면 12월 15일 이후에는 임진강에서 배를 탈 수 없어서 다시 개성으로 돌아가야 하는 사람들이 많았다고 한다.* 개성 지주집안의 장녀인 김정숙은 당시 명덕여고를 다니고 있었다. 그녀는 가족과 함께 임진강을 건너려다 실패하고 도로 개성으로 갔다. 그녀가 개성에 돌아왔을 때 국군이 와서 피난을 안 갔다고 좌익으로 의심을 받게 되었다. 개성에서도 중공군의 참전으로 피난가지 못하고 남아있었다는 것이 부역일 수 있었던 것이다. 그러나 그녀의 대담함으로 자신과 가족을 지키고 나중에 국군을 따라 강화로 피난하게 되었다.

김정숙 : 구이팔(9.28) 왜, 도망갈 때. 그 다음에… 학교에 조금 뭐 나갔다 하더라도 뭐 다들 뭐 빨갱이다 뭐 어째 다-- 잡혀가고 선생님 구성도 없고 뭐 어쩌고 그러니까는 그냥 학교에도 안 나가고 이럭저럭 그냥 세월 보내는데, 그런데다 방학 아닙니까? 그러다가 일사(1.4)후퇴잖아. 일사(1.4)후퇴 때 마이크 하나 "여러분 일사(1.4), 우리는 갑니다." 여러분도 다 가래. 그런 말 한마디 없이 그냥. 그게 일사후퇴야 우리는. 개성에서. 그래가지고 우리는 돈 될 만한 거를 루쿠사쿠(륙샥, backpack)에 짊어

---

* 2009년 4월 22일 김수학 4차 인터뷰 중에서. 국사편찬위원회 구술자료번호. OH_09_017_000_06.

지고 임진강까지 나갔어요. 아버지 엄마 동생이. 다섯 식구가. 그때가 일사(1.4)후퇴도 얼마나 겨울입니까/ (**면담자** : 그래요) 그때에 그 임진강 얼음판이 그 많은 숫자가 꽉-- 몰려가니까 얼음이 깨져요 (**면담자** : 그렇겠죠) 얼음이 깨져서 풍덩 이 무대기 빠져 죽고 저 무대기가 빠졌는데 우린 아직까지 강가야. 아버지가 뭐라 그러냐면 야, 가다가 얼음에 빠져 죽는 것보다 집에는 쌀이 있잖니. 우리 가서 쌀 있는 데까지 먹고 그냥 겨울 나고 보자. 그래 도로 들어갔어. 다섯 명이 (**면담자** : 아-- 다시) 예. 임진강 하, 그 그 뭐라 그럴까? 강가에서. 다시 되돌아들어가서 그냥. 그 당시에 뭐 그래도 곧잘 살았나 보죠? 그러니까 뭐 집에는 먹을 거 있으니까. 응? 감자도 있고 뭐도 있고 다 있잖아. 쌀도 있고. 그러니까 있는 거 가지고 먹는 게 그거 절제해서 먹어야지 살 수가 없잖아. 시장 구성도 안되고. 그러니까 우리는 고 이(2) 내 동생은 중삼(3) 우리 남자동생은 국민학교 오(5)학년. 배고프지요. 내 동생하고 둘이서 시계도 돌려놨어. 빨리 열두 시 되야 밥을 먹잖아 하하하. (**면담자** : 하하하) 응, 그런 적도 있어. 그러면서 기다리고 기다리고 기다리고. 국군이 들어와, "온다 온다." 그러니까. 그리다가(그러다가) 이(2)월쯤 됐을 거야 그랬을 때 그러니까 그때는요 개성이요 교전이라. 인민군이 확 들어왔다가 또 후퇴하고 작전상 후퇴. 국군이 들어와서 또 있다가 또 불리하면 후퇴. 이렇게 그런 식이었어요. 교전해서. 그러니까 도망갈 때는 인민군이 우리를 끌려, 끌고 가려니 다락에 숨었고. 젊은이들은. 그냥 이렇게 아무 집이나 들어와서 "젊은이 없어!" 뭐 어쩌고 한 바퀴 휭 돌면서 끌고 가는 거라. 눈에 띄면. 그러면 다락에 탁 해놓으면 되니까 다락 속에 그 물건 속에 숨어있으면 거기까진 안 뒤져서 우리도 있었어요 그런데 어느 날 진짜 국군이 또 들어왔어. 또 집집마다 뒤지면서 아직까지 안 나간 건 빨갱이래. 왜 안 나갔느내. 그래서 저는 붙잡혀 갔어요, 정말 그리고 그 당시에 무법시대니까/ "너 왜 피난 안 나갔어?" 그리고 끌고 가면 끌려가는 거야. 그래서 저는 끌려갔어요. 끌려갔을 때에 끌려간 사람 많아요. 동회(동사무소) 같은 데로 끌려갔어. 많어 사람이. 그러면은 이렇게 보고 지하실에 가둬. 뭐 어째. 그러면 그냥 법이니까. 육군… 대윈가 소령인가 뭐가 책임자더라? 그리고 뭐 그게 강화에서 이 본부가 팔(8)군이 있으면서 거기에 소속돼있는 군인들이라. 국군이요. 나도 그 다음에 조사대상이 됐어, 차례대로 하니까. 너무 억울해서 "저는 백지하고 펜을 하나 주세요." 그랬어 내가. 그래서 내가 썼어요. "너무 억울하다 오늘. 당신네들이 일사(1.4)후퇴 때 갈, 도망 나가면서 우리 나가라는 말 한마디 했냐", "철수하라는 말 한마디 마이크 했냐." 그리고 교전이 시작돼서 우리는 인민군 대신 국군 들어오기만을 몇 번을 기다려가지고 했더니 오늘 잡혀왔다. 나 빨갱이 아니다. 너무 이 날을 기다린, 이 날이 내가 바보스럽다. 그리고 내가 그때 잘, 이거보다 더 잘 썼나봐. 하하. 억울하니까. 그냥 그대로 눈물 나면서 썼으니까 그랬더니 딱 지네들이 이렇게 보더니 "이거 돌려", 돌리더니 "글씨도 잘 쓰고 글도 잘 쓰고 이 학생 대단하네." 그러더라구요. 그래도 뭐 지금 죽음 앞인데 뭐 그거 칭찬이 아니지-- 그래가지고 지네들이 나를 나는 빨갱이 아니라고 놔주겠대. 집으로 보내주겠대. 그랬을 때 내가 "나는 그냥 못 가요. 나를 조사한 다음에 빨갱이 아니라는 증명을 해주세요." "난 그냥은 못 가요. 또 당신네들 또 후퇴하고 또 잡혀오고 이러다 나는 안 되지요." 그랬더니 증명을 해주더라구. 하하하.

면담자 : 와-- 어떤 증명서를 써준 거예요?

김정숙 : 응. 조사하니까 빨갱이 아니였다, 이 학생은. 그리고 집으로 돌아왔지. 그때 내가 좀 똑똑했는지 바보였는지 난 지금도 내가 너 참 용기 좋았다. "나 혼자 못 가요, 데려다 주세요. 지금 무법천진데 나가다가 또 잡히면 또 얼로 잡혀갈지 알아요?" "나 집에 데려다 주세요."

면담자 : 야 대단하, 담이 대단히 크시다.

김정숙 : 응. 대, 내가 지금 생각해도 너 참 용기 좋은 여자였다. 그랬더니 뒷말, 딱 총멘 두 사람이 데려다 줬어 집에. 그러더니 어째서 그냥 이건 아닌데. 먹을 것도 좀 갖다 주대? (**면담자** : 하하하) 그래서 이거는 고맙다. 국군은 좋구나. 그리고 생, 있는데 일주일에 밤 열한 시에 문을 두들겨. 국군들이야. 우리 지금 후퇴하니까 빨갱이로 몰리지 않으려면 같이 후퇴해라 그러니까 우리 아버지하고 나하고 내 동생하고. 그리고 하난 국민학교 오(5)학년하고 엄마는 그 미련 때문에 그리고 다는 못하지. 그러니까 빨리 지금 같이 후퇴하랬는데 준비도 없이 어떻게 해. 그러니까 그냥 집에 있는 인삼하고 뭣이 돈 되는 거 하고 나는 교복 그대로 내 동생도 교복 그대로. 교복, 가방 하나 들고 강화로 그 국군 따라 후퇴를 했어요.

면담자 : 아, 그래서 그렇게 내려오셨구나.

김정숙 : 그래서 강화라는 곳에 왔어요. 그리고 그 국군들이 말하기를 "우리가 일주일 후면은 다시 수복합니다." 우리 엄마한테 "기다리세요." 그러더라고. 그러니까 나는 그게 천하 명령이고 천하의 그건 줄 알았죠. 그래서 아버지 따라서 세 명이서 강화로 피난을 갔어요. 그 생활, 비참하지요. 요, 어느 집에 문간에 방 하날 얻어 주대? 국군이. 그래도 자기네가 데려 나온 책임으로. (중략)*

---

* 2013년 3월 5일 김정숙 1차 인터뷰 중에서. 이화여대 근대와 여성의 기억 아카이브 구술자료번호. yoontl-kslee-de-01.

개풍군 상도면에서 태어난 김경선은 20살에 광덕면의 면서기에게로 시집을 오자마자 6.25를 겪었다. 전쟁이 나자 남편이 피난을 가고 시댁 동네가 좌익이 드세서 시아주버니가 그녀를 친정동네로 보냈다. 수복이 되어 시댁 동네에서 좌익들이 모두 나가자 그녀는 다시 시댁으로 돌아왔다. 그런데 중공군의 참전으로 남편이 또 피신을 하게 되었고, 그녀는 시댁 남자들이 피난을 간다고 하니까, 같이 따라나서서 흥교면 조강나루터까지 갔다. 그러나 그녀는 남하를 시도하다가 실패하고 다시 시댁으로 돌아왔다. 그녀는 그 후에 남편이 강화에서 데리러 와서 피난을 갈 수 있었다.

4) 1951년 3월-10월 사이

이 시기에 남하를 한 개성, 개풍, 장단 사람들은 1.4후퇴 때 피난을 가지 못했거나 가려고 했으나 실패하고 다시 고향으로 돌아온 경우다. 이들이 이 시기 동안 고향에 머무를 수 있었던 것은 낮에는 국군이 이 지역을 점령하고 밤에는 북한군과 중공군이 점령을 하는 불안정한 공백기였기 때문이었다. 피난을 갈 곳도 마땅치 않은 상황이고 고향이 38이남이었기 때문에 휴전이 된다 해도 남한 땅이 될 것이라는 것을 믿어 의심치 않았기 때문에 이들은 고향에 그대로 남아있었던 것이다. 그러나 이 지역에서 국군의 점령이 불확실해지자 국군들이 퇴각을 종용했고, 다시 국군이 들어올 때까지 잠시 피난을 하기 위하여 그때까지 고향에 있었던 사람들이 마지막 피난을 떠나게 되었다. 피난의 경로는 임진강이나 사천냇강을 건너서 파주로 가거나 배를 타고 한강을 건너서 강화로 남하하는 것이었다.

(1) 임진강(+사천냇강)을 건너서 파주로 마지막 남하
개풍군 봉동면 진봉국민학교 6학년이었던 곽종섭은 한국전쟁이 나자 1차 피난을 갔다가 수복이 되어 다시 고향으로 돌아와 있었다.

면담자 : 외할아버지가… 외가집이 그럼 개성이었어요?

곽종섭 : 네, 외가집… 개성 살으셨는데… 그 저거였어. 한의사였어. 한의사. 침을… 침놓고 그러시는 할아버진데… 그때 당시만 해도 이 말을 타고 다니셨어. 그때 말 타고 다니면 굉장했었어요. 말 타고. 근데 그 날 일요일인데 말을 타고서 우리 집에 오셨더라고. 그래서 인제 우리 할아버지가 [내가] 아들이다 그러니까 귀엽다고 그 말을 태워가지고 들판에 나가서 놀았어. 근데 사람들이 막- 밀려오더라고. 그래 뭔가 하고서 갔더니 피난을 간대. 왜 피난을 가냐 그러니까 난리가 났대. 난리가 뭔지도 몰랐어. 그때 나도. "난리가 뭐예요." 뭐 인민군들이 왔대. 그래서 나도 집으로 왔지. 우리 어머니 아버지한테 "아니 인민군들이 왔대, 난리가 났대." 그 나와 보니까 사람들이 새-까맣게 밀려오는데 정신이 없더라고. 근데 뭐 그 사람들… 지나가면 또 그 깃발 들고… 그게 뭐냐고 그러니까 인민군들이라고 그러더라고. 근데 뭐 그때 당시에 피난 갈 새도 없지. 그 사람[인민군]들이 앞서 가는데 뭐… (**면담자** : 그렇네요) 그래서 육이오(6.25)때 그때 나오지도 못했다고요.

면담자 : 그렇죠. 다 그렇죠. 거기 개성이나…

곽종섭 : 그래서 그때 당시엔 못 나오고 그 사람들[인민군] 지나간 후에 저 파주로… 피난을 나오게 됐지.

면담자 : 아… 일찍 나오셨구나.

곽종섭 : 어… 피난 나와 가지고 나와서 거기 있다가 다시 들어갔잖아요. 일사(1.4) 후퇴…

면담자 : 북진해서…

곽종섭 : 북진해서 들어갈 때 그때 다시 또 들어 간 거야.

면담자 : 아… 그러다가 다시 또 내려오신 거예요.

곽종섭 : 네, 근데 그… 우리 그 개성… 봉동면은요, 지형상으로다가 그 사천내가 있잖아요. 거기가… 저녁에는 저놈들 땅이고, 낮에는 이쪽이고… 그 아군이 다 철수했다가 아침이면 들어와. 그러니까 아침, 저녁으로 바뀌었어요. 그 동네가. 그래서 뭐 처음에는 모르다가 나중에는 밤에는 이쪽에 와서 장… 장단에 와서 자고 아침에 들어가고 그랬어. 그 동네가 아이… 진짜 거기가 저… 혼났어요. 그 동네가.

면담자 : 네, 저도 그렇게 들었어요.

곽종섭 : 그러다 나중에 그… 한 날 갑자기 딱 막히는 바람에 못 갔는데, 그 밤에 잠 자러 나왔더니 뭐 있어. 아무것도… 옷 입은 채로 그냥 나왔다 고대로 끝나는 거죠.

면담자 : 아… 그러셨구나…

곽종섭 : 그쪽 사람들이 거의 다 그렇게 막힌 사람들이 많아요.*

---

* 2014년 3월 7일 곽종섭 1차 인터뷰 중에서.

곽종섭은 아버지와 동네 어른 및 청년들과 함께 국군 제1사단의 정보지원대가 되어 장단으로 가서 봉동으로 정찰활동을 하다가,* 어느 날 갑자기 국군이 그들을 구파발로 데려다 주어서 남하하게 되었다. 그들은 다시 파주로 갔다가 서울로 와서 정착하였다.

개풍군 중면 중농 집안의 차녀인 박선애는 한국전쟁이 나자 동생과 함께 서울로 피난 갔다가 사흘 만에 다시 고향에 와 있었다. 그녀는 1928년생이어서 당시 과년한 처녀여서 집안에서 계속 숨어있었다. 그러다가 1.4후퇴가 되자 큰올케와 함께 장단면 사천냇강을 건너서 파주로 피난을 갔다가 큰 오빠가족과 함께 서울 아현동에서 정착하였다.

박선애 : (중략) 임진강 말고 사천강이 있는데 그 앞으로 흐르는 거기에 그 인제 그 벌판이 아주 평야가 꽤 넓어요. 그 사천내강 줄기, 고랑포에서 내려오고 그러는… 그러면 그 앞에는 우리가 이제 물이 찌면은(마르면) 건너다닐 수도 있는 그 부위가 있어요. 그래서 나룻배도 있고 그러는데, 거기를 일사(1. 4)후퇴 때 이 짝도 아니고 저 짝도 아니고 저, 앞엔 이제 가면은 그 사천내강을 끼면은 아군들이 있고 우리 집이 있는 데는 중공군이 있고… 그러는 데서 우리가… 그때는 그러니까 거기는 저 지금 자주 말들하는 빨갱이래는… 그게 많-이 있었어요. 그래서 내가 나이도 차고 그러니까는 나가 다니지를 못해. 내 마음대로. 그러니까 나는 이 방공호 속에서 사는데 방공호 속에서도 또 인제 이런 가족이 이렇게 모여 있는 데가 있고 그 안에다가 또 조그맣게 해 놓고 나를 혼자 넣어놓지 인제. 오면은 나는 없는 걸로 하고 어디 뭐 누가 길을 가리켜 달라고 그래서 나갔대던지 뭐 그러는 인제 핑계를 대고 인제 안 저기하고, 가족들이 이렇게 있는데, 내가 맨날 울면서 아우 난 나가겠다고 얼마나 막 이렇게 졸르니까, 그때는 아버님이 누굴 따라 내보낼 수가 없어. 나이가 이렇게 있고 그런데 아무 때나… 그때는 한참들 뭐 거 껌둥이들 많이 와서 퍼져있고 그럴 때 나가면은 안 돼. 그러니까는 부모님이 나이 찬 처녀를 내보낼 수가 없잖아요. 그래서 며-칠 동안 이제 생각 끝에 우리 큰 올케를, (중략) 우리 아버님이 결정 내리시기를 우리 큰 올케보고, "야, 작은애는 똑같아서 못 내보네고, 니가 아무래도 선애를 데리고 나가는 게 좋겠다." 그렇게 인제 저기가 되서 결정이 되서 우리 큰 올케가 오빠는 미리

---

* 전쟁 동원 부분은 제9장 휴전과 실향 참조.

나와 계시니까, 큰 오빠는… 그러니까 인제 그 올케가… 나는 우리 조카딸이 지금 광명에 있는데 걔가 두, 한 살 때 한 살 돌, 돌이 채 안되고 동짓달에 내가 나왔어요. 그 겨울에 걔를 업고 엄마 옷을 입고 막 수건 쓰고. 우리 올케는 또 인제 뭐, 옷가지나 하고 [손으로 모양을 흉내 내며]이렇게 해서 둘둘 말아서 또 모자를 하나 쒸워 갖고 이렇게 포대기 둘러서 업고. 그렇게 일단 여기를 그 저 밤에 강 있는 데 그 둑 (손으로 설명하며)이렇게 크게 있는데. 거기를 그니까 거기서 막 총 쏘면서 난리야 그냥 막. 뭐 그러니까 우리는 그냥 얼떨결에 뭐 춥고 그런 것도 모르고 치마 입은 채로 그냥 거(그) 강을 건너갔어요. 긴너서 나가니까 고드름이 밑에 주렁주렁 달리고 막 그러는데도 일단 오빠가 이렇게 나와 계시다고 그러는데도 글루는(거기로는) 안 보내. 안 보내고 우리 셋째 큰댁이 거기 계셔서 거기 가서 계시거든. 근데 안 보내고 그 초소 산- 속에 뭐 이렇게들 지어 놓잖아요. 막 지어놓고, 초소가 있잖아요. 군인들. 그 초소를 몇 군데 거쳐서 가니깐 우리 오빠를 인제 만난 거지. 이제 제일 그때 초소 좀 저기 한데 가서. 그래서 나하고 올케하고 데려가서 우리 셋째 큰댁에 들어가니깐 거긴 역시 미리 벌써 피난을 다 가셨어요. 피난을 가셔서 뭐 와서 뒤집어 놓고 막 해 놓으니깐 옛날에는 노인네들이 미신을 많이 믿었잖아요. 그러니깐 벙거지니 뭐… 뭐 난리 났어. 그렇게 하고 그래도 베(벼)도 좀 있고 그래서 그거를 찌어 갖고 그거를 찌어 갖고 그래서 거기서 인제 며칠 쉬었죠. 쉬어 어디를 건너가야 하면은 임진강을 건너가야 돼. 그런데 그게 만만치 않은 일이거든요. 임진강을 건늘라니깐. 그래서 우리 큰 오빠가 인제 어떻게 저기 수소문을 해 갖고 임진강을 건너서 거기만 인제 또 있을 수는 없으니까 인제 서울에 또 아현동에 우리 그냥 먼-촌 친척이 있었어요. 아현동 그 굴레방 다리 있는데. 근데 그-분들이 뭘 하셨냐하면 메리야스 공장을 하셨어. 그때. 그 시절에. 그래서 거길 가서 인제 인제는 여기가 정착지라고 봐야지. 서울까지 갔으니까. (중략)*

개성상인 집안의 차녀인 최말숙은 개성고녀에 다니고 있던 중 한국전쟁이 났다. 해방 되었을 당시 그녀의 집안은 미군환영파티를 해줄 정도로 우익 집안이었다. 한국전쟁이 나자 세무서에 다녔던 큰오빠는 잡혀가고 둘째오빠도 행방불명되고 개성상업학교를 다니던 셋째 오빠는 의

---

* 2012년 6월 14일 박선애 1차 인터뷰 중에서. 이화여대 근대와 여성의 기억 아카이브 구술자료번호. yoontl-siwoo-de-01.

용군으로 끌려갔다. 오빠들이 모두 사라지자 그녀의 어머니와 나머지 가족은 1.4후퇴 때도 피난을 하지 못하고 개성에 남아있었다. 개성에 폭격이 심해서 어머니와 두 동생과 함께 용수산을 넘어 외삼촌네에 피난 가서 있는데, 1951년 6월 어느 날 외삼촌이 해병대 2명과 함께 장손을 데리러 들어와서 갑자기 그녀는 임한면 조강나루터에서 임진강을 건너서 김포로 남하하게 되었다. 그녀는 떠나기 전에 어머니도 못 만나고 남자 동생들도 데리고 오지 못하고 갑자기 남하하였고, 그것이 생이별이 되었다.

장단군 대남면 장좌리 출신의 김경태는 1940년 가족이 모두 개성 자남동으로 이주하였다. 그는 송도국민학교에 입학하였고, 3학년 때 해방이 되었다. 1950년 그가 송도중학교에 입학하자 한국전쟁이 났다. 김경태는 남쪽에 일가친척이 없기 때문에 1.4후퇴 때 피난을 가지 않고 버티다가 1951년 봄에 드디어 남하를 하였다.

면담자 : 네, 그런데 기다리고 겨울을 나고 그러고 나서 4월 달 쯤 내려오신 거잖아요.
김경태 : 그렇죠. 5월 쯤 될 거야.
면담자 : 5월쯤 됐을 때 인제…
김경태 : 근데 좀 따뜻했거든? 그러니까 4월 이니까 음력으로… 하면 한 4월 달 되겠네. 4월이나, 6월… 5월 쯤 돼, 5월.
면담자 : 그때 인제 인민군에 나오라고 본격적으로 압력이 온 거예요?
김경태 : 본격적이 아니라 자꾸 오라는 거야. 오라는 거야, 오라는 거. 이 집에. 그러니까 옆에 사람들도 갔어. 그러니까 나는 오라는 건데 우리 엄마가 어디 갔다 그러는 거지. 저기 저 조산리에 갔다고 군내면 조산리에 고모한테 갔다고 그러고서 그렇게 속인거지.
면담자 : 숨어 있었어요 그래서? (**김경태** : 그렇죠) 어디에?
김경태 : 어디 굴속에. (**면담자** : 굴 속에, 어…) 숨어있었죠, 그러다가 밤에 엄마가 가자 이래가지고선 온 거지.
면담자 : 어느 날 밤에 갑자기…
김경태 : 네, 아니 임박하니까. 날 잡으러 오기 임박하니까 밤에 인제 거기서 걸어서

인제 오는 거지.

면담자 : 걸어서 그럼 조산리까지 가신 거예요?

김경태 : 임진강 까지 왔죠.

면담자 : 임진강 그러면은 [지도를 보며]여기서 임진강이 인제 여기…

김경태 : 지금 임진강 지금 다리 있죠? 새 다리 말고, 판문점에서… 저기 돌아오지 않는 다리 있는 그쪽, 그쪽으로 보면은 임진강이 철판 다리가 있었어요, 거기가… 거기가 무슨 다리야.

면담자 : 임진강… 다리?

김경태 : 네, 임진교. 임진강 다리래면 그게 저 그 다리도 저기 뭐야, 군인들이 거기 그 다리를 나중에 폭격을 한 걸로 아는데, 근데 나는 배 타고 왔다. 여기서 수색대가 그 철갑선이라고 쇠로 만든 쇳대 나가는 게 있어요. 그게 이렇게 손을 흔드니까, 우리 어머니가 손을 흔드니까 왔어, 그래가지고서는 배가 건너 와서 우리를 태워다 주고 우리 어머니는 다시 들어갔지.

면담자 : 어머니가 그러면은 막내딸하고 막내아들은 남겨 놓고.

김경태 : 네, 남겨놓고. 그러니까 공장에서 거기 살 수 있으니까.

면담자 : 셋 만 데리고, 임진강 까지.

김경태 : 우리 동생은 어리니까 안 데려가니까, 나는 우선 급하니까. 또 그리고 누이도 자꾸 잡아가고 그러니까… 급하니까 가고, 또 시집가야 될 거 아니예요. 그땐 나이가 먹으니까. 우리 누이 저 작은 누이는 나이가 어리니까. 열 여덟살… 그때 나 열다섯이고, 열여덟이지. 세 살 위니까. 그러니까 그때는 어리니까 괜찮았는데, 우리 누이들은 다 스무 살 다 넘었으니까 인제 끌려가는거지.

면담자 : 그래서 임진강 까지 와서 철갑선으로…

김경태 : 네, 그래가지고 저 1사단으로 와가지고 1사단에서 사단에 영관장교들이 "그럼 어떻게 할거냐." 그래서 어떻하니, "우리가 어떻게 살아야 되냐," 그러니까 그러면 서울로 가라고 그래가지고 츄럭(트럭)에다가 서울 오는 츄럭이 있어, 군수물자 실고 그러는 츄럭들이 있는데 거기다 실어 놓고 빈 차가 일루 나오잖아요. 그때 그 차에다가 실어서 보내는데 여기서 내리라 그러니까 내린 데가 바로 중앙극장 있는데 을지로 입구야. (중략)*

---

* 2015년 2월 9일 김경태 1차 인터뷰 중에서.

(2) 한강을 건너서 강화로 남하

마지막 피난에서 개성사람들은 광덕면 닭머리 포구에서 배를 타고 강화로 가던지 또는 임한면 조강나루터로 가서 임진강을 건너서 파주로 피난을 갔다. 1950년 12월 말에 서울로 피난을 갔다가 다시 개성으로 역피난을 해서 돌아온 정연경은 아이들과 시누이를 데리고 개성에서 광덕면 닭머리 포구까지 걸어가서 배를 타고 강화 철산리 산이포구로 피난을 갔다.

> **정연경** : 그리고 나서 인제 그 강화 가는 길이 낮에는 인민군들이 싹 없어져요. 그러니까 그때가 막바지죠. 전쟁 종전되는 막바지가 돼서 밤이면 이렇게 인민군들이 혹가다 해도 낮에는 하나도 없으니까, 거기도 개성서 미어서 나왔어요 강화로. 우리 친정 식구도 그때 다 나왔어요. 근데 우리 아버님이 인제 와서 먼저 친정동생들하고 엄마하고 데리고 가시고 그때 미쳐서[맞춰서] "나 지금 개성으로 식구들 데리러 가니까 너도 강화로 가서 너희 저 아무개하고 어멈하고 데리고 나와라". 우리 아버지가 우리 남편한테 얘기를 해 가지고, 이 사람이 강화로 와서 그러니까 그 금가락지 있던 걸 팔아가지고, 사람을 사서 우리 집에다 보냈어요. 개성에다 나오라고 강화로. 그때 인제 시어머님하고 시아버님이 가서 애들 다, 애들이 작년 겨울에 나갔잖아요. 그러니까 가서 보고 온다고 날 데리고 따라 나오셨어요. 그래서 여기[남한] 나와서 돌아가셨죠. 여기서 사시다가, 못 돌아가시고. 그런데 그 강화로 뱃전에 도착하니까 아버지가 저희 아버지가 나와 있더라고요. 그 인제 그러니까는 이 개성하고 강화하고 이렇게 배를 타고 요거 나룻배 같은 걸 타고 왔다갔다 조그만 배에요. 사람 대여섯 명만큼. 그걸 타고 여길 왔다 갔다 하는데, 그때 국군들이 낮에는 여기 강화에서 여기[개성] 건너와서 낮에는 있었고 저기 밤에는 이리 강화로 도로 갔대요. (중략)*

개성 명덕여고를 다니던 김정숙은 1.4후퇴 때 피난을 가지 않고 있었다. 그런데 국군이 와서 피난을 가지 않았다고 사상검증을 하여 좌익이 아니라는 증명서를 받고 있다가 1951년 3월에 국군이 개성에서 후퇴하

---

* 2010년 10월 26일 정연경 2차 인터뷰 중에서. 국사편찬위원회 구술자료번호. OH_10_019_000_06.

자 아버지와 여동생과 함께 강화로 피난을 와 있었다. 그런데 그녀는 개성에 남아있던 어머니와 남동생을 구하기 위하여 배를 타고 몰래 개성으로 들어갔다.

김정숙 : 응. 장사꾼 배는요, 일주일에 몇 번씩 왔다 갔다 하는데. 나 같은 거 왜 데려가. (**면담자** : 그렇죠) 지네가. 그런 거 하면 지네 장사도 뺏기는데. 도강증이 있어야 돼. 그래 ○○○ 선생님이 "나 너 만약에 도강증 주면 너 죽고 그러면 나 책임 못 진다." 선생님한테 하-- "나 책임지게 안 해. 난 죽어도 엄마 옆에서 죽고 싶어." 음-- 그랬더니 ○○○ 선생님이. 내가 공부를 좀 잘 했나봐. 끊어줬어요. (**면담자** : 아-- 그렇구나) 그래서 그것이 강화에서 그 출발지의 이름은 잊어버렸는데 개성의 닭머리로 가.

면담자 : 개성의 어디요?

김정숙 : 닭머리라는 지점으로. 그것이 새벽 세시에 떠납디다. 근데 한 삼십(30)분이면 가요. 그 저 배로. (**면담자** : 그럼요, 가까우니까) 가까우니까. 세시에 캄캄한 밤에 떠나는데 그 당시에는 '어후. 괜히 탔다. 죽을지도 살지도 모르는 이 길을 내가 왜 택했지?' 그리고 그 순간 후회됩디다. '괜히 탔네.' 그래가지고 그 뭐 아줌마들이래. 다 장사꾼들이. 아줌마들이 딸 같으니까 이뻐하고 그냥. 이유, "엄마 그래 엄마 모시러 가라." 그리고 태워줬는데 딱 닭머리에 도착하니까 지네는 개성을 안 들어간대 그 날.

면담자 : 아, 위험하니까.

김정숙 : 교전이 있대. 국군하고 인민군의 교전이 있대. 그러니까 걔네는 소스(source, 정보)를 잘 알더라고. 그쵸, 그 장사꾼이니까. "학생 어떡할거야?" 그래 날 보고. "나는 오늘 가야지요." 그리고 가야죠. 그러면서도 머리 속에 너는 피난 나왔다 들어왔어. 그리고 여기서 내가 신고대상이 되면 진짜, 거기 피난 나갔다 들어오면 진짜 국군에 잡히는 것보다도 더 죽지요. 그 당시에는. "나는 오늘 엄마한테 가야겠네요." 그래가지고 그럼 학생 마음대로 하래. 그래서 한 다섯 시 되니까 약간 그 당시에, 조금 훤하더라. 그래서 나갔더니 벌써 그때 밭에서 일하는 아줌마들이 있어. 그래서 여기서 들어갈 때에 몸빼에다가 적삼입고 그냥 학생 아니지--시골 처녀. 쌀 한 됫박을 이고 들어갔어. 물물교환해서 쌀을 한 됫박 먹기 위해서 헌 거 같이. 그래서 그거를 요렇게 보따리에다 들고 가면서 내가 그 소리 지른 게 뭐라 그러냐면 "아주머니, 아주머니. 나요, 저 개성 서울역 쪽에 사는데 뭐, 여하튼간 이 동네가 조금 후하다 그래서 쌀을 바꾸러 이 물물교환을 하러 나왔더니 인심도 그렇게 좋지도 않으

면서 그냥 길만 잊어버렸어." 그래서 "얼로 가야 돼요?" 그랬더니 "아이고-- 뭐 이 똑 같지 뭐 땜에 이 동네까지 왔어", 그러면서 길을 가르켜줬는데 그냥 마냥 가래. 마냥 가는데 그때는 몰랐어요. 그게 교전이라는 것을. 남들이 나중에 그게 교전이었다 그러대? 이렇게 걸어가면은 팽-- 소리가 나면서 땅이 폭! 먼지가 나. 또 한참 가면 팽 그러고 뭐. 그것이 총알이 날아와서 땅에 파묻힌 거래.

면담자 : 어유-- 근데 걸어가셨어요?

김정숙 : 그러니까 그땐 모르니까. (**면담자** : 하하하) 그리고 난 갈 길이 없잖아. 엄마한테 가야만 되잖아. 그래가지고 어, 그게 산도 잊어버렸다. 그 개성, 개성역 뒤에 산이 있는데 그 산은 우리가 소풍도 나왔던 산인데 학교 때. 그 산머리가 보이는데 그때는 벌써 훤하게 밝았죠. 그만큼. 몇 십리 걸었으니까 그러니까 애들이, 나보다 어린 아이도 있고. 나물을 캐더라? 그래서 그 옆으로 이렇게 가가지고 "야, 나무를 캐네? 봄나물이 벌써 이렇게 자랐네." 그러면서 뭐라 그랬냐 하면은 "야, 나는 저 개성역 저 뒤로 가야 되는데 얼로 가야 가깝니?" 그랬더니 "저요, 산에서요. 다-- 조사해요. 거기 가시기 힘들걸요? 이런 동정 같은 거 다 뜯어가지고요 도민증 있나 보구요, 굉장히 조사가 심해요." 그래. 그러면 난 또 걸렸잖아. 도민증 돌돌 말아서 이 몸, 몸뻬 입었는데 몸뻬 고무줄 사이에다 넣고, 돈 조금 장만해가지고 가져, 엄마 아버지한테 아버지보다도 엄마하고 동생 데려오죠. 그래서 몸뻬 진짜 거기에다 돈 몇 만원을 집어 넣었었어. 구해가지고. 그랬는데 뭐 들키면 난 죽죠, 그 자리에서 그래 걔네들하고 나물을 한 한 몇 십분 했어. 그리고 암만해도 죽어야 돼. 이 길이면. 이래도 죽고 저래도 너는 여기서 살수 없잖니. 갔지요-- 용기를 내서 그냥. (중략)그래가지고 갔어요. 그랬더니 하나님 감사합니다. 어쩌면 사람이 없어. 초소에 점심 먹으러 갔는지. 그러니까 부모를 구하는 길은 하늘이 돕나 보다. 내가 그때 느꼈어. 없어, 아무도. 난 그냥 그냥 내려갔어. 내려갔는데 아버지 친구가 길에서 하나 만났어. "넌 아침 일찍 어디 갔다 와? 정숙아." 그러는데 너무 그 사람도 무서워 나는. 그래서 살라 그래요. 그리고 그냥 뛰어 막-- 우리 집 쪽으로 간 거야. 그래가지고 그냥 우리 집을 가서 대문을 들어서도 우리 엄마 난 줄을 몰라. 내가 이 이거 적삼 입고 몸빼 입고 이 타월 하나를 이렇게 연속극같이 이렇게 뒤집어 썼으니까. 그리고 쌀 가지고 들어가. "엄마!" 우리 엄마는요 누워서 아프고 나름. 나를 몰라. "엄마--" 그리고 울었지. 그랬더니 우리 엄마는 딸 둘이 가서 소식이 없잖아 몇 달씩. 일주일 만에 온대든 게. 그리고 우리 엄마 학질이 걸렸어. 학질이 걸려서 이불이 퐁 젖고 곰팡이가 났어. 오(5)학년짜리 내 동생이 죽 끓여다 맥인 거야. 그러니까 완전-- 엄마는 영양실조. 그냥 죽지 못해 둘이서 살고 있더라. "엄마, 내가 돈도 가져왔어. 엄마 나가." 엄마하고 내 동생

이 이름이 OO이야. "엄마 OO이하고 같이 나가. 엄마 나 돈도 있어. 엄마 여기서 죽을 순 없잖아." 그리고 했더니, "그래!" 그리고 어 뻘떡 일어나. 뻘떡 일어나서 루쿠사쿠 (륙샥, 등백) 짊어졌던 거 다 있잖아. 임진강 나갔던 거. 거기다가… 그래도 조금 잘 살았는지 삼이, 인삼이 있더라. 그런 거는. 우리 들어오면은 살려고 그런 건 안 먹고 그냥 있는 쌀하고 감자 그런 것만 먹었겠죠. 몇 달 동안. 그래서 그 돈 되는 거를 또 들고, 또 그 이렇게 암암리에 이렇게 수소문하면 그 강화로 피난 나올 사람들이 몇 명이 있더라? 길 잘 아는 사람이. 그래서 그 산으로 어떻게 해서 해가지고 오는데 우리 어머니는 몇 발짝 걷다가는 스톱(stop). 주저앉아. 기운이 없으니까. 그러면 내가 "엄마! 죽을 순 없잖아, 엄마 피난 나가야지. 아버지한테 가야지." 그랬더니 "그럼!" 그리고 일어나가지고 가, 온 것이 닭, 닭머리까지 오니까 국군들이 지키고 있다.
면담자: 야-- 근데 운이 진짜 좋으셨다.
김정숙: 국군들이 지키면서 뭐라 그러냐면 이 보따리 뒤지래 다. 국군들도 그 당시에는 뭐 그냥 다 뺏어요. 그래도 하늘이 돕는 사람은 돕는다는 걸 내가 그때 알았어. 십(열십 +)자 병 이렇게 든 위생병이 이 보따리는 아까 다 조사했어. 그냥 통과시켜 그러더라고. 그래서 그 당시에는 우리 엄마가 타월 몇 장을 가져 나온 좋은 거가 있었나 보지. 그걸 주더라고. 고마웠다고. 그리고 강화에 나왔어요.*

개풍사람들도 강화가 가까운 상도면, 광덕면, 대성면, 흥교면 사람들은 한강을 건너 강화로 피난을 갔으나, 임진강이 가까운 임한면, 중면, 봉동면 사람들은 사천냇강과 임진강을 건너서 피난을 갔다. 개풍군 광덕면 면서기에게 시집온 김경선도 배를 타고 강화로 피난하였다.

김경선: 일사(1.4)후퇴 되니까 그 할아버지가 또 나간다는 거지. 나간다고 그냥 그래서. 아, 나도 나도 이번엔 따라간다고. 따라간다고 그냥 그러니깐 그때는 이제 저, 그러면 돈을 나 주면서 이 돈 가지고 있다가 누가 강화 건너오게 되면 강화로 건너오라고. 강화 건너오면 괜찮다고. 그러구서 돈을 얼만가 줬어. 그래서 그 돈을 진짜 그렇게 돈을 애껴(아껴) 쓰면서 꼭 쥐고선 있었드랬지. 있다가 인제 그래도 누가 가재는, 강화 건너 간대는 사람이 누가 그때 서로 살라고 그러는데 누가 가자 그러나? 하

---

* 2013년 3월 5일 김정숙 1차 인터뷰 중에서. 이화여대 근대와 여성의 기억 아카이브 구술자료번호. yoontl-kslee-de-01.

하 그래가지고 안 그래도 그냥 친정에 가서 이게 우리 시아주버님은 나, 빨갱이들이 붙잡아 갈까봐. 친정에 가서 있으라 그래가지고, 또 우리 집에 가서 있다가, 우리 집에 가서 있어도 누가 여기 강화 건너가재는 사람은 없잖아. 강화 건너와야만 한다고 돈을 주고 갔는데. 근데 이제 그, 친정에 가서 그냥 있다가 내가 아유-- 암만 해도 안 되겠어. 그래가지고 시집으로 도로 왔지. 도로 와가지고 인제 저거 해요. 도로 와가지고 그 아랫말(아랫마을) 사람이 누가 강화 간, 강화 간다고 그래요. 그래서, 그러면 나도 좀 데리고 가라고. 누가 데리고 가. 서로 저희, 저희 식구들 데리고 나가지 못해 애쓰는데. 안 데리고 가. 그래서 집에 그냥 있었지. 시집에. "에이 그까짓 그거." 그, 그때도 그냥 나 답한거야 내가. "에이, 그까짓 거 뭐 죽으면 죽고 살면 살지 뭐." 그러고서 그냥 시집에 가서 가만있으니까, 이 저, 남편이 나 데릴러(데리러) 들어왔어.

면담자 : 오-- 그러셨구나.

(중략)

김경선 : 그래가지고서 시집가서 있는데, 남편이 이제 나 또 데릴러 들어왔어. 강화서. 그래가지고 하하하. 강화서 거기서 거길 왔는데, 와가지고 날 데리고 갈려고 그러는데. 그 거기에 피난민들이 그 집에 많아-- 아주, 많아 가지고 서로 누구라, 누구 뭐고 탈 수가 없어 배가. 사람이 많이 타니까.

면담자 : 그 포구에서? (**김경선** : 응) 아--

김경선 : 한강, 한강인데. (**면담자** : 한강?) 그래가지고 거기서 인제 그 저기지. 거기서 있다가 남자들만, 면서기들 뭐, 남자들만 다 타고 나가고. 다른 사람들은 다 남았지. 여자들은 못 나갔으니까. 그래 이서기네라고 있었어. 우리 같이 있었는데 그 사람네도 그 여잔 못 타고 남자만 나가고. 그래가지고 있다가 나를 우리 할아버지가 돈을 이렇게 주면서, 돈을 어떻든지 가지고 있어야 한다고. 거기서도 또 돈을 줘요. 그래가지고 그 돈을 어디다 넣었냐면, 이 여기다 [손으로 가리키며] 주민등록. 여기선 주민등록이지 그때는… (**이웃 할머니** : 도민증) 도민증. 그거를 이 저고리 여기를 뜯고서 돈하고 그거하고 넣어서 치금했어(꼬맸어). 하하하. 그래가지고 아유-- 겨울에 입던 저고리를 거기선 옷은 못 갈아입었으니까. 못 갈아입게, 우리 시아주버니가 이 새카--맣게 입어야지. 새카--맣고 몸빼 입고 그래야지, 늙은이 행세를 해야 하니까. 수건 쓰고. 그렇게 하고 이제, 남편이 거기서도 돈을 또 주면서, 새벽에 배가 들어올 테니까 그거 타고 오라고. 넌지시 얘길 해. 그러는데 이제 그 타를, 배를 타는데 그 왜 쪼끄만 거. 그런 거 있잖아, 애들 타고 다니는 거. (**면담자** : 네, 네) 그걸 날 태우러 들어온 거예요.

면담자 : 아, 나룻배 같은 거? **(김경선** : 네) 음--

김경선 : 그게 그걸 타고 이제 이 강물이 아주 맑애. 다 들여다보여. 그거 타니까. 그 거 타고서 강화 건너왔지. 강화 건너오니까. 하유-- 와-- 군인들이 난리지-- "어디서 왔냐"고. 그냥. "어디서 왔냐"고. 저 "주민등록 보자"고 막 지랄들을. 그래가지고 그, 몇 군데를 갔지? 두 군데, 세 군데 갔드랬나봐. 그 군인들한테. "어디서 왔냐"고. "어 디서 왔냐"고. 그냥 그러니깐 누구 댈 수가 있어? "남편 이름 뭐냐" 뭐, 별거 다 묻는 데. 그래서 남편은 이제 이름 대고. 저기 산이포 거기에 면서기들이 있는데 거기 와 있다고. 그러니까 글루로(그곳으로) 전화하고 지랄들을 하더니 보내주더라고.*

3. 남하 유형

개성, 개풍, 장단 실향민들의 남하 유형은 혼인 여부와 가족 동반 여부로 나누어보려고 한다. 왜냐하면 상당수의 실향민들이 이산가족이 되었고, 따라서 남하 후 정착 과정에서 새로운 가족을 형성하여야 했기 때문이다. 또한 남하로 인해 실향민이 되었고, 실향민이라는 사회적 신분(social status)은 전후 혼인 결정에도 영향을 미쳤다.

1) 혼인 상태

30명의 개성, 개풍, 장단 실향민 구술자들 중 1920년대 생들은 두 명을 제외하고 모두 결혼한 상태에서 남하를 하였다. 1928년생 박선애는 약혼 상태였으나 전쟁 통에 약혼자와 혼인을 못하고 남하하였다. 1929년생 김승찬은 1946년 좌익의 봉동면 지서습격 사건으로 전쟁 전에 서울로 남하하였기 때문에 미혼인 상태였다. 1930년대 생들은 당시 모두 10대였기 때문에 미혼인 상태에서 남하하였다.

---

* 2012년 12월 3일 김경선 1차 인터뷰 중에서. 이화여대 근대와 여성의 기억 아카이브 구술자료번호. yoontl-jhlee-de-01.

2) 가족 동반

개성, 개풍, 장단 실향민 구술자들 중 전쟁이 끝나서 가족이 함께 있는 경우는 17명이고 나머지 13명은 이산가족이다. 이때 이산가족은 같이 살고 있던 부모와 자녀로 구성된 핵가족과 조부모, 부모, 자식으로 구성된 직계가족 구성원이 모두 함께 남하하지 못하여 남북으로 분리되어 있는 가족을 말한다. 이 지역 실향민들은 피난이 일시적인 것으로 생각했기 때문에, 피난이 남하가 될지 몰랐다. 그래서 대부분 가족 전체가 함께 남하하는 것은 매우 드물었다. 기혼 여성들은 대부분 시부모와 함께 살았는데, 당시 갓 결혼해서 아이가 1-2명 정도 있었기 때문에 젊은 남편과 함께 피난을 하였다. 따라서 기혼여성들이 시부모와 함께 남하하지 않은 것을 포함하면, 실제로 이산가족은 17명이 된다. 이미경, 정연경, 정선희, 김경선은 모두 혼인한 상태에서 아이 1-2명을 데리고 남편과 함께, 또는 남편은 먼저 남하하고 나중에 남하하여 온 가족이 남하할 수 있었다. 그런데 오히려 당시 결혼해서 아내와 아들 하나가 있었던 신철희는 과부인 노모를 혼자 두고 올 수 없어서 아내와 아들을 두고 작은아버지네 가족과 피난을 갔는데, 결국 고향으로 돌아갈 수 없었고, 이산가족이 되었다. 게다가 이산가족에 외가와 처가를 포함하면 거의 모든 실향민들이 이산가족이라고 볼 수 있다.

  미혼으로 남하했던 1930년대 생 구술자들은 대부분 단신 남하이거나 가족 일부만을 동반하는 경우가 많았다. 그런데 장단 지주집안 출신 구술자들, 윤정희, 조철욱, 조미선, 조옥경은 한국전쟁 전에 남하했기 때문에 가족이 모두 함께 남하하였다. 또한 개풍군 출신의 신현제는 아버지인 제헌국회의원 신광균을 따라 1948년에 서울로 이주하여 양정중학교에 다니다가, 1.4후퇴 때 부산으로 온 가족이 피난을 갔다. 개성상인 집안의 장남 김민석도 한국전쟁 전에 가족이 서울로 이주하여 배재중학교에 진학하고 있었기 때문에 이산가족이 되지 않았다.

  한국전쟁 중에 예외적으로 가족 전체가 남하한 경우는 개성토박이인 김수학, 김정숙, 김영선이 있다. 김수학은 중공군의 참전 소식을 듣고는 11월 말에 서울로 온 가족이 피난을 떠났다. 김정숙도 1951년 초에 아버지와 여동생과 함께 강화로 피난을 왔다가 다시 개성으로 돌아가서 어머니와 여동생을 데려와서 이산가족이 되지 않았다. 김영선도 1.4후퇴 때 작은올케언니인 정연경과 함께 서울로 피난을 왔다가 다시 역피난길을 떠나 개성으로 돌아갔다. 그런데 작은 오빠가 강화로부터 사람을 보내서 부모님과 함께 모두 강화로 나올 수 있었다.

3) 가족 일부 동반

가족 일부만을 동반하여 남하하는 경우는 중공군의 참전으로 군대에 동원될 가능성이 높은 젊은 남자들이 먼저 피난을 간 경우다. 전쟁에 동원이 될 수 있는 아버지와 아들이 가장 먼저 함께 피난을 떠났고, 그 다음으로는 전쟁의 폭력에 노출이 될 수 있는 젊은 여성들도 피난을 떠났다. 그래서 고향집에는 노부모, 젊은 며느리와 어린아이들이 남아있게 되었다. 개풍군 봉동면 출신의 곽종섭은 아버지와 함께 1차 피난을 갔다가 다시 고향으로 돌아왔고, 1.4후퇴 때에는 장단에 가서 머물면서 낮에는 봉동면으로 가서 국군 제1사단의 정찰을 지원하였다. 그러다가 국군이 민간인을 철수시키면서 경기도 구파발로 데려다주었다. 그래서 그는 아버지와 단 둘이 남하했고, 아버지는 전쟁이 끝나고 재혼했다.

개풍군 대성면 출신의 신철규는 1.4후퇴 때 홀로 서울 돈암동의 이모집으로 피난을 갔다가 제2국민병으로 군대에 입대하여서 단신 남하한 경우다. 그렇지만 그의 아버지는 따로 피난을 나왔기 때문에 결과적으로는 부자가 남하한 것이 되었다. 그의 아버지는 전후에 재혼하였다.

장단군 대담면의 김경태는 가족이 일제 말 개성으로 이주하여 살고 있다가 한국전쟁을 겪었다. 1.4후퇴가 되자 북한군이 다시 개성에 와서 자꾸 그를 의용군으로 데려가려고 하였다. 그래서 그는 큰 누이들과 함께 임진강가에서 국군 수색 철갑선에 발견되어 파주에 왔는데 국군 제1

사단에서 서울 을지로 2가에 데려다 주었다. 이렇게 부모를 동반하지 않고, 형제들만이 남하하는 경우도 있었다.

개풍군 중면의 박선애도 중공군 점령 후에 큰 오빠네 가족과 함께 사천내강을 통해 남하하였다. 그녀는 파주를 경유하여 서울 아현동에서 큰 오빠 가족과 정착하게 되었다. 따라서 그녀의 부모는 모두 개풍군에 있고 남매만이 남하한 경우로 볼 수 있다.

4) 단신 남하

1930년대 생 남성들은 대다수가 단신 남하를 하였다. 1920년대 생인 개풍군 봉동면 출신의 김승찬은 1946년에 좌익 테러 때문에 홀로 서울 왕십리 이모댁으로 남하하였다가 한국전쟁이 나자 군대에 입대하였다. 개풍군 대성면 출신 이병석과 신철규, 광덕면 출신 윤철환도 모두 1.4후퇴 시 군대에 입대하면서 남하하였다. 장단군 소남면 출신 신채오는 북한 의용군으로 끌려갔다가 거제도 포로수용소에서 풀려나서 남하한 경우다. 장단군 군내면 출신의 박석중도 1.4 후퇴 시 제2국민병으로 군대에 입대하면서 남하하였다. 이 남성들은 윤철환을 제외하고 모두 군대에 입대한 것이 계기가 되어 직업군인이 되었다.

반면 1930년대 생 여성들 중 단신 남하는 단 두 명뿐이다. 개성토박이 이혜숙은 중공군의 참전 소식이 있자, 부모님이 행방불명된 오빠처럼 될까봐 외딸을 친척과 함께 서울 안암동 남동생집으로 보냈다. 그녀는 서울 안암동 외삼촌네를 찾아갔으나 피난을 간 상태여서 그로부터 10달 동안의 피난길을 거쳐서 대구에 있는 외삼촌네를 혼자 찾아갔다. 또 한 명의 개성토박이 최말숙은 오빠들이 전쟁 통에 행방불명된 상황에서 피난을 가지 못하고 있다가 외삼촌이 개성에 들어왔을 때 홀로 외삼촌과 함께 남하하게 되었다.

4. 남하 경로

개성, 개풍, 장단 실향민 구술자들의 남하 경로는 매우 다양하다. 그러나 크게 육로를 통한 남하와 임진강과 사천냇강을 통한 남하, 그리고 한강을 통한 남하로 나누어 볼 수 있다. 남하 경로의 선택은 시기별로 한국전쟁 이전, 수복 후 중공군의 참전 시기, 서울 재탈환 시기별로 달라졌다. 개성토박이 김수학 가족은 1950년 11월 말에 트럭을 타고 서울로 남하하였는데, 다음은 그가 들은 실향민들의 남하 경로에 대한 설명이다.

> **김수학** : (중략) 그때 그때 이제 나올 때 다들 어떻게 나왔냐하면 우리처럼 버스, 아니 트럭타고 나오거나 또 이제 일부 걸어 나오거나, 그렇게 나온 사람들이 있었고. 또 그때만 해도 다급할 적이 아니니까. 우리 아버지가 나올 때는 조금 다급했지. 트럭 없을 때니까. 나와 가지고는 기차타고 무개차 타고 오는 사람도 많대요. 무개차. 무개차도 오고 또 일부는 영정포로 해 가지고 배 타고 강화도로 오는 사람들. 그런 세 가지 네 가지 코스가 있었대 난 그때 얘길 들으니까 그때 넘어오는데 어떤 사람이 개성서 다 내려왔느냐. 북한에서 살면 못살겠다는 걸 다 알았잖아요. 다 말해주는데 노인들, 노인들, 개성 사람들이 살림이 많으니까, 야 우린 못나가겠다. 너희들만 나가라. 그때 치면은 60만 넘으면 노인 아냐. 나는 지금 80이 다 되도록 이러고 있지만 옛날에 60만 넘으면 다 노인 아니에요. 야, 우리 살면 얼마나 살겠느냐. 여 있겠다. 또 그러십니까(또 그러세요) 동생 열대여섯 살 먹은 애만 나오고 고 아래 그때는 왜 그랬냐면 다 그 누구나 다 그런 생각. 그 보통 보름 뒤면 돌아와. 어떤 사람은 야 한 달이면 충분해. 다들 머릿속에 얘기가, 말은 그래 길어야 두 달 아주 길어야 야 석 달이면 충분 다 그랬거든요. 이렇게 미수복이 돼 못 들어가는 건 아무도 꿈에도 생각 못했지 왜냐면 북한이라는 게 미국 막강하잖아. 누가 휴전될 줄 알았어. 개성 뺏기는 장담은 못하니까, 아 다들 애들 다 놔두고. 나 친구들 보면 그 우리 아래. 한 그때 당시에 대, 열다섯 이상만 왔지 나머진 다 할머니 할아버지, 집에 다 있었어. 어머니랑 어머니도 다 안 나오고. 그래 우리처럼 이렇게 온 식구가 알뜰하게 나온 거는 정말 드물어요.
>
> **면담자** : 맞아요.

[사진 5] 강화도와 개풍군 사이의 남하 경로 (강화도 평화전망대 전시물)

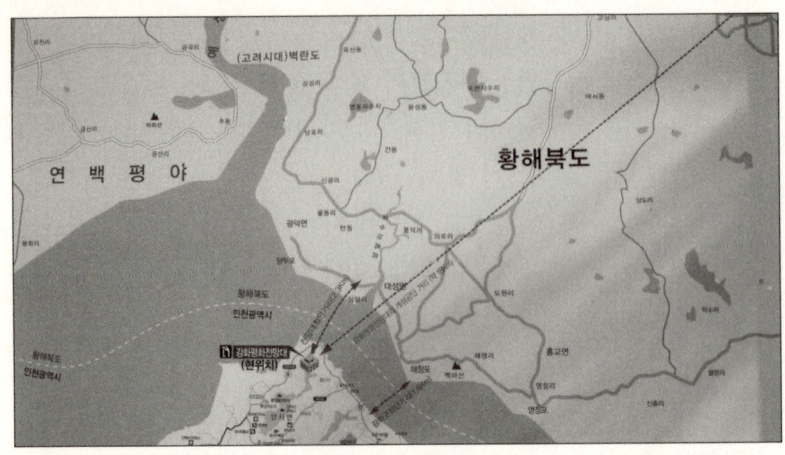

김수학 : 다 드물고. [면담자의]아버지 어떤지 모르겠는데. 아마 그, 어느 쪽이든, 다 나오긴 힘들었었다구.
면담자 : 마지막에 나오셨어요. 다 동생 다 어머니 다 못 나오셨어요.
김수학 : 못 나오셨죠? 그래 다 그렇다니까.
면담자 : 아버지, 할아버지, 딱 두 분.
김수학 : 90프로가 다. 할아버지라는 게 우리 아버지 아니야. 그때 우리 아버지 마흔두 살 때야. 우리 어머니 마흔 두 살 때고. 에, 날 스물 셋에 나셨으니깐. 그니까 다 얼마나 젊을 때야. 다 청년이지 뭐. 마흔 둘이면. 청년이지. 그때 나오신 거야. 그래가지고 그때는 다 못 나올 사람들 못 나오고. 또 나와 봤자 갈 데가 없는 사람. 가난한 사람. 장사하는. 그런 사람들은 야 우리가, 인민군 잡혀갈 정도가 아니라면 다 안 나왔다구. 그 나가서 무얼 하냐. 내 친구 OO이 아버지 나 어릴 때 밤낮 놀던 집 있잖아요. 그 집 아버지는 대전까지 나오셨다가 대전서 우리 뵈었어. 피난 나 와가지고. 다시 들어갔어요. 나와서 갈 데도 없잖아요. 뭐 어디야 저 이 있을 때 인쇄소에 다니셨거든 식자공으로. 재산이 뭐가 있으셔. 가져나올 수도 뭐, 다시 들어가셨다구. 그런 분은 이해가 가잖아요. 어디 갈 데가 없잖아. 그래 아들은 나왔는데 아들이 무슨 나보다 두 살 위야. 지금 여든 됐지. 그니깐 그때 못나온 사람들이 그렇게 해서, 개성의 비극이 얼마나 컸냐구. 남아있는 사람이라는 게 다 나이 많은 사람 생활이 너무 어려운 사람 이런 사람들이 남았었거든, 그러니까 아주 그냥 비극 중의 비극. 차라리 북

한(이북)이면 또 나아. 옛날에 있다 나왔잖아. 여긴 갑자기 갇혔으니까 자유(自由) 딱 5년 있다가 갇혔으니까. 뭐 비극 중의 비극이죠. (중략)*

1) 육로

육로를 통해서 남하하는 경우는 대부분 한국전쟁 이전에 남하한 실향민들이고 모두 가족을 동반한 경우다. 이들은 대부분 개성역, 봉동역, 장단역에서 경의선을 타고 서울로 이주했다. 장단군의 지주 집안인 윤정희, 조미선, 조옥경도 모두 기차를 타고 가족 전체가 서울로 남하하였다. 개풍군 상도면 출신 제헌국회의원 신광규의 아들 신현제와 서울에서 중학교 진학을 했던 개성 출신 김민석도 기차를 타고 가족이 모두 서울로 이주하였다. 장단군 장도면의 조철욱은 고향 오음리에서 고랑포까지 걸어가서 임진강을 건너서 트럭을 타고 큰형이 교사로 있는 일산으로 이주하였다.

한국전쟁 중에 육로를 통하여 남하한 사람들은 1차 피난을 갔다가 돌아온 사람들이다. 개성, 개풍, 장단사람들 중 북한군이 고향을 점령하고 나서 1차 피난을 떠난 사람들도 대부분 걸어서 서울까지 피난을 떠났다가 다시 돌아왔다. 장단군 군내면의 박석중, 개풍군 봉동면의 곽종섭, 개성 출신의 김수학은 모두 전쟁이 나자 피난민들을 따라 서울로 걸어서 피난을 갔으나 이미 한강다리는 끊어져 있었고, 북한군의 치하였기 때문에 다시 고향으로 돌아갔다. 개풍군 대성면의 신철희도 걸어서 인천으로 가서 배를 타고 서산으로 1차 피난을 갔다가 수복 후 고향으로 돌아왔다. 그런데 김수학은 중공군의 참전 소식을 듣고 11월 말에 가족이 모두 트럭을 타고 서울 충정로 집으로 피난을 떠났다.

---

* 2009년 4월 22일 김수학 4차 인터뷰 중에서. 국사편찬위원회 구술자료번호. OH_09_017_000_06.

[사진 6] 닭머리포구 (당두포구 그림, 강화도 평화전망대 전시물)

2) 임진강, 사천냇강을 건너

한국전쟁 중에 개풍군 사람들과 장단군 사람들은 임진강과 사천냇강을 건너서 파주로 남하하던지, 한강을 건너서 김포나 강화로 남하할 수 있었다. 그런데 그 선택은 고향의 지리적 위치와 전쟁 상황에 따라 달랐다. 주로 사천냇강과 임진강을 이용하여 남하한 사람들은 개풍군 사람들이었다. 개풍군 중 동쪽에 위치한 중면, 봉동면 사람들은 사천냇가를 건너고 다시 임진강을 건너서 파주로 남하하였다. 개풍군 중면 출신의 박선애는 중공군이 중면을 점령하자 사천냇강과 임진강을 건너서 파주로 남하하였다. 장단군 중 군내면, 장단면, 진동면, 장남면은 모두 임진강을 경계로 하고 있어서 이 지역에서는 임진강을 건너서 파주로 남하하였다. 그런데 이 지역이 1951년 3월 이후에는 국군이 낮에는 점령하고 북한군과 중공군이 밤에 점령하는 불안정한 공백의 지역이었기 때문에 1951년 봄부터는 임진강을 건너서 남하하기는 매우 어려워진 것으로 보인다.

3) 한강을 건너

한강을 건너서 김포와 강화로 남하한 사람들은 개성사람들과 개풍군 사람들이다. 개풍군 중에서도 광덕면, 대성면, 흥교면, 임한면이 한강에 접해 있었다. 그래서 이 이 지역의 개풍군 사람들은 광덕면 닭머리 포구나 임한면 하조강리의 조강나루터를 이용하여 한강을 건넜다. 광덕면 닭머리 포구를 이용한 개풍군 사람들은 배를 타고 한강을 건너 강화로 갔고, 임한면 조강나루터를 이용한 사람들은 김포로 해서 서울로 남하했다.

개성은 개풍군으로 둘러싸여있기 때문에 남하하기 위해서는 개풍군을 거쳐 가야 했다. 개성사람들은 광덕면 닭머리 포구로 가서 배를 타고 강화도로 가던지, 흥교면 영정포구나 임한면 조강나루터에서 배를 타고 한강을 건너 김포나 파주로 남하할 수 있었다. 개성사람들에게는 개풍군 광덕면 닭머리 포구로 가서 배를 타고 강화 철산리로 가는 것이 가장 가까운 남하의 길이었다. 대개 1951년도 봄과 가을 사이에 마지막 피난을 떠난 개성사람들은 광덕면 닭머리 포구로 가서 한강을 건너 강화도로 갔다.

개성과 개풍사람들은 중공군의 참전으로 피난을 시작한 초기에는 개풍군 임한면으로 가서 한강을 건너서 남하하려고 했던 것 같다. 그런데 그 피난민의 수가 너무 많았기 때문에 일부는 도강에 실패하여 다시 고향으로 돌아갔다가 1951년 봄과 가을 사이에 개성과 개풍의 국군과 북한군의 점령 상태가 불안정하고, 상선들과 개성유격대가 활동하던 시기에는 광덕면 닭머리 포구로 가서 한강을 건너 강화로 갔던 것으로 보인다.

5. 개성, 개풍, 장단 사람들의 남하의 의미

개성, 개풍, 장단 사람들의 복잡한 남하 과정은 바로 경계에서의 삶을 보여준다. 이 지역민들은 해방 후 38선의 존재를 인식하게 되고, 38선은 일상의 한 부분이 되어 갔다. 그런데 한국전쟁이 나자 시기별로 유형별로 다양하게 남하를 하게 되었는데, 이 남하의 기준은 바로 전선(戰線)이었다. 한국전쟁의 전개는 38선에서 시작되었고, 휴전 협상 과정에서 38선에 집중하게 됨에 따라 38선 접경 지역에 살았던 개성, 개풍, 장단 사람들의 삶은 전선에 따라 이동하게 되었던 것이다. 다른 남한 지역과 달리 이 지역은 북한군의 점령, 국군의 수복 그리고 다시 북한군과 중공군의 점령, 다시 국군의 발환, 그리고 양 군대 간의 불완전한 점령이 이루어지면서 전선의 이동에 따라 이북과 이남이 되어 버렸다. 즉 북한군과 중공군이 점령했을 때는 이북이 되는 것이고 국군과 미군이 점령했을 때는 이남이 되는 것이었다. 1951년 봄부터 가을까지는 이 지역은 낮에는 국군의 점령지였고 밤에는 북한군과 중공군의 점령지가 되어 남북의 경계 자체가 모호한 곳이었다. 그리고 1951년 10월 이후부터 휴전이 될 때까지는 이 지역은 공백 상태가 되었다. 이렇게 전선에 따라 만들어진 경계는 개성, 개풍, 장단 사람들에게는 매우 인위적인 것이고 임시적인 것이었다. 개풍군 중면의 박선애는 1.4후퇴 이후에 큰 오빠 가족과 남하를 할 때 사천냇강 쪽은 국군이 임진강 쪽은 중공군이 점령하고 있어서 같은 면 내에서도 이남과 이북의 경계가 강 하나를 두고 만들어졌던 것이다.

  이렇게 인위적이고 임시적인 경계를 넘는 다는 것은 매우 위험한 일이었다. 국군이 이 지역을 수복했을 때 장단군의 박석중이 신원보증서를 장단경찰서에서 받아야 했던 것은 북한군이 점령한 곳에 살았다는 것 자체도 의심의 대상, 즉 좌익일 수 있다는 것이었다. 개성의 김정숙도 중공군이 개성을 점령했을 때 개성에서 계속 살고 있었기 때문에 국군에게 사상검증을 받아야 했고, 증명서가 필요했다. 또한 그녀가 다시 개성에 가서 어머니와 동생을 데려올 때도 도민증이 필요했다. 개풍군 상도면의 김경선도 남편을 따라 강화로 남하를 할 때 도민증이 필요했다. 그녀가 강화로 왔을 때 국군은 그녀의 신원을 의심하여 검색을 심하게 하였다. 이렇게 경계를 넘는 것은 매우 위험했다. 그런데 이 지역사람들은 전선에 의해 만들어진 경계를 계속 넘어야 했다는 것이다.

　또한 이들에게 남하는 전쟁을 피한다는 피난의 의미였다. 이들의 고향은 이미 이남에 있었기 때문에 이북오도 월남민처럼 이남으로 이주한 것이 아니라 다시 고향으로 가기 위한 임시적인 이동이었다. 그런데 휴전에 되면서 피난이 남하가 된 것이고, 이남사람들인 개성, 개풍, 장단군 사람들은 이북사람이 되어 버렸던 것이다.

제9장
휴전과 실향

 1950년 말부터 피난민들로서 생존을 위해, 상황에 의해 했던 개성, 개풍, 장단 사람들의 비자발적인 남하는 휴전으로 인해 이들을 실향민으로 만들었다. 이들이 새롭게 경험한 다양한 곳에서의 피난살이는 서울과 수도권에서의 정착을 향한 도정에 있었다. 분단으로 시작된 개성, 개풍, 장단사람들의 이산의 과정은 피난민 생활을 거쳐서 남한에서 새로운 자리 잡기, 즉 장소 만들기로 연결된다.
 1950년 10월 중공군의 참전으로 11월부터 개성, 개풍, 장단에서도 본격적인 피난이 시작되었다. 38선 바로 이남에 있었던 이 지역 사람들은 한국전쟁이 나자마자 당일로 북한인민군에게 점령당해서 피난을 갈 수도 없었고, 피난을 갔다가도 다시 돌아왔다. 중공군의 참전 소식이 11월에 날아들자 전쟁 발발 후 피난을 가지 못했거나, 피난을 갔다가 다시 돌아왔거나, 피난을 갔다가 수복 후 다시 고향으로 돌아왔던 사람들은 이제 2차 피난을 떠났고, 그 피난은 휴전과 동시에 남하가 되었다. 1951년 1월 4일 서울에서 퇴각한 유엔군과 국군은 3월 15일 서울을 다시 수복하였다. 미군 제1군단 소속 국군 제1사단은 파주군으로 진격하여 3월 24일 임진강 하류의 남한 땅을 점령하고 3월 31일에 임진강을 건너 일월봉을 점령하여 오금리 남서방 1km에서 고랑포 남동방 8km의 마지리 주저항선으로 진출하였다.[240] 3월 말에는 유엔군과 국군이 38도선을 대체로 회복하였고 4월 초순에는 38선 북쪽으로 10-20km 지점들을 연결한 임진강 하구-문산-전곡-영평천-화천저수지-남전리-한계

[그림 4] 요도1. 작전지역 (『한국전쟁전투사』 임진강전투편)

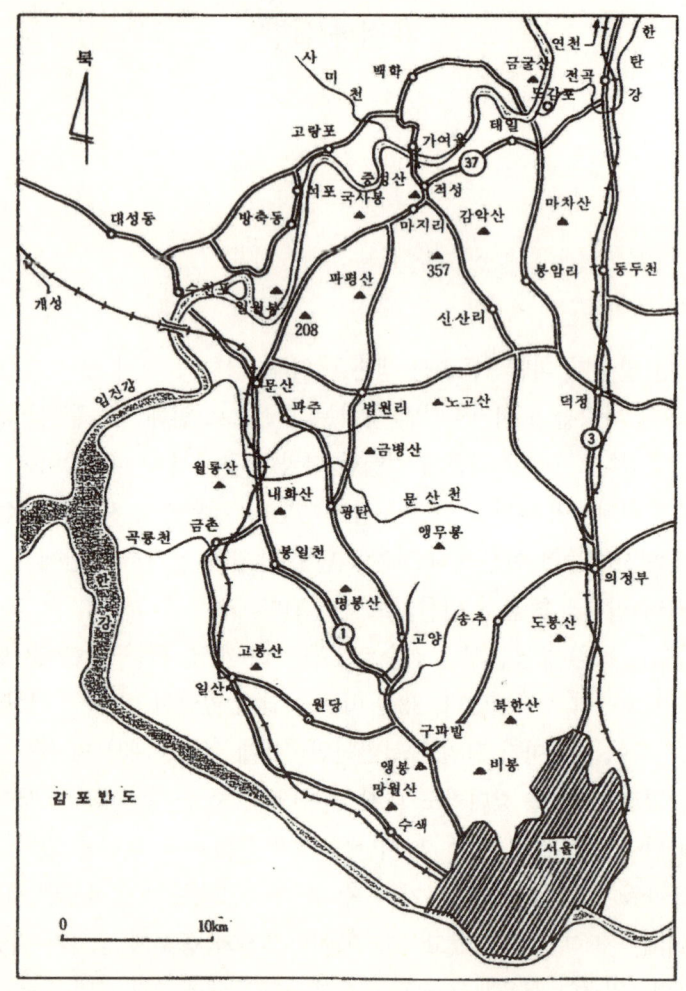

령-양양에 이르는 캔자스선을 구축하였다.241) 개성은 임진강 북쪽에 있었으므로 국군과 미군은 아직 개성을 수복시키지 못하고 있었다.242) 그러나 강화도에 주둔한 국군 제1사단 정보처에서 만든 5816부대 하 강화유격대가 개성과 개풍으로 상륙작전을 감행하여 일시적으로 개성이 국군의 점령 하에 있었지만, 끝내 수복하지는 못했다.

1951년 3월 말 미 제8군은 캔자스선으로 진출하여 전전(戰前) 상태로 거의 회귀한 전황에서 유엔군의 전략 개념에 변화가 있었다. 유엔군은 캔자스선을 점령한 후에 방어태세로 전환하여 38도선을 확보할 수 있는 캔자스선에서 전선을 고착시키려고 하였던 것이다.243) 4월 초가 되어 미 제8군사령관은 전략적 요충지대인 철의 삼각지대를 제압하기로 하고 연천-고대산-와수리-대성산-화천저수지를 연결하는 와이오밍선을 설정하여 취약한 중부전선을 보강시키려 하였다.244) 3월 말 38선 이북으로 퇴각했던 중공군은 제19병단과 제3병단이 새로 투입되어 춘공(春攻)을 준비하고 있었다.245) 4월 21일 미 제1군단과 제9군단이 와이

[그림 5] 요도10. 국군 제1사단의 배치 상황, 1951.4.20 (『한국전쟁전투사』 임진강전투편)

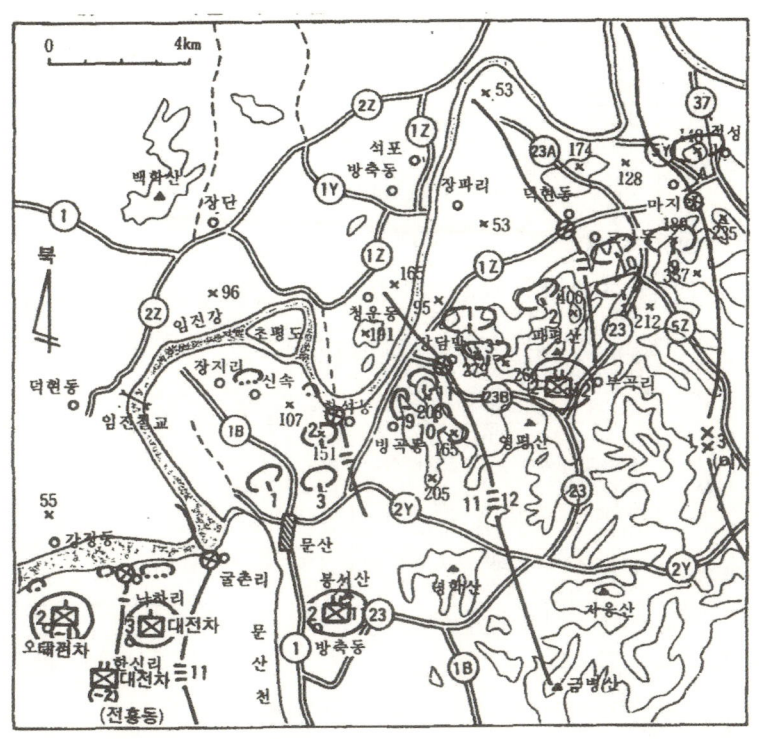

[표 10] 미수복경기도 지역에서의 한국전쟁의 전개 *

일시	한국전쟁의 전개	비고
1950년		
6월 25일	개성, 개풍 장단 지역 북한군 점령	
6월 28일	북한군 서울 점령	
9월 28일	유엔군 서울 수복	
10월 3일	개성 수복	
10월 13일	개풍, 장단 수복	『한국전쟁사』(군사편찬연구소) 제4권 제31장 414쪽 평양직격작전 부분에서 10월 8일에 개성일대 38선 지역까지 진격이 완료된 것으로 기록되어 있다.
10월 19일	중공군 참전	
12월 말	중공군 개성, 개풍, 장단 점령	
1951년		
1월 4일	중공군 서울 점령, 수원-이천-원주 선 진출	
3월 15일	유엔군 서울 재수복	
3월 18일	국군 제 1사단 5816부대 소속 강화유격대 출격	
3월 말	중공군 38선 이북으로 후퇴	미 제8군 제 1군단 내 국군 제 1사단이 일월봉 점령, 오금리 남서방 1km에서 고랑포 남동방 8km의 마지리 주저항선 진출
4월 초	유엔군이 임진강 하구-문산-전곡-영평천-화천저수지-남전리-한계령-양양 (캔자스선) 점령	
4월 9일	미 제 8군사령관이 철의 삼각지대 제압을 위해 연천-고대산-와수리-대성산-화천저수지 (와이오밍선) 설정 국군 제 1사단 제 5816부대 직속 강화유격대가 개성 기습 점령	문산 북방 지역은 국군 제 1사단이 제 11연대가 담당 사단 정찰대가 적의 정보수집
4월 17일	국군 제 1사단 정찰대가 개성 입성	
4월 21일	미 제1군단과 제 9군단이 와이오밍선 공격 중공군의 춘공 시작	국군 제 1사단은 임진강 북쪽 위력 수색 실시 중 중공군과 교전으로 철수하여 임진강 도하
4월 24일	중공군의 반격으로 국군 제 1사단 정찰대가 강화로 철수	
4월 25일	국군 제 1사단이 파주 이남의 델타선으로 철수	
5월 23일	국군 제 1 사단 제 1대대 제 1중대는 개풍군 영정포만 상륙에 성공하였으나 적의 공격으로 강화도로 철수 개풍군 해창포에 다시 상륙, 백마고지 점령했으나 적의 대병력 반격으로 철수	
6월 11일	강화유격대가 제 2차 개성 탈환작전으로 14일 개성에 입성, 15일 중공군의 공격으로 철수.	
6월 23일	강화유격대의 유격대원 구출	

* 이 표는 구술증언과 문헌 자료를 바탕으로 필자가 정리한 것이다.

오밍선에 대한 공격을 개시하였으나 중공군의 대대적인 저항으로246) 미 제1군단 소속 국군 제1사단은 임진강을 건너 후퇴할 수밖에 없었고247) 다시는 임진강 이북을 회복할 수 없었다.

38선 접경 지역인 개성, 개풍, 장단 지역에서는 1951년 4월에 중공군의 춘공이 시작되어 5월부터 10월까지 국군/유엔군과 북한군/중공군의 대대적인 접전이 있었다. 그래서 이 지역은 어느 쪽도 완전히 점령하지 못하고, 낮에는 국군이, 밤에는 북한군과 중공군이 점령하는 상황이 이루어졌다. 개성은 1950년 12월 말에 중공군에 점령되었고, 1951년 3월 말에서 10월까지는 중공군과 북한군이 완전히 점령하지도 못하고, 국군이 일시적으로 점령했지만 결코 수복하지 못한 채로 있다가 끝내 수복되지 못했다. 이 시기 동안 일부의 개성, 개풍, 장단 사람들은 유격대나 첩보대, 정찰대와 같은 형태로 전쟁에 동원되었다. 그리고 피난을 떠난 사람들은 강화, 서울, 수원에서부터 온양, 대구, 김천, 부산까지 피난을 가서 고달픈 피난살이를 했고, 그 피난살이는 고향으로의 귀환이 아니라 실향으로 끝나고 말았다.

1. 전쟁 동원

한국전쟁 중에 많은 민간인들이 다양하게 전쟁에 동원되었다. 대표적인 전쟁동원의 사례는 국민방위병사건으로 제2국민병 소집동원은 부패한 이승만 정부의 무능으로 많은 희생자를 내고 와해되었다. 또한 미군을 지원하는 소위 지게부대(A-Frame Army)라고 불린 KSC(Korean Service Corps)248)로 강제 동원되기도 하였다. 그런데 개성, 개풍, 장단사람들은 출신지역의 특수성으로 인하여 자발적으로 혹은 강제적으로 전쟁에 동원되었다. 이들은 자신들의 고향을 찾기 위하여 38선 혹은 휴전선 접경 지역에서 미군과 국군을 보조하는 정찰대 또는 유격대에 동원되었다.

1) 개성 유격대

한국전쟁 동안 다양한 민간 자생유격대들이 활동하였다. 그 중에서 강화도에서 북한군 점령시기에 만들어졌다가 중공군이 참전하자 다시 활동했던 대한정의단과 강화특공대가 있었다.249) 대한정의단은 강화도가 수복되자 치안대로 개편되었다가 자체 해체되었으나 중공군의 참전으로 1950년 12월 18일 유엔군이 후퇴할 때 다시 모여 '강희향토방위 특공대'라는 유격대를 조직하였다.250) 그런데 육군 제1사단 정보처에서 황해도 연백, 경기도 개성, 개풍 지구에 있는 적에 대한 정보 수집을 목적으로 강화도에 5816부대 직속 유격대가 편성되었다. 기존에 있었던 강화향토방위 특공대는 육군 5816부대 직속 유격대로 편제되었다. 당시 유격대원들은 강화도 반공청년들, 개성과 연백지역을 비롯하여 평안도, 황해도지역에서 강화도로 피난 온 청년들이었다.251) 이 부대에 개성사람들이 많이 참여하고 있어서 개성실향민들은 이 유격대를 '개성유격대' 혹은 '도깨비 부대'로 불렀다.252) 이 유격대는 1951년 3월에 부대 편성이 완료되었고, 7월 육군 제1사단에서 미군 제8086부대로 소속이 변경되었고, 후에는 주한극동군사령부 주한연락처(KLO, Korean Liaison Office) 소속의 울팩기지가 창설되면서 울팩 제1부대에 편입되었다.253)

강화유격대의 작전구역은 황해도 연백군, 경기도 개성시와 개풍군이었고, 주요 활동은 피난민 구출과 적진 상륙작전이었다. 다음 표는 『한국전쟁의 유격전사』에 나온 강화유격대의 활동 기록과 당시 유격대원이었던 현 개성시민회 회장 박광현이 제공한 자료에 기초하여 정리한 강화유격대의 활동 일지다.254) 박광현의 회고*는 개성을 중심으로 이루어지고 있고 유격전사 기록의 날짜와는 조금 다르지만 전체적인 유격대의 활동은 거의 일치하고 있다.

---

* 박광현이 강화유격대에서 활동하기 시작한 것은 1951년 5월 1일부터이기 때문에 그 이전의 상황은 들었거나 후에 재구성한 것으로 보인다.

[표 11] 강화유격대의 활동 일지

일시	박광현의 회고	일시	유격전사의 기록*
1951년 3월 18일	수시로 강 건너 개풍군으로 상륙하여 적의 후방을 교란시킴	3월 18일	제1차 봉화가미 상륙작전: 적지 탐지 및 난민 구출 목적, 교동 인사리 포구에서 연백군 봉화리로 상륙. 남하 중인 북한군 제8사단 정찰병력과 교전 후 철수
3월 31일	개풍군 대성면 해창리에 상륙하여 개성으로 교두보 확보	3월 24일	제2차 봉화가미 상륙작전: 연백군 온정면 해안일 대 상륙. 북한군과 교전, 생포되었던 유격대원과 난민 구출
4월 2일	개풍군 광덕면 광덕리까지 진격하여 전과를 올렸으나 다시 강화로 복귀	4월 5일	개성 탈환 기습작전: 강화 철산포를 출발하여 개풍군 남면 당두포로 기습 상륙. 북한군과 교전, 개풍군 풍덕으로 이동하여 개성으로 진격
4월 10일	개성 2차 진격 시작	4월 9일	기습 공격으로 개성 점령
4월 13일	개성 입성	4월 17일	제1사단 정찰대가 개성 입성
4월 22일	중공군의 개성 점령	4월 24일	북한군과 중공군의 반격으로 강화도로 철수
5월 3일	개풍군 영정리에 상륙하여 적의 저항에 귀환 춘계 제1차 공세에 실패하고 후퇴하던 중공군부대와의 교전		
5월 10일	주력부대는 개풍군 대성면 해창리로, 편의대는 홍교면 조랑촌으로 상륙하여 개성시로 이동, 춘계 제2차 공세를 준비하던 중공군부대과 교전	5월 23일	월포와 영정포 상륙작전 실시: 미군들이 유격대의 작전역량을 확인하여 울팩부대로 편입가능성 타진 위한 것. 제1대대 제1중대는 개풍군 영정포만 상륙에 성공하였으나 적의 공격으로 강화도로 철수 개풍군 해창포에 다시 상륙, 백마고지 점령했으나 적의 대병력 반격으로 철수
5월 20일	한강 하류 바다를 건너 개성시내로 진격하여 개성을 접수하여 주둔 중공군의 공격으로 가장 치열한 대전투 후 다시 강화로 후퇴		
6월 14일	개성에 다시 입성하였으나 하루만에 철수	6월 11일	제2차 개성 탈환작전: 산이포에서 출발해 개풍군 해창포로 상륙하여 14일 개성에 입성, 15일 중공군의 공격으로 철수. 유격대는 큰 손실 입음
		6월 23일	유격대원 구출 작전: 산이포에서 개풍군 해창포로 상륙하여 대원 수색 구출 후 귀환

[그림 6] 개성작전(1951.4) 상황도 (『한국전쟁의 유격전사』)

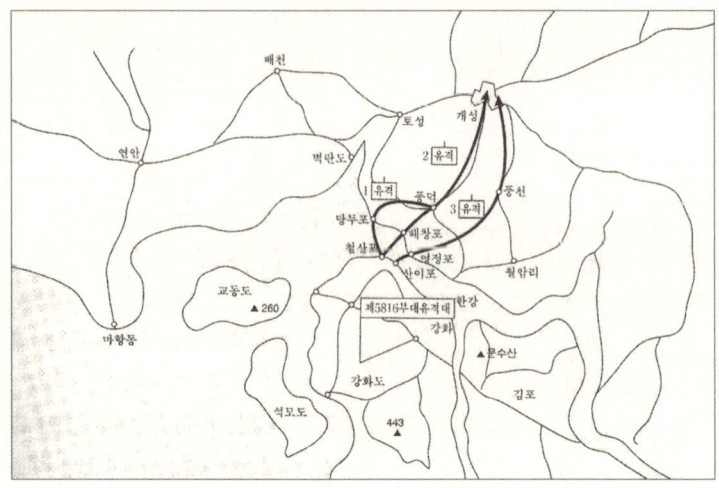

 개성 출신인 박광현은 당시 16세의 나이로 강화유격대에 지원하였다. 다음은 2010년 중앙일보와의 인터뷰 기사다.**

> 나는 아식보총(A式步銃)을 들었다. 총신이 긴 러시아제 소총이다. 그때 내 나이 16세.
> 1950년 6월 25일 민족적 비극이 시작되면서 내 고향 개성(開城)은 곧바로 북한군의 군화에 짓밟혔다. 그해 말이 되자 이번에는 수많은 중공군이 들이닥쳤다. 51년 3월 초 서울이 중공군 치하에서 벗어났고, 중공군은 북으로 쫓겨갔다. 그러나 4월 22일 다시 중공군이 내려오면서 나는 개성을 떠나야 했다.
> 어머니가 우시면서 노자를 건넬 때 뭔가 불안했다. 그러나 나는 곧 귀향한다는 믿음으로 문을 나섰다. 먼저 인천으로 갔다가 다시 강화도로 떠났다. 그곳에는 개성을 하루빨리 수복하려는 고향 사람이 많이 모여들었기 때문이었다.

---

* 군사편찬연구소, 2003, 『한국전쟁의 유격전사』, 국방부, 119-124쪽.
** "열여섯 살에 내 키만 한 '아식보총' 메고 고향 개성 되찾으러 중공군과 싸웠다" [중앙일보] 2010년 3월 3일 기사.

5월 1일 미 8군 직속 국군 5816부대에서 민간인으로 '편의대(便衣隊)'를 모집한다고 해서 자원했다. 그렇게 해서 내 손에 쥐어진 것이 아식보총이다. 그 총은 길어서 메고 다닐 때 가끔 땅에 끌렸다. 소총과 함께 방망이 수류탄, 그리고 미군이 준 MK2 세열수류탄을 받았다. 우리 부대원은 모두가 개성 또는 인접 개풍(開豊) 출신이었다. 하루 동안 무기 다루는 법과 유격전 교육을 받았다.

중공군 공세에 맞선 개성유격대가 1951년 5월 22일 후방 교란을 위해 개성에 진입한 경로.

입대 뒤 첫 출전(出戰)을 위해 우리는 강화도 동북쪽인 월곶에 모였다. 이어서 개풍군으로 침투한다는 지시를 받았다. 개성 쪽 흥교면의 조랑촌에 먼저 상륙했다. 그곳에 야영하면서 보초를 서다가 저 멀리 담뱃불이 다가오는 것을 봤다. 계속 그를 주시하던 나는 긴장감을 이기지 못해 그만 사격을 했다. 그러나 그것은 반딧불이였다. 적지(敵地)에서 실수로 총성을 내 아군의 위치를 노출시킨 끔찍한 실수였다. 곧바로 중공군이 공격을 가해 왔다. 나는 이를 피해 바다에 떠 있는 배 위로 돌아가다가 마침 불어나고 있던 바닷물에 휩쓸려 떠내려 갔으나 요행으로 살아났다. 교전 중에 옆의 동료가 죽어 넘어지는 것도 목격했다. 숨진 그를 끝까지 끌고 내려와 큰 실수 뒤 처음 상사와 부대원들로부터 격려를 받기도 했다.

꽹과리를 치고 피리를 불며 다가오는 중공군의 대부대와 맞붙었을 때 마음껏 사격을 했다. 그러나 아식보총은 단발식이었다. 총신이 과열되면서 총탄이 잘나가지 않았다. 총신에서는 기름이 지글지글 끓고 있었다. 계속된 사격으로 총이 뜨거워진 것이다. 나는 누군가 알려준 대로 급히 총신에 소변을 보았다.

5월 22일 드디어 우리는 고향인 개성에 들어섰다. 오후 4시쯤이었다. 꿈에도 그리던 집이 저 멀리 보였다. 대문을 열고 문을 들어서니 어머니는 눈물부터 흘리셨다. 어깨가 구부정하셨던 아버지는 애써 놀라지 않은 척 하시면서 반갑게 격려해 주셨다.

한창 딸기 철이었다. 전쟁 중에 어디서 장만하셨는지 딸기를 가지고 오셨다. 귀하던 설탕까지 얹어서 주셨다. 유격대 활동 등을 말씀드렸더니 아버지는 흡족해하시고, 어머니는 옆에서 그저 눈물만 흘리셨다.

한 시간 정도 앉았다가 집을 떠났다. 그것이 부모님과 마지막이 될 줄은 꿈에도 생각지 못했다. 집 대문 안쪽에 서 계셨던 부모님. 내가 본 아버님과 어머님의 마지막 모습이었다.

중공군의 공세에 부닥치면서 우리는 5월 23일 고향 개성의 모습을 멀리 바라보면서 후퇴했다. 그리고 강화로 밀려 내려온 뒤 그리운 고향 땅을 다시는 밟을 수 없었다.

아버님은 53년 돌아가시고, 어머님은 89년에 세상을 떠나셨다. 캐나다에 살고 있는 친지를 통해 부모님의 소식을 들었다. 어머님은 나중에 고향을 떠나게 되셨단다. 개성은 대한민국과 인접해 있어 '성분' 좋은 사람만 살 수 있었기 때문일 것이다. 고향을 떠나시면서 어머니는 "막내 광현이가 올 텐데, 집을 어떻게 비우느냐…"고 절규하셨다고 한다.

1951년 휴전회담이 시작되자, 강화 유격대는 축소되었고, 전투 대신에 강화와 개풍을 드나들며 피난민을 수송하였다. 이 시기에 개성, 개풍 실향민들이 마지막으로 피난을 떠나게 되었다. 또한 유격대는 개풍지역에 남겨놓은 수확한 인삼과 개성지역에 보관되어 있는 인삼씨 반출에도 도움을 주었다.255) 개성유격대는 고향인 개성을 되찾기 위하여 개성 출신 소년들의 자발적인 지원이 주가 되었지만, 강제적이고 폭력적으로 이 지역 출신 소년들이 전쟁에 동원되기도 하였다.

[사진 7] 강화도 유격대 전시 (강화도 평화전망대)

2) 미군 첩보대 지원

1950년 말부터 중공군의 개입 이후 불리했던 전세가 북위 37도선 전선에서 안정되자 미 제8군 작전참모부는 후방작전에서 북한출신을 활용할 계획을 세우고 반공유격대를 조직하려고 하였다.[256] 1951년 7월 중순 미극동군사령부 주한연락처(KLO)의 첩보활동 유격대인 제8240부대가 창설되었다. 1951년 11월 미극동군사령부는 연합정찰사령부를 설치하였으나 유명무실하였고, 12월 극동군사령부 주한연락처와 기타 업무단이 통합되어 유격대의 작전통제권은 극동부사령부의 정보참모부(G-2)로 이관되었다. 1952년 9월 유격대 증강이 계획되면서 주한연합정찰사령부는 제8242부대로 개칭되고 극동군사령부 주한연락처의 작전통제권을 인수하였다. 그러나 이 유격대는 극동사령부 주한연락처 제8240부대로 널리 알려졌다.[257]

1952년 1월 미극동군사령부 주한연락처 하 제8240부대의 유격부[258]에는 강화 교동도에 울팩기지가 생기면서 강화유격대가 합류하였다. 1952년 말에 제8240부대가 주한연합정찰사령부 하에 소속되면서 종전의 유격부가 유격대과 첩보대로 나누어지게 되었다.[259] 제8240부대 외에 개풍군 광덕면 출신의 윤철환은 강화도에서 미공군 소속의 정보부대를 지원하던 하오꾸(hawk, 매)부대에 들어가게 되었다. 윤철환은 1947년 개성사범학교(중학과정)에 진학하여 개성 남산동에서 하숙을 하고 있었다. 1950년 그는 개성사범학교 본과에 진학하고 고향 사분리에서 방학을 보내고 있을 때 한국전쟁을 만나게 되었다. 그는 1951년 10월 강화로의 뱃길이 막히기 직전에 사분리 청년 9명과 함께 강화로 피난하게 되었다. 그는 강화에서 학도의용대에 들어가 문예부장으로 활동하다가 미공군 소속의 하오꾸부대에 들어가서 첩보 정보 지도를 그리는 작업하게 되었다.

윤철환 : 하오꾸(hawk) 부대 들어갔던 얘기 안 했나?
면담자 : 아니요. 하오꾸 부대요?

윤철환: 아, 그건 그럼 요 쪼끔만… 요거… 얘기가 그거 해[지금 얘기하는 부분보다 뒷 이야기라는 의미]. 우리가 강화에 거기 와서 피난 와 있을 때… 그게… 오십(50)년 오십일(51)년에… 우리가 수복 돼서 들어갔다 나와서 오십일(51)년 시월에… (**면담자**: 오십일(51)년 시월) 강화 왔잖아요. 그거 후퇴해서 강화에 와서 그… 우리 동네서 아홉 사람 나오고 뭐 한사람들이… 다 어디 있었냐면 강화군 양사면 덕하리 양짓말이래는 데서 와 있었어요 많이. (**면담자**: 양짓말?) 응. 그리고 그… 이, 이 개성 뭐 이런 데서 나오는 사람들이 다 철산리라고 그러지만은 지금은 동네가 없어졌어. 산이포래는 포구가 있었어요.

면담자: 아, 산이포. 제가 들었어요. (**윤철환**: 듣던 이름이죠?) 네, 네. 철산리.

윤철환: 그게 옛날에 철산리거든? 거긴 인천에 배가 오면은 글루 둘러가고 그러는 덴데 거기 들어와 많이 있었어요. 그런데 아… 오십일(51)… 년 오십이(52)년… 오십일(51)년에 무슨 일이 있냐면 징병제도가 생겼나봐요. 그래서 우리보다 나이가 한 살 윗 사람들은 다 증병(징병)을… 우리 나라 군인(국군)을 나갔어요. 그러니깐 젊은 사람이 다 빠져 나가고 우리가… 나이가 어리니까 남아 있었단 말야. 그러니까 군인은 증병을 안나… 해당이 안 되니… 한 살만 많아도 나가는 건데 안 나갔어. 그러니까 그… 우리가… 제일 그러니깐 젊은 사람 중에 나이가 많은 축에 속해 있는데, 무슨 일이 벌어졌느냐 하면은 그… 그때 학도의용대래는 게 있었어요. (**면담자**: 네, 알아요) 학도의용대 경… 그때… 이선근 박사라고 역사학자 그 양반이 전국 학도의용대 대장인가 했고, 그… 또 우리 그 양사면에 와 있는 사람 중에는 지난번에 돌아가신 000씨가 요… 이쪽지역이야. 그러니까 경기지역이겠죠? 이쪽 대장을 하고 그랬어. 근데 그때 내가 뭘 맡았냐 하면은 문예부장을 맡았어요.

면담자: 아… 전국학도의용대에… (**윤철환**: 네) 문예부장.

윤철환: 고 경기지대의… (**면담자**: 아, 경기지대… 음…) 그래서 있는데 내 위에 대장, 뭐 하는 사람들 전부 증용을 나갔어. 아, 저 증병 군인을 나가니까 내가 우두머리가 된 폭(격)이에요. 암튼 그렇게 됐는데 그러니까 이게 어딘가 자꾸 조여 오는 거 아니에요. 먹을 것도 그렇고 군인 나가고 뭐 하고 그러지 않아요? 근데 마침 그때… 내 요전에 얘기 안 했나보다.

면담자: 거기 까지 얘기가 안 됐었어요.

윤철환: 아, 거기는 안 됐어? 응. 그때 뭐가 있었느냐면… 강화군 하전면에 하오꾸부대는 게 있어. 하오꾸. (**면담자**: 하전면에?) 하전면에… (**면담자**: 하전면에 하오꾸?) 그러니까 하오꾸래는 뜻이 매야. 매. 영어로… 하오꾸고…

면담자: 음… 일본어로 하오꾸예요? (**윤철환**: 영어…) 아, 허크(hwak) 아… 예. 매라

는 뜻.

윤철환 : 응. 그 매 부대래는 첩보대가 있었어요.

면담자 : 아… 첩보대… 네, 얘기 들어봤어요. 첩보대 있었다고.

윤철환 : 응. 거기 첩보대 여러 개 있어요.

면담자 : 아… 여러 개 있었어요?

윤철환 : 그럼. 팔이사공(8240) 부대도 있고 뭣도 다… 있잖아요. 강화에는. 그런데… 그… 우리 동네에서 세 사람이… 거길 누가 소개해 줘서 거… 하오꾸부대 정보대를 들어갔어요. 정보대를… 십일(11)월… 십일(11)월에 들어갔나 뭐… 암튼… 그래갖고… 음… 들어갔더니 그건 미 공군 소속 정보대예요. 그게. 그래 한 서너달이 지났어요. 아마 봄 같은데, 거기서 무슨 일을 내가 맡았느냐 하면은 약도를 그리는 일을 맡은 거야. 약도. 우리 동네에서 간 사람 셋 중에 둘은 무장대라고 해서 군인 저… 총 쏘고 그런 데 들어가고 나는 약도를 그리는 거야. 그 뭐냐하면은 이북에서 첩자들이 인민군이 지금 어디 집결해 있다는 걸 보고서가 올라와. 그러면 우리는 고것을 오만(50,000)분지 지도를 보고서 고것을 확대해서 그려서 미 공군에게 올리면은 거길 폭격을 해. 뭐 그런 역할을 했던 거야. 그래서 한 삼(3)개월 했어요. 한 삼(3)개월 했는데, 아… 유월인가 이때쯤… 오월이나 유월 쯤 됐을 거예요. 고… 고 하오꾸 부대에 학교 다니는 고등학교 뭐 암튼 고 내 또래 되니까 다 고등학교 뭐 요때 되는 아이들인데 아홉 명이 있었어요. 그 아홉 명을 하루는 그… 대장이 불러. 파견대장이지. 그러니까… 거 민간 집을 하나… [접수]해 갖고 있는데 부르니까 아홉 명을 불렀어요. 불러서 뭐라 그러느냐 하면은 너희들이 우리가 시키는 대로 하면은 어디 가서 훈련을 받고 오는 거다. 그 훈련을 받고 오면은 서해지구 뭐 백령도 무슨 도 무슨 도 섬 주변에 쭉 있잖아요. 서해. 그때는. 그쪽에 파견대장을 시켜 줄테니까 가겠냐 그러는 거야. 뭐 안 갈수도 없게 얘기가 그렇게 되는 거 아니예요. 그러니까 아홉 명 학생 아홉 명이 "네, 갔다 오겠습니다." 그렇게 됐지. 그래서… 아홉 명이서 그거를 하고서 다시 그러니까 그거 일종의 부대 아니예요. 부대에서 피난살이 하던 그… 양짓말로 오고 산이포에 여러 사람들이 있는데 거길 나가서 어우, 어디 갔더냐… 거기 가서 있다가 왔다고. 그런데 이러이런 얘기를 해서 휴가를 일주일을 줬어요. 그래서 그런 얘기를 하니까 그때 국민학교 선생님 중에 이름을 대도 되나 모르겠네.

면담자 : 광덕초등학교?

윤철환 : 응, 우리 은사님들인데 뭐 이름 댈 필요 없어. 선생님들이 두 분이 계셨는데 그 두 분이 "야, 야. 가지마. 그거 낙하산 타는 거야." 근데 우리가 그… 다시 들어가면 일본에 아웃모리래는 데가 있어요. (**면담자** : 네, 알아요) 아웃모리라고 저 홋카

제9장 휴전과 실향 249

이도 근처에 거기… 거기 특수부대 훈련소가 있어. 낙하산 훈련부대야. 거기가. 거길 가서 육(6)개월 갔다 오래는 거야. 근데… 그… 그땐 뭐 그런 거 잘 모르니까 네, 그러고서 갔다 온다고 그러고 왔는데 이 양반들이 "너 거기 갔다 오면은 낙하산 타고 이북에 가서 떨어지는 거야. 그러면 그… 그러고서 살아 나와야 되는 거야." 그… 뭐 그거… 힘든거라고… 뭐가… 힘드냐면… 살아오는 사람 별로 없어… 하하… 가지 말라고 그러는 거 아냐. 그러니까 일주일 되는 날 귀대… 다시 부대로 들어오래는 날짜에 내가 학도의용대 문화부장이니까 뭐 학도의용대… 우리 선배들은 다 군인을 나갔으니까 직인 같은 걸 내가 전부 관리 했어요. 직인을 해 갖고 거… 다른 여섯 사람은 다른 면 사람이니까 모르고 우리 세 사람만 학교에서 복교하래는 명령이 내렸으니까 학교로 가겠다. 그러니까 승인을 해 달라고… 그… 다 공문을 만들어서 갖고 갔어요. 근데 이 두 사람 안 가고 나만 갔어. 나도 일종의 돈키호테야. 그거 뭐… 또 그 사람들 나보다 한 학년 아래씩이고… **(면담자 : 그렇죠)** 나만 혼자 갔어. 가서 그때 어떻게 들어갈까 말까 하다가 한 두(2)신가 요때 쯤 들어갔어. 들어가니까 대장이래는 분이 있어. 그래서 대장에게 공문을 내 놓고… 하하… 이래서 우리는 뭐 훈련을 못 가고… 복교를 해야겠다… 아 그러니까 이 양반이 이렇게 가슴을 이렇게 하더니 요만한[작은] 권총을 꺼내. 내 가슴에다 권총을 탁 대. "너 간첩이지." "아유, 아니예요. 내가 왜 간첩이예요." 그러니까 "너가 여기 와서 삼(3)개월 있는 동안에… 우리 정보부대 돌아가는 거 가지고 너 그 정보 빼가서 지금 가는 거 아니냐. 너 간첩이야. 넌 직결처분(즉결처분)이야. 내가 직결처분권(즉결처분권)이 있다." 아… 이러니 뭐 내가… 얼마나… 아유, 아유… 간첩 아니라고. 그냥 하시래는 대로 하겠다고. 그러니깐 그냥… 그… 대장이래는 분이 "그래. 그러면 나가 있어." 그러는데 거기 나가있으라고 그러는 사이에 무슨 일이 벌어졌느냐면… 이런 거 다 얘기해도 괜찮아? 지난 거니까 상관없지? 그 공작대장이라는 사람을 불러. 얘 좀… 교육을 좀 시켜. 그러더라고. 내가 그… 뭐 거기 시골이니까 광이야. 광을 거의 뭐… 아, 거기 가더니 엎드려 뻗쳐 시키는 거야. 이렇게. 아 그리고 패는 거야. 얼마를 맞았는지 내가 기절을 했어. **(면담자 : 세상에)** 그리고 이게 그냥 두드러기가 쫙 났어. 그러니까 안 때리고 넣었어. 까무라쳐서 자고 그 다음에… 아침도 안 줘. 점심도 안 줘. 저녁도 안 줘. 그리고 그 다음 날 저녁이 된 거야. 아 내가 그랬지. 아유 나… 갈테니까 내보내 달라고 막 그래도 그냥… 암튼… 그랬는데 둘째날 저녁에 문제가 생긴거야. 둘째날 저녁에… 옆에도 이런 방이 또 있어. 거기서 그냥 사람 죽어가는 소리가 나. 그러더니 새벽인데 그 사람이 자살을 했대. 그 옆에 방 사람이. 그거 뭐 야단이야. 사람이 죽었으니 야단이 났어. 그러더니… 그건 이북 다녀온 사람이래. 그러니까 거기서 야단이 났잖아. 그러니까 그 다음날… 하루 굶고 그 다음 날 아침에 뭐 밥을 조금 주고 불렀어 또. "갈거야 안 갈거야?" 아유… 뭐 그때는 목숨이래는 게 무슨 파리 목숨이야. 내가 내 목숨 갖고 살 생각 없는 거야. 그때는 다 그냥 그냥 살면 살고 죽으면 죽고 그러는 거야. "갑니다." 낙하산 타다 죽나 뭐 여기서 뭐 그렇게 해서 죽나 마찬가지니까. 낙하산 타고 또 잘하면 살아 오는 거고. 간다고 그러니까 내보내 줬어. 그러고 얼마… 를 여유를 주냐면 또 일주일 여유를 주는 거야. 일주일 후에 와라. 그래서 일주일에… 가서 어른들한테 얘기를 하니까 "마, 도망을 가. 어딜 들어가."… 뭐… 그러니까 그냥 나하고 같이 갔던 세 사람 있잖아. 그 두 사람은 팔이사공(8240)부대를 들어갔어. 그래야 안 잡아가고 난 부대 사람 어떻해. 들어가고 나는 그때는 여행증이래는 게 없으면 못 다닐 때예요. 제2국민병 여행증이래는 게 있을 때예요. 근데 우리는 학도의용대니까 학도의용대 직인을 내가 가지고 있으니까 그걸 여행증에 찍어갖고 여행을 할 수가 있었어. 그래서 그걸 갖고 인천에 우리 고모님이 사셨어요. 그래서 그걸 여행증을 갖고 갑곶이래는 데를… 그러니까 내일 들어가는 날이니까 오늘 쯤 인천 가는 배를 타야 할 거 아냐? 인천으로 도망가는 거야. (면담자: 갖구제요?) 응. 그 갑구지라고… 갑곶이야. 갑곶. 근데 보통 거기 사람들은 갑구지라고 그래. 갑구지. 근데 한자로 쓰면 갑곶이고. 갑곶. 여 갑곶 도는데 있잖아. 지금. 그 앞에가 거… 아, 근데 우리 그 하오꾸부대 사람들은 공군… 첩보대기 때문에 빨간 마후라(머플러)를 하고 다녀요. 이 사람들이 그… 그때 거기는 경찰도 없고 헌병도 없어요. 강화는. 팔이사공(8240)부대에 헌병이라는 사람들이 알피(RP)라는 완장을 차고 있고 우리 부대 빨간 마후라 한 사람들이 왔다 갔다 하면서 검문을 하는 거야. 그지? 지금 인천 가는 배에 타는 손님들을 다 검문을 할 거 아냐. (면담자: 그렇죠) 아, 근데 그 우리 빨간 마후라 한 사람들이 한 둘이 왔다 갔다 하면서 거기 있어. 그러니까 가면 잽히는 거 아냐. 그래서 이쪽에 멀리 그냥 숨어 있고 배가 떠날라고 배가 뚜-하고 우니까 이 사람들이 철수를 하는 거지. 탈 사람 다 탔으니까. 그래서 막 그 배… 널판지 깔아 논 거 있잖아 배. 그 짚고 올라가는 거 아냐. 그걸 막 끌어올릴려고 그럴 때 내가 막 뛰어가서 그걸 올라가서 배에 가서 엎으러 져서 숨었지. 그리고 그 막대기 끌어 올리고 배는 떠나서 인천으로 간 거죠. 그게 아… 아마 칠(7)팔(8)월 그때쯤 될 거예요. 그래갖고 구(9)월 달에 사범학교 가서 등록을 하는 거지.*

---

* 2014년 4월 18일 윤철환 2차 인터뷰 중에서.

윤철환의 구술은 전쟁 통에 부모의 보호막이 없었던 피난민 청년들이 자발적으로 학도의용대에 들어갈 수도 있지만, 협박과 폭력에 의해 강제적으로 유격대에 동원될 수도 있었음을 알려준다. 미공군 정보부대에서 고아가 되어버린 청년들을 훈련시켜서 첩보활동 유격대인 8240부대로 배치하려고 했던 것이다. 이때에 활용되었던 협박은 경계를 넘어온 청년에게 '간첩'이라는 낙인을 찍는 것이었다. 그리고 간첩은 즉결처분될 수 있었던 것이다. 이남인 개풍군에서 살다가 전선의 이동으로 개풍군이 이북이 되어버리면서 윤철환은 이북 출신이 되어 간첩의 가능성이 있다고 판단되었던 것이다. 강화도에서도 경계 짓기는 사람의 목숨을 좌지우지 할 수 있었다.

3) 국군의 정찰 지원

미수복경기도 지역은 38선이 지나가고 한국전쟁 중 휴전선이 만들어진 지역에 있다. 장단군의 대강면, 장남면, 장도면, 진동면, 군내면, 장단면은 현재 휴전선 비무장지대에 속해 있다. 그리고 이 지역은 휴전 직전에 치열한 전투가 있었던 곳이다. 고랑포는 장남면의 면소재지로 장단군 사람들이 남하 경로의 주요 지점이었다. 휴전 직전인 1953년 3월 26일부터 3월 30일까지 미 해병대와 중공군 사이에 "베가스 전투"가 벌어졌다. 베가스 고지는 고랑포 서북쪽 2.5Km에 위치한 표고 157m의 고지로 미 해병 사단의 주저항성에 대한 경보 및 관측 임무를 띤 전진 요충지였다.260) 베가스 고지를 두고 5주야간 처절한 공방전이 이루어졌고, 중공군 살상자는 1,700명으로 추산되었고, 미 해병도 전사 116명, 부상 801명, 실종 98명의 큰 손실을 입고 베가스 고지를 지킬 수 있었다. 그러나 5월에 다시 중공군의 공격으로 고지를 빼앗기고 이 격전의 고지는 현재 비무장지대에 있다.261) 개풍군의 봉동면과 중면도 휴전선 비무장지대에 속해 있다. 봉동면은 현재 판문점이 있는 지역으로 이 지역도 남북한 간에 매우 중요한 지역이어서 국군과 중공군 및 북한군의 교전이 치열했던 곳이었다.

 이렇게 한국전쟁 말기 휴전 협상 중에 더 많은 영토를 점유하기 위하여 남북 간의 치열한 전투뿐만 아니라, 이 지역에 대한 미군과 국군의 첩보 활동도 활발하게 이루어졌다. 개풍군 봉동면 출신인 곽종섭은 당시 14살의 소년이었지만, 아버지와 함께 국군의 점령지역인 장단으로 가서 고향인 봉동면으로 첩보 활동을 하러 갔다. 위의 〈표 11〉 미수복경기도 지역에서의 한국전쟁 전개에서 볼 수 있는바와 같이 1951년 3월 말부터 4월 21일까지 이 지역은 미 제1군단 소속 국군 제1사단의 관할 구역으로 제11연대가 수색과 정찰을 담당하고 있었다.*

> **면담자**: 그럼 일사(1.4)후퇴 때 그때 인제 파주로 나오게 되신 거예요?
> **곽종섭**: 파주로 나와… 그렇죠. 파주로 나왔는데 그때도 그때는 어떻게 파주로 나오게 됐냐면요 그때도 우리 동네가 그냥 한꺼번에 싹 밀려온 게 아니고 들락날락 하다보니까 잠깐 거기 와 있었는데, 그때 당시에는 거기가 군인 일(1)사단이 있었어. 일(1)사단 십일(11)연대 수색대가 거기 있었는데, 거기 피난민들이 그 부대에서 그 전에는 거기 다 피난 나가니까 빈 집들 아니에요. 그 집에서 거기다 숙식을 시켜 주는 거야. 거기다 하면서 군인들이 이용을 해 먹는 거야. 뭘 해 먹었느냐. 민간인들이니까 거기 가서 첩보를 해 오라는 거야. 저기 들어가서 뭘 하나… 네? 뭘 하나 그 수집을 해 오는 거야. 나도 그때 그… 나 어렸을 때 뭘 알아요, 그때… 참 근데 지금 같으면 못할 거야. 그때 어렸을 때요, 수류탄 두 개를 줘. (**면담자**: 어머나) 수류탄 두 개를 주고서 가서 거기 가서 저놈들 뭘 하나, 어떻게 몇 명 사람이 어디 있나 뭐 하나 보고 오라는 거야. 그럼 가잖아요. 그러면 그냥은 못 가. 그냥 노는 척 애들이… 놀면서 가기 들어가요. 들어갔다가 들어갈 때는 건드리지 않아. 그 놈들이 산에서 다- 보고 있어. 나올 때 막 총을 쏘는 거야. 그 나도 그 그때, 그때 나 어렸을 때니까 그렇지 지금 같으면 하겠어요 그거 겁이 나서. 그리고 수류탄 두 개를 주는 건 뭐냐, 만약에 붙들리면 죽으라 이거야. (**면담자**: 아 세상에) 그때는 그 그게 뭐냐… 그건 죽으면 개죽음이에요. (**면담자**: 어, 진짜 그러네요) 그리고 거기 그 사람들이 다 피난민들이… 군

---

* [그림 5] 요도 1. 작전지역,『한국전쟁전투사』, 임진강전투편 11쪽 참조. [그림 6] 요도 10. 국군 제 1사단의 배치 상황, 1951.4.20.,『한국전쟁전투사』 임진강전투편 94쪽 참조.

인들도 아냐. 군인들 아냐. 그냥. 근데 그때만 해도 뭐 보급도 없고 장단 이쪽이 있는 사람들이 농사 지어놓고 간 거 말야 그거 막 꺼내다 먹고… 뭐 사람도 없으니까 꺼내다 먹고… 금방 고향에 가는 줄 알았지. 금방 가는 줄 알았는데, 그게 자꾸 세월이 흐르다 보니까 인제 그… 휴전될 무렵*에 군인들이 인제 민간인들 다 임진강 이남으로다가 보내라고 해가지고 그때 나오더라고.

면담자: 어, 그럼 그때까지는 그냥 계속 계신 거네요.

곽종섭: 네, 거기 있었어요. 그래 나와 가지고 차를 실어다가 여기 구파발에다가… 근데 이 서울도 구파발이 경계야. 경기. 이 구파발 거기에 일루 오면 서울이고 저쪽으로는 경기도였어. 구파발. 그 위에 파출소가 있더라고. 그때. 시방 거기 뭐야 그 저기 그 지하철역 있는데 고… 그리고 저기 그 무슨 기자촌 들어가는데 거기 한길 가에 파출소가 있는데 거기 갖다 내려놓더니, 그… 안으로 그 무슨 그 저 동네로다가 거기다가 풀어 놓더라고. 거기 데려가더라. 파출소에서 심사를 해가지고 보내더라고. 그래서 나는 우리들은 아이고, 그래도 고향 근처로 가야 된다 그래서 거기서 다시 파주로 간 거지. 거기서 다시 파주로… 걸어가지고 저-기… 파주… 저기… 교하라고 있어. 교하.

면담자: 교하. 지금 교하지구.

곽종섭: 네, 거기… 거기 가서 좀 있었어요. 있는데, 참 그때… 그 고향을 들여다보면서도 못가니까 어떻겠어요. 그땐… 그러다가 거기서 또 좀 있다가, 거기서 누가 뭐 밥 먹여주는 것도 아니고 어떻게 해요. 근데 마침 우리 막내 고모님이 서울에 살으셨어 그때. 출가를 해서. 그래서 인제 서울로 오게 된 거죠.

면담자: 자 그러면… 인제 그… 수복 돼서 인제 계속 별 그… 마을에 피해 없이 그 좌익 했던 분 때문에 다 괜찮게 있다가, 일사(1.4) 후퇴가 될 때도 그냥 계속 거기에 있으면서 낮에는 마을에 있고, 밤에는 장단에 있고 이렇게 살은 거예요?

곽종섭: 네. 그쪽에 아주 진짜… 그 아주 정말 제일 고생 많이 한데가 고 동네야. 그쪽이야.

면담자: 근데 왜 그냥 나올 생각은 안 하셨어요?

곽종섭: 아 거기 그렇게 있다가 그냥 들어갈 줄 알았지 누가… 그렇게…

면담자: 금방 수복 될 줄 알고…

곽종섭: 금방 갈 줄 알았지… 그런 줄 알았죠.

---

* 곽종섭은 임진강 이남으로 후송된 것이 휴전될 무렵이라고 하지만 1951년 4월 20일 경 국군 제1사단의 임진강 이남 퇴각 무렵일 것이다.

면담자 : 그럼 가족 전체가 그렇게 사셨어요?

곽종섭 : 아니, 그러니까 여자들은 그냥 있고, 아버지하고 나하고만 그랬지.

면담자 : 남자들만.

곽종섭 : 그 동네 사람들이 남자들만 그렇게 들어갔다 나오고 여자들은 그냥 있었고. 동네에.

면담자 : 아, 근데 밤에 여자들만 남겨두면 또 인민군이 내려 올 거 아니에요.

곽종섭 : 근데 그 놈들이… (**면담자** : 위험하진 않았어요?) 그러지는 않았… 그렇게까지는 않았어. 근데 그때 중국 놈들이 그쪽에 많았더라고 그때. 중국 놈들이 많고 그래가지고… 그래도 여자들을 건드리거나 그러지는 않았어. 하여간에 뭐. 그쪽에는.

면담자 : 그럼 이 저기 뭐야 일(1)사단 십일(11)연대 수색대는 그 마을에는 있지 못 했을 거 아니에요.

곽종섭 : 이 장단에 있었어요. 장단에 있으면서 들락날락 한 거야. 그 사람들도.

면담자 : 음… 그래서 장단에 남자들이 와 있을 때 인제 낮에 가서 정찰을 해라. 그런 식으로.

곽종섭 : 그럼. 우리 가다 낮에 아침에 말야 뭐 지게도 지고 가고 말야… 그러고 가가지고 들여다보고, 어떻게 뭘 하나, 몇 사람이나 모여 있나 뭐 그런 걸 보고 가는 거지. 근데 그게… 진짜 그… 어려웠어. 솔직히… 그건… 근데 그때 당시엔 나이가 어려서 그랬는지 어려운 지도 몰랐어.

면담자 : 근데 아버님도 같이 그러신 거예요? (**곽종섭** : 네) 아… 그럼 그 거기 있는 동네 남자들은…

곽종섭 : 다 그랬어요. (**면담자** : 남자 아이들하고) 그럼요.

면담자 : 다 그렇게 산거예요?

곽종섭 : 네 그때 우리 동네 사람들이 거기 한… 삼십(30) 명이 그렇게 있었어.

면담자 : 그럼 장단은 어느 동네에 가 계셨던 거예요?

곽종섭 : 그게… 그 장파리인가 있어… 여기에 장파리 근데 그때가 또 일(1)사단 십일(11)연대 수색대가 거기 있다가 절루 갔어. 저기… 뭐야. 이 뭐 이쪽… 동두천… 어, 대덕산인가 뭐 글루 갔어요. 글루 부대가 이동을 했다가 가면서 민간인들은 다 내보낸 거야. (**면담자** : 임진강 밑으로…) 어, 근데 그때 참… 우리도 그때 글루 끌려갈지도 몰랐는데 그때 당시에 저거더라고. 민간인들은 다 내보내라고 그래가지고. 그래 임진강 밑으로 싹 나왔죠.*

곽종섭의 구술은 당시 14살의 소년의 전쟁 경험으로는 매우 참혹하다. 그는 아버지와 함께 있었지만 어른보다 오히려 아이들이 경계의 대상이 아니기 때문에 장파리에서 봉동으로 보내졌던 것이다. 아이들의 천진난만함이 전쟁 동원에 이용되었던 것이다.

2. 피난민 생활

개성, 개풍, 장단 사람들의 피난살이는 매우 고달팠다. 이 지역 사람들은 서울에 이미 이주해간 친척이 있기는 했지만, 그 친척들도 모두 피난을 떠났기 때문에 피난살이에서 실제적인 도움은 거의 받을 수 없었다. 대체로 이들은 이미 서울에서 살고 있었기 때문에 서울사람들의 피난살이와 마찬가지로 온양, 대구, 김천, 부산으로 비교적 먼 곳으로 피난을 떠날 수 있었다. 한국전쟁 이전에 서울로 남하한 사람들은 주로 정치적, 경제적 이유로 남하한 것이기 때문에, 전쟁이 나자마자 대구나 부산으로 피난을 가거나, 1.4후퇴 때 더 남쪽으로 피난을 떠났다.

반면 한국전쟁 중에 개성, 개풍, 장단 지역에서 피난을 떠난 사람들은 주로 강화, 서울, 수원으로 비교적 고향에서 가까운 곳으로 피난을 떠났다. 왜냐하면 이들은 피난을 일시적인 것으로 생각했고, 최소한 1951년 가을까지는 이 지역으로 왕래가 가능했기 때문에, 고향에서 먼 곳으로 피난을 갈 생각을 못했다. 휴전협상이 진행되면서도 좀 더 고향에 가까운 곳으로 가 있다가 다시 고향으로 돌아갈 것으로 기대하고 있었다.

1) 한국전쟁 전 남하한 사람들의 피난살이: 온양, 대구, 김천, 마산, 부산

개성, 개풍, 장단 실향민 구술자들 중 부산까지 피난을 간 사람은 겨우

---

* 2014년 4월 10일 곽종섭 1차 인터뷰 중에서.

5명뿐이다. 정선희는 남편이 국립화학연구소 연구원이어서 1.4 후퇴 때 남편과 함께 트럭을 타고 부산으로 가서 피난살이를 했다. 그녀는 부산의 외곽에 국립화학연구소가 임시로 만들어져서 그곳의 관사에서 피난살이를 하다가 휴전이 되자 다시 서울로 올라와서 정착하였다. 개성 출신의 이미경은 남편이 미국 공보원 부원장이었기 때문에 부산으로 피난을 갈 수 있었다. 이미경의 남편은 미국공보원에서 미군과 함께 일하기 싫어서 공보원을 나와 마산의 한 고등학교 교사를 하게 되었다. 그래서 그녀의 가족은 마산으로 가서 피난살이를 하다가 휴전이 되어 인천으로 이주하였고, 최종적으로는 서울로 이주하였다. 그녀는 마산에서 미군과 사는 양공주와 같은 집에서 살면서 피난살이를 했고, 휴전으로 인해 개성사람들이 완전히 실향민이 됐음을 강조했다.

면담자 : 그러셨구나. 피난 얘기, 피난살이 얘기 조금만 더 인제 여쭤어 볼게요. 이 책(구술자의 자서전)에 보면은 그 마산에 살 때, (**이미경** : 응) 거기에 보면은 미군을 상대하는 여성들도 거기 많았다고.

이미경 : 많-죠. 온 그, 내가 그 집허고 같이 살았다니까, 미국. (**면담자** : 한 집에?) 그럼요.

면담자 : 아- 한 집에 방 한 칸에서….

이미경 : 방을 얻었는데 나는 요 끝에 방이구, 요기가 다- 양공주(洋公主) 방이에요. 근데 우리 아이 둘이 마루에를 안 나가. 암만 더워도. 참 별나죠. 그냥 걔네들은 나와서 만날 화토(花鬪)치구 먹구 늘어 놓구, 또 술 먹으면 울구. 그 짓을 했는데도 안 나가봤어, 우리 아이들은 어린데도. 그렇허고 살았어요. 근데 하, 뭐 우리….

면담자 : 거기에 미군부대가 있었어요? (**이미경** : 응?) 거기에 미군부대가 가까이 있었어요?

이미경 : 몰르죠, 무슨 부댄지. 많았지--. 주둔군이 많았지. 거긴 다- 거의 그 양공주를 방을 주구 살았는 동네에요. 신 마산.

면담자 : 아-. 근데 그거 모르시고 그냥 간 거예요? 거기서?

이미경 : 모른긴 뭐 알구두(알고도) 갔지, 어떡해. 하하하 피난민이 뭐-- 어른앤(어린아이인)데. 하하하 그리고 아버지도 공보원도 댕기고 그러는데. 아니, 하루는 미군이 뭘, 뭔지 잘못했는지 미군이 와서 막 난리를 치더라고--, 할머니한테. 그러니까

이게 누구 누가 말할 사람이 있나. 아부지가 나갔다고 호호호 그쨰(그때). 그래서 해결을 해주니까 '아이구 선생질 허는 선생님을 몰랐대'. 하하하 그렇게 해서, 그랬어요. 그쨰(그때)서부터 대접을 받았어.

면담자 : 그때는 그러면 그럼 공보원 나와서 선생 하신, 하실 때에요? (**이미경** : 응. 그럼. 아유--) 차암 그랬구나. 어- 저는 그렇게 양공주들 많이 있는지 거기 몰랐어요.

이미경 : 오우-- 그 동네가 전분데 어떡해. 근데 먼저는 양공주가 없었어요, 큰[구] 마산에는.

면담자 : 큰 마산에는.

이미경 : 응. 그 동네는 없었는데, 여기는 마산, 신 마산이 아주 배가 들어와서 고기 (거기) 닿으니까. 아유--.

면담자 : 근데 그러면 처음에 피난한 데는 큰 마산이었고, (**이미경** : 그럼. 나중에) 나중에.

이미경 : 이제. 응.

면담자 : 인제 신 마산으로.

이미경 : 여기 신 마산 고등학교 있으니까 일로 이사를 왔지.

면담자 : 아- 신 마산 고등학교 선생님이 되셨어요?

(중략)

면담자 : 그러셨구나. 예. 그래서 이 마산에 있다가 인제 마산 공보원, 공보원 가셨다가,

이미경 : 그때, 그때 그거… 포로 수, 포로 해[방], 석방. 휴전. 휴전이 됐지요.

면담자 : 네. 휴전하고 그러면은….

이미경 : 그 휴전으로 인해서 **개성사람은** [강조하면서] 또- 두 번째 인제 영원한 실향민이 된 거죠.

면담자 : 그렇죠.

이미경 : 그렇죠. 그리고 얼마나 억울해. 아휴-- 기가 막혀 진짜.*

남성 구술자 중에 부산에서 피난살이를 한 사람은 3명이다. 신철희는 1.4후퇴 때 작은아버지 가족과 함께 인천에서 배를 타고 서산으로 가서

---

* 2011년 3월 4일 이미경 2차 인터뷰 중에서. 이화여대 근대와 여성의 기억 아카이브 구술자료번호. yoontl-ebkim-de-01.

피난살이를 했다. 이후 홀로 부산으로 가서 피난살이를 하다가 휴전이 되었다. 김승찬은 좌익테러를 피해 1948년 서울로 와 있다가 전쟁이 나자마자 부산으로 피난을 가서 거기서 군대에 입대하였다. 신현섭은 아버지가 신광균 제헌국회의원이었기 때문에 1.4후퇴 때 아버지와 함께 부산으로 가서 관사에서 피난살이를 했다.

장단군 장도면 출신의 조철욱도 해방이 되자 고향이 38선 이북이 되어 1948년 큰 형님이 교사로 일하는 일산으로 남하하여 송포국민학교에 다니고 있었다. 6월 25일 당일 온 가족은 한강다리를 건너서 상도동의 작은 형네 집에 모여서 아산으로 피난을 가려고 했는데, 이승만 정부가 대전 이남으로 이미 갔다는 소식에 다시 일산 송포로 돌아와서 인공 시기를 보냈다. 수복이 되자 형님들은 모두 군대에 갔고, 나머지 식구들과 함께 1.4후퇴를 맞이하여 경북 김천으로 피난을 갔다. 서울 견지동에서 걸어서 한강 임시부교를 건너 영등포에 도착하여 기차를 타고 남쪽으로 가다가 큰 누님의 아이가 죽는 바람에 경북 김천 금릉군 봉상면에서 피난살이를 하였다. 큰 형님들이 없었기 때문에 가족 중에 유일한 남자였던 17세의 구술자는 남은 가족들을 먹여 살려야 했다.

조철욱 : 그 면장이 이제 피난민들 내려오는 거를 구경하러 인제 삼거리에 나왔다가 그 우릴 만난 거예요. 우리를 만나서, "어디서 피난을 오느냐?", 뭐 그런 거 묻고 하다가 여 성(姓)이, 옛날 사람들 그렇잖아? "이 성(姓)이 뭐냐?" "본이 어디냐, 누구 자손이냐", 그게 묻는 게 옛날 사람들 아주 그… 그래갖고 사람 평가하는 건가봐. 그래 그러고 보니까 막 또 좀 얘기 잘해요? 지금 나 저 이 000씨 집에서 지금 피난 오는 길이다. 좀 말 잘하나. 그러니까 아이구 서울에서 이게 뭐 아주 귀한 집 그 이 사람들이 피난 오는 거라고 그러면서 그리고 그 즉시 우리집으로 들어와서 묵어가라고, 그 집으로, 자기 사랑채를 내주더라고. 거기서 한 일주일 묵었어요. 뭔, 그러니까, 면장이 날 불러. 이런 얘기해도 돼요? 이북 얘기 아니고? 불러서 그 "너 사내라곤 너 하난데, 니가(네가) 식구들 벌어 멕여야지(먹여야지)", 너… 그래 나 바가지 들고 밥도 얻으러 댕겼어(다녔어). 일주일 동안에. 에? "밥, 밥 좀 주세요, 피난민입니다", 하고 밥 얻으러 댕겼다니까(다녔다니까). "니가 알아서 느이(너희) 식구들 먹여 살려라", 이

거야. 그 면장이. 야 참 기가 막히더라고. (**면담자** : 그러네요) 그 굶어죽으면 죽었지, 자존심이 그… 그때는 사춘기 아니야, 그지/ **면담자** : 하하하) 그냥 여학생, 어느 집에 여학생 같은 애들 또래만 보이면 그냥 아주 홍당무가 돼갖고 그 챙피(창피)한 건 말도 못하고 말이지. 이건 도저히 죽을 맛이야. 그러니깐 인제 며칠 지나니깐 그 김을 이만-큼을 면장이 사가지고 들어와서, 밥을 그냥 가마솥으로 하나 해갖고 김밥을 싸라 그러더라고. 우리, 자, 어머니, 누님 셋, 네 명이 기, 김밥 좀 잘 말아? 김치만 이렇게 이렇게 하는… 당신네 김치 주고. 그러더니 자기네 머슴 시켜가지고 그 한 자기 집에서 삼거리가 한 5, 500메타(m) 되는데, 자기 머슴 보고 저다가 저 얘 삼거리에다 주고, 얘보고 팔라 그러라고 그래. 삼거리에서 두 시간 동안에 다 팔았어, 그걸. 한 3개월 동안 장사한 동안에, 돈을 꽤 많이 벌었어요. 그 다음에 김밥이 잘 안 팔려. 그 남는 게 더 많아. 그러니까 인절미 장사를 시키더라고. 자기 머슴한테 이제 인절미 떡메를 치게 해갖고 인절미가 이만큼씩 하게 해갖고, 그 누가 사먹느냐. 그 참 이게 우리 국민, 우리 참 국가적으로 국민들이 그- 정말 저건데, 도덕성이 항상 있어야 돼. 그때 그 이 뭡니까. 제2국민병, 그 사령관* 한 사람이 아 이름이 뭐더라. (**면담자** : 예. 알아요) 그 돈은 그게 다 떼어먹고, (**면담자** : 맞아요) 그래가지고 국민병들이 전부 동상 걸리고 전부 서울을 향해서 도보로 걸어 올라오는 거예요. 그 사람들이 그래도 어디서 돈이 나는지 그걸 사먹는 거야. 그래 그거 한 3개월 또 장사했어. 그 동안에 돈을 꽤 많이 벌었다고. 그러니까 그 동네 입구에다가 이 추녀가 깊이가 한 이만큼 되는데, 사랑채 추녀가, 그런 그 이 자리를 하나 빌려주면서, 이제는 잡화상을 하라 그러더라고. 그 잡화상이라는 게 먹는 거 아니야/ 먹는 거. 그저 뭐 오징어, 뎀뿌라[튀김], 뎀뿌라는 김천 한 10리 길 되는데, 김천 가서 받아와야 돼, 뎀뿌라도. 그 다음에 인제 그 감(수확) 때는 인제 그 감을 "침 담근다"고 해갖고 인제 소금물에 담가서, 뜨거운 소금물에 담가서 인제 떫은 기 빼고 단감 만들어 팔고 하는 거 있어요. 그것도 집에서 해 팔고 그랬는데, 그렇게 하기를 이제 그럭저럭 그 52년도쯤 됐나 봐. 52년도. 한 그 2년 가깝게 됐겠죠? 그 동안에 가게 둘을 냈어.

면담자 : 아유 대단하시네.

조철욱 : 동네에 이 그 입구에 하나, 삼거리에 하나. 그 동네 입구에는 [전화벨 소리] 나하고 인제 숙달에 있는 우리 큰누님하고 보고, 삼거리에는 우리 작은 누님이 나가서 보고. 내가 왔다 갔다 하고. 그래 이제 그 무렵에 우리 그 매형이, 이제 수소문을 해서 찾아왔어요.**

---

* 김윤근 사령관, 국민방위군사건으로 재판을 받아 사형당했다.

대구로 피난을 간 사람은 윤정희와 이혜숙 2명이다. 윤정희는 장단군 대남면 고향이 해방이 되자 38선 이북이 되어 1946년에 서울로 남하하였다가 한국전쟁을 맞았다. 전쟁이 나자 한강다리가 끊겨서 피난을 못 가고 있다가, 1951년 1.4후퇴 때 피난을 떠났다. 아버지와 작은 아버지네 3남매는 기차를 타고 부산으로 피난 갔고, 그녀는 조부모와 큰고모 가족과 함께 수원으로 내려가다가 할머니를 잃어버렸다. 그래서 그녀의 할아버지는 할머니를 찾으러 가고, 그녀는 큰고모네와 함께 큰고모의 시댁인 전북 정읍으로 피난 갔다. 그녀는 정읍에서 몇 개월 살다가 다시 서울로 가기 위해 야미배(밀항선)를 타고 을지로 4가 집으로 갔다. 과부가 된 작은어머니가 삼남매와 함께 대구로 피난 가서 육군부대 병원 매점에서 일하며 살고 있었는데, 아이들을 봐달라고 부탁하여 그녀는 대구로 내려가서 피난민 수용소 생활을 하였다.

개성 출신의 이혜숙은 명덕여고 5학년 때 한국전쟁이 났다. 12월 말에 육촌들과 함께 서울로 남하하여 안암동 외삼촌댁에 갔으나 이미 외삼촌네는 대구로 피난을 가고 없었다. 그녀는 우여곡절 끝에 9월에 대구 외삼촌댁에 도착하여 외가집 사람들을 만났고, 1952년 대구사범학교 연수과에 입학했다. 그녀는 1953년 대구사범학교을 졸업하고 국민학교 교사가 되었다. 휴전 후에는 외삼촌을 따라서 서울로 이주하여 국민학교 교사로 일하였다.

조철욱과 같은 고향 사람인 조미선도 1947년 고랑포를 통해서 온 가족이 모두 서울로 남하하였다. 1950년 한국전쟁이 났을 때 그녀는 진명여고에 다니고 있었다. 인민군이 서울을 점령하자 경찰이었던 작은오빠가 도강을 하지 못하여 피신하였던 것이 수복 후에 부역으로 의심받아서 서울에서 좌천되어 경기도 경찰서를 전전하였으며 경찰서장도 못되고 주임으로 퇴직하였다. 인공 동안 큰 오빠는 상공부 관리로 부산에 가 있었는데도 조미선의 아버지는 인사동에서 통장으로 일했다. 그럼에도

** 2010년 4월 12일 조철욱 2차 인터뷰 중에서. 국사편찬위원회 구술자료번호. OH_10_019_000_06.

불구하고 아버지는 인심을 잃지 않아서 수복 후에도 좌익으로 몰리지 않았다. 중공군이 오자 가족은 모두 친척이 있는 온양 온천 근처 신창읍으로 피난을 갔고, 그녀는 온양중학교를 다녔다. 그러다가 그녀는 다시 진명여고에 가기 위해 혼자 도강증을 얻어서 서울 인사동 집으로 돌아와서 학교에 돌아갔다.

2) 한국전쟁 중 남하한 사람들의 피난살이: 강화, 서울, 수원

한국전쟁 중에 특히 1.4후퇴 전후로 개성, 개풍사람들이 가장 많이 피난을 간 곳이 강화도다. 개풍군 광덕면 닭머리 포구에서 배를 타고 한강을 건너 도착하는 곳이 강화도 철산리 산이포구로 이곳에는 개성피난민들이 모여 사는 곳이 있었다. 그런데 강화는 피난민들의 정착지라기보다는 인천이나 서울로 가는 길목의 임시 거주지였다. 개성 출신의 정연경, 김영선, 최동훈은 모두 강화로 마지막 피난을 가서 피난살이를 하다가 인천으로 이주했다. 그들은 인천에서 살다가 서울로 이주하여 정착하였다. 김경선은 개풍군 광덕면에서 남편을 따라 강화로 이주하여 강화에서 첫아이를 낳고 살다가 서울로 이주하였다. 개성 출신 김정숙도 가족이 모두 강화로 피난을 나왔다가 인천사범학교를 가기 위하여 인천으로 이주하였고, 인천사범학교를 나와서는 국민학교 교사로 일하다가 월남민 군인과 결혼하여 서울로 이주하였다. 그녀의 친정식구들도 그녀를 따라 서울로 이주하여 정착하였다.

서울에서 피난살이를 한 사람은 4명이다. 개풍군 중면 출신의 박선애는 덕수국민학교에 진학하고 해방 후에는 개성여자중학교에 진학하였으나, 학교는 거의 다니지 않고, 군인인 둘째 오빠가 있는 서울에 자주 가 있었다고 한다. 전쟁이 나자마자 그녀는 피난민을 따라서 남동생과 함께 서울에 갔다가 이미 서울도 인민군이 점령하고 있어서 다시 집으로 돌아와서 고향에 있었다. 중공군의 참전으로 가족이 모두 남하하려고 준비해두었는데, 길이 막혀서 자신과 큰 올케와 조카만이 임진강을 건너서 파주로 와서 큰 오빠와 만났고, 서울 아현동에서 피난살이를 하였다. 개성 출신인 최말숙은 개풍군 임한면을 통해 한강을 건너서 남하하여 김포에서 한 언니와 살다가 서울 친척네로 와서 피난살이를 하였다. 장단군 대남면 출신의 김경태는 1951년 5월경에 두 누이와 함께 서울로 남하했다. 서울에서 큰 누이는 군인과 결혼했고, 그는 작은 누이와 함께 미군을 상대로 과일 장사를 하며 살았다. 그러다가 큰 누이가 죽고 매부의 소개로 강원도에 있는 인쇄소로 취직하여 갔다. 거기서 3년간 인쇄술을 배우고 야간 중학교를 가는 동안에 휴전이 되었다. 그는 휴전 전에 전쟁고아들을 모아서 첩보활동을 훈련시키는 켈로(KLO, Korean Liaison Office, 주한연락처)부대를 위한 교육 자료를 인쇄하는 인쇄소에서 일하였다. 미극동군사령부 정보참모부는 1949년 6월 1일 주한연락처를 창설하여 북한에 대한 독자적인 정부수집에 들어갔고 전쟁이 나자 북한출신 공작원들을 모아 북한에 침투하여 정보를 수집하는 첩보부대를 운영하였다.262) KLO첩보부대는 5개의 부대로 구성되어 있었는데 제4대가 동해안에 있었다.263)

면담자 : 근데 그 전에는 어떻게 먹고 사셨어요?
김경태 : 그 과일 장사해서 먹고 살았다니까.
면담자 : 근데 어떻게 자하문 밖에 과일이 있다는 건…
김경태 : 아이, 여기서 알죠. 그거는.
면담자 : 서울에서 한 번도 안 살아봤는데…
김경태 : 안 살아봤어도 과일이 뜨는 걸 알지. 과일이 어디서 나나 그러면 다 알잖아. 그리고 과일장사가 별로 없었어요 그때는. 그러니까 자하문 밖에 가면 뭐 사과도 있고, 자두도 있고, 또 수박도 있어. 그리고 수박 같은 거 이런 거 갖다 놓으면요 미국 사람들은 아주 좋아해. 달라로 주고 사가잖아. 그래서 달라가지고 사는데 또…
면담자 : 어디 가서 파셨어요, 그러면, 그걸 받아서.
김경태 : 길에다가.
면담자 : 어느 길?
김경태 : 그 중앙극장 들어가는 을지로 있죠?
면담자 : 을지로 입구에?

김경태 : 응, 거기 내무부 옆에 보면은 그쪽에다 보면은 거기에 물탱크가 있어요. 천막으로 만든 물탱크가 수영장 같은 거, 아마 이거[방]전체 만해. 하나가. 세 개가 있어. 그러면은 의정부에서 군인들이 물차 있죠? 물차. 물차가 와가지고 그걸 실어가요. 수 십대가 와. 하루, 매일 와요. 그러면 와가지고 물 거기다 넣을 동안에 과일 먹는 거야. 그러면 잘 팔려. 싱싱한 건 잘 팔려. 그러니까 매일 가서 가져오는 거야. 우리 누이는. 그걸 이고 오니까 그거, 나는 또 조금 짊어지고 오고.

면담자 : 큰 누이가?

김경태 : 아니, 둘째 누이. 큰 누이는 그런 거 할 줄 몰라. 그러니까 우울증이 걸린거야. 우울증이 걸려가지고… 자기가 어떻게 사는지도 몰르고 인생 그냥 확 가버렸어. 속병도 걸렸고, 심장마비 같아.

면담자 : 아, 갑자기 돌아가셨구나.

김경태 : 네, 갑자기 돌아갔어.

면담자 : 음, 그러면 심장마비…

김경태 : 뭐 어떻해. 그러니까 그때 당시에 화장 해가지고 인제 바다에, 저 강에다 뿌렸지.

면담자 : 아니 근데 매부 때문에 강원도에 가셨는데 그때 그러면 작은누이는… 작은누이, 이 큰 누이하고 같이 사셨어요, 아니면 따로…

김경태 : 같이 살았지.

면담자 : 같이…

김경태 : 아니, 그러니까 같이 살았어도 군인이 어떻게 집에 와 못 자잖아요. 쫄병인데, 병장인데. 같이 살았어도 집에 와선 안 잤지. 집에 와선 안 잤어. 그리고 아니 시초니까, 그렇게 오래 산 게 아니야. 몇 달 살다 죽은 거야. 매부가.

(중략)

면담자 : (중략)그래서 매부 때문에 강원도에 가게 된 건데, 그때 그 얘기 하실 때 제가 조금 잘 모르겠는 거는… 강릉에 인제 인쇄소로 가셨는데 거기 캘러단? 그게 뭐예요?

김경태 : 캘러단이라는 거는… 역사에도 나와요. 캘러단이라는 건 뭐냐 하면은, 부모도 아무 없는 애들, 부모도 없는 애들을 모집 해가지고 지원 하는 애들 모집해요.

면담자 : 누가요? 미군이?

김경태 : 한국군하고 합작이니까, 미군 1군단에서 그 교육을 가리켰고, 아군들이 그걸 모집을 해가지고 그거를 거기다가 훈련을 시키잖아요. 그러면은 얘네들은 어디 있었냐면요, 속초에서 강릉까지요, 인민군 트럭과 똑 같은 거예요. 인민군 옷 다 입

어. 걔네들은 술 먹고 이러는 거, 아주 하고 싶은 거 다 하게 만들어요. 죽는 거라는 거를 알거 아닙니까. 거기 넘어갔다 못 나오면.

면담자 : 이때가 휴전되기 전이에요?

김경태 : 아이, 휴전되기 전이죠. 그러니까 넘어가죠. 휴전은 한참 있어야 됐잖아요. 오십 몇 년도 됐지?

면담자 : 53년도에… 53년도에 휴전이 됐어요.

김경태 : 휴전되기 전에 다 그렇게 하고 휴전 됐을 때도 걔네들이 넘어갔다 와요. 왜 넘어갔다 오는 줄 아세요? 첩보활동을 하는 거지, 걔네들이. 그러니까 그 캘러단이라면 알아. 난 걔네들을 봤으니까.

면담자 : 일종의 첩보단이네요?

김경태 : 네, 그러니까 저기서 얘기하면 간첩이야. 똑같은 거예요. 그리고 걔네들이 훈련을 하는 걸 봤는데, 뱀을 겨울에 뱀 잡아먹는 거 까지, 밤을 날로 먹어요. 굶잖아요, 가서. 일주일이고 삼 일이고 굶어. 그러면 넘어온… 가서 죽은 사람 간에 탈출해 나온 사람, 다 조사해가지고 나온 사람 또 수기를 써요. 우리가 그거를 교육 재료로 만들어, 그거를.

면담자 : 교육 재료를 만드는 그 인쇄소에 취직…

김경태 : 그렇죠, 그렇죠. 인쇄소에 있었죠. 그래서 인쇄소에서 그거를 내가 안 거고, 인민 군증 찍는 것도 다 봤고, 인민 군증을 실제로 다 봤고, 그래가지고 그거를 저기 다 저… 교육재료로 해가지고 걔네들 넘어 와가지고 지금 교육 받는 애들한테 이렇게 팜플렛을 해가지고, 옛날엔 등사 했잖아. 등사 해가지고 그거를 주면은 그거를 교육재료로 해서 이렇게 넘어왔는데 이렇게 먹고 다시 탈출해 나왔다, 이런 게 거기 다 써 있어요.

면담자 : 그럼 탈출해 나오면은 또 들어가요?

김경태 : 탈출해 나온 걸로서 나오면은 거기에 대한 또 교육을 가르키는 애들도 있고, 넘어가는 건 모르지. 일단 그렇게 넘어온 거 까지만 알지. 넘어온 사람, 예를 들어 백 명이 넘어왔는데 뭐 한 30명이 다시 왔다, 이러는 거는 알지만 그거는 우리는 모르지. 그거는 책 쓰는 거만 우리 알지 거기 비밀은 우리가 모르는 거지. 근데 훈련 받는 걸 보니까 그렇게 받고 또 그냥 높은 데서 헬리콥타로 떨어뜨리잖아요, 떨어뜨리고 나면 바다에서 자기가 헤엄쳐서 위장하고 나와 가지고 산으로 포복해 들어가는 거 그런 거 봤지. 정말 무섭게 하다라고요, 훈련을. 걔네들은 다 인민군 복장하고 인민군 말 써요. 이북 말을 다 쓰게 해 놔요. 그렇게 그걸 가르켜서 밤에 높은데 비행기 수송기에 해서 밤에 낙하산 타고 어디 산에다 떨어뜨리는 거야. 그걸 살아오는데

보면은 이북에 어느 초가집 가면은 그것도 숨겨주는 사람이 있으면 그런 게 또 있으면 숨겨주면은 거기서 밥 조금 얻어먹고 얼루 해서 탈출해 나오는 길까지 다 자기네들이 넘어온 거 그거를 다 루트를 만들어서 그걸 교육 재료로 쓰더라고. 그때 그런 얘기 하면 나는 죽었지. 하하하. 그렇잖아. 지금이야 정말… 그러니까 그런 거는 아무나 모르잖아요. 그거는.*

개풍군 봉동면 출신의 곽종섭은 아버지와 함께 파주로 남하했으나 서울로 와서 힘든 피난살이를 했다. 곽종섭은 막내고모가 서울에 살아서 서울로 가서 신길동 밤동산에서 살다가 공군본부가 있었던 성남고등학교 피난민수용소에서 살았다. 그는 당시의 피난민 생활을 다음과 같이 구술하였다.

면담자: 음… 그럼 여기 와서도 뭐 장사 밑천도 하나도 없었을 텐데… 어떻게…
곽종섭: 처음에는 없었죠. 근데 참… 내 정말… 이거 저거 한 얘기라고. 우리 아버지하고 처음에는 둘이서 우리 집… 아버지하고 나하고 그리고 우리 그 윗집에 또 아들하고 그… 두 부자식들이 같이 한 방에서 살았거든요? 그땐 뭐 남자들이니까 반찬을 할 줄을 모르잖아요. 새우젓을 해 먹는 거야. 새우젓을. 새우젓 밖에 없어 짜니깐… 새우젓 갖다 먹는데, 하여간… 그… 여기… 우리 그때 몇 달을… 여덟(8) 독을 먹었어. 새우젓 여덟(8) 독을 먹었다 생각을 해 보세요.
면담자: 다른 건 아무것도 안 먹고?
곽종섭: 다른 건 할 줄 모르니까. 하하하… 헐 줄 모르니까… 근데 그걸 뭐 밥 위에… 이게… 밥 위에다 놔서 쪄도 먹고, 그냥 날로도 먹고… 하여간 새우젓에 대해선… 그래서 내가 새우젓을 잘 안 먹어. 새우젓을 안 먹어 내가.
면담자: 아니 그러면 장단에서부터 같이 있었던 분이세요? 아니면 내려 와서 같이…
곽종섭: 아니에요. 거기서부터 같이. 계속, 계속 같이 댕겼어요. 그 양반은. 그랬는데 우리 아버님한테 아휴, 아버님 인제 정말 제발 이거 먹지 말자고 하면, "이놈의 자식 그런 소리 하지 마라. 열 독 먹어야 고향 간다." 그러더니 그 열(10) 독을 못 먹었어 내가. 하하하. 열(10) 독을 먹어야 가는데 여덟(8) 독 밖에 못 먹어서 고향을 못 가는 모양이에요. 하하하… 우리 아버님이 그러셨는데… "이놈의 자식 열(10) 독을 먹

---

* 2015년 2월 9일 김경태 1차 인터뷰 중에서.

어야 고향 간다." 그러니까 아무 소리 말고 먹으라고… 그러니 새우젓 그 짠 걸 여덟 (8) 독 생각을 해봐요. 하… 많이 먹었어. 그래서 내가 시방 새우젓을 안 먹어. 그리고 그… 게 밥이라도 좀 좋으면 그게 저건데 그때 당시에는 이 안락미 쌀 있잖아요. 길다란 거. 그때 안락미 쌀도 그 저기 솥단지에다 밥을 하는 게 아니고 이… 솥단지 없으니까 깡통에다 밥을 하는 거야. 그러면 그때 그 공군사관학교 있는데 거기 건물 있는 데가 이, 뭐야 그 화-단 같은데 소나무가 있었어요. 그… 솔잎이 떨어져 있어. 아침에 가보면 솔잎이 떨어져. 그 요만큼만 가지면 밥 하면 돼. 얇으니까. 근데 얇으면… 돌 이렇게 해 놓고서 거기다 불 이렇게 하면 밥은 금방 돼요. 근데 금방 되는 게 밑은 타. 얇으니까. 위에는 날쌀이 그냥 있어. 그럼 위에 거는 걷어 놓고 중간 것만 먹고 밑에 거 타버린 건 또 못 먹어. 그거. 버려야 돼. 그 안락미 금방 타버리더라고요. 그거. 밥도 잘 안 돼. 그거. 그… 아휴… 그런 뭐 그전 생각하면 뭐 거러지(거지)도 그런 거러지… 그때 사실 거러지도 그런 거러지가 없었어. 시방 지금 내 말이니까 저거 하죠. 참… 그 영등포 로타리에 그때 그 버스… 거기에 살 때도요, 이 버스가 폭격에 맞아서 유리창이 다 나가고… [사람들이 사무실에 들어와서 물건을 들고 나감] 다 나가고… 그냥 몸체만 있었어. 그걸 가마니를 주어다가 이렇게 하고 저 보리밥… 그때 저녁에 잠그고 거기도 좀 있었고, 또 아까 얘기했던 공국사관학교… 공군본부 있는데 거기 건물도 뼈다귀만 남고 유리창이고 뭐고 하나도 없어요. 거기서… 문이 어딨어? 가마니로 이렇게 문을 만들어서 이렇게 하고 그 안에서는 뭐 덮고 잘 게 뭐 있어? 가마니 가져다 가마니 속에다 발 넣고서 자는 거야.

면담자 : 그러면은 뭐 안락미는 인제 정부에서 배급을 주고…

곽종섭 : 정부에서 주는 게 아니고 그때 내 아까도 얘기했지만 미군부대 댕겼다고 하지 않았어? 그 미군부대는 돈은 얼마 안 줘. 월급은. 저녁에 퇴근할 때 양제기 요만한 양제기에다가 [안락미를] 고 하나 주는 거야. 그거 하나하고 된장 있죠, 된장. 근데 그때 당시엔 그게 뭐 일본된장이라고 그러는데… 하여간 그거 조금 하고… 그거 매일 줘 그건요. 그러니까 그거로다가 해 먹는 거야.

면담자 : 음… 정부가 준 것도 아니네요.

곽종섭 : 정부가 준 거 아니에요. 거기서… 노임, 노임으로 주는 거예요. 그때는.

면담자 : 어… 그건 그래도 조금 주네요.

곽종섭 : 네, 노임으로 조금… 얼마 안 돼요. 그땐 뭐 사실… 그거라도 뭐 쌀을… 그거라도 얻어다 먹으니까 댕기지 그 뭐… 아휴 뭐… *

---

* 2014년 3월 7일 곽종섭 1차 인터뷰 중에서.

그는 피난민 수용소에서 생활하다가 영등포로 와서 한 미군부대에 취직하여 일하였다가, 흑인병사와의 갈등으로 그만 두었다. 그가 겪은 미군부대 사건은 미군과 미군지원노동자들 사이의 갈등과 미군에 반대하는 사람들이 '빨갱이'로 몰리는 전후 시대상을 증언하고 있다.

곽종섭 : (중략) 참…. 그때 진짜… 그러다가 내가 인제 거기 왜 그 그쪽에 저걸 했냐면, 그러다가 저기 오비(OB) 맥주공장하고 크라운(CROWN) 맥주 공장이 영등포에 있었지 않았어요. 거기에 미군 부대가 있었어 그때. 그 저기 오비 맥주공장에는 그 식료품 부대고 저기 크라운 맥주공장 거기는 이 피복 그거 하는 미군 부대가 있었다고. 그런데 거길… 여기 그… 취직이 됐어. 인제. 댕기게 됐어. 근데 거길 댕기게 되면서 인제 조금씩 조금씩 저거 된 것이 아, 내가 이래선 안 되겠구나 그래도 공부 해야지. 그래가지고 인제 그게 낮에는 거기서… 저기… 일을 하러 가고, 밤에는 그때 여기 노량진에 가면 동양중학교라고 있었어요. 거기 야간을 댕겼지 인제. … 에… 헤헤… 전부 구구절절한 얘기 하면 한도 끝도 없는데… 참… (중략)
면담자 : 미군부대 가서는 어떤 일을 하셨어요?
곽종섭 : 거기는 저거예요. 그 피복 있잖아. 미군 그 피복 같은 거 저… 그… 빨래도 해주고, 그렇게 하면서 보내는 지원 부대야. 거기가. 근데 내 거기서 그래도 나를 어리다고 그 반장을 시키더라고. 반장을 시키더라고. 그래 내가 반장을 했지. 거기서 인제. 근데 내 밑에서 그때 그… 연세 잡수신 분, 뭐 그런 피난민들 다 그런 사람들인데, 그때 한 칠십(70)명 있었어요. 근데 난 어리고 그러니까 상당히 그 양반들이 날 이쁘게 봤어. 아주. 상당히.
면담자 : 근데 영어해야 되지 않았었어요? (**곽종섭** : 네?) 영어해야 되지 않았었어요? 영어 안 해도 되요?
곽종섭 : 영어도 그거 상관없었어요. 근데 조금 손발 짓, 손발 짓 하는 거지 뭐. 그게 뭐 영어가… 허허, 손발 짓 해가지고 했고… 그 연세 잡수신 분들이 자식 같고 그러니까 상당히 이뻐했거든? 그러자… 근데 그때 또 한 번 수난이 왔지. 왜냐면 그때 학교 당기고 뭐 저거 공부도 좀 하고… 일을 하면서도 잠깐 잠깐 공부도 하고 그런 판국인데… 이 양, 이 시커먼 놈[흑인미군]의 자식이 일 하는 시간에 그 책을 본다고 인제 시비를 걸더라고. 그러니까 이 연세 잡수신 양반들이 이놈의 시커먼 놈이 그런다고… 싸움을 했다고. 아 그랬더니 이게… 그… 그 놈들이 니들 도와주러 온 저거한테 와서 싸움을 걸었다고 아, 빨갱이 취급을 하더라고. 하하하… 근데… 그래가지고…

"그 여기 그때 아이, 더러워서 너희 새끼들 다 안 얻어 먹는다"고. 간다고 말야. 그 일 하는 사람하고 다 싹 나와 버렸어. 그때. 그때 한 칠십(70)명 됐어. 하여간 인원이. 딱 나와 가가지고 영등포 가가지고 야, 우리 그냥 술이나 먹자 그러고 다들 모여서 식당에서 술 먹고 인제 그랬는데, 그 술김에 또 이 양반들이 아 이놈의 새끼들 가서… 그 시커먼 놈의 새끼들 좀 저거 하고 오자고 말야. 그래 떼로 몰려갔네.

면담자 : 용감하시네. 하하하…

곽종섭 : 떼로 몰려갔는데 가서 그냥 그 옆에 입구에 노무처가 있었는데, 거기 가서 너희들 이 자식 같은 동족끼리 말야, 너희들하고만 있었다고 말야. 또 거기서 시비를 해가지고 인제 미군들하고 싸움이 붙은 거야. 아 그랬더니 헌병대가 저… 불러가지고 이거 막 사람들이 그냥 대치하고 저거 하니까 이놈들 미군들이 총을 쏘는데, 거기 거 크라운 맥주공장 그 정문 앞에다 이 돌을 깔았어요. 근데 그 놈들은 땅에 박힐 줄 알았지 그 사람한테 쏜 건 아니었어 그때. 근데 이 돌에 맞으니까 튀었어 그냥. (**면담자** : 어, 사람들 다쳤겠다) 그래서 사람들 수라장이 된 거야 그냥. 그 돌에 맞아서 그렇지 총알을 맞지는 않았어. 돌에 맞아서 [총알이] 튀니까. 그… 아이, 나중에 거기가 전쟁터가 돼버린 거야 그냥. 그래가지고 미국 놈들이 뭐라고 그랬느냐면 우리는 너희 나라를 도와주러 온 사람들인데 유엔(UN)군한테 와가지고 행패 부렸다고 빨갱이라 이거야. 아-유! 그때 당시만 해도 빨갱이로 몰리면요, 얼마나 힘든지 몰라. 그때… 그래도 내… 한 성이[형]가 도망 가길래 나도 도망갔지. 근데 그걸… 나도 그래서 그… 지금 얘기지만 아까 말씀드린 대로 저기 과천에 가면 그 상문고등학교 있는데 그 쪽이 우리 종… 산소 묘지기 집이 있었어요. 그래 거기 와서 살았대니까. 거기 숨어서. 거기 와서 한 석 달 살았지.

면담자 : 오… 다시 취직하러 못 가시고.

곽종섭 : 그거 어떻게 가. 하하. 그냥 붙들리면 빨갱이라고 하면 끝나잖아. 그냥 그… 아휴, 그러다가 인제 그렇게 하다 미군부대도 관두게 되고 인제 그런 거죠.*

개성 출신의 김수학은 11월 말에 서울 충정로 집으로 피난을 왔다가 중공군의 남하 소식을 접하자 수원의 친척집으로 갔다. 한국전쟁이 교착 상태에 빠지자, 사업수완이 좋은 그의 아버지는 고구마를 심어 밀주 사업도 하고 고무신 장사도 하였다.

---

* 2014년 3월 7일 곽종섭 1차 인터뷰 중에서.

김수학 : 그때가 2월말쯤. 2월 촌가 2월 말쯤인가 봐. 근데 나는 그게 몇 달 된 거 같은데-. 그게 아니라고. 거기서 아, 그래가지구는 중공군이 다 쫓겨나갔잖아. 근데 또 내려온다는 소문이 났어. 그때 서울도 다시 수복했는지 안했는지 나는 몰라. 모르는데. 하여튼 그때 우리가 들어가자마자 또 내려온다는 소문이 났어. 그니까 어머니 아버지 애들 얼마나 놀라. 이제 다 같이 가자. 그랬을 거 아니예요. 내 기억엔 없지만은. 다 같이 하자 그랬을 거야. 그래가지고 그 저 이 어디다 일부 묻구, 저 그 동네에 다가 어디다, 밭에 어디다 묻었는데, 그때 기억이 안나 어디다가 묻어가지고는 필요한 거 가지고 여섯 식구 다 걸어 내려간 거야. 여섯 식구가. 걸어 내려가 가지고 어디로 갔는지도 모르지 물론. 하여튼 평택 간 생각 나. 평택 이남은 안 내려갔어. (중략) 그니깐 이 뭐야, 3월 초쯤 아마 됐을거야. 얼마 안됐, 평택에서 추운 거 겪으니까 3월 달쯤 됐나봐. 그래가지고 거기서 그 얼로 갔냐하면은 염씨, 아, 남, 그새 불 나 가지고 우리가 도착하기 전에 불 나 가지고 염씨 집에서 잠깐 있다가 다시 간 게 (수원 밤밭) 박씨네 집에서 있는 걸 우리가 박씨네 있을 때 우리가 만난거지. (중략) 그 3월부터 아… 11월까지 한 10월 그때까지요. 10월 11월달, 한 열 달, 열 달 그 시골, 거기서 지난 일이 또 몇 년 지난 거 같아. 그때 열 달 밖에 한 열 달도 안돼. 한 아홉 달. 근데 2년이 사라졌다는 것이 일 년이 이렇게 간 거야. 느낌이. 그래서 거기서 있는데 자, … 그래가지고 우리 아버님은 원래 열 살 부터 돈 벌러 다니셨으니까, 딴 사람들 그 때, 그 개성사람들 많이 지나가고 그랬어. 우리 아는 사람 많이 지나가고 그랬어. 우리는 거기서 있는데, 우리 아버지가 뭘 하셨냐 하면은 그 저 이 고구마, 고구마를 사시더라구. 그래가지고 움에다 고구마를 키우셔. 움 속에서. 그 딴 사람 집에 가기 위해 기다리고 있지 누가 그런 걸 하실 생각을 하셔. 한 달이면 간다 그랬는데, 길어야 석 달. 다 누구나 또 금방 들어간다고 생각 하는데 아 우리 아버지는 고구마를 사다가 움에 자꾸 심으시드라구. 움에. 움이래야 파 가지고 거기다 심으면 그랬는데, 봄이 되니까 고구마 움에서 싹이 나 가지고 이만큼 이만큼 자라. 사 오월달이 되니까. 그래서 가끔 수원으로 가 시장도 갖다 오시고 고구마 고구마 순도 거기서 씨를 사 가지고(챠임벨 소리). 봄 되니까 고구마 순이 이만큼 되잖아. 그걸 심어야 고구마가 되는 거래. 고구마를 심어서 고구마가 되는 게 아니라 그 순을 잘라가지고 심으면 그게 자라가 고구마가, 모를 내는 거야 말하자면. 그래 그거를 밭을 세를 내셔가지고 고구마 심으시더라구 고구마를. 허허허. 그리 그 생각을 하시는 게 얼마나 우리하고 생각이 다르시잖아. 아-무한테도 배우지 않으신 분이. 나는 중학교 졸업할 정도로 다녔고, 우리 아버지 여섯 살부터 남에 가게 다니시고 학교 못 다니시고 한 달에 2전 못 내셔 가지고, 그 그렇게 머릴 쓰시더라구. 그래 그렇게 나는 그런 느낌은 못 가졌

지. 지금 커서 얘기지. 그때는 뭐 허시나 보다 그랬지. 누가 야 우리아버지 그런 생각을 그때 했으면 대단한데. 지금 얘기죠. 그 그걸 좌-악 심으시는데, 심으시더니 또 그다음에는 밭에 심으면 시간이 지나면 자라는 거 아니에요. 그리고는 그 다음에는 그 기차길 한참 깊은 데는 어디로 가시는데, 나랑 같이 가자고 그러시더라구. 그 동네서 한 5리 내지 2키로 되는 깊은덴데 거기 가시더라구. 거 왜 가시나 했더니, 거기서 소주 밀주 하는 집이 있어. 그니까 누가 뚝뚝 떨어지면 소주를 고구마로 하는지 쌀로 하는지 뭘 소주 밀주하는 집이 있는데, 거기서 그거를 누구하고 같이 하시는 거야 밀주를. 그때 술 파는 데가 없잖아. 전쟁 때니까. 뭐 그때는 밀주라고 그래도 뭐 물론 밀준 밀주라도 으레 시골서 하는 거지. 그래 그걸 해 가지고 그걸 팔고 그러시나마 아마 팔고 밀주도 그걸 하시는 거야. 거기서 돈을 챙기 버시는거야. 물론 돈은 어머니가 가져온 뭐 패물 가끔 팔아서 쌀 사고 그러시는데. 그건 그거고 이건 이거 하시는 거야. 일종의 사업 아니에요. 허허. 처음 봤지. 뚝 떨어지는 뚝 떨어지는 그런 장치야. 증류(蒸溜) 아냐 증류해서 한번 뚝뚝 떨어지는 것을 뫄(모아) 가지고 파는 거야. 시골 사람들한테. 술이 없었으니까 그때 술파는 데가 어딨어. 다 밀주지 100퍼센트 밀주지. 그래가지고 거기서 하나 또 작-은 거지만 뭔가 스타트(start)를 하신거야. 딴 사람은 꿈에도 생각 안할 때거든. 아 내일 모레 개성 가는데 그거. 다 흉볼 때지 그런 거 하는 사람 다 흉볼 때지. 그거 하면서 수원 시내 나가려면 한 시간 반 걸려야 들어가거든. 그 시장이 큰- 그 집은 다 깨져도 시장은 열리니까, 거기 하러 다니시면서 우리 동네 고무신, 집을 지은 게 아니고 지붕을 씌운 거지, 지붕만 인공적으로 씌운 거지. 그걸 한 모퉁이를 사신 거야. 그 뭐 고무신 파는 데를. 그래가지고 그거를 누굴 맽겼는데 신통치 않으니까 나도 가끔 가서 보고 그랬거든. 우리 밤밭 살 때니까. 그래 장사 잘 안되셨어. 그리고는 누구한테 넘기고 그러셔서, 고만두시고 그 나중에 고무신 일부는 수원으로 나왔을 때, 세 들어 왔을 적에 아마 고무신 몇 개 남겨 남겼겠지. 뭐 몇 달 만에 그만두셨나 봐. 안 되니까 이제 집어 치신거지.*

강화에서 피난생활을 한 사람들은 대개 1-2년 정도 피난살이를 하다가 휴전이 되자 다른 지역으로 이주해갔다. 개성 출신의 정연경도 강화에서 잠시 피난생활을 하였다.

---

* 2009년 4월 22일 김수학 4차 인터뷰 중에서. 국사편찬위원회 구술자료번호. OH_09_017_000_06.

정연경: 네. 그래서 강화서 좀 생활을 했어요. 그래서 강화서 생활을 하는데 "개성에 있던 세무소 사람은 다 모여, 금천 세무소로 모여라!" 그러더라고. 그래서 우리 강화에 있을 때 [남편은] 금촌에 가 있었거든요. 그래서 그 50- 51년도인가 52년도 초인지 51년도에 나와 가지고 강화에 몇 달 살다가 한 1년도 못 살았을텐데. 그래 살다가 서울에 그러니까는 사람 태우는 사람[기차를 잘못 말함]은 없었어요 기차가. 그냥 짐 칸이지. 짐만 왔다 갔다 했지. 거기 또 우리 아는 또 오촌뻘 되는 육촌이지 나하고. 육촌뻘 되는 인제 오빠지 나하고 동갑이지만. 그 사람이 군인 밑에서 운전 노릇을 해서 그 짐칸에다 우릴 태워가지고 애[큰딸]하고 나하고 서울을 왔어요. 애 낳기 전에 아들하고.*

정연경과 마찬가지로 전쟁 이전에 결혼한 개풍군의 김경선은 상도면 면서기였던 남편과 함께 살다가 강화도에서 장남을 낳고 서울로 이주했다.

김경선: 아이. 그래가지고 집에 와서 그냥 그렇게 살, 살고 거기 와서 하룻밤인가 이틀 밤인가 잤는데, 이 할아버지(남편)가 또 데릴러 와. 와가지고서 이제 강화에서 인제 그때 배치 받아가지고 그 길상면으로. 면서기들은 다 각 면으로 다 갔어. 그러니까 우리 할아버지도 거기, 우리 할아버지는 길상면으로 가가지고. 거기 가니까 또 이 광산 김씨가 많아가지고요, 강화에도. 그래가지고 거기서 응? 종씨가 피난 나왔다고 뭐 된장 고추장 간장 다 갖다 주는 거야. 쌀도 갖다 주고. 그런데 우리는 피난민 배급을 타니까 뭐 잡곡 뭐 그런 거는. 그리고 또 누가 그렇게 먹어? 나 혼자니까. 그런데 그 주인집 할아버지도 주인집을 잘 만났어. 그런데. 그 할아버지가 밭을 밭. 밭을 한 한 이랑 큰 걸 줘. 주면서 저, 애기 엄마네 이거 여기다 배추 심든지 뭐 심어서 먹으라고. 그러는데, 거기 가서도 내가 다, 다니면서 그 할머니 일하면 내가 따라가서 허고 따라가서 해주고 그냥 그러니까. 우리가 반찬을 따로 해먹을 필요가 없어요 그 집에서 한 거 할 때 다 줘. 그래서 그냥 먹고 살고 있는데 또 그 작은 아, 그 그 주인집이 둘째 아들 나가서 사는데 그 집이 일하는 날도 내가 가서 해. 가서 밥해주고 뭐 밭에 가서 일해주고 그러니까. 그 집에서도 그냥 다 갖다 주지. 김치 맛있다고 가져오지 뭐 했다고 가져오지 그러면 우린 할아버진 또 면에 다니니까 면에 나가서 뭐

---

* 2010년 11월 2일 정연경 2차 인터뷰 중에서. 국사편찬위원회 구술자료번호. OH_10_019_000_06.

저기하고 그래서 뭐 반찬 걱정 없고, 그때는 배불리 사는 거지 뭐. (중략)

면담자 : 처음에는. 음. [장남을 낳았는데] 근데 여기 강화에 나와서야 친정도 없고 시댁도 없으니까.

김경선 : 아무것도 없죠. 근데도 그 거기서 다, 다른 아줌마가 피난 나온 아줌마가 다 -- 해줬어. 잘 해줬어요. 거, 거기 할아버지가 그, 주인 할아버지가 글쎄 날 보고 이래. 우리 서울로 온다고 그러니까, 그 애기 엄만 저기 남편 따라 가야되네.

면담자 : 하하하. 당연히 가야지.

김경선 : 아이, 그래 내가 누구 땜에 여기 피난 나와서 있는 사람인데, 그 사람 따라 가야지 안 가? 그랬어. "아이. 가야죠." 그랬더니. '아이, 가지 말았으면 좋겠대'. "음-- 아, 그래서 아이-- 그럼 안 된다"고. 그래서 피난 나오는, 저 서울로 이사를 오는데 거기서 저 독이, 인제 우리 피난 나와서 우리 할아버지가 처음 면에 그, 길상면에. 처음 갔을 때 거기서 은어(얻어) 온 독이 여태까지 있어요.*

3. 개성, 개풍, 장단 사람들의 피난살이의 양상

개성, 개풍, 장단 사람들의 한국전쟁 경험은 전선을 따라 경계를 넘는 피난의 연속이었다. 그리고 피난은 휴전선 이남으로의 남하가 되었고 마침내 이들은 실향민이 되었다. 전쟁에서 남성들은 가장 먼저 동원의 대상이 된다. 그래서 아버지와 20세 전후의 아들들은 가장 먼저 피난을 떠났다. 이 지역이 전선이 요동을 쳤던 지역이기 때문에 급하게 잠시 피난을 간다고 떠났던 청년들은 대개는 선택의 여지없이 군대에 동원되었다. 그런데 가족의 보호를 받을 수 없었던 나이 어린 소년들도 또한 개성유격대, 미군 첩보대, 국군 정찰대에 동원의 대상이 되었다. 동원의 대상이 안 되었을 경우에는 부모의 도움을 받을 수 없었기 때문에 스스로 알아서 먹고 살아야했다. 또한 가족과 함께 피난을 떠났던 소년들은 가장의 역할을 해야 했다.

---

* 2012년 12월 3일 김경선 1차 인터뷰 중에서. 이화여대 근대와 여성의 기억 아카이브 구술자료번호. yoontl-jhlee-de-01.

피난을 떠났던 개성, 개풍, 장단 여성들은 기혼여성들의 경우 모두 가족을 동반하였고 남편의 부양을 받을 수 있었기 때문에 그들의 피난살이는 상대적으로 어려웠다고 볼 수는 없다. 또한 가족과 함께 피난을 간 소녀들도 가족의 보호를 받을 수 있어서 비교적 빨리 피난살이에서 벗어날 수 있었다. 그러나 이혜숙과 최말숙처럼 홀로 피난을 간 소녀들은 힘든 피난살이를 해야 했다. 물론 이혜숙은 외삼촌의 도움으로 대구사범학교에 진학할 수 있었지만, 부모를 떠난 외로움을 견뎌야 했다. 그녀는 매일 달을 쳐다보며 어머니를 그리워하며 울었다고 한다. 최말숙은 12장에서 볼 수 있는 바와 같이 어머니와 갑자기 헤어져 남하하여 깊은 역사적 상흔을 가지게 되었다.

개성, 개풍, 장단 사람들뿐만 아니라 한국전쟁 때 피난을 갔던 사람들은 대개는 모두 고통을 겪었다. 피난민 수용소의 생활도 여의치 않았고, 낯선 곳에서 낯선 사람들의 인심에 의지하여 사는 것은 쉬운 일이 아니기 때문이다. 개성, 개풍, 장단 사람들에게는 피난살이보다도 더 고통스러웠던 것은 이미경이 위에서 "그 휴전으로 인해서 **개성사람은** [강조하면서] 또- 두 번째 인제 영원한 실향민이 된 거죠."라고 말했듯이 고향으로 돌아갈 희망이 없어졌다는 것일 것이다.

제Ⅲ부
실향민으로 살아가기

제10장
남한에서 장소 만들기 [264]

휴전은 개성, 개풍, 장단 사람들을 피난민에서 실향민으로 만들었다. 이제 이들은 새로운 로컬에서 자신들의 장소 만들기(making place)를 시작했다. 이들은 남한의 월남민 정착촌에 정착한 것이 아니라 고향에 가까운 지역인 서울과 수도권에 정착하면서 자신들의 자리를 만들어갔다. 제9장의 피난살이에서 언급한 바와 같이 한국전쟁 이전에 남하한 사람들은 대구, 김천, 마산, 부산과 같이 비교적 더 남쪽 지역에서 피난살이를 하고 있었고, 한국전쟁 중에 남하한 사람들은 강화, 인천, 파주, 서울, 수원과 같이 38선에서 가까운, 즉 고향에 가까운 곳에서 고향으로 돌아갈 날을 기다리고 있었다. 그러나 휴전이 되자 이들은 이제는 피난살이를 접고 본격적으로 정착을 해야 했다. 이 장에서는 개성, 개풍, 장단 피난민들이 전후 실향민으로 자신들의 장소를 만들어가는 과정을 살펴보고자 한다. 우선 대부분의 실향민들이 이산가족이 되었기 때문에 새로운 가족을 형성해야 했다. 그래서 혼인을 통하여 가족이 어떻게 재형성이 되고 또한 가족 및 친족관계를 어떻게 유지해갔는가를 볼 것이다. 또한 이들 실향민들이 어떻게 다양한 방식으로 생계를 꾸려 나가면서 남한에서 자신들의 장소를 만들어 갔는지를 볼 것이다. 마지막으로 이들의 정착생활의 특징을 정리하고, 실향민 자신들이 정착 과정에서의 어려움을 어떻게 이야기하는지를 들어볼 것이다.

1. 가족의 재형성

1) 혼인

분단과 한국전쟁은 수많은 이산가족을 낳았다. 부모와 배우자, 자식을 두고 떠나온 개성, 개풍, 장단 사람들도 휴전이 되어 고향에 돌아갈 수 없게 되자 본격적으로 정착생활을 시작했다. 특히 이산가족들은 가족의 해체로 인해 생존을 위해서 가족의 재형성이 필수적이었다. 전쟁 이전에 개성, 개풍, 장단 사람들은 자신들의 지역 내에서 혼인을 많이 하였다. 특히 개성사람들은 개성사람들끼리 혼인을 하여 서로 친인척으로 연결되어 있는 사람들이 많았다. 아래의 [표 12]에서 볼 수 있는 바와 같이 전쟁 이전에 결혼한 개성, 개풍 사람들은 모두 같은 지역 내에서 배우자를 선택했다.

[표 12] 전쟁 이전 남녀 혼인자의 배우자 출신 지역

여성	출신지역	배우자 출신 지역	남성	출신지역	배우자 출신 지역
김명자	개풍	개풍	신철희	개풍	개풍
이정옥	개성	개성			
이미경	개성	개성			
정연경	개성	개성			
정선희	개성	개성			

그러나 한국전쟁으로 늙은 부모, 젊은 아내와 어린 자식, 어린 동생들을 고향에 두고 단신 또는 가족일부만 남하한 사람들 중 남성들은 재혼을 선택할 수밖에 없었다. 개풍 출신 신철규는 1.4후퇴 때 단신으로 서울 돈암동의 이모집에 가서 제2국민병에 지원하여서 군인이 되었다. 1951년 6월 진해의 군부대에 있을 때 그는 따로 남하한 아버지와 극적

으로 상봉하게 되었다. 다음은 그의 자서전에서 그가 아버지로부터 들은 아버지의 남하 과정에 대한 글이다. 아버지는 인삼을 가지고 마지막으로 극적으로 탈출했지만, 같이 강화로 왔던 여동생은 다시 고향으로 들어가 영영 보지 못하게 되었다. 아버지는 부산으로 인삼을 가져갔고, 그때 부산에서 신철규의 소식을 들을 수 있어서, 진해의 군부대로 그를 찾아왔던 것이다.

> 나는 아버지로부터 내가 집을 떠나온 후에 일어난 여러 가지 토막소식들을 들었는데 그중 인삼과 내 여동생에 관한 이야기는 지금도 기억에 생생하다. 1.4후퇴 때 고향집에 머물러 계시던 아버지는 기대했던 유엔군의 반격과 실지회복(失地恢復)이 늦어짐에 따라 신변의 안전을 위해 한 밤중에 밀선(密船)을 타고 강화도의 이모할머니(우리 할머니의 언니)댁으로 빠져 나오셨는데 그때 내 여동생 00이를 데리고 나오셨다.
> 그 당시 공산군은 임진강 방어선 일대에 병력을 집중배치 하였으므로 그 후방에 위치한 우리 고향 땅은 한동안 공산군의 경계가 느슨한 상태에 있었고 강화도에 기지(基地)를 둔 국군의 유격대원들이 첩보 수집을 위해 수시로 그 지역을 출입하고 있었기 때문에 아버지도 그쪽 동정을 탐색한 후 은밀히 몇 차례 고향집에 다녀오실 수가 있었다.
> 그런데 아버지가 마지막으로 (고향에) 들어가셨을 때 우리 집 삼포 밭 몇 군데에 도둑이 들어 그해 가을이면 수확하게 될 6년 근(六年 根)은 물론 4·5년 근까지 닥치는 대로 캐간 것을 발견 하셨다.
> 제일 먼저 머리에 떠오른 용의자는 중공군과 북괴군이었다. 틀림없이 그들의 소행일 것이라는 생각에서 동네 사람들에게 탐문한 결과 그러한 아버지의 추측은 빗나갔다. 그 지역을 점령했던 중공군이나 북괴군은 한번도 민폐를 끼친 적이 없다는 사실이 밝혀진 것이다. 그렇다면 도둑놈은 집안에 있었다는 것이 저절로 입증된 셈이다.
> 어쨌건 아까운 인삼을 그대로 방치(放置)할 수는 없는 일이어서 아버지는 서둘러 동네 일꾼들을 동원하여 밤을 새워가며 남아있는 6년 근(인삼)을 모조리 캐낸 후 다음날 밤 소달구지에 싣고 해창 나룻 터(강화도 철산리 건너편)로 가서 다시 밀선에 옮겨 싣고 그곳을 무사히 탈출 하셨다는 것이다. 한편의 드라마와 같이 숨 막히는 '심야의 탈출'이었다. 마침내 아버지는 그 인삼을 부산으로 운송하여 적지 않은 사업

밑천을 만드셨는데 한 가지 천추(千秋)의 한(恨)을 남기셨다.
그 동안 강화도 이모할머니 댁에 나와 있던 내 동생 ㅇㅇ이가 '엄마 보고 싶다'며 아버지를 따라 고향집에 돌아갔었는데 그 후 그곳 해안의 경계가 점점 강화(强化)되면서 그나마 숨어 다니던 길마저 완전히 막혀버렸다는 것이다. 아버지가 인삼을 가지고 나오실 때가 마지막 기회였다. 그러나 그때 ㅇㅇ이는 '엄마 곁에 좀 더 있고 싶다'고 해서 다음 기회로 미루고 나오셨는데 그것이 두고두고 아버지의 가슴을 아프게 하는 한(恨)으로 남아있게 되었다.265)

신철규의 아버지는 전쟁이 끝나고 1959년에 경기도 평택분과 재혼하여 슬하에 딸을 하나 두게 되었다. 개풍 출신 곽종섭도 아버지와 함께 남하했다가 서울에 정착하면서 아버지는 경상도 분과 재혼하였고, 이복동생 4명이 생겼다. 신철규와 곽종섭은 모두 장남이었기 때문에 부친이 돌아가신 뒤에서 이복동생들을 뒷바라지해야 했다.

개풍군 출신 신철희는 전쟁 이전에 결혼하여 아들을 하나 두고 있었다. 1.4후퇴 때 집에 계시겠다는 노모를 혼자 두고 올 수가 없어서 젊은 아내와 아들을 두고 피난을 떠났다. 그는 작은아버지 식구들과 서산으로 피난을 갔다가 부산으로 가서 피난살이를 했다. 전쟁 중에 여동생이 혼자 강화로 피난 나왔다는 소식을 듣고 그는 강화로 가서 여동생을 데려와서 부산에서 함께 살다가 1957년에 여동생을 결혼시키고, 본인도 같은 해 경북 김천분과 결혼하였다.

전쟁 때 미혼이었던 구술자들은 빠르게는 1953년부터 1965년 사이에 결혼하여 베이비붐 세대의 부모가 되었다. 이들을 소위 "전후파(戰後派)"*라고 부르는데, 이들은 한국전쟁 이전에 결혼한 세대와는 다른 형태의 결혼을 하였다. 물론 일제시기에도 연애결혼이 없었던 것은 아니었지만, 전쟁 이후 특히 월남민의 경우에는 부모들이 자녀에 대한 통제력이 매우 약화되었기 때문에 연애결혼이 증가하기 시작했다. 부모들은

---

* 제2차 세계 대전 이후 나타난, 기존의 사상, 도덕, 관습 따위에 구속됨이 없이 행동하던 경향. 또는 그런 경향의 사람들. 한국의 경우 한국전쟁 이후의 젊은이들을 말한다.

[표 13] 전후 남녀 배우자 출신 지역

배우자 출신 지역	남성	출신지	여성	출신지
이북	김승찬	평북	박선애	평남 평양
	신채오	경기 장단	윤정희	평북 박천
	신철규	경기 개풍	김영선	경기 개성
	김수학	경기 개성	이혜숙	평남 평양
	최동훈	경기 개성	김정숙	평남 평양
	조철욱	강원 철원(미수복강원)	조미선	평남 평양
			최말숙	평남 평양
이남	신철희	경북 김천	김숙영	충청 서산
	박석중	경기 파주		
	김경태	서울		
	김민석	서울		
	박희수	서울		
	곽종섭	충청		

대부분 경제력을 상실하였고, 고향을 떠났기 때문에 혈연과 지연 네트워크가 단절되어서 미혼의 자녀들에 대한 통제가 느슨해질 수밖에 없었다. 대부분의 구술자들은 연애결혼을 했거나 연애를 동반한 중매결혼을 하였다. 이것은 1920년대 생들이 초례청에서 처음 얼굴을 보거나, 한 번 선을 보고는 결혼하는 중매결혼과는 다른 성격의 것이었다. 배우자 선택에 있어서 부모의 영향력이 적어지다보니 본인의 선택이 중요해졌다. 그러나 전후 열악한 피난살이의 상황 속에서 월남민 남성과 여성 모두 선택의 폭이 그리 넓지 못했다. 무엇보다도 개성, 개풍, 장단 사람들은 대부분이 피난 생활을 통해 계층적으로 하락하였고, 또한 동병상련(同病相憐)으로 같은 월남민과 결혼을 많이 했다. [표 13]을 보면 여성구술자들은 한 명만 제외하고 모두 평안도 월남민과 결혼하였다. 반면 남성구술자들은 배우자가 월남민일 경우에는 같은 고향 출신이거나, 이남 사람일 경우에는 경기, 서울 출신의 배우자를 주로 선택하였다.*

2) 가족 및 친족관계

고향을 떠났다는 것은 지연에 기반한 친족 네트워크의 단절을 의미했고, 그래서 대부분의 개성, 개풍, 장단 실향민들은 핵가족(자궁가족) 중심의 친족생활을 하였다고 본다. 곽종섭과 신철규처럼 아버지가 재혼을 해서 새로운 가족이 생겼다 해도, 어머니가 생모가 아니기 때문에, 그리고 나이 차이가 많이 나는 형제들이 생겨나서, 재혼한 부모와 자식관계는 친밀하기가 힘들었다. 특히 남하한 여성들의 경우에는 대부분 월남인 남성과 결혼하다 보니 더욱 더 자신의 자궁가족이 삶의 중심이 될 수밖에 없었다. 개성에서 홀로 남하한 이혜숙은 평양사범학교를 나온 남성과 결혼하였는데, 시동생 한명밖에 시댁 친척이 없었다. 장단 출신 윤정희도 전쟁 전에 가족과 함께 서울로 남하했지만, 홀로 대구로 가서 작은 어머니 가족과 함께 피난살이를 하다가 평북 박천 출신의 군속인 남성과 결혼하였는데, 그의 남편도 큰 형님 외에 가족이 없었다. 개성출신 김정숙도 평양 출신 장교와 결혼하였는데, 가족이 없는 사람이었다. 가족이 모두 남하했던 평양 사람과 결혼한 조옥경, 박선애는 시부모나 시형제들이 있었지만 그 관계는 소원했다. 시부모를 모시고 살았던 최말숙과 서산사람과 결혼한 김숙영은 시댁식구들에 관하여 구술이 많았지만, 대부분의 여성 구술자들은 핵가족 중심의 생활을 하였다.

2. 생계 방식

개성, 개풍, 장단 실향민들의 정착생활에서 가장 중요한 것은 어떻게 생계를 유지 하는가였다. 고향에 자산을 두고 나온 실향민들이 먹고 살기 위해 할 수 있는 것은 장사였다. 실향민들은 농사를 지을 토지도 없었

---

* 2명의 남성 구술자만 배우자 출신 지역이 구술 자료에 나타나지 않았다.

고, 당시에는 산업화 이전 시기라서 마땅히 기업이나 공장에 취직도 어려웠다. 개성출신 기업가들도 있지만, 구술자들은 두 명을 제외하고는 모두 소상인이었다. 그러나 개성, 개풍 출신 실향민들은 장사 외에도 쉽게 선택할 수 있는 생계방식이 삼포 농사였다. 기존에 개성인삼 농사를 했던 사람들은 강화와 경기도 연천, 포천과 같은 곳에서 삼포 경영을 했다. 다수의 남성 구술자가 전쟁 중에 군대에 가서 직업군인이 되거나 군무원이 되었다. 두 명의 여성 구술자들도 군인과 결혼하였다. 또한 다수의 남성 구술자들이 공무원이나 교사가 되었고, 여성구술자의 배우자들도 공무원과 교사가 있었다. 그래서 남성구술자 중에 기업에 취직하여 회사원이 된 사람은 최동훈과 곽종섭 두 명밖에 없었다. 그 만큼 한국전쟁 후에 산업화가 아직 시작되지 않는 상황이어서 전후파들이 기업에 들어가는 경우는 매우 드물었던 것이다. 마지막으로 1920년대 생 여성 구술자들 중 네 명은 남편의 사망이나 무능력으로 인해 여성 가장의 역할을 하여야 했다. 다음에서 개성, 개풍, 장단 구술자들이 전후 어떤 방식으로 생계를 유지하며 남한사회에서 자리를 잡게 되었는지를 보고자 한다.

1) 사업 및 장사

개성, 개풍, 장단 실향민들의 남한사회 정착생활은 피난생활부터 시작되었다. 한국전쟁 이전에 남하한 사람들은 이미 서울에서 살고 있었기 때문에 서울사람들의 피난살이와 마찬가지로 온양, 대구, 김천, 부산으로 비교적 먼 곳으로 피난을 떠났다. 이들은 대체로 휴전이 되는 시점을 전후로 서울로 돌아와서 본격적인 정착생활을 시작하였다. 1.4후퇴 전후로 피난을 떠난 사람들은 주로 강화, 인천, 서울, 수원으로 비교적 고향에서 가까운 곳으로 피난을 떠났다. 강화나 인천은 임시적으로 머물었던 곳이었고, 휴전 전에 수원이나 서울로 와서 정착생활을 시작하였다. 피난 시절 동안 적극적으로 정착 준비를 했던 대표적인 경우는 김수학의 아버지다. 개성 출신의 김수학은 다행히 온 가족이 모두 피난을 떠나서 수원에서 피난살이를 하였는데, 개성에서 소상공인으로 크게 돈을 벌었던 그의 아버지는 수원에서도 사업 수완을 발휘하였다. 중공군이 서울 이남으로 남하한다는 소식으로 아버지와 함께 평택으로 피난을 갔다가 다시 수원 밤골로 돌아와서 그의 아버지는 돈벌이를 시작하여 1년 9개월 만에 수원 북수동에 집을 마련하였다.

김수학 : (중략)그래가지고 그랬는데 거기서 한 열 달 동안 지내는 동안에 야, 수원으로 들어가자. 그래 그때도 전쟁 때지. 아직 전쟁은 하고 있을 때지만, 그래도 저 이 뭐야. 지금 저 이 개성으로 휴전선 있잖아요. 거기서 뭐, 서로 왔다 갔다가 백 미턴데 그때 계속 그럴 때야. 그간 더 이상 뭐 남쪽으로 안 오고 북쪽으로 안 갈 때니까. 그때 더 쳐내려온다는 말도 없고, 그때 뭐 회담한다고 한참 그럴 때거든. 그 이제 수원 시내 내려가 가지고 신풍국민학교 있어요. 있는데 그 신풍국민학교 바로 담 옆에 골목 들어가서 바로 그 동네야. 글로 다- 이사를 왔어요. (중략) 우리는 우리 식구는 안방에서 자고. 마루는 우리가 썼는데 거기다가 뭐 아버지가 뭘 하자. 뭘 하신다는 거야. 그니까 요꼬 기계 있잖아 요렇게 짜가지고 여자 치마저고리 만드는 거. 우리 청기와집에서 돈 많이 번 거. 그걸 하신다고 하는데, 아무것도 없잖아. 그때 나는 나오자마다 어딜 다녔냐면 오산비행장에 다녔어요.

면담자 : 아, 수원 시내 들어와서.

김수학 : 들어오자마자. 오산비행장에 나갔는데, 그때는 다 거기 나가면 말야, 돈도 주고 그랬는데, 그때 뭐 월급 받으면 월급이 새- 반짝반짝한 우리나라 돈인데 그때 미국서 그 저 우리나라에 뭘[잉여 농산물] 주고 돈을 찍어낸 거야. 군사협정을 해서 미군에서 쓰는 거 다 우리나라에서 찍어서 낸 거 그러니까 인프래가 어마어마한 거지. 새 돈이야 새 돈. 월급이라야 지금 돈으로 돈 10만 원이나 줬겠어. 얼마 안 되지. 그때 돈으로 뭐 백 원이나 천 원이나 받았겠지. 하이튼 빠딱빠딱-한 돈을 월급을 줘. 비행장에 어떻게 가냐 하면 파출소 그 저 이 우리 그 옛날에 초등학교 그 근방에 파출소 있는데 거기 중앙이거든요. 거기 차가[수원시내와 비행장을 왕복해서 사람 나르는 대형 추럭] 오는데, 그 그 차가 얼마나 크냐하면 큰- 츄럭인데, 큰- 추럭 서너 개 합 친 거 달고 다녀. 지붕도 없고 판대기만 있는 거 옆에 이거만[판대기] 있는 거, 옆에 이것만 있어. 그런 차가 두 갠가, 웬만한 기차 한 칸 만해. 그리고 뭔지 모르지만 큰 트럭만한 게 그거만한 운전석 밖에 안타. 뒤에는 엄-청 뭐 아무리 긴 것도 거기다

실을 수 있어. 허허허. 그건걸 갖다 두 개 세 개 합친 거니까 엄-청 큰 거지. 그걸 사람을 싣고 가는 거야 비행장으로. 그래 아침에 새벽에 그걸 타면은 그걸 다 타고 오면 오산 비행장까지 가는 거에요. 가 가지고 내리면 거기서 뭐 옮기는 거야. 다 옮기는 거야. 그래가지고 그걸 했는데, 그때도 내가 영어 몇 마디 했나봐. 그런데 타고 왔다갔다 하다가 같은 차 타고가다 옆에 떨어져 죽기도 해. 그것도 아무것도 아니야. 옆에 같이 뒤에 있다가 떨어져 죽기도 해. 잡을 데가 없으니까. 그 확 그 뭐 죽었나보다 그냥 지나가고 그래. 그때는 그럴 때야. 지금의 그 잣대로 생각하면 하나도 이해가 안돼. 우리 같이 타던 사람 죽었다니까 분명히. 그래가지고 거기서 왔다가 그 거기서 미군들이 물자가 오죽 많아요. 제일 탐나는 게 뭐냐 하면 이 선반 같은 거, 이렇게 길고 이렇게 두껍고, 여기서 거기 만한 긴- 것들. 그 산같이 쌓아놨는데, 그 사람들이 다 필요하잖아. 우리나라 사람은 그걸 다 지고 와서 싣고 오는 거야. 아무 미군도 안 말려. 어 실으라고 그래. 워낙 흔하니까. 왜냐 저희 자기들 필요도 없나 봐. 물자가 오죽 많아. 그 뭐야 뭐라 그러지 요만큼 해서 먹는 거 있었잖아? 뭐지? 미군 들어오기 전에 그것도.

면담자 : 씨 레이숀(C-ration).

김수학 : 래이숀.

면담자 : 그것도 뭐 이렇게 여기 있는 게 아니라 산 같이 쌓여져 있는 거야. 산. 산이거든, 하여튼 엄청 나. 하이트 몇 백 명 먹을 것 갖다 놓았나봐. 그렇게 물자가 많아. 귀하잖아요. 그런 거 엄청. 이 이걸 판대기를 보면 완전 이쪽 지금 생각해도 이 정도 이 정도 길이에다가, 이만큼 두꺼운 거가 여기에서 거기쯤, 하여간 혼자 들기 어려우니까. 그걸 같이 실어 가지고 거기서 내렸어요. 거기서 내리면은, 한 5, 600 미터 굉장히 멀어. 한참 지나가가지고. 그게 이 지금 "사랑방 손님과 어머니"[영화] 찍은 데, 그 쯤 와서, 한참 와 가지고, 지금 그 신풍관(新豊關) 이 옛날 성 그 뭐라 궁전처럼 해 놨거든. 그 앞을 지나서 슈퍼 앞을 지나서 와야 되니까 굉장히 멀었어 그때는 그게 다 길이 아니라 옆에 개울이 있었어 개울이 좀 넓은 개울이 죽- 있었는데. 그 거기서 내려가지고는 혼자 들고 오는 거야. 그니까 그 10미터 와서 마다 쉬고 그래야 돼. 워낙 무거우니까. 근데 다 옛날 예기 하라고 그랬나. 그때도 눈이 그러게 왔어요. 눈이 앞 사람 안보이게 왔어. 어둑어둑 하지 그때는 그걸 들고 오는 거야. 들고 왔다가 쉬었다가 그래가지고 거기까지 들어오는데 아마 1시간쯤 걸렸나봐. 내 생각에 10미터 마다 걸어오는 거야. 아버지가 놀라시잖아. 그 무거운 걸 어떻게 들고 왔냐. 그걸 잘라 가지고 요꼬 기계를 만드는 걸 그걸로 만드셨어.

면담자 : 와아.

김수학 : 얼마나 귀하게 썼어. 그건 구하기도 어려워 그때는. 그때 강씨라는 사람이 와서 일했어.(중략) 할머니 집에서 한 5, 6개월인가 있었어요. 그래가지고 거기 있는 동안에 요꼬 기계를 짜고 그랬는데 그걸 훨씬 넘어서 아버지가 딴 구상을 하셨나 봐. 그래가지고 갑자기 야 우리 이사를 가자해서, 수원에 북문 쪽에, 북문 다 가서, 아주 엄-청 넓은 집이야. 아주 뭐 마당만 해도 한 100여 평 되고. 집도 넓고. 암튼 엄청 넓어. 그 동네서 제일 넓을 거야. 엄청 넓은 집인데. 그걸 구허셨어 아버님이. 그걸 우리가 구한 것이 아니라, 그 집하고 얘기해서 동업을 하셨어요. 그 아무것도 모르는 사람이야 그때는 우리는 누구하고 같이 있었냐하면 우리 아버지가 개성서 데리고 있던 OOO씨라고 있는데 그 양반은 못 나오고 그 OOO씨 동생이 개성서 경찰서에 다녔어. 경비원으로, 그래서 피난 나왔어요. 그래서 헐 수 없이 우리 아버지 하고 어울린 거야. 우리 아버지하고 어울러서 만났을 때 이때 만났어요. 만나 가지고는 우연히 만난 거지. 이때 만나 가지고는 그, 잘됐다. 우리 아버지하고 0씨하고, 0씨는 아무것도 없지. 무일푼이지 뭐. 몸 밖에 가진 게 없지. 그러나 같이 해서 이익을 좀 나누는 식으로 해 가지고. 돈은 우리 아버지, 우리 아버지는 아무래도 돈이 있으셨으니까. 달라도 갖고 나오신 게 있고 있으니까. 이 사람이 내 생각에는 집주인, 집주인이 0씨라는 사람하고 연관에 돼 가지고 서로 알아가지고, 서로 알아가지고 이 사람하고 동업이 되신 거야. 동업이 됐는데, 또 과외로 0씨라는 사람하고 또 어떻게 이 사람하고 동업 안하는 거 같은데, 그래가지고 아까 족탁기 소리 났죠? 족탁기를 내 생각에 많이 놨어. 열대? 한 열 대 쯤 놓고. 그 열대 하려면 실이 많이 들어가잖아요. 실을 또 감아야 되잖아. 그 실 감는 거 내가 감는 거고. 나도 감고. 그리고 이것 다 염색해가지고 다리미질 해 가지고 내게 하고 어떤 거는 좋게 내놓거든. 어떤 거는 그냥 다리미질하고, 다리미도 내가 하고 어떤 거는, 우리 어머니도 하고 안한 거 없지 뭐 그 지나가는 사람들이 봐요. 바깥에서 보여. 지나가는 사람이 흉봤겠지 뭐. 그래서 온 집안이 다 애들은 애들대로 다 일하고. 그때만해도 애들 학교를 안 갔어. 학교 갈 처지도 아니고. 학교도 문도 안 열었을 거야 그때 아마. 열었어도 안 갔을지도 모르지. 학교 갈 생각도 안 하고. (중략) 그래가지고는 이 집(북수동집)서 이사 왔지. 52년 5, 6월 달에 나중에 생각해보니까 여기서 그래가지고. 그니깐 그때는 물건이 없어서 못 팔 때야. 이런 거 파는 데가 없어. 전쟁터고 뭐. 개성사람들은 족탁기 다 했지만은. 그건 개성서 한 거지 여기서 한 거야. 다 그러고. 또 저 이 대구에 있었는데 대부분 깨진, 전쟁 때문에 엉망 다 깨져 버리고, 이 시장은 넓은 데 하는 사람은 몇 명 안됐다고. 이 전국적으로 봐서. 빤하잖아요 개성사람 없잖아. 우리 아버지 그 머리 쓰신 거야. 그러니까 만들면 팔리고. 없어서 못 팔지. 하나 가지고 백 원 남을 거

면 그땐 2, 3백 원씩 남는 거지. 그때는 뭐 그 큰돈 모은 거지. 지금 그거 뭐라 그러지. 대박이라고 그러나. 아주 지금 생각이지. 대박나신 거라고. 하는 사람이 없으니까, 하는 사람이 없는 게 아니라 드무니까. (중략) 아버님이 피난 와서 처음 집을 사신 거야. 그게 피난 나온 지 1년 9개월만의 일이에요. 허허.*

김수학은 그의 아버지 덕분에 학업에만 전념하여 수원에서 서울대학교 농과대학에 진학할 수 있었고, 다시 서울대학교 상과대학에 진학하여 고등고시를 합격하여 재무부 공무원이 될 수 있었다.

그러나 대부분의 실향민들은 가족 전체가 남하하지도 않았고, 부모님이 자식들을 뒷바라지 해줄 만한 여력을 가지고 있지 않았다. 많은 실향민들이 서울에서 동대문 시장이나 남대문 시장에서 장사를 해서 생계를 유지하였다. 대표적인 경우가 윤정희와 그녀의 남편, 그리고 김경태다. 둘 다 장단군 출신인데 윤정희는 대구 피난살이 중에 군속인 남편을 만나서 결혼하였다. 어느 날 남편의 큰 형님이 서울에서 사업을 하는데 돈을 빌려달라고 해서 서울에 갔다가, 친정 식구들이 있는 서울로 올라오기로 결심하였다. 그녀는 친정이 있는 서울로 올라가자고 남편을 설득하여 남편과 함께 동대문시장에서 아동복 도매업으로 크게 돈을 벌 수 있었다.

윤정희 : (중략) 그 올라와서 거기다 다 처분해가지고 집 뭐 다 해가지고 올라오니까 우리 아주버님이 사업에 실패해가지고 아무것도 없는 거에요. 고생 엄청 했어요. 그래서 아무것도 없으니 어떻해 그래가지고 우리 이제 전세방을 하나 얻어가지고 그래서 거기 살면서 고생을 또 많이 했어요. 그 돈 좀 있는 거 또 가지고 있는데, 또 친척분이 시댁 분인데 아, 뭐를 하면 좋다고 어리석게 또 줬어요. 그러니까 우리 남편도 그땐 나도 그렇고 그땐 참 어리석었어요. 옛날사람들이라. (**면담자** : 하하하) 내 맘만 믿고 너무 순진해가지고 그 외사촌 형님이래요. 난 알지도 못하는데 주니까 또 알아서 하겠지 그랬지 남편 하는 걸 난 옛날서부터 우리 할머니 교훈이 남자들 하는 일

---

* 2009년 4월 22일 김수학 4차 인터뷰 중에서. 국사편찬위원회 구술자료번호. OH_09_017_000_06.

에 여자들 끼지 마라. 그리고 어느 집이나 결혼 안했을 때 형제간이 의리가 좋다가 결혼만 하면은 이게 벌어진다. 그러니까 여자가 잘해야 된다. 남편 하라는 데로 따라가라 이렇게 말씀 하셨거든요. 그리고 결혼생활 하다가 무슨 일이 있어도 그 집 귀신이 돼야 된다. 옛날엔 그렇게 교육 받았어요. 그 집 문지방을 죽어도 베고 죽어라. 그 집 귀신이 되라. 호호 그래 그냥 고것만 믿고 그래서 다 남편 하는 대로 가만 있었어요. 그래가지고 또 그 돈을 찾으려니까 돈을 안 주니까 우리 양반이 또 쫓아 당기면서 본전만 가져 왔어요. 그래가지고 우리 또 친척 아주머니가 인제 라사점 그 양복 기지를 했어요. 그때 또 한쪽에다가는 아동복을 했어요. 그래가지고 "야, 너 동대문 시장에다 가게만 하나 얻어라. 그러면 물건은 그냥 대준다." 그래 내 그 사정얘기를 했더니 그래, 그래서 그 돈을 가지고 종로 오(5)가에다가 가게를 하나 얻었어요. 그랬더니 그 아주머니가 다 물건 해오는 사람 대주고 이 집이 틀림없으니까 무조건 대줘라. 그래가지고 인제 아동복 장사를 해보니까 이문도 남고 괜찮거든요. 그래서 거기서 인제 또 돈이 없으니까 재봉[틀]은 살 돈이 없고, 그래서 우리 친척집에서 재봉[틀]을 하나 빌렸어요. 그래가지고 가게에다가 인제 재봉사 구함이라고 하나 왔어요. 여자가. 그래가지고 처음에 이제 우리 남편이 좀 머리가 좋아요. 그 잘 나가는 남자 옷을 전-부 면도날로 뜯어가지고 고걸 전부 가게 뒷방에서 펴 놓고 다리미로 데려가지고 그거 뽄을 떴어요. 종이를 사다가. 그래가지고 고걸 해가지고 그 미싱사 하나 해가지고 그거를 원단을 조금씩 그때는 조금이니까 마를 몇 마씩 해 봤어요. 그니깐 그게 되더라구요. 그 나는 애 하나 데리고 그거 뭐 실밥도 따고 걔가 다 꼬매 주면은 그거 단추구역(구멍) 단추도 달고 이렇게 했어요. 그러니깐 이게 더 남는 거에요. 그러니까 우리 남편이 "아 이거 안 되겠다 이걸 해야 되겠다." 그래가지고 시작해서 재봉이 한 사십(40)대까지 돌아갔어요. (**면담자** : 우와-) 처음에 하나하나하나 하다 보니까 자꾸자꾸 그게 돈이 벌리니까 되더라구요. 그래가지고 중부시장 처-음에 중부시장 지었을 적에 거기다 공장을 내고 평화시장에서는 또 이 도매를 했어요. 아동복 도매. 그리고 나는 점원 데리고 동대문 시장에서 또 소매를 했고. 그러면서 막 밀리듯이 일어나더라구요. 그렇게 재단사 두고 이렇게 했는데. 그래가지고 했는데 잘 됐는데 어느 핸가 그때 아주- 장마가 많이 져서 물난리가 났을 땐데 지방에서 많-이 가져요. 서울서도 가져가지만 도매를. 근데 부도가 나게 되고 수금이 안 되니까 그러니까 이게 안 되는 거에요. 그래가지고 거기서 이거를 어떻게 해야 되나 안 해야 되나 그래가지고 나중에는 돈이 없으니까 힘이 들잖아요. 그래서 차차차차 이렇게 좀 공장도 줄이면서 또 그냥 사람도 좀 줄이고 그랬잖아요. 너무 안 되니까. 그 조금 조금 하다가 보니까 이거 너무 힘들고 안 되겠다. 이걸 하지 말고 다른 걸 하자.

그래 다른 거 또 했어요. 양산도매도 해보고 양산, 우산 그런 거 옛날에. 그리고 또 세타(스웨타), 세타도 해보고 도소매도 해보고. 그러니까 세타 하니까 그게 돈이 잘 남아요 또 많이 남더라고. 그래서 인제 내가 이렇게 입고 있으면은 또 그거 주인이 입은 거라 좋다고 막 팔리고 그래가지고 처음에 가게 나간 건 왜 나갔나 하면은 우리 사촌동생을 뒀어요. 고종 사촌동생을 점원을 두니까 이 옛날에는 이 탄알박고(탄알 상자)여기다 금고야 금고도 없고 탄알 담는 거 누런 군인 거 탄알박고가 있어요. 있죠. 거기다가 인제 돈을 넣었는데 이 원단 뭘 사가지고 오셨대나 어떻게 보니까 그걸 털더래 처제가. 우리 고종사촌 동생이. 그래서 '야, 저거 안 되겠다' 그래가지고 저녁에 들어오셔서 날보고 "아 그거 아무개가 그러는데 돈을 다는 안하고 조금 남겨놓고 주머니에다 넣더래요. 그래서 안 되겠다. 이건 친척도 안 된다." 날보고 애를 데리고 나가서 가게를 보라고 그래서 가게를 내가 나갔어요. 애를 업고 다니면서 가게를 나가 난 뭘 하냐면은 물건 파는 게 아니라 감시하러 나간 거지. 돈 자꾸 없어지니까 그 나가서 나가게 되가지고 그렇게 장사를 했는데 나중에 세타를 이제 하는데 잘 되가지고 한옥도 샀어요. 세타해 가지고. 너무 잘 되는 거야 도소매 하니까. 그 나는 나가서 지키니까 점원이 많은데 내가 이렇게 보니까 아래서 좀 이렇게 다이[대]가 있었어요. 이렇게 보면서 팔면 돈 내가 이렇게 받아서 넣고 하면서 내려다보니까 팔아서 돈 여기다[자기 주머니] 못 넣죠. 애들이. 점원 애들이. 그래가지고 그렇게 하니까 잘 되더라구요. 처음에는 점원을 뒀는데 자꾸 넣더래요. 그래가지고 내가 나가 지키니까 못 넣죠. 그걸. 그래 한참 손님이 올 때는 막 와가지고 법서기를 치는데 그럴 때 이제 여기다 넣고 꼭 그러고 나면 화장실 안 갈 시간인데도 가더래요. 그러니 이게 다 도둑질 하는 거야. 여자들이. 점원들이 그러니깐 이제 그때부터 내가 가겔 나가서 보는 거야. 그래가지고 그것도 하다가 그것도 좀 힘이 들고 좀 누가 또 다른 사업을 하자고 그것도 안 해야 되는데 또 했어요. 그래서 또 내려갔어.*

김경태는 전후 군대를 갔다 와서 공무원이 되고자 했으나 실패하여 동대문 섬유 가게에 취직하여 장사를 배워서 동대문에서 메리아스 가게로 크게 돈을 벌게 되었다.

---

* 2012년 5월 24일 미수복경기도도민회 사무실에서 진행된 윤정희 1차 인터뷰 중에서. 이화여대 근대와 여성의 기억 아카이브 구술자료번호. yoontl-mschoi-de-01.

김경태 : (중략) 동대문을 가서 취직자리를 보는데, 다행히 섬유 하는 가게에 취직을 했어요. 취직을 해가지고 그게 군대 58년에 가서 제대 해가지고 61년도에 제대를 했거든? 61년 1월 달에 제대를 해가지고 4월 달에 취직이 돼요, 제가. 그래가지고 거기서 취직을 해가지고 하니까 이 주인이 부부가 하는데, 이 양반이 내가 그거를 다 맡으면은 자기가 뭘 하나 더 할 것 같거든? 아주 장사는 개성사람들이 그래요, 본래 내가 배운 것도 남한테 신용, 그거를 제가 굉장히 잘 지키는 사람인데, 보니까 괜찮으니까 걸 일 년 놔두고서는 자기 부인하고 날 맡겨 놓고는 딴 거 했어요. 금은방을 했어, 그이는. 그리고서 나는 거기서 그걸 하다 보니까 금방을 하면서 뭐를 잘못 했어, 이 양반이. 그러니까 가게를 인수를 하래는 거야. 가게 돈이 어디 있어. 그래서 나한테 내가 거기서 하면서 월급을 타서 그 계를 부었거든? 그랬더니 누나가 그러면 뭐를 해 볼라고 그러느냐, 이게 가게를 하나는 사고 하나는 세를 줘야 되겠는데, 내가 하면 되겠다. 그래가지고 딱 그걸 그 사람이 얘기 해주는 거야. 너가 하면 이거 가게 성공한다, 거기서 그렇게 맡으니까 그 아주머니는 뭐라 그러느냐면 내가 남매같이… 그렇게 얼굴이 비슷해요. 남매로 알고 있으니까, 내가 애 낳을 때까지 있겠다. 그래가지고서는 그냥 그대로 물건 사서 팔아서 다 글루 주니까, 물건은 많고, 돈 줄게 없는 거야. 나는. 그 그이는 가고. 내가 혼자는 못 하잖아요. 그래서 우리 매형이 인제 시청에 있었어요. 운전순데, 그래가지고 시청운수과에 뭐 국장운전을 했어. 그래서 매형 그러지 말고, 나오쇼. 그래가지고 짚차 운전할 땐데 몇 번 나와 보더라고. 그래서 다 사표 내고 나오라고. 그래서 나와 가지고 그 다음에 같이 시작을 한 거야. 같이 시작을 했는데, 23년을 했어요. 섬유계통으로. 근데 저는 거기서 나와 가지고 어떻게 됐냐면은, 다 이렇게 받아서 파는데 이건 암만 성공할 기울(가망)이 없더라고. 그러니까 제가 좀 빨르지. 50개 점포 백화점에서 제가 세금을 나중엔 한 반을 다 냈어요. 그 50개… 한 25개 점포 내는 세금을 다… 왜냐면 세금을 딴 사람은 뭐야, 뭘 이용할 수가 있지만, 우리는 법인제… 법인 회사에다 납품을 하니까 세금계산을 딱 띠어야 되잖아. 그럼 빼도 박도 못 하니까 세금을 많이 냈어요. 근데 거기서 받아다 팔면 남는 게 얼마 없잖아. 그래서 혼자서 대구를 내려간 거야. 대구가 섬유단지가 있으니까. 내려가 가지고 무조건 시장 돌아다니면서 여기서 사는 거보다 한 20프로가 싸더라고. 그때부턴 거기서 갖다가 화물로 부쳐다 거기서 파는 거지. (중략) 60년대, 70년대에는요, 섬유는 이렇게 사 놓고 2년만 있으면요, 따블(double)이 돼. 나는 돈은 무조건 사서 갖다 놓는데 이 양반(매형)은 못 사게 하는 거야. 나는 뭘 해야 되겠어요. 천상 어음을 떼야 되잖아. 그래서 어음을 개설을 해가지고 어음을 주니까 한 석 달, 넉 달짜리 띠면은 팔아서 줘도 그건 뭐 남으니까. 그러다 보니까 크게 제가

사업을 한 거예요. 그러는데 거기서도 그렇게 해서도 이게 자꾸 이게 이 양반하고… 나는 뭘 어떻게 할려면 자꾸 말리니까 좀 크게 할라고 해도 안 되가지고 뭐를 하다 보니까 안 되겠어. 이 양반하고 뭘 하느냐면은 내가 나가면은 이 양반은 망하는 거 아니예요. 그러니까 이걸 머리를 써가지고 비너스라는 그 란제리 회사가 있어요. 신영섬유. 와꾸루(와코루)도 있고, 또 남양, 태평양. 그 계통을 또 쑤셨어요, 제가. 그래 가지고 거길 들어가게 되면은 이거는 란제리 그거는 인제 여기서 이불 가게 하는 거 하고 또 다르거든. 그러니까 그런 걸루다가 개발을 해 놓고서는 그 다음에, 그 사람이 뭐냐, 거길 다녀보니까 레이스를 잠옷에는 레이스가 들어가는데, 레이스에 이익이 많아. 내가 파는 거보다. 그러니까 거기 영업하는 친구가 "박 사장님 그러지 말고, 내가 레이스를 이거에 대한 거를 많이 공부를 했는데", 영업부에 있는 직원이지. 비너스에. 신영섬유, 비너스. 그래가지고 날더러 뭐라 그러느냐면, "레이스를 해라". 그러면은 자기가 이 회사를 일 년 동안 저거 해서 나가가지고 일 년 동안 어디 가서 레이스 가게에 가서 공부를 하겠다. 그러니까 박사장님 원단하고 같이 매치를 하면은 엄청 팔리니까 그 레이스를 납품해라, 그러더라고. 그래가지고 82년도에 레이스를 시작 했어요. 레이스를 딱 하다 보니까 가게를 동대문 여기 아니고, 저 종합시장에다 가게를 세를 내 가지고 있었어요, 거기서. 하루에 매일 현금만 500만원이 팔려. (중략) 1억 4천은 내가 그걸… 돈으로 받은 게 아니라 물건을 안고 시작을 하고, 레이스는 다 줘버리고. 그리고선 이거를 우리 매형하고 하는 걸 또 같이 하게 생겼잖아요. 자꾸 오니까. 나는 아니다. 내가 이북에서 넘어온 건 우리 누나 하나 넘어왔는데, 나는 내가 여기서 지금 젊으니까 또 할 수 있지만, 우리 매형은 나이가 먹었으니까 못 하니까 거기 그냥 밀어줘라, 이래갖고 연간 50억씩 팔았어, 우리 매형네는. 내가 준 걸로. 근데 나는 딱 와보니까 뭘 허나 보니까 눈에 봬는 게 아동복 있어, 아동복. 란제리에서 아동복으로 돌아간 거야, 내가. 그래 아동복을 주는데 어떻게 했냐하면은 공장에선 밀어주는 거야. 내가 신용이 있으니까. 억대를 줘도 돈 달래는 소리를 안 해요. (중략) 나는 아동복을 하는데, 베비라, 뭐 이런 데 원단을 짜가지고 한 스물 다섯 가지 색깔을 딱 짜 놓는 거야. 물건은 그냥 막 올리니까 짜달라기만 하면 와요. 돈은 나중이야. 그걸 다 샘플 떼어 놓으면은 샘플 가지고 그 회사에서는 이제 컨펌(confirm)을 해가지고 쇼핑을 해가지고 다 와가지고 거래처에서 와가지고 어느 물건이 좋은가 그거 품평회를 한다고요. 물 안 빠지게 하는 게 이거 아니예요. 그때 당시에 1,100원짜리 난 1,400원씩 만드는 거야. 염색이 안 되고, 또 공장에 들어가서 책임은 내가 지고. 물 빠진 거. 그러니까 이게 처음에는 비싸니까 안 사잖아요. 근데 나는 샘플 뜨러 오는 사람한테 공짜로 주는 거야. 그리고 계산서를 하나씩 줘. 왜냐하면 개네들은 왔다 갔다 하는 차비도 있고 그렇잖아요. 그러니까 샘플을 해서 너희들이 만들어가지고 좋으면은 컴펌 받아서 좋으면 내 물건을 써라. 그렇지만 내가 지금은 이건 안 받지만, 너희들 왔다 갔다 하는 차비는 되니까 가급적이면 너희들한테 딴 게 얘기하는데 뭐가 잘못 되는 건 내가 책임을 진다, 원단. 나는 개성 사람이다, 개성사람은 절대로 끝까지 배신 안한다. 그러니까 진짜 그렇게 됐어요. 그러니까 공장이 한 40개가 내 원단을 쓰는 거야. (중략)*

윤정희에 의하면 동대문에서 장사하는 실향민들이 많았지만, 다 성공한 것은 아니고, 돈을 많이 벌었다가도 그 돈이 없어진 사람도 많다고 하였다. 김경태에 의하면 동대문 시장에서 장사하는 실향민들이 많았지만, 개성, 개풍, 장단 출신들이 모여서 서로 도우면서 장사를 하지는 않았다고 하였다. 동대문 시장이 아니고도 소상인으로서 생계를 유지해 간 경우는 신채호, 김숙영과 그녀의 남편, 그리고 조옥경과 그녀의 남편이다. 신채호는 장단군 출신으로 한국전쟁 때 북한군이 되었다가 유엔군이 북진할 때 평양 부근에서 포로로 붙잡혀서 거제도 포로수용소에서 석방되어 나왔다가 군대에 징집되어 공비토벌에 참여하였다. 전쟁이 끝나자 군대 생활을 하다가 나와서 미군부대에서도 일하다가 서울 도봉동에서 구멍가게를 운영하고, 같은 장단군 출신의 아내는 하숙을 하면서 돈을 모아 작은 건물을 마련하였다. 개풍군 출신의 김숙영은 서산 출신의 남성과 결혼하여 혜화동 로타리에서 도장가게를 운영하였고, 나중에는 인쇄소를 열어서 집을 장만하고 다섯 남매를 키웠다. 장단군 출신의 조옥경은 평양 출신 월남민과 결혼하여 밀가루 도매업으로 크게 돈을 벌었으나 그것이 부도가 나서 음식점을 운영하여 생활하였다. 동대문에서 장사를 하였거나 소상인이었던 실향민들은 모두 부부가 함께 일을 하여 돈을 벌어서 부부 간의 협력이 매우 강하였던 것으로 보인다.

이와 같은 소상인들과 달리 개성 출신의 정선희는 전후 남편이 서울에

---

* 2015년 2월 9일 한국구술사연구소에서 진행된 김경태 1차 인터뷰 중에서.

서 다니던 국립화학연구소를 그만 두고 나와서 그 계통의 회사를 만들어서 성공하여 비교적 큰 사업을 하였다. 개성 출신 중에 전 후 남한에서 크게 사업을 한 사람들도 많다. 대표적인 기업인들은 1946년 개풍상사, 대한유화공업주식회사를 설립한 이정림, 동양화학공업주식회사를 1959년에 설립한 이회림, 1957년 성보실업주식회사를 설립한 윤장섭, 1954년 신화사, 1959년 조흥화학을 설립한 홍종문, 1954년 한우리와 서라벌 외식사업을 설립한 조용훈, 한국빠이롯트를 설립한 고홍명, 1964년 (주)유니온를 설립한 이회삼, 성보화학(주), 서울 농약(주)를 설립한 윤대섭, 1960년 신도교역주식회사, 신도리코를 설립한 우상기, 1962년 한국화장품을 설립한 임광정, 1966년 제일항역을 설립한 박광현, 1961년 한일시멘트를 1967년 녹십자를 설립한 허채경, 1969년 오뚜기 식품을 설립한 함태호, 1968년 동양고속을 설립한 이국신 등이 있다.266) 개성 출신 실향민들은 개성상인으로 유명한 지역 출신이기 때문에 전후 남한 사회에서 사업을 통해 자리를 잡기에 유리했던 것 같다.

2) 삼포 농사

고려시대부터 개성은 인삼의 생산과 수급의 중심지였다. 조선시대에 와서 개성사람들은 정치참여가 좌절되어 인삼재배 기술 향상에 전념하게 되었다. 인삼의 생산과 집산이 증가하면서 개성이 인삼업의 중심지가 되어가자 순조 10년(1810년)에 홍삼제조장이 개성으로 이전하게 되었다. 그래서 19세기 말부터 개성은 홍삼제조의 본거지며 인삼 집산의 중심지가 되었고, 이때부터 인삼이 정부 소관이 되어 포삼세를 200근으로 제정 시행하였다.267) 그 후 개성의 인삼 생산량은 계속 증가하였고, 조선조 말까지 정부에서 개성 인삼 생산과 수급을 관할하였다. 일제 식민지 시기에는 조선총독부가 1908년 홍삼전매법을 공포하였고, 개성에 전매국 출장소가 설치되었다. 조선총독부는 생산된 인삼을 중국에 공급하였고, 이것을 일본 미쓰이(三井)재벌이 독점하여 막대한 수익을 올렸

다.268)

1910년 개성삼업조합이 조직되어 개성의 인삼 생산이 활발하게 이루어졌고, 개성상인들의 부 축적의 한 요인이 되었다. 『개성지』에 의하면 한국전쟁 때까지 개성에서 인삼 생산과 수급은 다음과 같았다.

> 매년 3월 25일경부터는 묘포(苗圃), 9월 13일 경부터는 본포(本圃)를 채굴하는데 묘삼 중 본포 이식용은 각 포주가 반출하고 후삼은 일부를 금산 등지로 반출하고는 춘미(春尾)를 만들어 수출하였다. 본포 원삼은 수납삼으로 제공하고, 일부 경작자가 자가용을 제하고 전량을 개성삼업조합의 백삼공동제조장으로 운반하여 제품이 된 후에는 시중에서 혹은 약령시를 중심으로 한 대구 지방 또는 통신 판매 등으로 전국에 소비되었다.
> 이와 같이 자유로이 백삼 제조를 시행하다가 재품의 일원화와 가격을 조절하므로 이윤의 향상을 도모하기 위하여 개성삼업주식회사가 설립하였으나 별도 기관을 둠으로서 경비의 과다와 수익성의 적다는 점으로 다시 백삼을 개성삼업조합이 대행으로 공동 제조 판매하여 6.25전쟁 시 까지 지속하였다.269)

해방이 되자 일본인 전매직원과 일본 경작자들이 나가고 홍삼을 독점하던 미쓰이 재벌의 이권도 복귀가 되었지만, 38선의 분단으로 개성 인삼의 총 경작 면적의 40%를 잃게 되어 삼업계도 혼란을 겪게 되었다. 미군정 시기를 거쳐서 삼업계는 계속 혼돈 속에 있다가 한국전쟁으로 개성 삼업은 완전히 붕괴되었다. 1950년 10월 3일 개성이 수복되자 인삼 경작자들은 채굴을 단행하여 백삼과 홍삼을 제조하였으나 중공군의 개입으로 다시 피난길을 떠나야 했다.270) 피난 중에 있었던 전매청 직원 현종천은 삼업을 지속시키기 위하여 1951년 종자만이라도 보존하고자 관영삼포재배안을 작성하여 충남부여군에서 묘포를 재배하게 되었다. 이것을 계기로 휴전 협정과 동시에 강화, 김포 등지에서 개성 인삼의 경작 면적이 증가하여 포천, 양주, 용인, 이천, 광주, 안성, 시흥, 화성, 고양 연천, 파주 등 경기도 내 일원으로 확대되었다.271)

따라서 개성, 개풍군 출신 실향민들이 남한에서 쉽게 선택할 수 있었던 것은 삼포 농사였다. 그런데 구술자 중에 직접 삼포 농사를 지은 사람이 없는 것은 삼포 농사 기술을 가진 세대가 최소한 1920년대에 태어난 세대에 한정되었기 때문으로 보인다. 특히 1930년대 구술자들은 삼포 농사를 직접 해 본 경험이 없기 때문에 이 세대에게는 삼포 경영은 생계 방식의 하나로 선택될 수 없었다. 개풍군 출신의 1920년대 생인 김경선은 남편, 아이들과 함께 서울에 정착하였지만, 생계가 막막하여 친정오빠가 삼포농사를 짓는 강화에서 몇 년 동안 살았었다. 또한 개풍군 출신의 신철규의 아버지도 인삼을 판돈을 가지고 나와서 사업을 하다가 다 망하게 되자, 포천으로 이주하여 삼포농사를 지었다.

3) 군인 및 군무원

장사와 사업으로 전후 남한사회에서 정착해간 사람들 외에 특히 단신으로 남하한 남성들은 대개 군인으로 경력을 시작하였다. 왜냐하면 10대 말 20대 초의 남성 실향민들이 전쟁 중에 학업을 계속하거나 직장을 가질 수 없는 상황에서 먹여주고 입혀주고 잘 곳을 제공해주는 곳이 바로 군대였기 때문이다. 대부분 이들은 1.4후퇴 때 남하하면서 군대에 들어가게 되었는데 직업군인으로써 은퇴한 사람은 이병석과 신철규이고, 나머지 김승찬, 최수철, 박석중은 군인으로 시작하여 공무원이나 군무원이 되어 은퇴하였다. 개풍군 출신 이병석은 1.4후퇴 때 홀로 고향을 떠나 남하하여 제2국민병에 들어갔다가 하사관이 되어 직업군인으로 살다가 은퇴하였다. 같은 개풍군 출신인 신철규도 제2국민병으로 들어갔다가 나중에 진해에 있던 육군사관학교에 들어가서 장교가 되어 직업군인으로 은퇴하였다. 이병석은 하사관으로 제대하고, 신철규가 준장으로 제대하게 된 차이는 이병석은 풍덕국민학교만 졸업하고 군대에 갔고, 신철규는 송도중학교를 다니다가 군대에 갔기 때문에 학력의 차이가 전후 하사관과 장교로의 경력으로 나누어지게 된 것이었다.

개풍군 출신의 김승찬도 한국전쟁이 나자마자 부산으로 피난 가서 학병이 되었고, 휴전으로 고아가 된 그는 장교시험을 거쳐서 직업군인으로 복무하다가, 국가보훈처가 생기자 공무원이 되어 은퇴하였다. 개성 출신의 최수철도 한국전쟁 중 홀로 남하하다가 제2국민병으로 군대에 들어갔다가 직업군인이 되었다. 그는 1961년 5.16 군사쿠데타 이후에 국민재건운동본부에 차출되어 가서 일하게 되었다. 그런데 2년 후에 국민재건운동본부가 사기업으로 전환되자 직장을 잃고 나와서 있다가 군무원 시험을 쳐서 국방부에 군무원으로 재직하다가 은퇴하였다. 장단군 출신의 박석중도 전쟁 중에 제2국민병이 되어 군대생활을 시작하였고, 장교시험을 거쳐 직업군인으로 있다가 제대하고 1961년 5.16 군사쿠데타 이후에 박정희 정부가 만든 중앙정보부에 취직하여 일하다가 은퇴하였다.

한국전쟁 당시나 전후 사회에서 이북에서 내려온 월남민 남성들이나 개성, 개풍, 장단 실향민 남성들은 반공사회에서 살아남기 위하여 군필은 절대적이었다. 가족의 일부가 북한 땅에 살아남아 있는 월남민과 실향민들은 언제든지 북한과의 연결이 될 수 있는 감시의 대상이 될 수 있었기 때문이다. '빨갱이 콤플렉스'가 만연했던 전후 사회에서, 경제적 자산이 부족하고, 사회적 연줄이 거의 없는 실향민 남성들이 자신에게 붙을 수도 있는 빨갱이라는 낙인을 떼고, 보호받을 수 있는 곳이 바로 군대였기 때문이다.

4) 공무원과 교사

군대만큼 반공사회에서 신분이 보장되는 직업은 바로 공무원이었다. 전후 공무원은 선호되는 직업이었는데, 개성, 개풍, 장단 실향민들 중에 일제시기 받은 교육과 학력이 기반이 되어 공무원이 된 사람들이 있다. 개풍군 출신의 신철희는 부농 집안의 장남으로 개성상업학교를 졸업하고 풍덕금융조합에 취직하여 고학력의 화이트 칼라 직업을 가지고 있었다. 그러나 한국전쟁으로 남하하여 부산에서 피난살이를 하면서 부두에서 막노동을 하게 되었다. 전쟁 후 학력을 기반으로 그는 공무원 시험을 보고 1962년 박정희 군사정권 시작부터 1979년까지 공무원 생활을 하였다. 개성 출신의 김수학은 개성의 상공인이었던 아버지 덕분에 가족 모두가 남하하여 수원에 정착하여 서울대 농대를 거쳐 서울대 상과대학을 나와 고등고시에 합격하여 전후 재무부 서기관이 되었다. 그러나 그는 공무원을 그만 두고 은행에 취직하였다. 개성 출신 정연경은 개성 시댁에서 시부모를 모시고 살다가 한국전쟁을 만났는데, 남편이 개성으로 시댁식구들을 데리러 와서 강화로 피난을 나왔다가 인천으로 갔다. 그녀의 남편은 개성에서 송도중학교 교사를 하다가 전후에는 공무원이 되었다. 그러나 5.16 군사 쿠데타 때 남편이 퇴출당했다. 장단 출신의 조철욱은 전후에 대학을 나와서 공무원 시험을 통해 서울시 공무원이 되었다가 은퇴하였다.

공무원 외에도 당시의 안정적인 직업은 교사였다. 개성 출신의 이미경은 남편이 전쟁 당시 개성 미국공보원 부원장이었으나 마산에서 피난살이를 하면서 영어 교사가 되어 전후에도 고등학교 교사로서 재직하였다. 개성 출신 이혜숙은 중공군의 남하로 홀로 피난을 떠나 대구에 있는 외삼촌네로 가서 대구사범학교 연수과에 들어가 졸업하여 국민학교 교사가 되었다. 개성출신의 김정숙은 온 가족이 강화로 피난을 나왔다. 그녀는 부모를 설득하여 인천으로 이주하여 인천사범학교를 나와서 국민학교 교사 생활을 하다가 평양 출신 장교와 결혼하였다. 개풍 출신의 윤철환은 전쟁 전에 개성사범학교를 다니다가 1.4후퇴 이후에 강화로 피난 가서 미군 정보대인 하오꾸 부대에서 활동하다가 인천으로 가서 인천사범학교를 나와서 국민학교 교사가 되었다. 개풍군 출신의 신현제도 전쟁 후에 대학에 들어가서 졸업하고는 교사로 있다가 대학원을 진학하여 박사를 받고 모 대학 교수가 되었다. 이들 모두는 일제시기나 해방 후에 고등교육을 받은 배경이 있었고, 또한 전후에 대학에 진학할 수 있는 여력이 있는 사람들이었기 때문에 공무원이나 교사가 될 수 있었다.

5) 여성 가장들

학력의 배경이 없었던 실향민들은 도매업이나 소상인으로 남한사회에 정착해갔고, 학력의 배경이 있어도 단신 남하하여 부모의 지원을 받을 수 없었던 실향민들은 군인이 되었으며, 해방 후 고등교육을 받았고, 집안에서 전후에 대학을 보낼 수 있었던 사람들은 공무원이나, 교사가 되었다. 반면에 1920년대 생 실향민들 중에 남편의 부재나 무능력으로 인해서 전후 여성가장으로 살아갈밖에 없었던 여성들이 있다. 개풍군 출신의 김명자는 중농의 딸로서 해방 전에 중농의 차남과 결혼하여 시집살이를 하고 있었으나 1938년 경성으로 이주하여 도시하층민의 생활을 시작하였다. 한국전쟁 후에는 주로 행상을 하여 생계를 지원하다가 1965년 남편이 병사하고서는 홀로 오남매를 모두 대학에 진학시켰다. 그녀는 1950년대와 60년대에는 주로 행상인으로 생계를 책임졌고, 1970년대에는 집장사를 하기도 하고, 1980년대까지 보험설계사로 일하여 자식들의 계층상승에 성공한 전형적인 "강한 어머니"였다.

개성토박이인 이정옥은 개성토박이 남성과 결혼하여 만주로 이주하였다. 남편이 만주의 흑농합작회사에 취직했기 때문이었다. 그런데 해방이 되자 그녀의 가족은 1년이 넘는 기간 동안 북한을 거쳐 38선을 넘어 친정이 살고 있었던 서울 아현동에 정착하였다. 남편은 회사원이었지만 회사를 그만 둔 후로는 빚을 지면서 살아가게 되어 그녀는 이자놀이를 하면서 편직물을 만들어 팔아 4남매를 교육시켰다.

개풍군 출신인 김경선의 남편은 광덕면 면서기였다. 전쟁이 나자 남편이 먼저 피난을 갔다가 1.4후퇴 때 남편이 데리러 와서 강화로 남하하였다가 서울로 이주하였다. 남편은 성북동에서 공무원 생활을 하다가 그만 두었고, 그 후로 그녀는 신설동에서 장사를 하여 생계를 유지하였다. 1960년에서 1964년까지 남편이 부산에 있는 한 회사에 취직하여 한 동안 생계를 책임졌으나 회사를 그만 두자 다시 가족이 서울로 올라왔다. 서울에서 버는 것이 없이 빚만 늘자 그녀는 그녀의 오빠가 삼포 농사를 짓는 강화도로 가서 삼포 농사를 짓다가 돈을 모아 다시 서울에 집을 장만하여 방앗간을 시작하여 삼 남매를 키웠다.

김경선 : 아유. 내가 어떻게 살은 거 그거 다 하면 책 하나도 다 못 다니깐(못 쓴다니까).

면담자 : 응. 아니 그래서 성북동에서 방 한 칸 얻어서 사시는데, 왜 할아버지는 안 나가는 거예요. 구청에.

김경선 : 구청에? 그까짓 뭐 밥이라고 해 놔봐야 뭐. 안락미 밥 그거니까. 에이씨! 그거 안 먹고 산다고. 그까짓 거 먹고 사냐고. 안 나가는. 그게 안 나가는 건지 나가는 건지도 나도 그것도 몰라. 모르고 그냥 있었지 그랬는데, (**면담자** : 그럼 뭘 먹고 살아요) 그거 인제 그 안락미 먼저 갖다준 거 그거 가지고 아침 저녁만 먹었지. 아이 난 그 둘째 아이 낳곤 사뭇 굶었어요 나는. 그냥 굶어서 살면서, (**면담자** : 굶으면은 어떻게 젖이 나와) 그래도 그냥. 그래 그러니까 뭐 사는 게 뭐 죄지. (**면담자** : 음-- 너무 힘드셨겠다) 응. 그래가지고 안 나가니깐 그 남자가 어디 가서 응, 뭘 해야 되는데 안 나가니까 그냥 나중엔 그 아이를 업고 업고, 내가 이제 우리 오빠네 집에 갔지. 오빠가 강화서 사니까. 우리 오빠는 강화서 그 삼포 그거 해가지고, (**면담자** : 아, 삼포하셨어요) 삼포가지고 돈 많이 벌었어요. 그래가지고 거기 가서 뭐 쌀도 좀 얻어오고 간장도 얻어오고 다 얻어왔지. 얻어다 조금씩 먹고 살면서도, 가서 그런 거 하나 얻어 오질 않아. 절대. 거기 가서 뭐 하나 이 쌀 한 됫박을 안 들고 와. 그러니깐 거기 가서 쌀 좀 얻고. 된장도 어떨 땐 얻어오고. 그렇게 해서 살고. 사는데 큰 집에서 큰 집이 여기 돈암동 그렇게 부자라도 쌀 한 톨 안 줘. (**면담자** : 어떻게?) 그러니까 이제 그 자기 동생 젊은 놈이 놀고 있다고. 왜 구청에서 왜 성북구청엘 안 다니고, 남들은 그-냥 뭐 고기에 뭣에 생겨서들 잘 먹고 사는데 왜 안 나가냐 그거지. 그런데 이 성질은 또 그런 건 남한테 등쳐서 가져오는 거 싫다 그거여. 얻어 얻어 먹는 거 싫다 뭐, (**면담자** : 아 청렴하시구나) 그러니깐 고기가 어딨어 생전. 아이구. 쌀이나 좀 어디서 등을 쳐서라고 정말 가, 없어 아주! 그러니까 할 수 없어서 나중엔 우리 그 저기여. 오빠네 가서 얻어다 그것도 하루 이틀이지. 몇 번이지. 그 매일 가서 얻어오고 얻어 오고 그러다가 오빠가 이제 돈을 좀 줘. 나를. 그러면 그걸로다가 그냥 오질 않고 그 강화서 겨란(계란)을 사가지고 그걸 아이를 업고 강화에서 이제 겨란(계란)을 사가지고 와. 겨란(계란)을 사가지고 와서 여기 와서 팔고. 그땐 또 지금처럼 강화 쪽 가는 게 아니고 배타고 건너와서 가꾸지 거기서 또 차 타고 오고 아이고 말도 못해요-- 그렇게 와가지고서 하하하. 이제 나중에는 그 월세를 하니까 금세 없어지대. 저 성

북동에서 (면담자 : 월세방이었어요?) 그렇지. 우리가 강화서 올라올 때 처음에 큰집으로 갈 땐 쌀 몇 가마니 값을 모아가지고 갔어 그래도. 이 피난 나와서 뭐 나하고 둘이만 먹고 사니까 돈이 월급 타서도 맺지(모았지). 그래가지고 큰집 큰아버지 갖다 줬드랬는데 그 방을 얻을래니까 거기서 받아가지고 이제. 아유. 그래가지고 그게 나중엔 없으니깐 뭐 반찬을 사다 먹을 수도 없잖아 그래. 내가 지금 근대나물을 안 사다 먹어요. 왜냐면 그 성북동에 거기 근대밭이 있어. 그 거기 가서 얼마치 얼마치 그걸 사다가 된장, 이제 강화서 좀 얻어온 거 있으니까 그걸 끓여서 반찬이라고 그렇게 해서 먹고. 그냥 살다가 아, 또 그 거름, 그 집이 거름방(건넛방)이야. 거름방(건넛방)에서 살고 있는데, 그. 에이. 말을 해서 다 못해요. 하하하.

면담자 : 아니 그래서 어떻게 먹고 사셨어요?

김경선 : 먹고 살게 없잖아. 없으니깐. 이제 먹고 살 수 없으니까, 저기 큰 집이 여기 신설동에 시장 있잖아. 거기 신설동에 시장이 있어. 근데 거기 가게가 있어 큰 집이. (면담자 : 큰집 가게가?) 응. 가게가 비었어 거기는. (면담자 : 무슨 가겐데) 그냥 있는 거지. 그래서 내가 할아버지보고 그냥 그랬지. 가서 그 가게를 큰아버지 보고 좀 달래라고. 그래가지고 달래가지고 거기다 방을 들이고서 살면. 집세를 안 내잖냐. 그걸로다 벌어먹기만 하면 되지 않냐. 아닌가봐. 안 가-- 안 가는 걸 내가 인제 갔지. 내가 가서, 몇 차례 내가 가서 시아주버니 보고 얘길 했어. 그 집세, 집세가 다 돼서 지금 저기하고 그런데 어떻하냐고 그러니까. "아주버니 그 신설동 가게를 우릴 주세요." 그러면 우리가 거기서 방세라도 안 내면 좀 장사라도 뭐 해서 먹고 살고 그러면 가게 세를, 장사를 허면 장사를 허면 그 가게세가 나올 거 아냐. (면담자 : 그렇죠) 그래서 그 가게 세를 내가 해드릴 테니까 그 가게를 달라고. 한 몇 번 갔지. 가서 그 시아주버니한테다 그렇게 얘기를 했어. 그랬더니 한날은 그럼 그러라고. 그래가지고 그 가게에다 이 방바닥이 있었나? 가게지. 거기다 이제 그러니까 마루방을 놓거지(놓은 거지). 방을. 방을 마루방 놓고 밑에다가 인제 연탄불 추우면은 연탄불을 이렇게 밑에 놓고 꺼내고 하는 거를. 그렇게 해서 글루로(그곳으로) 이사를 와가지고서 사는데, 아니 집만 있으면 사는가 뭐가 있어야 살지. 그러니까 가만히 애를 업고 걸리고 그래서 그 시장에 바깥에 나가봐. 나가보니까 낮에 나가지 아침엔 춥고 그러니까. 나가보면 그냥 장사들이 많아. 그래서 내가 에이 그까짓 거 뭐 장사나 해볼까. 장사가 뭔지 아나. 하하하. 그러고선 그 어떤 아주머니 다라(큰 고무 양동이) 가지고 장사하는 사람 있어. 그래서 그 옆에 아주머니한테 옆에 가게 그 아주머니 보고 "아줌니(아주머니) 나 다라 좀 하루만 빌려달라"고 내가 그랬어. 그랬더니 다라는 뭐하느내(뭐하느냐고 그러나). 그래서 "아우 저 상추 뭐 오이 그런 거 가서 그 다라 이고 가

서 그 받아가지고 올려고(오려고)." 그래가지고선 인제 몇 번 증말(정말) 그 그 다라이 가지고 며칠 며칠이 뭐야, 한 몇 달을 그 다라이 가지고 다녔지. 돈이 있어야. 그래가지고 인제 그때는 옆에 아주머니를 알았으니까 돈을 꿨다고 거기서. 돈을 꿔가지고서 가서 인제 첨엔 오이를 한 접 사왔는지.

면담자 : 어디 가서 오이를 사셨어요.

김경선 : 저거 뚝섬이요.

면담자 : 아, 뚝섬. 거기 야채밭이 많으니까.

김경선 : 그래가지고서 그거를 사가지고 와서 팔아보니까, 그때의 지금으로 말하면 오(5)천원이 남을까 얼마가 남아. 아차! 이제는 애를, 아휴-- 그럼 큰애는 어디다 놔두고 다녀야 되잖아. 둘째는 업었지만. 그래가지고는 그 우리 큰애가 착해요. 그래서 저기 엄마 거기 가서 그거 뭐 사가지고 올 테니까 집에 가만 있으라고. 집에 있으면 엄마가 그거 사가지고 와서 여기 와서 팔 때는 같이 있어도 되잖아. 그래가지고 아이, 그것도 그것도 나중에 했구나. 첨엔 우리 할아버지가 이 우리, 시누님이 있었어 아유-- (**면담자** : 시누가 둘이잖아요) 아이 큰, 큰 시누이가 여기 서울에 피난 나왔어요. (**면담자** : 아, 큰 시누이가, 음) 그래가지고 형님이 누구한테 누구한테 얘길 해가지고 그 노는 할아버지를 취직을 시켰어 그러니까.*

개풍군 출신 박선애는 전쟁 때 큰오빠 가족과 함께 서울 아현동으로 남하하였다가 작은 오빠가 사는 김해로 갔다. 그곳에서 평양 월남민 남편과 결혼하였는데, 남편은 16살 연상이고 재혼남이었으나 직조공장을 운영하고 있었다. 그녀는 1954년에 부산으로 이주했으나, 남편이 경영하는 양복점이 망하게 되어 그녀는 편직물 짜는 것을 배워서 돈을 벌기 시작하였다. 돈을 모은 후 그녀는 1961년 서울 홍제동으로 이주하였고, 거기서 남편이 큰 보세공장을 운영하였으나 1971년에 도산하였다. 그 후에 남편이 뇌출혈로 쓰러지면서 그녀는 다시 편물로 일하여 남매를 교육시켰다. 1975년에 남편이 죽은 후에 그녀는 음식점에서 일하면서 생계를 꾸려갔다.

---

* 2012년 12월 10일 김경선 2차 인터뷰 중에서. 이화여대 근대와 여성의 기억 아카이브 구술자료번호. yoontl-jhlee-de-01.

박선애 : 그게 그 왜 저기… 이제 또 생각나네. 그때는 지금은 왜 그 그때…취로사업이라고 그러나? 뭐 하루에 얼마씩 주고 그게 초창기였어요. 초창기 주는데, 예를 들어서 그쪽에는 아마 한 칠, 칠팔(7,8) 천원 줬나 그런데, 내가 편물을 가서 벌면은 만오천 원 내지 이만 원을 벌었어. 그러니까는 엄청 많이 벌은 거라고 봐야죠. 그런데다가 내가 그 이 저 판치카도 짜보고 그랬기 때문에 이거 댕기면은 부속을 짜면 돈을 많이 벌더라고. 근데 그 왕십리로 다녔는데, 왕십리 그 아줌마도 이북 사람이야. 그래 놓으깐 나를 "아유 애들하고 그렇게 고생하고 그러는데 그럼 아무개 엄마 이 저 부속을…" 그땐 저런 이 이런 데 스카시라는 그 옷을 구녁(구멍) 뚫린 거 뭐 많이 짜고 그럴 적이에요.

면담자 : 이게 부속이에요?

박선애 : 아뇨, 그런데 거기에 여기 이렇게 부속 단. 단 요렇게 따면 여기다 무늬를 놔 또. 에. 그래서 그거를 이제 여기(소매) 하는데 고 인제 그 이 밑에 단, 요 단. 이렇게 해서 짜는 그런 걸 짜면은 돈을 더 많이 주더라고. 요런 거 하나에 뭐 백 원을 준다 그러면 그거는 한 백 이삼십 원씩 그렇게 더 줘요. 그래서 돈을 그때 많이 벌었어. 또. 생활이 잘 되고… 그러니까 우리 집 노인네가 그때는 살림을 살면서 나는 일하러 다니고. 왕십리로다가. 왕십리에 그게 많이 있었어요. 지금도 아마 왕십리에서 많은 제품을 할 거에요. 근데 거의 거-기는 이북 사람들이 와서 그렇게 하더라고. 평화시장에 갖다 내고 뭐 어디 동대문 시장에 갖다 내고 그러는 걸…

면담자 : 그렇죠. 평화시장에… (**박선애** : 네) 의류 계통에 보면은 이북 사람들이 많이…

박선애 : 네, 많이 있어요.

면담자 : 제품 만들든지, 팔던지…

박선애 : 네, 편물을 많이 해서 내가 그러니까 뜨개질 같은 거를 지금도 잘 한대니까. 하하하. 인젠 나이 많고 그러니깐 눈이 저기 해서 못 쓰게 되니까 내가 잘 안 해서 그렇지…

면담자 : 음… 그러셨네요. 네. 그래서 할아버지 돌아가신 다음에도 그러면 계속 편물 하시면서 사신 거예요?

박선애 : 네, 그냥 편물 했어요. 내가 계속.

면담자 : 편물 하면서 아이들 다 기르시고.

박선애 : 예, 예. 그러니까 그땐 또 좀 힘들었지. 인제 내가 그렇게 벌어 갖고 살래니까. 뭐.

면담자 : 그러면 인제, 그래서 지난번에 말씀 하시기를 이제 그 형편이 안 되서 아이

들을 이제 고등학교 까지 밖에 못 나오고… 그렇게 말 하시고… 그래서 고등학교 졸업 한 다음에는 다들 인제 취직해서… **(박선애** : 네, 예) 그럼 몇 살 때까지 편물 하신 거에요?

박선애 : 내가 꽤 나이 많도록 했어요. 사십 넘어서. 그 사십 넘어서 까지 했어요.

면담자 : 사십 넘어서요? 네. 그 한 오십 살까지 하신 거에요?

박선애 : 거의 그렇게 봐도 돼요.

면담자 : 그럼 그 이후에는 안 하시구요?

박선애 : 그 이후에는 안 하구 그냥.

면담자 : 그러면 그때는 인제 자식들이 벌어서… **(박선애** : 네, 네) 어… 그렇게 생활을 하셨네요.

박선애 : 고생을 그때 내가 조금 한 거에요. 벌어먹고 살래니까. 애들은 어리고…*

3. 정착 생활의 특징

개성, 개풍, 장단 피난민들의 고향이 38선 이남이기 때문에 이들이 전후 남한에서의 정착이라는 말 자체가 모순되기는 하다. 비록 38선 이북에서 넘어온 월남민과 이들이 다르다 하더라도 두 집단이 모두 고향이 공산주의 체제 하의 북한 땅이 되어버려서 전후 남한이라는 사회에서 새롭게 자신들의 자리를 만들어가야 했던 것은 사실이다. 개성, 개풍, 장단 실향민들의 대부분이 이산가족이 되었기 때문에 정착 과정에서 가장 중요한 변수는 가족의 재형성과 생계였다.

개성, 개풍, 장단 실향민 구술자들의 남한 정착 과정을 보면 가족의 재형성과 새로운 생계 방식을 통해 삶의 터전을 일구었다. 결혼을 했으나 단신으로 남하한 남성들은 모두 재혼을 하였고, 미혼으로 남하한 여성들은 대부분 월남민 남성과 결혼하였다. 반면에 미혼으로 남하한 남

---

* 2012년 6월 22일 박선애 2차 인터뷰 중에서. 이화여대 근대와 여성의 기억 아카이브 구술자료번호. yoontl-usinn-de-01.

성들은 같은 고향 출신이나 서울과 경기도 출신의 여성과 결혼하였다. 미혼으로 남하한 실향민들은 대개 맞선을 통해서 만났지만 짧은 연애 기간을 거쳐서 결혼하였다. 이들은 이산가족이 대부분이기 때문에 친척이 거의 없어서 핵가족 중심의 생활을 했고, 부부가 월남민인 경우 부부 사이의 결속이 강했다. 거의 모든 구술자들은 강화, 인천, 수원, 부산 등지에서 정착생활을 시작했어도 서울과 수도권에 정착하였다.

제4장의 구술자 소개에서 볼 수 있듯이 이들은 대부분 "엘리트 월남인"에 속하는 사람들이다. 대부분이 중농 이상의 지주 내지는 부농 출신이고 학력도 고졸 이상이다. 그리고 남한에서 남성구술자들의 직업은 공무원, 은행원, 군인이고, 여성구술자들의 남편 직업은 공무원, 회사원으로 이들이 대개 중산층에 속해 있음을 알 수 있다. 김귀옥의 연구[272]에서와 마찬가지로 이들은 한국전쟁 전에 이미 고등학교(당시 중학교)의 학력을 가지고 있었기 때문에 전후 학력사회에서 사회로 진출할 때 유리한 조건에 있었다. 물론 고향에 있는 상당한 재원을 거의 다 상실했지만, 지주들의 경우 토지대장을 가지고 나왔으면 정부로부터 보상을 받을 수 있었다. 김영선의 가족도 보상을 받아서 강화나 인천에서 생활할 때도 빈곤하지 않게 생활할 수 있었다. 물론 전쟁 전 명덕여고를 다니고 있었던 김영선은 대학에 진학할 수 없었지만, 식산은행(한국산업은행 전신)에 취직할 수 있었다. 김승찬의 경우, 단신으로 남하하여 고향의 토지에 대한 보상을 전혀 받을 수 없었지만 그는 군대에 가서 고학으로 대학에 진학하여 공무원 생활을 하였다. 따라서 이들은 남한의 학력사회에서 잘 적응하여 1960,70년대 경제개발 속에서 중산층으로 성장해갈 수 있었다.

남한에서 월남민은 "지독하다", "억세다"와 같은 부정적인 이미지를 가지고 있다.[273] 월남민들이 생활력이 강할 수밖에 없는 이유는 그렇지 않으면 생존할 수 없기 때문이었다. 마찬가지로 개성, 개풍, 장단 구술자들도 개성문화권을 배경으로 근면함, 성실과 신용을 바탕으로 억세게 살아남아 자수성가하였다.

또한 이북오도 월남민과 마찬가지로 개성, 개풍, 장단 실향민들도 '빨갱이'라는 의심으로부터 자유로울 수 없었다. 이들은 원래 고향이 38이남이었지만 북한땅이 되어버려 이북출신이 되어버렸기 때문이다. 그래서 구술자들은 '빨갱이'라는 낙인으로부터 면제를 받는 직업(공무원과 군인)을 택하였던 것으로 보인다. 그렇지 않으면 '빨갱이' 낙인과 무관한 장사(동대문 시장 상인이나 소상인)나 사업을 통해서 남한사회에서 정착해갔던 것으로 보인다.

4. 실향민으로서의 어려움

개풍, 개성, 장단 실향민의 구술사 인터뷰에서 놀라웠던 것은 예상했던 것보다 실향민의 어려움을 토로하지 않는다는 것이다. 대부분의 실향민들은 한국전쟁 후에 모두가 다 어렵게 살았던 시기였고, 실향민이어서 특별히 더 어려운 것은 없었고 사회적 차별도 없었다고 말하였다. 다음은 실향민의 어려움에 대한 면담자의 질문에 대한 개풍군 출신의 곽종섭의 답변이다.

면담자 : (중략) 근데 그렇게 하면서 남한에서 보면은 인제 여기서 지역, 지연이라는 게 되게 중요하잖아요. 어디 사람이다 이런 거. 전라도 사람이냐, 경상도 사람이냐 이런 것도 중요한데 인제 이북사람이라고 할 때 사회생활 할 때 남성분들은 내가 이북사람이다, 고향이 없다 뭐 이런 거가 사회 생활하는 데 어떤 영향을 줬나요?
곽종섭 : 근데 나 솔직히 우리 여기 이… 여기 개풍군 사람들은요 이북사람들은 아니에요. 다 이남사람이지. 근데 시방 미수복이 됐지 이북 사람은 아닙니다. 솔직히 말해서. 삼팔(38) 이남 사람이지 이북사람은 아니에요. 다만 우리가 미수복이라는 명칭을 붙여줘야지 이북사람이라고 하는데 자꾸 이북사람, 이북사람 하는데 이북사람은 아니에요. 우리는 사실. 이북사람은 아니고요, 미수복 사람이죠 우리는 사실.
면담자 : 근데 이제 실향민이잖아요.
곽종섭 : 그렇죠. 미수복 실향민이지 이북 사람은 아니야.

면담자 : 그럼 실향민으로서 뭐… 생활할 때 아 내가 고향이 없다라는 거에 대해서 조금 뭐랄까… 왜냐하면 이제 뭐 우리나라는 남자들이나 관직이나 이럴 때 뭐 어느 출신 이런 거에 대해서 굉장히 따지는 경향이 있잖아요.

곽종섭 : 근데 나는 고향이 없다 그렇게 생각은 안 해요. 고향은 있는데 못 갔다뿐이지. 내가 왜 고향이 없어요. 고향이 나는 있는데 다만 못 갔다 뿐이야. 그렇지 않아요? 내가 고향이 왜 없어요. 나도 고향이 있는데 못 갔다 뿐이지. 난 그렇게 생각을 하거든. 뭐 고향은 없다 난 그런… 뭐 어디 뭐 내가 길거리에서 주어온 놈도 아닌데 왜 내가 고향이 없어요. 나도 고향이 있는데 다만 못 갔다. 그렇게 생각을 하고 있지.

면담자 : 그럼 출신 지역이다 그러면 경기도다라고 그렇게 생각 하시는 거예요?

곽종섭 : 그렇죠.

면담자 : 그러니까 예를 들면은 평안도 사람은 자기가 이북 사람이라고 생각하잖아요. (**곽종섭** : 그렇죠) 그런데 아니다 라는 거죠?

곽종섭 : 난 이북 사람은 아니다 이거야.*

같은 질문에 개풍군 출신의 윤철환도 다음과 같이 답변하였다.

면담자 : 근데 그거 말고 인제 그거는 일종의 가족을 잃은 한인데, 그거 말고 사회생활을 하면서 내가… 실향민이기 때문에 여기서 사회생활하고 뭐… 운이 좋으셔서 운, 관운이 좋으셔서 별로 어려움이 없었지만, 어떤 그런 뭐… 어려움이나 아니면 차별이나 이런 게 있었나요?

윤철환 : 뭐, 우리는 그렇게 큰 그런 건 느끼지 않고, 어…… 요거… 저쪽 아주 북쪽사람들과는 달라서 우리는 삼팔(38) 이남이었잖아요. 그러니까 그런 차별은 느낀 거 같진 않고, 음… 우리는 지방색도 없잖아. 뭐… (**면담자** : 그렇죠) 그러니까 뭐… 그런 거는 그렇게 어려움 없이 지냈고, 다만 그… 선배들이라고 허는 분들과의 이런 거 있잖아. 무슨 승진, 직업 뭐 할 때 연관된 뭐가 있어야 되는데 그게 없어.

면담자 : 선배들과의 연줄?

윤철환 : 응, 난 선배들이 뭐 뒤를 봐줘서… 경제적 또는 승진 뭐 이런 거 그런 건 없었고, 그게 뭐… 허허… 흠이면 흠이지만 우린 대개 그쪽에서 나온 사람들은 자기 다 자기 힘으로다가 뻗쳐 나간 거라고 봐야 돼.

---

* 2014년 3월 27일 통일회관 개풍군민회 사무실에서 진행된 곽종섭 2차 인터뷰 중에서.

면담자 : 그러니까 여기 이쪽에 있는 사람들은 인제 학연 같은 거… **(윤철환** : 응, 그래) 근데 여기는 학연을 이용할 수가 없는 거죠.
윤철환 : 응, 학연, 지연이 없어.
면담자 : 그러면 인제 진짜 혼자의 힘으로서…
윤철환 : 그래, 대개 다 그래… *

전쟁을 경험한 세대, 베이비붐 세대의 부모들이 살아온 시기가 전후 모두가 어렵게 산 시기였고, 1960년대, 70년대 급격한 경제개발을 통하여 자수성가하여 중산층으로 성장했던 시기였다. 개성, 개풍, 장단 실향민들은 경기도 출신이고 말씨로 구별할 수 있는 월남민들과 달리 별다른 사회적 차별을 받지 못했다고 느끼는 듯하다. 특히 군인이나 공무원이었던 실향민들은 실향민에 대한 사회적 차별을 부정하는 경향이 강하다. 그런데 윤철환이 지적하듯이 이들이 사회적 진출에 있어서 학연이나 지연은 전혀 도움이 되지 않았다. 그러나 김승찬처럼 남한에서 대학 졸업으로 학연을 가지게 되면 사회적 진출에 큰 도움을 받을 수 있었다.

면담자 : (중략) 그래도 보면 이제, 고아라는 거, 그 다음에 개성실향민이라는 거 이런 거가 삶에 상당한 많은 영향을 줬을 것 같애요.
김승찬 : 혼자 됐다는 거, 고아라는 거, 인제 내가 이 세상에서 나 하나다. 이제 내가 살아야 되겠다. 자력으로 노력해야 되겠다. 그것 밖에 없어요. 누가 뭐? 빽이 있나? 무슨 뭐 집안이 있나 뭐? 돈이 있나? 그러니까 그 참. 학교 공부도 말이지, 저녁 때, 남들 장교들 그때 당구장으로 뭐 술집으로, 댄스학원으로 뭐 저거 할 때, 난 그냥 몰랐으니까. 그냥 도서관에 가고, 옷 갈아입고, 학교 가고 그래서 교수들도 나를 상당히 봐줬다고.
면담자 : 근데 개성 사람들이 그 남한 사회에서 살아가는 데 어려움도 많았을 것 같아요. 혹시 실향민이었기 때문에 어려움은 어떤 것들이 있었는지?
김승찬 : 그럼 피난민 피난 상황이니까 그야말로 빨가벗고 시작한 거지. 다. 그러나 그 피난 악착같은 의지, 노력, 피나는 눈물 다 흘려가면서 극복한 거지.

---

* 2014년 4월 18일 한국구술사연구소에서 진행된 윤철환 2차 인터뷰 중에서.

면담자 : 본인 스스로의 노력으로 인해서.

김승찬 : 다 그렇지 뭐. 피난 나와서 뭐, 그런 노력 없이 피땀 흘리지 않고서 뭐가 이뤄지겠어요?

면담자 : 근데 뭐 우리 사회를 보면 그래도 이렇게 그 되게 연줄이나 이런 거가 고향이 되게 중요한 사회잖아요. 그런데 그런데 있어서 회장님께서 실향민이기 때문에 뭐 차별을 받아본 적이 있다거나 뭐 그런 거 느끼신 적이 있으세요?

김승찬 : 난 그런 거 없어요. 차별을 받은 거 없어요. 내 노력으로, 순수한 내 노력으로. 그 당시만 하더라도 제3 공화국 뭐 저 거쳐 가면서.

면담자 : 그렇죠.

김승찬 : 소위 말하는 경상도 무슨 뭐 이런 것들 전라도, 서울대 학벌 있잖아요 등등. 그 뭐 지원관계 그런 게 있는데, 나는 우리 성대 출신이 성공한 고위 공직자는 없지만 그래도 정책기관에 있는 공무원 출신이 많아요. 행정 계통에. 공무원 출신이. 이 서울대 서울대 그 채널이 절대적이지만, 허허허, 그 틈새에 끼어서 중간 정책 기관은 많다고. 그렇다고 해서 무슨 혜택을 본 것도 아니지만은, 상당히 도움이 된 거죠.

면담자 : 음. 그러면.

김승찬 : 지금 내가 도움을 공무원 생활을 하면서 도움을 받았다는 것은, 5·16 혁명이 되자마자 공무원들에 대한 정신교육을 시켜야 하잖아.

면담자 : 그렇죠.

김승찬 : 그때 중앙공무원 교육원에서 전부 다 집어넣고, 각 부처에서 선발을 집어넣고 교육을 시키는 데, 한 달에 하나씩, 그때 우리 250명이었어. 우리가 들어갈 때.

면담자 : 보훈처에서.

김승찬 : 보훈처뿐만 아니라 각 부처에서 들어오니까 한 피교육자가 학생이. 그때 내가 학생장을 했어요. 학생장을 하다보니까, 교육받고 나서 그 각 부처 전부다 동기생들이 있는 거라. 그런 거 혜택이.

면담자 : 성대?

김승찬 : 성대뿐만이 아니라 공무원 교육원의 동기생, 우리 학생장 오셨다고. 그런 뭐 친밀한 뭐가 있었어요. 그런 것도 하나의 공직생활 하는데, 각 부처 상호 간에 그 뭐 저거 있잖아요. 그 협조사항이, (**면담자** : 그렇죠) 상당히 많이 도움이 된 거지.

면담자 : 그러면 개성 고향 사람들이랄지.

김승찬 : 고향사람들은 내가 혜택을 받은 건 없고, 내가 도와준 사람은 많습니다. 내가 도와준 사람은 많아요. 예를 들면 내가 국가 보훈처에 그래도 간부를 하고 있는데

고향사람들이 6·25 미망인, 유자녀, 상이군인 많잖아요. 그러니까 그 사람들 안 도와 주면 내가 누굴 도와줬겠어요. 그렇다고 해서 특별히 저거 한 거는 아니지만 그래도 그 사람들은 내가 아주 큰 저거지.*

장단군 지주 집안 출신은 조철욱은 실향민의 어려움에 대해서 다음과 같이 구술하였다.

조철욱: 글쎄요. 그 뭐 그렇-게 그 이 어렵다, 어렵다 하는 생각은 안 했는데,
면담자: 그래도 돈이 없었잖아요. 하하하 공부하실 때.
조철욱: 아이 그 어린 시절에는 몰랐어요. (**면담자**: 네) 근데 그 80년대 들어서면서 에 우리나라 경제 성장이 별안간 그냥 그 커지고 특히 최근에 와서 전국이 전부 그 부동산 그 붐이 일어날 때에 야 난 그 고향에 그 고향에 그 있는 그 땅을 내 지난번에 얘기했지만 우리 집터가 1,350평입니다. 그것만 가져도 얼마나 내가 지금 떵떵거리고 살까. 이 뭐 그 지금 그런 생각을 조금 해봤어요. 아쉬움? 고향을 잃은 그 이 아픔이 이런 거구나. 그 또 하나 그 이 비유해서 말씀드리면은, 똑똑한 사람들이 일산에서 서울 와 고등학교, 대학교를 졸업하고 시골 땅을 팔아서 아파트를 사고 단독주택을 샀어요. 일산에서, 일산에서 여기 서울 와 갖고.
면담자: 무슨 말씀인지 알아요. 예. 하하하.
조철욱: 예. 그 사람들은 아파트 하나밖에 없어요. (**면담자**: 예예) 그런데 시골에서 똥지게 지고 농사짓던 사람은 (**면담자**: 하하하) 몇 십억, 몇 백억씩 보상금을 받더라고.
면담자: 맞아요. 신도시 개발되면서. (중략)
조철욱: 조상의 땅 가지고 하루아침에 벼락부자가 돼서 그렇게 호의호식하고 사는데 죽어라고 대학까지 나오고, 열-심히 공무원 생활 하면서 살았지만 지금 하루아침에 벼락부자 된 친구들만 못하니 이게 뭐냐. 이제 그런 그… 물론 자존심이나 자부심은 그게 아니지만 야, 나도 내 고향의 땅, 고향만 들어갈 수 있다면은, 나는 그 돈에 그렇게 구애 안 받았는데요. 지금도 그렇게 돈에 구애받고 살지는 않습니다. 아 돈 때문에 어떻게 하나, 돈 때문에 이거는 안 하고 사는데, 그렇-게 그 사회에 변화가 오면서 야 참, 나도 고향에 들어가, 하하하 그런 생각을 하고, 또 집사람하고도 가끔

---

* 2009년 6월 9일 통일회관 미수복경기도도민회 사무실에서 진행된 김승찬 2차 인터뷰 중에서.

얘기하죠. 집사람은 강원도 저 회향인데, 자기 그… 친정아버지가 살던 그 기와집, 물레방아 그거를 이 그 그림을 그려서 집에 소장을 하고 있는데, 우리집도 느이(너희) 집, 느이집(너희집)못지 않아, 둘이 이제 그런 얘기를 농담으로 주고받고 그럽니다. 속상하지만, 증말(정말)이에요. 고생이란 걸 모르고 살아왔어요, 우린. 열-심히 살려고 한 거 그거뿐이지. 아이구 이거 고생이 되는데 어떡하나, 다만 이제 살면서 이제 가장 지금 그 느끼는 거는, 아 힘들게 살아왔구나. 어머니, 그 힘들게 나 어머니하고 둘이서 넘어왔는데, 어머니한텐 너무 효도를 못했구나. 증말(정말) 너무 효도를 못 했어요. 그 왜냐하면 효도를 일부러 안 한 게 아니라, 또 해야 되는 것도 모르고 살았고, (면담자 : 하하하) 힘들게 살다보니까, 아 증말(정말)이에요. (중략) 그래도 이제 지내고 보니까 참 어머니한테 효도를 못 했구나, 하는 그… 이 나이 먹어서 철나서 그런 모양이지 뭐. 철나, 철나자 망령 든다, 든다 그러잖아요. 하하.*

조철욱은 힘들게 열심히 살았지만 실향민으로서의 차별보다는 신도시개발로 인한 상대적 박탈감을 토로하였다. 하지만 힘들게 살아서 제대로 효도를 못한 것을 후회하였다. 구술자들은 경제적 사회적 차별보다는 정서적, 감정적 어려움이 더 큰 것으로 보인다. 곽종섭은 이산가족의 외로움을 토로하였다.

곽종섭 : 사실 뭐 어려움 이라는 게 뭐 다 어렵겠지만은… 그렇더라고요. 그 외로움이라는 게. 참… 그 외로움이라는 거 하고 진짜 그 고향을 그리는 그 마음이… 제-일 마음이 크더라고요. 내가… 엊그저께도 한 번 말씀 드렸는지 모르지만 우리 아버님이 그래요. 야 고향에 갈 때까지 우리… 내 그 그전에만 해도 아버님하고 저기 했을 때 그 새우젓만 먹으니까… (면담자 : 어… 맞아요. 말씀 하셨어요) 참 그런… 그런 게 제-일 마음이 아파. 진짜. 참… 어떻게 고향 언제 가나 한 번.
면담자 : 어머니 많이 그립지 않으셨어요?
곽종섭 : 아유… 왜 안 그리워요. 어휴… 근데 말야 그 인연이라는 게… 어느 정도 처음에… 이게 자연스럽게 끊어지는 모양이에요. 그게 왜 그러느냐면요, 우리 아버님이 요 증명사진 쪼끄만 걸 갖다가 하나 어떻게… 넣고 나오셨든지 어디서 그걸 가지고 계시더라고. 그러다가 내가 하-도 그러니까는 우리아버님이 그러시더라고. 야,

---

* 2010년 4월 19일 조철욱 3차 인터뷰 중에서. 국사편찬위원회 구술자료번호. OH_10_019_000_06.

내가 가지고 있는 거보담도 니가 가지는 게 나으니까 니가… 그 사진을 주시더라고 증명사진을… (**면담자** : 어머니?) 응, 어머니 사진을. 그래 날 주셔. 그래서 알았습니다. 그러고 내가 넣고 다니면서 보고 싶으면 어머니 보고 싶으면 그걸 쳐다보고 막 그랬는데, 어느 날 지갑을 잊어(잃어) 버렸어. 그러니까 어머니 생각을 끝내라는 얘기 같은 거 같애. 그게 자연-히… 그 내가 뭐 잊어버리고 싶어서 그런 게 아니라 그걸… 잊어버리고 나니까 그게 시간이 흐를수록 자꾸 멀어지더라고요 그게. 늘 그 이따금씩 볼 때하고 그걸 못 보니까 자꾸 멀어지더라고요.
면담자 : 여동생에 대한 기억도…
곽종섭 : 그렇죠. 근데 그 처-음에는 그게… 늘 이게 한 달에 한번이라도 들여다봤을 때 어머님 모습이 이게 늘 눈앞에 살살 생각나다가도 이거를 잊어버리고 나니까 어떻게 생겼더라… 저게 되더라고요. 희미해져 버려.*

전쟁 당시 청소년이었던 구술자들은 특히 부모님에 대한 그리움과 죄책감은 매우 크다. 전쟁으로 고아가 된 윤철환은 다음과 같이 구술하였다.

면담자 : 어… 그… 그리고요 제가 또 궁금했던 거는 여기 실향민으로서 이렇게 여기서 내려와서 그리고 또 완전 고아가 된 거나 마찬가지잖아요. 그래서 살았을 때 가장 어려운 점은 어떤 거였던 같아요?
윤철환 : … [생각하며] 그… 하하… 물론 뭐 경제적이나 뭐 여러 가지 다 있지만… 아… 제사를 안 지냈어. 제사를.
면담자 : 언제 돌아가신지… 돌아가신 날을 모르니까…
윤철환 : 어, 그것도 그렇고 혼자 무슨 제사… 그게 어렵더라고. 난… 물론… 뭐 나중에 교회로 돌아섰기 때문에 그냥 추도기도… 뭐… 식 같은 건 하지만, 우리 할아버지가 언제 돌아가셨는지도 모르지. 증조할아버지 증조할머니… 그런 것도 그때 뭐 알았어? 그냥 몰르고 나왔으니까 지금 그냥 예를 들면 정초 래던가 뭐 이때 그냥 (**면담자** : 차례) 응, 그냥 추도해서 고향 분들에게 뭐 저거 해 달라는 그건 하지만 제사를 못 지냈어요. 그게 좀… 아쉬워. 우리는 장손 아니야. 내려오면서… (**면담자** : 그렇죠. 장손이죠) 장손이 장손 노릇을 못 한 거야.**

---

* 2014년 3월 27일 곽종섭 2차 인터뷰 중에서.
** 2014년 4월 18일 윤철환 2차 인터뷰 중에서.

전쟁으로 고아가 된 김승찬은 아버지의 기일이 자신의 생일날이어서 평생 동안 자신의 생일상을 받지 않는다고 한다.

면담자: 그럼 아버님 돌아가신 건 어떻게 소식을 들으셨어요?
김승찬: 아버님 돌아가신 고향에서 건 뭐 그 저 남아있는 사람들끼리 그냥 해서 장례를 제대로 치뤘겠어요? 상여가 있어, 뭐가 있어?
면담자: 얘기만 들으신 거죠.
김승찬: 얘기만 들었지. 비참해요. 비참해. 그러니 내 죄가. 내가 죄를 이 세상에서 제일 불효하고 말이야. 동경 하고 한 내용이 내 친구들이나 이웃이 부모를 모시고 사는 사람들. 그 애절함 그거 정말 장남으로 태어나서 따뜻한 밥 한 그릇 봉양을 못했잖아.
면담자: 그렇죠.
김승찬: 그래서 내 이제는 내 생일을 모릅니다. 평생 생일날 미역국 한 그릇 안 끓여 먹고 육순이고 칠순이고 팔순이고 간에 일제 없어. 그 무슨 내 생일날 무슨 반찬을 해먹고 챙겨 먹고 그런 저러, 내가 불효라고 하는 그러한 죄책감 때문에, 그걸 애들한테도 절대 그걸 금지 시켰지.
면담자: 생신날에 아버님 돌아가셨다면서요.
김승찬: 그럼. 그러니까 어떻게 기고가 내 생일날이야. 그러니까, 그 애들한테도 다 인식시켜버리고. 포기시키고. 그러니까 애들 생일날, 며느리 생일날, 난 몰라요.
면담자: 하하하.
김승찬: 애들도 감히 자기 생일날이라고 얘기 못하고 아버지한테. 내가 이런데 우리 아버지 지들끼리 하겠지. 너희들끼리 해라 그러지. 생일이라고 얘기할 수 있나? 내가 그런데.*

개성, 개풍, 장단 실향민들은 전후 남한 사회에서 사회적 자본의 중요 요소인 학연, 지연, 혈연의 네트워크가 거의 단절된 상태에서 자신들의 장소를 만들어가야 했다. 이북사람들처럼 사투리가 없었기 때문에 또한 경기도민인 이남사람이기 때문에 구술자들은 월남민들과 자신들을 구

---

* 2009년 6월 9일 김승찬 2차 인터뷰 중에서. 국사편찬위원회 구술자료번호. OH_09_017_000_06.

별하고 있다. 그러나 신채오는 전쟁 후 서울시 도봉동에서 정착할 때 이웃들에게 "이북치, 이북치"라는 소리를 들었다. 미수복경기도 실향민들 자신들은 월남민들과 구별을 하지만, 남한사람들에게 미수복경기도 실향민은 이북오도 월남민과 마찬가지로 이북에서 내려온 사람들이었다. 그럼에도 불구하고 이들이 실향민으로서의 어려움을 과소평가하는 이유는 구술자들은 대개 전후 모두가 어려웠던 시기를 겪었고, 박정희 정부 시절의 급속한 경제성장 속에서 중산층으로 계층상승을 한 소위 자수성가한 사람들이기 때문이다. 구술자들은 실향민에 대한 사회적 차별보다는 자신들의 힘으로 사회적으로 성공했다는 것을 더 중요하게 생각하는 것이다. 그러나 아무리 먹고 사는 것이 해결되고 사회적 지위를 얻었다고 해도 이들 실향민들에게 북에 있는 가족들에 대한 외로움, 그리움과 죄책감은 계속 남아있다.

제11장

미수복경기도민의 탄생

개성, 개풍, 장단 피난민들이 휴전과 동시에 실향민이 되어 남한 사회에서 새롭게 장소를 만들어가는 이산의 과정은 미수복경기도민회의 성립으로 가시화되었다. 기존의 월남민들의 연구가 남하의 유형, 동기, 계층적 이동 또는 반공사회에서의 적응에 초점을 두었다면 나는 이들의 네트워크와 재영토화에 초점을 두고자 한다. 이 장에서 개성, 개풍, 장단 실향민들이 만들었던 자생적인 면민회, 군민회들이 미수복경기도민회로 통합되는 과정을 조명하면서 미수복경기도민의 탄생을 이들의 실향민 정체성과 연결시켜 논의 할 것이다.

개성, 개풍, 장단 실향민들은 전쟁이 끝나면서 조금씩 고향사람들의 모임을 가지기 시작했다. 초기에는 아는 고향사람들끼리의 친목 모임정도였으나 1970년대와 1980년대를 거치면서 어느 정도 실향민들이 남한에서의 정착이 안정된 이후에 면 단위와 군 단위의 자생적인 조직들이 만들어졌다. 이 조직들이 1991년에 정부가 주도하는 미수복경기도민회로 모아지면서 미수복경기도민이 탄생하게 되었다.

1. 자생적인 시민회, 면민회와 군민회의 형성

1) 개성시민회

개성시민회는 해방 이후 1947년 초대 개성부윤을 역임한 손홍준이 서울에서 개성인의 친목을 도모할 목적으로 만든 서울개성인회로부터 출발한다. 서울개성인회는 한국전쟁으로 중단되었다가 수복 후에 서울, 수원, 인천, 강화, 대구, 부산 등에도 개성인회가 조직되었다.274) 개성인회는 1955년 공진항이 제2대 회장으로 추대되었고, 1958년에 정식으로 개성시민회로 발족되었다. 1958년 5월 25일 창경궁에서 피난생활로 헤어진 개성사람들의 첫 번째 모임을 가졌고, 그 후에도 여러 차례 모임이 있었으나 활발하지는 못하였다.275)

제5대 개성인회 회장인 우만형이 미국으로 이민을 가버리자, 1970년에 제12회 정기총회 이후로 13년간 개성인회는 사실상 활동이 중단되었다. 그러다가 1983년 4월에 개성시민회 결성을 위한 개성유지 모임과 상임이사회가 개최되었다.276) 그리고 같은 해 5월에 개성시민대회를 개최하여 사실상 다시 개성시민회를 발족하게 되었다. 『개성지』에 따르면 개성시민회 발족의 배경을 다음과 같이 정리하고 있다.277)

1. 피난 후 30여년이 지나도 귀향 희망이 엷어지자, 실향민끼리 모여서 고향을 그리자는 심리가 커졌다.
2. 피난 후 온갖 고생 끝에 많은 분들이 삶의 기반을 굳히고 고향을 그리워하는 여유가 생겼다.
3. 개성의 학교마다 동창회의 모임이 우후죽순처럼 생겨나고
4. 지역별 개성인회가 많이 결성되었다.
5. 피난 시 젊은이들이 이제는 사회 각계에서 예로 군인, 법조계, 경제계, 금융계, 행정부, 의료계 등 모든 분야에서 활발히 활동하게 되었다.

1983년에는 KBS의 이산가족찾기 프로그램이 6월 30일에 시작되었는

[그림 7] 『송도』 창간호

데, 이쯤에 피난민들도 서로를 찾을 수 있는 심정적 여유가 생겼기 때문으로 보인다.

『개성지』에 따르면 위에서 열거한 배경 외에도 중요한 역할을 한 것이 『송도민보(松都民報)』였다. 『송도민보』는 1976년 사실상 개성인회가 유명무실했던 시기에 개성인들의 소식을 전했던 고향지로서 개성시민회가 다시 발족할 때까지 개성사람들을 연결시켜 주었던 것이다. 『송도민보』는 개성시민회가 발족되자 개성시민회로 넘겨졌고, 1985년에 『송도』로 개칭하여 창간호가 발간되었다.278)

1984년에 개성시민회 기구가 개편되고 이회림이 회장이 되면서 시민회가 활성화되기 시작했다. 1985년부터 격월간으로 『송도』가 발간되기 시작했고, 후예들에게 이어지기 위하여 법인체를 구성하여 개성시민회를 공익법인 재단법인체로 만들었다.279) 이회림 제7대 회장 이후로 제8대 장명희 회장, 제9대 박광현 회장이 현임 회장으로 2015년에 『개성지』를 출간하게 되었다. (재)개성시민회는 회장, 명예회장, 개성명예시장이 있고, 5명의 부회장, 20명의 이사, 2명의 감사로 구성되어 있다. 최근에는 명예동장이 생겨서 동, 서, 남, 북동장이 임명되었다.

『개성지』에는 (재)개성시민회의 유지 및 발전의 원동력이 금전기부, 재능기부, 노역(정성)기부 그리고 독자후원기부의 5가지 기부에 있다고 기술되어 있다. 개성시민회를 재단 법인화하는 데 가장 큰 공을 세운 이회림은 동양화학그룹회장으로 가장 많은 금전적 기부를 하였고, 그 외에 다양한 개성출신 사업가들이 재정적 지원을 해왔다. 재능 기부는 주로 『송도』 발간에 도움을 준 원고 투고자들이다. 노역(정성) 기부는 개성시민회의 운영을 위하여 온갖 잡무를 맡아 처리하는 회장, 이사장, 사무국장 및 사무직 직원들과 『송도』 관련 편집위원들이다. 그리고 『송도』 독

자들의 기부와 『송도』 광고 기부가 있다.280)

2) 개풍군민회

한국전쟁 동안 대구, 부산, 논산, 전주 등 전국으로 흩어졌던 개풍군 실향민들은 정전 후 대부분 서울로 이주하거나 강화도로 가서 가족을 찾고자 하였다. 1955년 이희승, 이종훈, 민석기 3인이 주최가 되어 고향 사람들의 모임이 시작되어서 같은 해 서울 성북구 신흥사 경내에서 개풍군민회가 창립되었다. 같은 해 8월에 덕수궁에서 창립총회가 열렸는데, 개풍군 실향민이 약 500명이 참석하였다.281) 1961년 주도자의 사정으로 군민회는 20여 년 간 유명무실해졌다가 1982년 고 박상필 명예군수와 주영운 등이 14개 면장을 중심으로 수차례 회합을 가지고 군민회를 재정비하였다. 1982년 우이동 솔밭에서 개풍군민 500여 명이 참가하여 제7차 군민회정기총회가 개최되어 개풍군민회가 현재까지 활동을 하고 있다. 2013년 현재 개풍군민회는 군민회장, 명예군수, 상임고문 2명, 고문 10명, 군민회부회장 6명, 감사 2명, 사무국장 1명, 이사 40명 총 63명으로 임원진이 구성되어 있다.282)

개풍군민회의 주요 활동으로는 두 번의 지방지 편찬을 들 수 있다.

[그림 8] 『개풍』 100호

1984년에 『개풍군지』를 출판했고, 2010년에 증보판을 편찬하였다. 1985년부터 매년 2회 개풍군민회보인 『개풍』을 발간하고 있고, 2001년부터는 장학사업도 하고 있다. 또한 매년 추석과 정월명절에 각 면에서 독거노인과 소년소녀가장 2명씩을 선정하여 쌀을 보내주고 있다.283) 실향민 1세대가 작고하심에 따라 군민회를 활성화하기 위하여 1995년에는 실향민 2세들의 청년회가 발족되어 현재까지 활동하고 있

[사진 8] 강화도 평화전망대 망배단

다. 같은 해 후대들에게 고향을 심어주고 친목과 화목을 위하여 부녀회가 창립되어 현재까지 각종 행사에 참여하고 있다.284)

현재 개풍군민회 산하에는 14개 면민회가 있는데, 가장 빠르게는 서면면민회가 1955년부터 시작되었으나 1959년에 중지되었다가 1980년에 재발족되었다.285) 개풍군민들은 1950년대 중반부터 리 단위나 면 단위의 친목회를 시작하여 1970년대 말과 1980년대 초에 들어서서 14개 면민회의 형태를 갖추게 되었다. 따라서 1980년 전까지는 리나 면 단위로 향우회, 친목회 형태로 이루어지다가 1982년 개풍군민회가 재발족되면서 이미 만들어진 면민회와 재발족되거나 정식으로 조직된 면민회들을 산하에 두게 된 것이다. 14개의 면민회도 군민회와 비슷한 활동을 하고 있는데, 2006년부터 2011년까지 6개(중면, 상도면, 광덕면, 임한면, 흥교면, 청교면)의 면에서 면지를 발간하였다.

3) 장단군민회

장단군민회는 1953년 11월 15일 서울 덕수궁에서 약 300명의 군민이

모인 가운데 창립되었다. 전쟁 중 당시 종로 경찰서장이었던 정중현의 적극적인 도움으로 군민회의 회장단(회장 서병식)은 장단군민들이 수용되고 있는 파주군과 고양군에 있는 수용소를 찾아 위문금품을 전달하는 등 활동을 하였다. 정중현은 장단군 출신이 아니지만, 장단군과 인연이 있어서 월남한 청소년 18명에게 직업을 알선해주는 등 군민들을 많이 도와주었다.[286]

장단군내 면민회들은 군민회보다 훨씬 늦게 1980년대를 전후로 하여 만들어졌다. 가장 빨리 면민회가 만들어진 것은 군내면으로 1970년에 창립되었고, 1975년에 장도면민회가 만들어졌다. 1984년에 대남면민회와 장단면민회가, 1986년에는 소남면민회가, 1988년에는 장남면민회, 진서면민회, 강상면민회, 대강면민회가 설립되었다. 마지막으로 1998년에 진동면민회가 만들어졌다. 남한 내의 장단군 지역이 파주군와 연천군으로 흡수되었기 때문에 파주지부가 1993년에 만들어졌다.

1970년에는 장단군의 마을 유지들이 상호친목과 유대를 강화하기 위하여 장단 친목회를 조직하였다. 인천시 북구 효성동 대원농장에서 처음 열렸고 3년마다 1회씩 3차에 걸쳐서 모임을 가졌다. 그리고 군민들의 친목을 도모하기 위하여 '고향의 밤' 행사를 3차에 걸쳐서 개최하였다.[287] 1973년에는 장단 친목회는 1953년 비무장 지대 대성동에 만들어진 '자유의 마을'을 방문하여 그 곳 학교에 들러 위문품을 전달하고 주민들과 옛이야기를 나누기도 하였다. 그리고 1974년부터 군내면, 진동면, 장단면에서는 군부의 허가를 얻어서 한식과 추석에 성묘 차 비무장지대를 방문하고 있다. 특히 진서면민회는 1976년 파주군 천현면 동문리 소재 임야 3정보를 사들여 면민공동묘지를 마련하였고, 매년 한식과 추석에 면민 다수가 성묘를 하고 망향제를 지내고 있다.[288] 1978년에는 군내면, 진동면, 장단면의 지주들이 모여서 '장단군 지역 지주회'를 결성하여 고향에 두고 온 토지 소유권 및 경작권을 찾기 위하여 노력하였다.[289] 또한 장단군민회에서는 1980년에 『장단군지』를 발행했고, 2009년에 증보판을 발행하였다.

2. 미수복경기도의 성립

1) 이원체계의 성립 과정

미수복경기도민회는 이북5도위원회, 이북5도민회, 그리고 미수복강원도민회에 함께 현재 서울 구기동에 있는 통일회관에 위치하고 있다. 미수복경기도의 역사적 특수성을 자리매김하기 위해서는 이북5도위원회의 역사를 살펴볼 필요가 있다. 조선이 일제식민지배에서 해방이 되었을 때 모스크바 삼상회의에 따라서 38선 이남과 이북이 갈리면서 분단이 시작되었다. 그리고 북한에 공산주의 정권이 들어서면서 이북5도민들의 월남이 시작되었다. 1948년 남한의 단독정부가 들어서고 1949년 5월 23일에 서울시 중구 북창동 (구 서울시경)에 이북5도청이 설치되었다.290) 이북5도청이 개청되고 1년 후인 1950년에 한국전쟁이 일어났고, 1953년 8월에 정부가 서울로 환도함에 따라서 이북5도청도 서울시 중구 충무로 3가로 이전하였다. 그 후 이북5도청은 수차례 서울시내 관공서 자리들로 이전하다가 1980년 서울시 중구 장충로 2가(구 외교안보연구원)으로 이전하였고, 1993년에 서울시 종로구 구기동의 통일회관으로 이전하여 오늘에 이르고 있다. 그런데 이북5도위원회 홈페이지의 연혁을 보면 이북5도에 대한 법령제정 과정에서 미수복지역에 관한 것은 1966년에야 나타난다. '1966년 6월 25일에 미수복지구 명예 시장·군수제 실시, 1969년 0월 23일 미수복지구 명예 읍·면장제 실시'라고 되어있다. 1966년에서야 정부에서 공식적으로 수복이 안 된 경기도 지역이 미수복경기도라고 인정하였고, 미수복경기도가 이북5도위원회(이부5도청)의 일부로서 포함된 것이다. 그러나 1980년 08월 26일에 가서야 정부는 미수복지구 명예 시장·군수, 읍·면장 위촉을 법제화 (대통령령 제10006호) 하였다. 미수복경기도 실향민들의 구술증언에 따르면 실제적으로 미수복경기도 명예 시장, 군수, 읍, 면장에 대한 법제화가 실행된 것은 1980년이었다.

이북5도청은 2004년 이북5도위원회로 개칭이 되었고, 이북5도위원회와 연계되어 이북도민회중앙연합회가 활동하고 있다. 이북도민회중앙연합회는 이북각도민회의 연합협의기구로서 1970년 8월 8일에 창립하여 각 도민회장이 1년 임기 윤번제로 대표회장을 역임하는 기구다. 이북도민회중앙연합회 연혁에 의하면 그 설립 취지와 배경은 다음과 같다.

> 연합회의 설립 취지와 목적은 실향이북도민의 결속과 민주역량을 결집하여 민족적 숙원인 통일을 성취하는데 기여하며 이북도민의 권익보호와 복지증진을 도모하고 이북도민의 통합된 의사를 당국과 대내외에 반영하는데 있습니다.
> 당초 연합회기구는 5·16군사혁명 전까지 존속한 바 있으나, 군사 혁명정부 포고령으로 활동이 중단되었다가 주한미군 감축과 중국 및 북한의 무력증강 등 주변정세가 급박하게 변해가며 남북한 문제가 첨예하게 부각되면서 이에 대처하기 위해 각 도민회간의 유대강화와 긴밀한 협조체제의 절심함을 인식하고 연합회의 재건을 서두르게 되었습니다.
> 설경동 함북도민회장, 유승원 황해도민회장, 장이욱 평남도민회장으로 구성, 발족하였습니다
> 창립 후 연합회는 정부시책협력, 반공행사 공동개최, 통일정책에 대한 공동보조, 지방연합회구성으로 전국적인 조직 확장, 안보체제강화를 위한 일선부대와의 자매결연사업추진, 이북도민체육대회 개최 등 많은 사업을 전개함으로써 실향민의 응집력을 한층 제고하여 대내외적으로 영향력을 확대해 나가고 있습니다.
> 또한 이북도민의 숙원사업인 「동화은행」의 창립, 연합회 부설기관인 「동화연구소」 신설, 23만 6천여 평에 달하는 「동화경모공원」 조성, 실향민의 복지를 위한 「동화진흥주식회사」 설립, 연건평 4천 2백 평의 거대한 통일의 전당 「통일회관」(이북5도청)준공 등 여러 사업을 성공적으로 이뤄냄으로써 이북도민의 사기진작과 위상을 드높이는 데 공헌하였습니다.
> 창립당시 황해도, 평안남·북도, 함경남·북도 등 5대 도민회로 구성한 연합회는 1991년 3월 12일부터 미수복경기·강원도민회가 합류하여 7개 도민회로 확장, 명실상부 이북도민 전체를 망라하게 되었습니다.*

---

* 이북도민회중앙연합회 홈페이지 www.ibuk5do.go.kr 참조.

1966년에 미수복지구 명예시장, 군수제가 만들어졌는데도, 1970년 이북도민회중앙연합회가 창립되었을 때조차도 미수복지역은 포함되지 않고 있었다. 1991년에 되어서야 미수복경기도와 미수복강원도가 합류하여 이북7도민회가 된 것이다. 그리고 1993년에 통일회관이 신축되었을 때 미수복경기도민회는 이북5도위원회와 이북5도민회, 미수복강원도민회와 함께 통일회관으로 들어갔다. 따라서 통일회관은 명실공이 한국전쟁 이후 고향을 잃은 모든 월남민과 실향민들을 포함하는 이북7도민회의 '기억의 장소'가 되었다.

　그렇다면 1991년 미수복경기도민회가 이북도민회중앙연합회에 합류하기 전까지 개성, 개풍, 장단 실향민들을 아우르는 조직이나 모임이 없었던 것인가? 초대 미수복경기도민회 사무국장이었던 백광우는 다음과 같이 초기 성립 상황을 설명해주었다.

면담자 : 그러고 나서 퇴직한 다음에 본격적으로 중앙 도민회 일을 하시게 된 거네요? 그때 도민회가 어떻게 해서 그러면 만들어… 그러니까 그 전까지는 미수복경기도민회라는 게 없었던 거죠?

백광우 : 없었죠, 없었는데 에… 다른 도에서 이북오개도 황해, 함남북, 평남북. 오개도에서 인제 개성… 아니, 경기도하고 강원도도 일부지만 도민회를 갖다가 만드는 게 좋겠다고 해서 강원도가 경기도보다 일 년 더 빨리 도민회를 만들었어요. 강원도가.

면담자 : 90년에. 거기는… 90년에 미수복 강원도… 음…

백광우 : 그래서… 아마 거기 90년도가 아니라 89년도에 만들었을 거야. 그래서 인제 경기도도 만들라, 만들라 그러다가 여러 번 그렇게 누차 실무진까리 오니까 개성시 사무국장이 만들어야겠다고 해가지고 날보고 같이 하자 그래가지고 만든 거지.

면담자 : 그러면 이북오도민… 이북오도청에서 미수복 강원도사람들…

백광우 : 오도청하곤 관계 없지. 이북도민회만…

면담자 : 이북도민회… (**백광우** : 네…) 도민회에서…

백광우 : 이북도민회 중앙회에서…

면담자 : 중앙회에서… 네, 연락… 만들라 라고 해서, 그러면은 이때는 통일회관 들어가기 전이니까 그러면 예를 들면 미수복경기도면은 개풍군민회, 장단군민회, 개성시민회에다… 다 연락을 해서…

백광우 : 따로 따로… 아니지… 그러니깐 타도에서는 경기도하면 개성만 얘기하지

뭐 개풍, 장단 얘기 안 하니까 개성시에서 주도해서 만들어야지… 다른 데서 만들어… 자꾸 얘기가 있었지. 일 년 전부터.

면담자 : 음, 그래갖고 만들어서… 그럼 만들었으면 처음에 어디 뭐 사무실이 어디였어요?

백광우 : 개성시민회 사무실에서 인제 만들었지.

면담자 : 아, 그 종각 있는데서… 아… 그러니까는 개성시민회 사무실에서 만든 다음에 개풍군민회, 장단군민회도 같이 들어오게 된 거예요?

백광우 : 글쎄… 그랬지. 초안을 잡을 때 시민회 회장을 선출을 해서 하느냐, 뭐 여러 가지가 있었는데 그렇게 되면 복잡해지니깐 개성시민회장이 그냥 도민회장 이회림 씨 그냥 시키고 네임 밸류(name value)가 있으니까 그냥 시키고 각 군민회에서 부회장을 한 명씩 선출하고 뭐 이런 거 초안을 다 만들어서 군민회에다 연락하니까 좋다, 해가지고 인제 회합을 해서 창설을 한 거지.

면담자 : 그래서 인제 그게 91년도에 창설이 된 거예요?

백광우 : 네, 91년도 3월달에 했으니까…

면담자 : 그러셨구나. 그래서 그러면 그 통일회관 오기 전까지는 그냥 개성시민회 사무실에서 그냥 계속 하셨겠네요.

백광우 : 시민회 사무실에 책상 하나 놓고 내가 나가는 날도 있고 안 나가는 날도 있고 해 줬지.

면담자 : 아주 완전히 도민회 초대 창설을 주도하신 분이셨구나. 아… 그러네요. 그러면 당시에 그래갖고 만들고 나서 어떤 활동이나 뭐 이런 거를 하신 거예요?

백광우 : 활동하게 되는 것은 우선 이북도민회중앙연합회에서 내려오는 지시공문이라던가 이런 행정… 이북도민회에서 매년 시월 달에 전국이북도민 대통령기 쟁탈 이북도민대회가 있다고. 체육대회가.

면담자 : 체육대회 있어요. 네.

백광우 : 거기에 또 출전을 해야 되고, 거기에 대한 계획도 세워야 되고… 또 정부에서 포상하는 포상계획도 실행해야 되고.

면담자 : 이때는 그러면 아직은 뭐 총회랄지 뭐 경로잔치 지금 하는 거 이런 거는…

백광우 : 없었죠.

면담자 : 없었죠 그때. 그래서 이게 그러면 93년도에 통일회관에 들어가게 될 때 사실은 그게 이북오도청이 옮긴 거잖아요. 이북오도민회가 옮긴 게 아니라. 그때 어떻게 가게 됐는지…

백광우 : 뭐냐면 이북도민 중에서 이름은 내 잘 모르겠는데 정부에다가 땅을 많이

투자했어요. 줬어요. 기부를 했어요. 그래가지고 이북도민 정부에서 주관하는 이북도민 저거를 뭐야 건물을 지어 달라고 그걸 기부를 했다고. 근데 그걸 기회로 해가지고 노태우 대통령이 지금 있는 이북오도청을 만들어서 이북오도청 도지사하고 도민회 직원들이 동시에 입주해서 운영할 수 있도록 하자고 그걸 지은 거야.*

1990년 개성시민회가 주최가 되어 개성시민회, 개풍군민회와 장단군민회가 뜻을 같이하여 미수복경기도민회가 창립되었고, 1993년 10월 통일회관으로 함께 입주하여 자리를 잡게 된 것이다. 도민회 창립 이해 15년간 개성 출신 실향민이 도민회장과 사무국장을 맡아오다가 2006년에 장단 출신의 도민회장이 나왔고, 장단 출신인 윤일영은 제2대 사무국장이 되어 현재까지 일하고 있는데 당시의 상황을 다음과 같이 설명해주었다. 나는 개성시민회와 개풍, 장단군민회에 대해서 질문하였다.

윤일영: 개성시민회는 올해 44회 정기총회를 치렀습니다. 다시 말해 시민회가 생긴 것은 1970년이 되는 것이며 1985년 7월 1일 관훈동에 사무실을 두고 재단법인 개성시민회로 새로이 출발하면서 장학사업과 월간 『송도』지를 간행해오고 있습니다. 개풍군민회는 1955년 고향에서 함께 월남한 몇몇 분이 고향의 지인 40여 명이 모여 발기인 총회를 열고 군민회가 출발하여 명맥을 이어오다가 1977년 마포에서 사무실을 얻고 새로이 제2의 군민회 창립총회를 열고 올해 37회 총회를 치렀습니다. 장단군민회는 1953년 정전 이후 고향사람들끼리 서로 생사 확인 및 일가친척을 찾기 위하여 서로 연락하고 안부를 묻는 등 하다가 자연스레 군민회가 형성되고 명맥을 이어 오다가 1980년 『장단군지』를 발간하면서 회칙을 재정비하고 광화문에 사무실을 얻고 하면서 제2의 창립총회를 개최하게 되었고 올해로 35회 정기총회를 개최한 것입니다. 1950년 6.25 당시 개성은 17개동에 인구가 9만 5천에 이르렀으며, 개풍운 14개면에 인구가 7만여 명, 장단은 10개면에 6만 5천여 명으로 당시 서울 인구가 100만 명에 비한다면 대단히 큰 지방도시라 할 수 있습니다.**

---

* 2015년 3월 11일 백광우 2차 인터뷰 중에서.

** 2010년 4월 19일 윤일영 3차 인터뷰 중에서. 국사편찬위원회 구술자료번호. OH_10_019_000_06. 이 구술인용문은 구술자의 회람을 거쳐서 수정된 것입니다.

이북5도민들과 달리 그 존재 자체가 1966년에야 정부에서 인식이 되었던 미수복경기도민들은 한국전쟁이 끝나고 나서부터 고향사람들의 모임을 시작하였다. 위에서 언급한 바와 같이 1953년에 장단군민회가 만들어졌고, 1955년에 개성인회와 개풍군민회가 만들어졌다. 미수복경기도 실향민들은 처음에는 소규모의 고향사람들 모임으로 시작하여 면민회, 군민회를 만들면서 면민회장, 군민회장을 자체적으로 선출하여 모임을 가지고 활동을 시작했다. 사실상 미수복경기도와 미수복경기도민이라는 명칭이 있기 전에 이미 이 지역 출신 실향민들의 자생적인 조직이 있었던 것이다. 그런데 1980년 미수복지구에 대한 법제화가 실행되면서 명예군수, 명예시장, 명예 면장이 임명되기 시작했다. 윤 사무총장은 미수복경기도민회의 성립을 다음과 같이 구술하였다.

면담자 : (중략) 인제 고향 사람들하고 적극적으로 모이고, 이렇게 모임을 만들고 이런 시기가, 70년대 중반 이후인 거 같애요.

윤일영 : 그렇습니다. 본격적인 것은 80년부터가 정부에서 적극적으로 권장했기 때문에, 예 그때가 기회가 됐다고 보는 것이고, 지금 그 당시에 80년도를 계기로 해서 군지를 발간하게 되었고, 정부에서 지원도 했을 뿐만 아니라 적극 권장을 했던 것 같습니다. 80년도 후 시, 군민회가 활발히 활동되고 발전되었다고 보는 것은 장단군민회가 『장단군지』를 발간하였고, 그로부터 2년 후에 『개풍군지』가 발간된 것을 보더라도 그에 소요되는 인력과 예산이 정부 지원 없이는 어렵지 않았거나, 지금 생각해 보면 우리 실향민 단체가 70년대 중반부터 1990년대가 가장 활발했던 기간인 것 같고 연령층을 보면 1920년대에서 1935년생까지의 연령층이 많은 기여를 하지 않았나 여겨집니다. 그리고 명예시장, 명예군수와 명예 면장 제도가 시행된 것은 1970년부터이며 시에 명예동장 제도가 생긴 것은 2009년에 시행되었나봅니다. 이북오도청도 1993년 10월에 현재 이곳으로 오기 전에는 장충동에 있었는데 노태우 대통령 당시 이북오도청사가 건립되면서 미수복경기도민회도 이곳 이북오도청사로 입주하면서 제자리를 잡게 되었고, 개성시민회와 개풍군민회, 장단군민회도 함께 입주한 것입니다. 회원 수만 하더라도 2007년 등록된 수가 10,200명에 이르렀는데 해가 거듭되면서 최근 10여 년간 타계하시는 분도 많고 해서 회원 수가 급격히 줄어들고 있는 상황이라 참으로 안타까울 뿐인 것입니다.*

윤일영 사무총장은 1980년 전두환 군사정부의 군지 편찬 지원이 군민회가 활성화되는 계기로 보고 있다. 그리고 1970년대 중반부터 1922년부터 1932년생이면서 남한에서 자리를 잡은 실향민들이 주축이 되어 군민회를 조직하고 활성화했다는 것이다. 따라서 1991년까지는 군민회를 중심으로 개성, 개풍, 장단 실향민들이 활동을 하였다가 미수복경기도민회가 창립되어 그 산하에 군민회가 들어가게 된 것이다. 윤 사무총장은 미수복경기도와 미수복강원도가 이북오도청과 함께 시작되지 못한 것을 중요하다고 지적하고 있다.

　한 신문기사에 의하면 이북도민회중앙연합회는 1987년 대선에서 노태우 후보를 지지해주고 그 대가로 구기동의 통일회관 건립, 임진각 통일전망대 운영권, 월남민 공원묘지 경모공원 설립, 동화운행 설립 등 특혜를 받았다고 주장하였다.291) 그런데 1990년은 노태우 정부가 남북고위급회담을 시작한 해였다. 1991년 말에는 제5차 남북고위급 회담에서 '남북기본합의서'가 채택되어 남북한 간에 화해 무드가 조성되고 있었다. 게다가 노태우 대통령은 남북한의 화해 협력과 통일을 위한 대비를 위해 각종법령체계의 정비를 구체적으로 검토하기 시작했다.292) 이러한 남북한 화해 분위기에서 노태우 정부는 이북도민회중앙연합회를 통하여 그 동안 정부의 관심 밖에 있었던 미수복경기도와 미수복강원도 지역을 이북도민회중앙연합회에 끌려들었던 것이다. 이북도민회중앙연합회에서도 미수복경기도와 미수복강원도의 합류는 그 세의 증가에 도움이 되었을 것이다.

　상도 전 개풍군민회 사무국장에 의하면,** 이북5도청은 행정적인 기구로서 통일에 대비하여 이북5도를 둔 것이라고 한다. 그런데 미수복지구가 인정되어도 미수복경기도는 수원에 경기도청이 있고, 미수복강원도는 원주에 강원도청이 있는 관계로 경기도와 강원도에 행정적으로 속하게 되

---

* 2010년 4월 19일 윤일영 3차 인터뷰 중에서. 국사편찬위원회 구술자료번호. OH_10_019_000_06. 이 구술인용문은 구술자의 희람을 거쳐서 수정된 것입니다.
** 2014년 3월 7일 상도 1차 인터뷰 중에서.

었다. 따라서 미수복경기도의 군민회와 면민회들은 경기도에 속해있는 향우회인 것이다. 명예군수와 명예면장은 1980년부터 임명되었는데, 정부의 안전행정부 하에서 통일이 되었을 때 미수복경기도 지역에 대한 행정적인 책임을 지는 기구라고 한다. 그래서 미수복경기도민회는 경기도에서 연 중 행사비에 대해서 약간의 경제적인 지원을 매년 받고 있다고 한다. 반면 명예군수와 명예면장들은 1986년 이북5도 명예 시장·군수, 읍·면장에게 수당 지급이 결정되어* 안전행정부로부터 약간의 월급을 받는다고 한다. 따라서 미수복경기도와 미수복강원도는 이북5도위원회에는 속하지 않고, 이북도민회중앙연합회에만 가입되어 있는 것이다.

그러므로 미수복경기도민회는 1980년 정부에서 명예군수와 명예시장을 임명하기 전까지는 현실적으로 존재하는 조직이 아니었다. 개성시민회, 개풍군민회, 장단군민회가 미수복경기도민회로 구성된 것은 1991년에 이북도민회중앙연합회에 가입하게 되면서부터였다. 또한 1993년 미수복경기도민회가 통일회관으로 들어감으로 해서 개성, 개풍, 장단 실향민들은 자신들이 하나의 실향민 집단인 미수복경기도민이라는 것을 인식하게 되었다. 통일회관 내에 미수복경기도민회 사무실뿐만 아니라 개성시민회, 개풍군민회, 장단군민회 사무실이 입주해 있다. 또한 미수복경기도민회의 모든 행사뿐만 아니라 개성시민회, 개풍군민회, 장단군민회 주요 행사도 모두 통일회관의 대강당에서 이루어지고 있다. 따라서 미수복경기도민회는 개성시, 개풍군, 장단군의 실향민들이 인지하는 '기억의 장소'가 되었다.

따라서 현재 미수복경기도 실향민들은 각각 자신들의 고향이 속한 면민회에 일차적으로 속해있고, 개성시민회, 개풍군민회, 장단군민회에 자동적으로 속하게 된다. 면민회장과 군민회장은 회원들에 의해서 추대되고, 대부분 재력이 있어서 면민회와 군민회 활동에 기여할 수 있는 사람들이 하고 있다. 반면 명예군수와 명예시장은 안전행정부에서 임명하는

---

* 이북5도위원회 홈페이지 연혁 참조. www.ibuk5do.go.kr.

것이라서 사실상 군민회와 시민회에 대한 영향력을 발휘하기 힘들다. 각종 도민회 행사에 군민회장과 시민회장, 명예군수와 명예시장이 함께 참석하지만, 군민회장과 시민회장이 명예군수와 명예시장에 비해 더 사회적 위신(social prestige)이 높다. 이렇게 해서 미수복경기도의 역사적 특수성이 미수복경기도민회 조직의 이원체계를 만들어냈다.

2) 미수복경기도민회의 활동

미수복경기도민회는 이북도민회중앙연합회에 속해있으면서도 동시에 행정적으로는 경기도에 속해 있다. 그 산하에 중앙부녀회와 중앙청년회를 두고 있다. 도민회, 중앙부녀회, 중앙청년회는 서로 각자의 행사에 참여하면서 상호 협력하고 있다. 또한 도민회 하에 있는 개성시민회, 개풍군민회와 장단군민회는 미수복경기도민회 행사에 참여하고 동시에 도민회 임원 및 군민회 임원은 서로의 행사에는 참석하여 상호부조하고 있다. 외부적으로는 도민회가 개성시민회, 개풍군민회와 그 산하 면민회, 장단군민회와 그 산하 면민회를 수렴하고 있는 듯하지만, 이원체계의 특성으로 인하여 사실상 도민회는 개성시민회, 개풍군민회와 장단군민회의 협조 없이는 활동이 힘들다.

(1) 도민회

미수복경기도민회는 1991년 발족하여 2016년 현재까지 15대 회장까지 나왔다. [표 14]는 도민회 역대 회장 명단이다. 초기에는 개성 출신의 명망가들이 회장을 역임하였으나 2000년대에 들어서서는 장단군과 개풍군 출신의 명망가들이 회장을 역임하고 있다. 따라서 도민회가 개성실향민 중심에서 개풍과 장단 실향민들이 주도하는 형세로 변화되었다. 초대 사무총장도 1991년부터 2006년까지는 개성 출신의 백광우가 하다가 2대 사무총장은 장단출신의 윤일영이 현재까지 도민회 사무를 총괄하고 있다.

[표 14] 미수복경기도민회 역대 회장 명단

구분	성명	재임기간	출신지	기타
초대	이회림	1991.03.27 ~ 1993.03.31	개성	동양화확공업주식회사
2~7 대	오자복	1993.04.01 ~ 2003.12.31	개성	군장성, 국방부장관
8 대	박천식	2004.01.01 ~ 2006.06.12	개성	변호사
9 대	이근엽	2006.06.13 ~ 2007.12.31	장단	송호대학 이사장
10대	조유선	2008.01.01 ~ 2008.10.31		
11~15대	최종대	2008.11.01 ~ 현재	개풍	한국보훈복지공단 상무이사

미수복경기도민회의 주요 연중행사로는 3월 도민회 정기총회, 5월 도민회날 큰 잔치, 10월 대통령기 이북도민 체육대회, 11월 경로잔치가 있다. 이 모든 행사에는 군민회, 중앙부녀회와 중앙청년회가 함께 참여한다. 1995년부터는 해외동포방문 행사가 시작되었고, 최근에는 이북오도위원회에서 주관하는 북한이탈주민지원사업에도 참여하고 있다. 따라서 대통령기 이북도민 체육대회에 북한이탈주민들도 참여하고 있다. 이 연중행사 외에 정부에서 필요할 때는 언제든지 이북오도민회와 함께 미수복경기도민회가 동원된다. 천안함 사건, 연평도 포격 등 북한과 관련된 이슈가 있으면 북한 정권 규탄대회와 궐기대회에 이들은 항상 동원된다.

[사진 9] 도민회의 날 사진

(2) 중앙부녀회

미수복경기도 중앙부녀회는 1992년에 발족하여 1대 회장은 개성 출신의 김은복이었고, 2006년에 개성 출신의 김금옥이 2대회장이 되어 현재까지 활동하고 있다. 중앙부녀회의 주요 행사는 4월에 정기총회, 수련대회와 11월에 송년회가 있다. 그러나 5월의 미수복경기도민의 날 큰 잔치와 10월의 대통령기 이북도민 체육대회, 11월에는 경로잔치에는 중앙부녀회 회원들이 모두 함께 참여한다. 특히 매년 5월 5일 어린이날에 개최되는 미수복경기도민의 날 행사에는 접수 및 안내, 커피 봉사, 빈대떡 봉사, 행사 후 청소 등 정리를 중앙부녀회에서 맡고 있어서 중앙부녀회의 지원은 미수복경기도민회 행사에는 필수적이다.

(3) 청년회

미수복경기도중앙청년회는 중앙부녀회와 함께 1992년에 발족되었다. 실향민 1세들이 작고함에 따라 1세들의 족적을 기리고 미수복경기도민회을 활성화하기 위하여 만들어졌다. 중앙청년회는 주로 실향민 1세 중 군민회, 면민회, 미수복경기도민회에서 활발히 활동하는 실향민의 자녀들이 참여하고 있다. 중앙청년회는 미수복경기도민회의 각종 행사에 참여하고 보조하는 역할을 하고 있다.

3) 미수복경기도민의 정체성

개성, 개풍, 장단군 실향민들의 장소 만들기와 재영토화의 맥락 속에서 미수복경기도민이라는 새로운 정체성이 논의될 필요가 있다. 이것은 정근식과 염미경이 사용하는 '출현적 정체성(emergent identity)'[293]의 개념이며 스튜어트 홀(Stuart Hall)[294]이 제시한 혼종성(hybrity)에 기반한 '디아스포라 아이덴티티'라고 볼 수 있다. 제5장 일제시기 생활문화에서 논의된 바와 같이 분단이 되기 전까지 이 세 지역민들은 개성문화권 하에 있었지만 하나의 정체성을 가지고 있지 않았다. 개성시와 개풍군은 송도부가 속했던 개성군에 함께 있었기 때문에 개풍군은 장단군보다는 개성시에 가까웠다. 장단군은 개풍군보다는 개성시와 교육이나 취업, 개성상인들로 연결되어 있었다. 따라서 분단이라는 상황으로 인해 이 세 지역 출신들이 남한 사회에서 미수복경기도민이 되면서 자신들을 '미수복경기도 실향민'이라는 하나의 정체성을 형성하게 된 것이다.

개풍군 출신인 이병석은 대성면민회장을 지냈고 현재 대성면 명예회장이기도 하다. 그는 2003년 개성관광을 갔다 왔는데, 그것은 개성이 고향 땅의 일부이라고 생각해서지 다른 의미는 없다고 했다. 그는 자신을 '개성실향민'이 아니라, '개풍군 실향민'으로 이야기하였고, 개성과 개풍군은 별개로 생각하였다. 개성시, 개풍군, 장단군이라는 미수복경기도를 개성이 남한에서 가장 잘 알려진 지역이기 때문에 '개성실향민'으로 보는 것은 외부인의 입장이다. 내부인의 입장에서는 각자 고향의 실향민인 것이다. 또한 장단군 출신인 윤영일도 미수복경기도민회 사무총장이면서 『장단군지』 편찬에도 적극적으로 참여하였는데, 자신을 '미수복경기도민'이라고 생각하지 '개성실향민'으로 생각하지 않았다. 물론 개성토박이 구술자들은 자신을 개성실향민으로 인식하고 있다. 그리고 많은 개풍군 사람들은 외부인들에게 개성실향민이라고 말하기도 한다. 이는 개성이 미수복경기도민 중에 가장 세력이 있는 집단이고 외부적으로 가장 인지도가 높은 지역이기 때문이다. 또한 개풍군은 송도부와 더불어 개성군에 속해 있었기 때문에 개풍군 사람들은 자신들이 개성사람들이라고 생각하는 경향도 있다. 그리고 개성토박이들과 함께 개성시 소재 국민학교, 중학교를 함께 다닌 개풍군 사람들은 동창회를 중심으로 형성된 개성실향민 정체성을 가지고 있다. 반면 개성으로 이주하지 않고, 개성에 있는 학교에 다닌 적이 없는 개풍군 사람들(이병석)이나, 장단군 사람들(윤일영)은 자신들을 개성실향민이라고 생각하지 않는다. 미수복경기도 실향민의 정체성의 범주를 그림으로 나타내면 다음과 같다. 아래의 그림에서 알 수 있듯이 개풍군민과 장단군민들 중 개성시민과 중첩되는 사람들이 있어서 출신 고향 지역 구분이 이들의 삶의 경험과 일

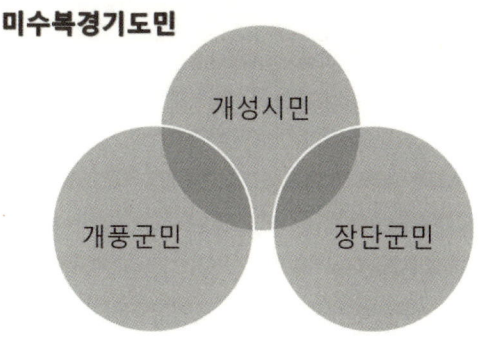

[그림 9] 미수복경기도민의 구성

치하지는 않는다.

그런데 1991년 정부에 의해 조직된 미수복경기도민회가 성립되면서 '미수복경기도민'의 탄생은 이들에게 하나의 실향민 정체성을 제공하였다. 나는 이 정체성을 김귀옥이 논의한 '엘리트층 월남인' 및 '정착촌 월남민'과 비교해보려고 한다. 김귀옥은 『월남민의 생활 경험과 정체성: 밑으로부터의 월남민 연구』에서 속초와 김제 정착촌 월남민의 정체성을 엘리트층 월남인과 비교 분석하였다. 그 책의 제5부에서 김귀옥은 "월남인들은 북한에서 모두 엘리트층이었다"라는 사회적 담론을 해체하고 있다. 그녀의 분석에 의하면 엘리트층 월남인은 해방이 되자 남하하기 시작하여 한국전쟁 중에 남한으로 정치 사상적 동기로 인해 남하한 엘리트층 월남인들을 말하며 일반 월남민이나 정착촌 월남민과는 다르다. 그녀는 엘리트층 월남인은 "현재 북한주민은 아니지만 고향을 이북에 둔 '이북 도민'으로서 남한에 국적을 두었지만 언젠가는 고향인 이북으로 귀향할 사람으로서 일종의 난민이자 망명객임을 의미하고 있다"고 주장한다.295)

[표 15]에서 나는 엘리트층 월남인과 정착촌 월남민 사이에 미수복경기도 실향민을 넣어서 세 종류의 월남민을 비교하였다. 김귀옥의 책에

[표 15] 세 종류의 월남민 비교

월남민 종류		엘리트층 월남인	미수복경기도 실향민	정착촌 월남인
이동 시기		1945년 8월 15일부터 한국전쟁 시기	1945년 8월 15일부터 한국전쟁 시기	1950년대부터 1960년대 초
주 이동 동기		정치, 사상적 동기	상황적 계기 정치, 사상적 동기	동향인과 함께 생계 해결
당국의 대책		일반 전재 피난민 대책 반공단체지원	1990년 전에 전무 반공단체 지원	난민 정착 사업
정체성	월남전	강력한 반공 의식	이남 주민 정체성	북한 주민 정체성
	월남후	'실향민' 정체성	실향민 정체성	정착민 정체성
대북	인식	실지	돌아가기 어려운 곳 기억에서만 있는 곳	돌아가기 어려운 곳 기억에서만 있는 곳
	자신의 위치	고향민의 지도자 실지 회복자	돌아가기 어려운 실향민	돌아가기 어려운 실향민
대남	인식	사회구조적으로 동화 사회심리적 동화 거부	적극적으로 적응해 살아야 하는 곳	적극적으로 적응해 살아야 하는 곳
	자신의 위치	사회적 지도층 정치 망명객	정착민 남한 주민	주변인 정착민

있는 [표 15]296)는 정착촌 월남민과 엘리트층 월남인 비교표인데, 나는 그 둘 사이에 미수복경기도 실향민을 배치하였다. [표 15]에서 김귀옥의 표에 있는 정착촌 월남인 중 난민과 2세대는 생략되었다.

    미수복경기도 실향민들은 엘리트층 월남인과 마찬가지로 장단사람들의 경우 해방이 되자마자 남하하였지만, 대부분은 일반 월남민과 마찬가지로 한국전쟁 중에 대거 남하하였다. 그리고 남하 동기는 제8장에서 논의했듯이 상황에 따른 비자발적 남하가 거의 대부분이다. 이들은 이북오도민과 달리 1966년에 처음으로 법령에 미수복경기도가 나타났고, 1991년 미수복경기도민회가 만들어질 때까지는 정부의 대책은 전무하였고, 1990년대부터 이북도민회중앙연합회의 일원으로 반공단체로서 지원을 받아왔다.

엘리트층 월남인들은 자신들을 '실향민' 내지 '이북 도민'이라고 생각하는데, 이때 이들이 자신들을 정체화(identify)하는 '실향민'은 미수복경기도 실향민들이 정체화하는 '실향민'과는 다르다. 엘리트층 월남인에게 실향민=이북 도민이지만, 미수복경기도 실향민에게 실향민≠이북 도민이다. 미수복경기도민들이 실향민이라는 용어를 선택한 것은 자신들을 월남민들과 구별시키기 위한 것이기 때문이다. 따라서 미수복경기도 실향민들이 개념화하고 있는 실향민 정체성은 엘리트층 월남인의 것과는 다르다. 그런데 미수복경기도 실향민의 정체성은 정착촌 월남민의 정체성과도 또 다르다. 이들은 남하 전에 이남사람이었기 때문에 이남 주민 정체성을 가지고 있었던 것이다.

[표 15]에서 알 수 있는 바와 같이 미수복경기도 실향민의 정체성은 김귀옥이 주장하는 바를 지지하고 있다. 김귀옥은 '엘리트층 월남인'이 주장하는 '실향민'의 인식은 이북에서 엘리트층인 자신들은 북한이 공산화됨에 따라 자유를 찾아서 이남으로 왔고 정치적 망명객으로서 통일 후 북한의 사회적 지도자라는 것이다. 그러나 김귀옥은 이것은 "소수의 경험을 기초로 한 것으로 보이며 담론으로 재생산되어 월남인 사이에 확산되었다."297)라고 파악하고 있다. 그녀의 주장처럼 남북한 대치 상황에서 정부나 엘리트층 월남인들이 동원하는 반공이데올로기에 많은 월남민들이 동원되면서 엘리트층 월남인들이 주장하는 '실향민'상이 형성되었던 것이다. 그러나 미수복경기도민의 실향민 인식은 '엘리트층 월남인'의 실향민 담론과 달리 이남 사람으로 상황에 의해서 비자발적으로 남하해서 정착한 남한 주민이라는 정체성을 드러낸다. 1990년대부터 개성, 개풍, 장단 실향민들이 미수복경기도민회에 소속되어 통일회관에서 이북오도위원회와 함께 반공단체로서 활동하게 되면서 이들 실향민들도 미수복경기도민으로서 이러한 동원에 참여하게 되었던 것이다.

4) 미수복경기도민회의 미래

실향민 2세인 내가 보기에는 미수복경기도민회의 미래는 밝지 않다. 그 이유는 네 가지로 들 수 있다. 첫 번째는 실향민들의 고령이다. 누구도 세월을 이길 수 없다는 말이다. 현재 미수복경기도민회에서 활동 중인 실향민들은 거의 80세 전후의 1920년대 말이나 1930년대 생들이다. 위에서 미수복경기도민회 윤일영 사무총장이 말했고, 개성시민회 발족 이유에서 밝히는 바와 같이, 군민회와 도민회의 주체는 1920년대 1930년대 생들이다. 이들은 한국전쟁 당시 청년들이었다가 전후 급격한 경제개발을 통해서 중산층으로 성장하여 1980년대에 어느 정도 사회적 지위가 안정되면서 적극적으로 군민회 활동을 시작했고, 1990년대 도민회 활동에 가담했던 세대다. 그런데 이제 실향민 1세들이 많이 돌아가셨고, 도민회 회원들도 고령으로 활동하기가 어려워지고 있다. 나는 2010년부터 미수복경기도민회 각종 행사에 참여하였는데, 해가 갈수록 참여자 수가 줄어들고 있는 것을 목격하였다. 실향민들이 고령으로 노환이나 작고함에 따라 참여자가 줄어들고 있는 것이다. 그렇다면 남아있는 실향민 1세대가 다 돌아가시면 미수복경기도민회는 어떻게 될 것인가?

두 번째는 실향민 1세대가 고령이 되면서 도민회를 지원해주는 자원이 줄어들고 있다는 것이다. 실향민 1세대가 전후 정착의 어려움에서 벗어나서 활발히 고향 사람들을 찾고 면민회, 군민회를 형성했던 1980년대와 1990년대는 실향민 1세대가 가장 경제적으로나 사회적으로나 활동이 왕성했던 시기였다. 그러나 실향민 1세대가 이제 70, 80세를 넘어가면서 경제적으로도 일선에서 물러나서 자식들에게 의존해야 하는 나이가 되었다. 미수복경기도민회가 정부에 의해서 조직되었지만, 정부의 지원은 지극히 적다. 통일회관에서 사무실을 사용할 수 있지만, 사무실 직원이나 사무국장의 월급도 도민회에서 자체적으로 조달하고 있는 형편이다. 도민회의 핵심적인 멤버들이 경제적으로나 사회적으로 도민회를 지탱할 수 있는 여력이 적어지고 있는 것이다.

세 번째는 미수복경기도민회의 이원체계 때문이다. 현 사무총장인 윤일영에 의하면, 개성시민회, 개풍군민회와 장단군민회는 미수복경기도민회가 성립하기 전부터 활동 기금을 조성하여 각자 활동하여왔기 때문에 군민회 자체의 활동이 더 활발하여서 미수복경기도민회에 참여를 이끌어내는 것이 쉽지 않다고 한다. 군민회장과 면민회장은 군민회와 면민회를 위하여 금전적인 지원도 마다하지 않는 분들이기 때문에 명예군수나 명예면장보다 군민들에게 더 권위를 인정받고 있다. 또한 군민회와 면민회에는 서로 잘 아는 고향사람들을 만날 수 있고 자체의 자금으로 활동을 할 수 있다. 그러나 도민회는 실제적인 지원 없이 시민회와 군민회의 자발적인 참여와 협조를 이끌어내야 한다.

네 번째는 실향민 2세대의 무관심이다. 현 회장인 최종대는 정기 총회에서 실향민 2세들의 참여를 강조하고 있지만, 중앙청년회는 실향민 2세들의 자발적인 참여를 이끌어내지 못하고 있어서 활발하지 못하다. 현 사무총장인 윤일영에 의하면 중앙청년회에 참여할 수 있도록 지원을 해주어야 하는데 도민회에서 그만한 여력이 없다는 것이다. 중앙청년회에서 활동하는 연령은 아직도 경제적으로 활발히 활동해야 하는 사람들이어서 주중에 이루어지는 도민회의 모든 행사에 참여하기는 힘들다. 또한 더 큰 장애물은 실향민 2세 자신들이 개성, 개풍, 장단 사람이라고 생각하기 힘들다는 것이다. 김귀옥이 연구한 정착민 월남인 2세들도 이남을 자신들의 고향으로 생각하고 자신을 남한 주민으로 인식하는 것과 같다.[298] 미수복경기도 실향민 2세들은 모두 전후 남한에서 태어나서 자랐고, 부모들의 고향을 한 번도 가본 적이 없다. 실향민의 일상적 삶에서 부모의 실향은 큰 영향을 주었을 것이다. 그러나 실향민 2세의 정체성에서 부모의 출신 고향이 얼마나 큰 비중을 차지할지는 의문이 든다.

결론적으로 미수복경기도민회나 개성시민회, 개풍군민회, 장단군민회가 남한사회에서 향우회로서의 기능을 하기는 힘들다. 호남향우회나 영남향우회와 같이 지속적으로 그 지역 출신이 들어와서 계속 회원들이 유지될 수 있어야 하는데, 미수복경기도는 현재 남한에 존재하지 않는 지역이기 때문에 그 지역 출신들이 나올 수 없기 때문이다. 미수복경기도 실향민들은 기억의 공동체로서 존재하고 있고, 실향민 2세들이 부모들의 출신 지역 향우회를 지속시켜갈 가능성은 매우 낮다.

그러나 미수복경기도민회가 정부에 의해서 만들어졌기 때문에 이북오도민회와 마찬가지로 통일이 될 때까지 북한 정권에 대항하는 반공단체로서 역할은 지속될 것이다. 이북오도민회에서는 월남민 1세들이 작고함에 따라 명예시장, 군수, 읍면 동장을 월남민 2세인 50대로 대폭 교체했다고 한다.[299] 그러나 부모가 이북 출신이어도 이남에서 태어난 월남민 2세들이 남한의 향우회와 같이 헌신적으로 참여할 것 같지 않다. 그러나 만약 실향민 1세가 생존하는 동안 통일이 된다면 이북오도위원회와 마찬가지로 미수복경기도는 의미가 없어져서 해체될 것이다. 하지만 개성시민회, 개풍군민회와 장단군민회는 실향민 2세들의 참여가 활발해질 것이고, 따라서 세 지역단체의 이익을 대변하는 미수복경기도민회가 활성화될 수도 있다.

3. 미수복경기도민의 역사 만들기

피에르 노라가 주장한 바와 같이 현대사회에서 기억을 추구하는 것은 역사를 추구하는 것이다. 미수복경기도 실향민들은 자신들의 기억 속에 남아있는 고향을 망각으로부터 구해내기 위하여 여러 가지 기제들을 작동시켜왔다. 살아있는 기억들인 이들의 의사소통적 기억들을 의식적인 기념의례를 통하여 전승을 위한 문화적 기억으로 만들어가고 있는 것이다.

의례적인 기제로는 미수복경기도민회가 주최하는 연중행사일 것이다. 매년 3월 도민회 정기총회와 5월 도민회날 큰 잔치와 11월 경로잔치는 일종의 단합대회다. 이날은 개성시민회, 개풍군민회, 장단군민회 회원들이 모두 모여서 행사를 진행하는데 서로 섞여서 앉는 것이 아니라 각각 따로 나누어서 앉는다. 이것은 군민회가 먼저 자생적으로 활동한 이원체계 때문이라고 볼 수 있다. 따라서 도민회 행사는 각각 군민회에 속한 고향사람들을 만나서 이야기를 나눌 수 있는 시간이며 동시에 도민회를 통해서 실향민임을 확인하는 의례적인 시간이다. 이들 행사에는 항상 도민회 회장과 기타 임원들의 축사들이 있는데, 그 내용은 그때 일어나고 있는 북한과의 정치적 관계에 대한 언급과 반공이념, 그리고 실향민들의 국가에 대한 의무, 도민회 활동에 대한 협조 부탁 등이 언급된다. 10월에는 대통령기 이북도민 체육대회가 있는데, 이것은 모든 이북도민들이 함께 참여하는 가장 큰 행사다. 매년 효창운동장에서 실시되고 있는데, 이것은 미수복경기도민뿐만 아니라 전 이북도민이 참여하여 다시 한 번 실향민의 존재를 확인하는 국가적인 행사라고 볼 수 있다. 도민회의 의례들을 살펴보면서 놀라운 것은 이러한 행사들이 역사적 사건을 중심으로 그 사건을 기념하는 것이 아니라는 것이다. 이들이 실향민이 된 것이 한국전쟁 때문이라면 6월 25일이 기념일로 되어야 할 것이다. 그러나 이들의 생애사 속에서 나오는 전쟁의 시작, 피난, 남하가 각기 다 시기가 다르고 다양해서 어떤 특정한 날을 이들의 정체성과 연결하여 기념할 수 없어서 일수도 있다. 또는 분단 때문이라면 해방과 동시에 분단이 되었으니 8월 15일이 기념일이 되어야 할 것이다. 또는 휴전 때문이라면 7월 29일이 실향민이 된 기념일이 되어야 할 것이다. 미수복경기도민회의 연중행사는 이북오도민회의 연중행사를 모방한 것으로 보여서 미수복경기도민회는 관제 향우회와 같은 성격을 가지고 있다고 볼 수 있다.

이 장에서는 의례적 장치에 대한 구체적인 분석보다는 역사쓰기를 통해서 미수복경기도 실향민들의 의사소통적 기억을 문화적 기억으로 만들어가는 과정을 지방지 분석을 통해서 보고자 한다. 미수복경기도에서 가장 먼저 군지를 발행한 곳은 장단군민회다. 1980년에 『장단군지』를 발행했고, 2009년에 증보판을 발행하였다. 개풍군민회는 1984년에 초판을 발행하였고, 2010년에 증보판을 발행하였다. 개성시민회는 1984년부터 『송도』를 발행해왔으며 2015년에 『개성지』가 발간되었다. 『장단군지』는 두 차례 간행되었으나 증보판의 내용적 변화가 별로 없고, 『개풍군지』는 증보판에서 상당한 변화가 있었기 때문에 『개풍군지』를 선택하여 미수복경기도민의 역사 만들기를 살펴보고자 한다.

김태웅이 분류한 지방지 편찬 시기로 볼 때 『개풍군지』 초판은 세 번째 시기인 1961년 군사쿠데타 직후에서 1995년 지방자치제 시행 직전까지에 해당되고, 이 시기 지방지의 특징은 복고적이고 관치적이라는 것이다.[300] 1984년도 『개풍군지』는 1955년에 창립되었던 개풍군민회가 1962년부터 유명무실하게 되었던 것을 1982년에 다시 활성화되는 과정에서 군민회 사업의 하나로 발간된 것이다.[301] 초판은 총 8장으로 구성되어 있으며 그 구성은 근현대사 이전의 역사와 문화유산을 중심으로 한 재래 방식의 향토지라고 볼 수 있다. 2010년에 간행된 증보판 『개풍군지』는 증보판 편찬 편집인 신현제의 편집 후기에서 그 편찬의 취지를 알 수 있다. "군지가 발간된 지 30년이 지나고 보니 군지에 미처 담지 못했던 고향의 기억, 면민회의 활동, 실향 전 고향 행정구역의 변화, 2·3세들의 활약상을 기록하여 후세에 전하려는 마음에서 군지를 다시 만들기로 한 것입니다."[302] 또한 북한 공산주의자들로부터 후손을 보호하고 통일에 대비하게 하며, 개풍인들의 60년 전에 멈춘 고향의 모습을 군지에 담아 그려볼 수 있고 후손들이 상상으로 조상들의 삶을 그려볼 수 있도록 편찬하였다고 한다. 증보판은 총 9장 및 부록으로 구성되어 기존의 구성에 2010년대까지의 상황을 포함하였다. [표 16]은 1984년도와 2010년도 『개풍군지』 구성 비교표다.

이 두 판본를 비교할 때 몇 가지 차이점을 발견할 수 있다. 첫째로는 초판의 제2장 한국반만년의 사적 개요에서 제6절 대한민국의 광복을 증보판에서는 제3장으로 독립시켜서 일제말기부터 현재 북한 지역인 개풍군의 행정 구역 변천까지를 다루고 있다. 둘째, 증보판에서는 개풍군민회의 출범을 독립적인 장으로 만들었다. 초판에서 제3장 향토의 사적

[표 16] 1984년도와 2010년도 『개풍군지』 구성 비교표

구성	1984년도 초판	2010년도 증보판	비고
1장	총론	총론	
2장	한국 반만년의 사적 개요	한국 반만년의 역사적 개요	
3장	향토의 사적 고찰	대한민국의 광복	추가 된 장
4장	개풍의 얼	향토 개풍 지역의 사적 고찰	
5장	고적과 유물의 사적 고찰	개풍군민회의 출범	추가 된 장
6장	향토사회의 고찰	개풍의 얼	
7장	풍속의 개요	고적과 유물의 역사적 고찰	
8장	부록	향토사회의 고찰	
9장		풍속의 개요	
10장		부록	

고찰에서는 각 면의 면세요람이 1950년까지의 상황을 정리해놓고 있고, 마지막 페이지에 면민회 상황을 알려주고 있었다. 그리고 개풍군민회는 제8장 부록의 제2절에 간략하게 설명되어있다. 그런데 증보판에서는 면세요람 바로 뒤 제5장에 개풍군민회의 역사를 독립적인 장으로 만들어서 각 면민회의 활약상, 청년회 부녀회 조직을 아울러 정리해놓고 있다. 셋째, 부록의 내용이 변화하였다. 초판에서는 '역사적 인물'로 고려 태조 왕건을 비롯하여 문익점과 같은 통사적 인물들로 구성하였는데, 증보판에서는 '자랑스러운 개풍인'으로 일제시기 독립운동가 오화영을 비롯하여 학계, 정관계, 기업, 문학계의 개풍인들을 소개하고 있다. 또한 개풍군민회가 독립적인 장으로 소개되었지만, 이와 별로로 부록에는 개풍군민회 회장단과 이사들의 사진이 실렸다.

그렇다면 『개풍군지』 증보판의 이러한 변화는 무엇을 말해주는가? 1984년도 초판의 편집후기에 있는 다음과 같은 서술은 초판이 통사적 관점에서 향토사의 문화유적과 문화유산을 기록하는 복고적인 지방지를 추구하고 있다는 것을 알 수 있다.

이와 같은 현 시점에서 우리들 조상의 얼이 담긴 문화유적은 물론 빛나는 조국의 역사를 더듬고 또한 향토사를 발척하여 과거와 현재의 역정을 기록함으로써 후세의 번영발전에 한줌의 흙이 되고자 하는 높은 뜻으로 우리 군민회 유근실 회장303)의 편찬사업을 어찌 값진 일이라 하지 않겠습니까.304)

또한 초판에서 통사보다는 지방사를 다루는 부분인 면세요람은 1950년까지의 각 면의 상황을 기록하고 있다. 초판이 1984년에 출판되었음에도 불구하고, 당시 편찬위원회에서는 실향의 시점인 1950년 한국전쟁까지 만의 고향에 대한 기억을 다루고 있다. 왜냐하면 휴전 이후에 개풍군민들의 고향은 북한에서 조차도 더 이상 존재하지 않기 때문이다.

반면 증보판은 개풍군의 역사를 2010년 현재까지를 기록하고 있다. 일단 통사적 접근인 '한국 반만년의 사적 개요'에서 '대한민국의 광복'을 독립적인 장으로 만들어서 일제시대 말기, 8.15 해방과 개풍, 미·소련군의 입성, 38도선과 조국강토의 분단, 민족상잔의 전란, 1.4후퇴 피난생활, 7.28 휴전협정과 미수복 실향, 개풍지역 행정구역과 분포, 개풍지역의 변천이라는 9절에 걸쳐서 개풍군의 지방사적 맥락을 정리하고 있다. 초판에서 '대한민국의 광복'이 제2장 6절에 2.5쪽뿐이었던 것과 비교하면 대단히 큰 차이를 보여준다. 특히 더 이상 존재하지 않은 개풍군이 휴전 이후 북한에서 어떻게 행정구역의 변화를 겪었는지를 제4장 향토의 역사적 고찰로 가서 더 자세하게 정리하고 있다.

초판에서 제3장 향토의 사적 고찰의 대부분을 차지하는 것이 제4절의 각 면세요람(1950년대)이다. 면세요람에 앞서 제1절 행정구역의 사적 고찰, 제2절 개풍지역의 역사적 변천의 개요, 제3절 일제하 지방제도를 다루고 있는데 이것들은 거의 통사적인 접근을 하고 있고 개풍군의 지방사적 특색은 매우 적다. 그런데 증보판에서는 초판의 제3절 일제하 지방제도를 삭제하고, 제3절 각 면세요람(년대 없음) 전에 제1절 개풍구역의 역사적 변천 개요와 제2절 행정 구역의 사적 고찰을 두었다. 면세요람에 특정 년대가 기입되지 않은 이유는 바로 제1절과 2절에서 예전의 개풍군이 현재 북한의 행정구역변경에 따라서 어떻게 개풍군, 장풍군, 판문군, 그리고 개성시 일부로 편입되었는지를 자세하게 정리하고 있기 때문이다. 제1절 개풍구역의 역사적 변천 개요는 현재 북한의 행정구역 명칭을 그대로 따라서 개풍군, 장풍군, 판문군으로 북한의 행정지도를 삽입하여 옛 지명과 현재 지명을 병기하고 있다. 제2절의 행정구역의 사절 고찰도 옛 지명과 현재 지명을 병기하여 정리하고 있다. 증보판에서는 오히려 면세요람은 커다란 변화 없이 초판의 한자를 쉽게 풀어쓰고 약간의 내용이 추가되었다. 현 개풍군민회 수석부회장인 전윤연에 의하면 면세요람은 각 면민회에서 제공된 내용을 그대로 삽입한 것이라고 한다.* 따라서 추가 내용들은 면민회에 따라서 달라질 수 있는데, 대체로 1950년대에 멈춰버린 초판의 면세요람 내용은 추가된 것이 거의 없고, 면민회 활동이나 현황이 더 추가되었다. 그러므로 2010년에 와서는 통사에서 벗어나 개풍군의 특수한 역사(지방사)를 더 보여주고자 의도가 강해졌으며, 또한 1950년에 멈춰있는 개풍군이 아니라 현재에 존재하는 개풍군의 모습들을 기록하고자 한 것을 알 수 있다. 이제 고향을 떠나올 때의 고향에 대한 기억에서 더 나아가서 현재 고향의 모습을 기록하는 것이 중요해진 것이다.

 이와 같은 양상은 증보판에서 개풍군민회의 역사를 독립적인 장으로 만든 것과 밀접한 연관이 있다. 증보판에서는 면세요람에 이어서 제5장에서 개풍군민회의 출범이라는 제목 하에 개풍군민회의 연역, 각 면민회의 활약, 청년회, 부녀회의 활동, 장학사업을 소개하고 있다. 또한 부록에서 '자랑스러운 개풍인'을 소개하면서 실향이라는 고난 속에서도 남한사회에서 성공한 각계의 인물들을 소개하고 있다.

 그렇다면 증보판에서 개풍군의 지방사적 특색, 개풍군민회의 성립, 자랑스러운 개풍인들의 소개가 나타나는 것은 무엇을 말하는가? 그것은

---

* 전윤연 씨는 1996년에 개풍군 내에서 최초로 발간된 『광덕면지』를 편찬에 참여하였고, 2013년 개풍군민회지 『개풍』 100호 특집 발간 위원으로 활동하였다.

복고적이고 통사적인 지방지인 초판에서 벗어나 이제는 개풍군과 개풍인의 역사적 특수성을 기록하고 싶다는 개풍군민회의 의지가 생겼다는 것이다. 즉 개풍군 역사의 특수성을 기록함으로써 개풍군민으로서의 정체성을 기록하고 싶은 것이다. 제3장 '대한민국의 광복'은 해방이라는 역사적 사건이 38도선으로 남북을 분단시키고, 38도선 이남이었던 자신들의 고향이 북한이 되어 버린 자신들의 역사적 경험을 개풍군민의 입장에 재정리한 것이다. 제3장은 미수복경기도민이면서 개풍군민인 자신들의 존재, 즉 정체성의 역사적 기원이기 때문이다. 이제 개풍군민들의 살아온 경험은 이들에게 자신들이 누구인가를 말해주는 토대가 된 것이다.

그런데 증보판에 북한의 행정 구역 개편을 반영한 이유는 무엇일까? 더 이상 존재하지 않는 1950년의 개풍군이 현재 북한의 행정 구역에서 어떻게 변해있는가를 보여주는 것은 1950년에 끝났던 개풍군의 역사를 현재진행형으로 만들고 싶은 개풍군민들의 의지를 반영하고 있다고 보여진다. 피에르 노라가 말한 것처럼 역사가 가속화됨에 따라서 한국전쟁 이후의 개풍군민들의 발자취를 역사로서 기록해야 할 필요성이 생겼을 뿐만 아니라, 사라져가는 실향민 1세대의 족적을 남겨서 자신들의 존재 자체를 망각으로부터 구해야 하기 때문이다. 한국전쟁이 일어난 지 65년이 지난 시점에도 분단과 실향의 일상을 살아가는 개풍군민과 미수복경기도민들의 현재의 삶이 통일을 향한 현재진행형임을 인식하였기 때문이다. 또한 한국전쟁 이후로 사라진 고향과 그럼으로써 자신의 정체성 중 지역성을 상실해버린 개풍군민과 미수복경기도민은 통일 후의 고향의 역사 사이에 단절을 메우기 위하여 현재의 자신들을 기록하고자 하는 것이다.

『개풍군지』가 남한의 다른 군지와 다른 점은 개풍군과 미수복경기도의 역사적 특수성 때문에 38선과 분단, 휴전과 실향, 반공의식에 대한 강조가 더욱 두드러진다는 것이다. 1984년도 초판의 첫 번째 쪽에는 1968년에 제정된 박정희 군사정권의 유산인 '국민교육헌장'이 인쇄되어 있다. 또한 제6장 향토사회의 고찰에서는 제12절에 '국민윤리와 국민된 자세'에서는 올바른 국가관의 성립과 한국전쟁으로 인한 고향 상실의 아픔, 그리고 전후 국민재건운동, 새마을운동을 통한 가치관을 정립에 대해서 서술하고 있다. 증보판에서는 '국민교육헌장' 대신에 '개풍군민헌장'이 인쇄되어 있다. 초판과 마찬가지로 '국민윤리와 국민된 자세'가 그대로 있고, 추가적으로 부록의 마지막에 '북한의 대남 도발일지'가 첨부되어 1950년 한국전쟁부터 시작하여 2010년 천안함 사태까지 북한도발일지가 정리되어 있다. 증보판이 2010년 12월에 발간되었는데, 당년 3월에 있었던 천안함 사태가 개풍인들에게 커다란 충격이었기 때문에 '북한의 대남 도발일지'가 추가된 것으로 생각된다. 개풍군민들의 정체성의 핵심에 분단과 한국전쟁이 있기 때문에 다른 월남민들과 마찬가지로 '반공'은 대한민국의 국민으로서 실향민의 기본 이념이며 덕목이 되었던 것이다.

제12장
분단과 역사적 상흔

 한국전쟁 후 미수복경기도 실향민의 삶은 분단과 함께 하는 것이었다. 남한의 정착과정에서 실향민 1세대들은 새로운 가족을 형성하였지만, 고향에 두고 온 가족들을 잊을 수 없다. 1983년 KBS의 '이산가족찾기' 방송은 미수복경기도 실향민에게도 큰 영향을 주었다. 1983년 전에도 군민회와 면민회 일부가 결성되었지만, 그 동안 조직되지 않았던 면민회들이 '이산가족찾기'운동을 계기로 모두 조직되게 되었다. 그리고 북에 있는 가족을 찾으려는 노력도 시작되었다. 1980년대 북에 있는 가족을 만나려는 시도는 미국 이민을 통해서 이루어진 것으로 보인다. 1970년대와 1980년대를 통해서 미국으로 이민을 간 실향민들은 미국 시민권을 얻고 북한으로 가서 가족들을 찾을 수 있는 가능성이 있었다. 그런데 1992년 중국과 국교정상화가 되면서 중국을 통해 북한의 국경 근처에서 가족들을 만나려는 시도가 시작되었다.
 이 장에서는 실향민들의 인터뷰에서 한 질문이었던 실향민이 된 이유에 대해서 우선 들어보고자 한다. 그리고 이들의 이산가족을 찾기 위한 시도들과 통일에 대한 기대를 들어볼 것이다. 마지막으로 실향민들의 구술사 인터뷰에서 드러나는 역사적 상흔을 드러내보고자 한다.

1. 실향민이 된 이유

대부분의 월남민들은 자신들의 고향을 잃은 이유를 북한 김일성 때문으로 생각할 것이라는 것이 사회적 통념이다. 그러나 미수복경기도민들에게 실향민이 된 이유를 물었을 때, 답을 준 구술자들 중 북한 김일성의 남침 때문이라고 하는 구술자와 약소국이기 때문이라고 하는 구술자의 수가 거의 같았다. 38선 이남에 있었던 고향을 한국전쟁으로 잃은 미수복경기도민들이 실향민이 된 이유에 대한 설명은 반공이데올로기에 의해 영향을 받았다기보다는 자신들이 겪은 경계에서의 삶의 경험으로부터 나오는 것으로 보인다. 자신들이 실향민이 된 이유가 북한 김일성 때문이라고 보는 대표적인 구술자는 장단군 군내면(38이남) 출신의 박석중이다.

> **면담자** : 자, 마지막으로요… 자, 실향민이 된 것은 무엇 때문에 되셨다고 생각하세요?
> **박석중** : 김일성 남침 때문에 됐지.
> **면담자** : 김일성 때문에… 네…
> **박석중** : 그 새끼들 우리한테 사과하고 그리고 뭐 달라고 그래야 돼. 우리가 북침했다고 그러잖아. 그게 말이 돼? 참… 천하가 다 아는 걸… 그… 문서가 다 있어. 그런데도 아니래. 걔들은 그래. 그러니깐 정이 떨어지는 거야. 도와주고 싶어도. 여기 미친 놈들이 햇볕정책 잘 한다고 그러지 햇볕정책 때문에 저 정권유지가 더 되는 거야. 벌써 망할 거. 통일 벌써 될 거 안 된 거야.*

38선 이남인 군내면 출신의 박석중과 달리 해방과 동시에 38선으로 인한 분단을 경험한 38선 이북 장단군 실향민들은 자신들이 실향민이 된 이유를 조선이 약소국가였기 때문이라고 한다. 장단군 장도면(38이북) 출신의 조철욱은 다음과 같이 구술하였다.

---

* 2014년 7월 22일 박석중 2차 인터뷰 중에서.

면담자 : (하하하) 에, 이제 진짜 마지막으로요, 이 질문 제가 꼭 하고 싶, 무엇 때문에 실향민이 됐다고 생각하세요?
조철욱 : 무엇 때문에 실향민이 됐다라고요? 그거는 우리나라가 약소국이기 때문에. (**면담자** : 약소국) 왜, 패망은 일본이 했는데, 왜 일본을 갖다가 그 러시아와 소련, 구소련과 미국이 분단을 시키지, 왜 대한민국 조선을 갖다가 왜 분단을 시켜? 이건 그 당시에 우리 정부 자체가 그 임시 정부가 됐든 독립운동을 하는 사람이든, 우리 민족들이, 역시 통합이 안 됐던 거야. 그때도 이미 보수진영과 진보진영이 있었잖아요.
면담자 : 그래요.
조철욱 : 예/ 또 언제부터 국가를 잃은 민족이 공산주의, 자유민주주의 그 갈라져갖고 싸움박질 하는 바람에 소련파, 미국파, 해서 갈라진 겁니다. 그제나 지금이나, 그 외세 일제에 그 우리가 36년간 강제징용을 당했지만은, 그것도 사색당파 때문에 그랬고, 예/ 우리, 우리 민족이 못 됐기 때문에, 생각이 부족했기 때문에 한반도가 양분 됐고, 지금도, 지금도 우리는 싸움박질 하느라고 지금 통일이 안 이뤄지는 거예요. 난 그렇게 봅니다. 그래 정치하는 사람들이요, 정신 차려야 됩니다. 정신. 정신. 네.*

조철욱은 조선이 약소국이어서 미소 강대국에 의해서 분단되었고, 또한 조선사람들 자체도 공산주의와 자유민주주의로 나누어져 있어서 한반도의 분단이 지속되고 있다고 주장하였다. 이렇게 한국전쟁 이전에 분단을 경험하고 남하한 실향민들이 조선이 약소국가였기 때문이라고 하는 의견에서 더 나아가 개성출신의 김수학은 분단이 북한, 중공, 미국 때문이라고 설명하였다.

면담자 : (중략) 그 개성실향민이 된다는 것이 첫 번째는 무엇 때문에 내가 개성실향민이 되었다고 생각하는가. 그런 거를 한 번 묻고 싶어요.
김수학 : 무엇 때문에 되었나? (**면담자** : 네) 그니까 그거 근본적인 원인은요, 김일성의 남침이 원인이죠. 김일성의 남침이기 때문에, 기본적으로 김일성이 기습 남침하는 바람에 실향민 된 거는 그거 뭐 그게 기본인데. 그 후에 여러 가지 여건이 변동해 가지고 실향민이 안 될 수 있는 길이 많았었거든요.

---

* 2010년 4월 19일 조철욱 3차 인터뷰 중에서. 국사편찬위원회 구술자료번호. OH_10_019_000_06.

(중략)

김수학 : 그러니까 모택동이, 모택동 때문이지. 멈첨(먼저) 죽은 사람이 모택동인데. 그래가지고 막 올라가니까 트루먼이 있다가 글쎄 맥아더 장군 해임해 버렸어. 그니까 아, 전쟁이 돼? 군 대장을 해임해 버렸잖아요 트루먼이. 그때 어떤 상태냐면 북한 저 중공군도 다 그냥 기진맥진한 상탠데. 우리 서울, 개성은 어떻게 됐냐면, 그때 개성 사람들은 다 알아. 도깨비 부대라는 게 있었어요. 아 개성이 아니라 개성은 적군 치하에 있지. 적군 치하. 중공군 들어가는데. 사실상은 허공 상태야.

면담자 : 허공 상태.

김수학 : 허공. 뭐라 그러지, 그깐, 진공상태. 왜냐면 중공군이 간혹 있지만은 없는 거나 다름없을 정도로, 그니까 비어있는 상태니까. 뭐 여기서 개성 사람들이 민간인들이 들어가서 그 개성 교외(郊外)에 고남문 이라는 게 있는데 고거 지나가지고 거기 삼포가 많거든요. 삼도 캐고 그랬어요. 들어가서. 그래 완전 진공상태야. 이거 든요. [지도를 보여주며] 아, 이게 개성이고. 이게 강화고, 이게 김폰데. 이게 휴전선이야 이게. 근데, 이 올라가지고 막 올라가고 여기 더 올라갈 판이지. 근데 맥아더 사령관을 목을 잘라 버렸다구요. 그러니 무슨 전쟁이 되요? 그래가지고 딴 사람 딴 장군이 이제 들어왔거든. 딴 장군이 누군가 돌아왔는데. 여기 개성 사람들이 수복해야겠거든. 또 만만하니까. 그래가지고 여기서 한참 몇 십 부대가 있었는데. 거기 부대에 유격대원이 다 개성사람이야. 유격 다 개성사람인데 군번이 아마 있었을 거에요. 잘 그 얘기 못 들었는데, 군번이 있는데 정규복장 다 했지. 그래 유격대가 이제 아마 몇 천 명은 안 되고 몇 백 명은 됐었나 봐. 돼고. 또 뭐가 있었냐면 편의대라는 게 있어요. 편의대라는 게 뭐냐면 편하게 입고 싸우라 이거야. 우리 송도중학교 피난 나올 때, 삼 사 학년 학생들도 그 편의대에 들어갔어. 그 총 들고. 학생복을 입은 거지. 군복이 아니라. 뭐 군번도 없고. 군복이 아니라 아무거나 입고 총만 들고 싸우는 거야. 그 나이가 어리니까 받아들이지 않아. 삼사십 대 넘은 나온 사람들은 합바지 입고, 뭐 총 들고 들어가거든. 자기 고향 찾으려고, 남의 일이 아니잖아요. (중략) 그때 얘기 들어보면은. 그 정도로 내가 얘기하고 싶은 건 뭐냐 하면. 개성 사람들 비어 있었기 때문에 그 맘만 먹으면 치잖아요.

면담자 : 그렇죠.

김수학 : 근데 그것도 내버려 뒀대는 거, 그니깐 이 실향민이 된 원인은 트루먼한테 있다구. 그래가지고 이 서로 다 지쳐있는 상태데. 근데 다행히도 소련에서- 야 이거 저 휴전 정전해야 안 되겠다 말이지. 그리고 트루먼은 뭐냐면 여기서 막 쳐 올라가면 또 소련이 나오면 어떠하냐. 그래가지고 저 뭐가 맥아더 모가지를 친 거야 하루

아침에… (중략) 그때부터. 고게 언제냐 하면 아아, … 그러니까 51년.
면담자 : 51년.
김수학 : 5월 달 그 쯤이야. 4월 달에 맥아더 장군이 이제 모가지 달아났으니까 한 5월 달쯤 됐잖아. 그때부터 전쟁난지 일 년도 안 되서 고착화 된 거야. 사실상 휴전선이 결정된 거에요. 그때는 서로 그냥 싸움은 저기 철의 삼각지에서 만 싸우고 나머지는 개성서 전투가 좀 있었다구. 그게 나머지 그냥 참호 파고 서로 지키는 걸로 끝난 거야. 싸움 하는 거는 저기 몇 사람만, 뭐, 몇 저 강원도 이 쪽. 이게 그때 결정된 거에요. 그니깐 아까 질문하신 게 그거 아니에요. 그 그깐 김일성이가 첫 째 저 이 우리 실향민 만든 거고, 둘째는 모택동이고, 셋째는 트루먼이고. 그거에요. 내 생각은 그래 누구라고 대답할 수 없어. 그 세 사람.*

실향민이 된 원인이 약소국가였기 때문이라고 말하는 것은 남성들뿐만 아니라 여성들에게도 나타난다. 개성출신의 이미경도 다음과 같이 서술하였다.

면담자 : 예. 자 마지막으로 저기 그- 개성, 그러니까 통일에 대해서 좀 여쭈어 볼라 그러는데요. (**이미경** : 네) 일단 그- 개성실향민이 된 게 무엇 때문에 됐다고 생각하세요?
이미경 : 아, 그거야 미소가 저 삼팔(38)선을 그었기 땜에 그렇게 됐죠. 남의 나라를 분단을 했잖아. 우리한테 물어볼 것도 없이 그냥. 그러니까 그리구 그러구다가 또 이- 서로 그냥 티격태격 하다 육이오(6·25)가 나서 살상을 했잖아, 서루. 동기간, 동지간에. 동기간에. 그것 땜에 이렇게 된 거죠. 육이오(6·25)로 해서 시작이 됐지. 그리구 또 다-시 또 우리네는 그래도 삼팔(38) 이남 있드랬는데, 휴전협정을 헌 덕으로 음, 서로 전선, 허기가 좋게 이, 이북 땅인 그 저 이- 철원허고 우리 개성. 그거 임진강을 가운데다 놓고, 삼팔(38)선이 아니라. 그래서 우린 두 번 실향민이 된 거에요. 그러니까 얼마나 억울해. 아주 분통이 터지는 일이지. 그래서 내가 '개성사람들이 여자를 너-무 부려 먹어서 이렇게, 이렇게 슬픔을 받나보다.' 내가 그래요.
면담자 : 왜요?
이미경 : 개성사람이 보부상 아니야. 보부상. 그러구 좀 돈 좀 분다(번다)하는 사람

---

* 2009년 5월 6일 김수학 6차 인터뷰 중에서. 국사편찬위원회 구술자료번호. OH_09_017_000_06.

은 평양 겉은 데로 가서 미곡 팔고, 인삼 팔고 그러면 거기 꼭 첩이 있어요. 첩 없는 집은 없어, 별로--. 그리구 애 새끼 낳아서 데리구. 그리구 석 달 그믄이믄 정말 저기 있잖아, 빨래 꾸러미만 안고 와요. 그러면 개성 사람은 아-무 소리. 그게 고마워서 빨래 꾸러미 안 가져오믄 난리가 나. 그래가주구는 새-옷을 다- 해서 일일이 치로 해서 또 보내요. 그렇허니까 개성여자들이 부안(부화)이 생겼지, 그게. 시어머니, 시아부님 다- 모시고, 시동생 다 길러 장가보냈는데. 그랬는 거 그래서 죄 받는 거 겉애. 그런 소리 하지마.

면담자: 아니, 저도 들었어요. 개성사람들이 잘사는 집 치고 (**이미경**: 그럼) 첩 없는 집이 없다고. (**이미경**: 없어요) 네. 그렇게 첩이 많았다 그러더라구요.

이미경: 그럼.

면담자: 같은 개성 안에서도.

이미경: 그리구 우리 또 첩 없는 사람은 좀 못난이 겉이(같이) 보일 정도로. 그렇게 했으니깐 그게 하늘이 다스리는 거 겉애, 어떤 때는. 근데 여자가 더 고생이지 뭐예요. 아유--. (**면담자**: 하하하) 네. 그래서 나는 아휴-- '개성여자 겉이 불쌍한 사람 없다.' 그리잖아.*

    이미경은 개성사람들이 실향민이 된 이유를 개성여자들을 너무 고생시켜서 그렇게 되었다고 남편이 개성상인들인 개성여자들의 고달픈 삶과 연관시키고 있다. 이와 같이 미수복경기도 실향민들은 전후 60년이 지난 세월이 흘렀어도 북한에 대한 원망뿐만 아니라 약소국가의 서러움을 토로하고 있다. 이북오도의 월남민들은 대다수가 해방 후 공산주의 체제 속의 삶을 경험하고 한국전쟁을 통해서 남하했다면, 미수복경기도 실향민들은 공산주의 치하를 겪은 것은 한국전쟁이 발발해서 북한 인민공화국 체제하 3개월 정도다. 물론 중공군의 참전으로 1951년도 1월에서 5월 사이에 중공군 치하에서도 몇 달을 보냈으나 이 시기를 겪은 실향민들의 구술에는 북한인민군이나 중공군에 대한 부정적인 기억은 별로 없다. 이 시기에 북한군과 중공군도 완전하게 개성, 개풍, 장군 지역

---

* 2011년 3월 9일 이미경 3차 인터뷰 중에서. 이화여대 근대와 여성의 기억 아카이브 구술자료번호. yoontl-ebkim-de-01.

을 점령하지 못하고 전선이 계속 변동하고 있었기 때문이다. 사실상 미수복경기도 실향민들이 해방 이후에 가장 먼저 접했던 것은 북한군이 아니라 소련군이었다. 소련군이 먼저 38선 경계 지역을 점령했고, 소련군에 대한 기억은 매우 좋지 않다. 조옥경의 조부는 장단군 고향에서 소련군에게 회중시계를 뺏기고는 곧바로 집을 정리하여 서울로 남하하였다. 개성에서도 소련군에 대한 기억은 매우 좋지 않았다. 소련군은 개성 사람들의 시계들을 가져갔고, 철수하기 전에 개성인삼도 모두 가져갔다. 미군정이 시작됐을 때 개성에서 미군의 만월대 사건이 있었지만 미군의 존재는 개성사람들의 일상에 큰 영향을 주지 않았다. 따라서 해방이 된 1945년부터 1951년까지 이들은 소련군, 미군, 북한군, 중공군, 유엔군이라는 다양한 국가의 군인들을 경험했으며 그 중에서 북한군에 대한 경험이 압도적인 것이 되지 못했던 것이다. 그리고 북한군 치하에서의 공산주의 체제에 대한 경험도 북한군에 대한 적개심을 가질 정도의 것은 아니었던 것으로 보인다. 따라서 미수복경기도 실향민들의 역사적 경험으로부터 볼 때 실향민들이 된 이유는 북한 김일성의 남침뿐만 아니라 약소국가의 서러움 때문이었다.

2. 이산가족찾기

미수복경기도 실향민 구술자 중에서 북한의 가족을 찾거나 연락이 닿은 사람은 매우 적다. 구술자 중에 북에 있는 가족을 만나 사람은 한 명뿐이고, 한 명은 북의 누이와 연락이 닿았다. 장단군 출신의 김경태는 누이 2명과 함께 개성에서 남하했는데, 2000년 경 북에 남아있는 누이와 연락이 닿았다.

김경태 : (중략) 우리 어머니 다 돌아갔고, 누이는 지금 개성에 있어요. 주소도 다 알아요. 근데 돌아갔어요, 그 양반도. 근데 조카들이 있어. 내가 15년… 전에 개성에다

가 개성에서 나온, 소식 온 사람이 연변에, 연변에 이렇게 소식을 하는 사람이 있어요. 그런데 거기다 돈을 주면 된다 그래가지고 내가 그때 50만 원을 줬어. 50만 원을 보내고, 달라로 500불을 보낸 거지. 500불 보내고 찾아 달라, 그랬더니 찾았어요. 개성 그걸 다 누굴 시켜서 찾아가지고 그 다음에 편지가 온 거예요. 우리 집에 지금 편지 온 게 있어요. 한 20통 왔지. 그래가지고 그때는 어머니는 돌아갔어도 우리 누이는 살았을 때야. 그래가지고 우리 누이가 나보다 세 살 위니까 지금, 지금 살아계시면 팔십 셋인데, 그 양반이 돌아갔는데 환갑 때 사진이랑 다 주더라고. 그러니까 나는 이걸 어떻게 되나, 그러는데 그 친구는 개성을 보냈는데 돈 다 뺏기고, 돈을… 그러니까 우울증이 걸려가지고 아주 거긴 쳐다도 안 봐. 동생인데, 동생 찾아 중국서 돈을 줬대요. 근데 다 뺏대. 이 놈들이. 그래가지고 결국은 돈 준 게 오히려 자기는 마음이 짤린 거야. 돈이 글루 가야되는데 안 주니까. 그래서 나는 그걸 얘기를 듣고선 그럼 개성에다 또 동생이 인제 그 하는 사람이고, 그 동생한테다가 편지 쓴 게 그 동생이 찾아 준거야. 그래가지고 이북으로 보내는 건 조선족이 거기서 보내는 거지. 연변에서. 보내가지고 거기서 이제 그러더라고. 한국에서 보내는 걸로 하면 절대로 안 되니까 중국물건 같지 않으면 약 같은 것도 영어로 쓴 걸 보내라. 그래가지고 처음에는 그럼 어떻게 하면 되냐니까 거기서 얘기가 이 천 불, 이천 불을 보내면은 거기서 오백 불은 자기가 갖고, 천 오백 불 어치는 물건을 산다 그래가지고 옷을 50벌, 신발 30개, 이런 거, 저런 거 해가지고 그걸 품목을 써서 그렇게 보냈다 그러더라고요. 이걸 받았는지, 안 받았는지 모르잖아. 편지가 왔어. 우리 어머니 사진, 우리 누나 사진, 조카들 사진. 다 해가지고 환갑잔치 한 것까지 다 왔더라고. 그래서 인제 그거를 왔다 갔다 한 거예요. 물건을 계속 보내고. 그랬는데 문제는 편지가 왔는데, 그 때 교수 월급이 500원이래, 500. 이북 돈으로. 근데 760원을 주고 그걸 받았다고 그러더라고. 그러니까 머리가 홱 돌더라고. 760원이면, 그 돈을 어디서 나겠어요. 그래서 안 되겠다 싶어가지고 거기다 얘기를 했더니, 그러지 말고 마이싱(마이신)을 보내자 그래. 마이싱을 보내면 어떻게 돼. 마이싱을 화이자(Pfizer Inc. 파이저)거, 화이자거는 영어로 써 있잖아요. 그걸 다 뜯어버리고 알맹이 이렇게 저걸로 돼있는 거 있잖아요, 이렇게 열 개… 있는 거. 그걸 갖다가 백만 원 어치 사가지고 이렇게, 저렇게 보따리 해서 보냈어요. 그랬더니 그걸 보내면 10배가 남는대. 10배가. 아주 걱정하지 말래. 그거 보내면 된대. 그래가지고 그거 보내고 그 다음에 내가 뭘 실수 했냐면 우리 누이가 미국에 있는데, 미국에서 목사가 왔어요. 이북을 다니는 목사래. 그래가지고 나한테 인사 왔길래, 그러면 돈을 갖다 줄 수 있나, 갖다 줄 수 있다 이거야. 갖다 줄 수 있다고 그래가지고서 돈을 줬거든요? 근데 그 돈 준 게 잘못 됐는지, 연락이 끊겼어요. 이 사람이 뭐 끊긴 건지 어떻게 됐는지 하여튼 끊기고.

면담자 : 만나보지는 못 하셨고?

김경태 : 만나진 못했죠.

면담자 : 중국 가서 만난 사람도 있잖아요.

김경태 : 근데 이건 개성에 있잖아요. 개성에서는 가기가 힘들다. 노력을 했는데 안 되는 거야. 왜냐하면 평양 있는 데서는 되는데, 거기는 거주의 자유가 없잖아요. 거주의 자유가 없는데다가 개성에서 그래도 이게 우리 누이가 어떻게 됐냐 하면은 공무원 사람한테 간 거야. 빨갱이지, 따지면. 선생이래. 선생한테 갔더라고. 그래 선생한테 가니까 공부는 가리켰을 거 아니예요. 조카들이 보니까 얘길 들어보니까 조카들도 수의과 나온 애 있고, 농대 나온 애들이 있고 그러더라고. 농사를 짓는대, 돼지도 키우고 그런대. 개성서. 주소도 있어요, 나한테. 그러는데 조카의 또 손자 낳은 게 있어. 조카의 아들. 아들, 딸을 낳았을 거 아니예요. 걔가 무슨 저… 간질병이라고 그래가지고 그 약을 사 보내라고 그래가지고 동아제약에서 나온 걸 갖다가 또 어떻게 포장을 해가지고 그것도 보내고 그랬는데, 지금은 소식은 몰라요.*

김경태의 누이처럼 개성에 남아 있을 수 있는 사람들은 그나마 가족을 만날 수 있었다. 장단군 출신의 신채오는 2000년경 북에 있는 여동생을 중국에서 만날 수 있었다. 다행히 여동생이 개성에 남아서 살아있었기 때문이었다.

면담자 : 그러면은 지난번에 동생 분 만나셨다고 했잖아요, 그럼 그거는 어떻게 해서 만나신 거예요? 중국 통해서 만난 거예요?

신채오 : 중국 통해서… 그거는 김대중 대통령 때서부터 북한 사람들 만나서 허래는 그… 저게 있었잖아요. 적극적으로 만나라고… 정부에서 이 15년 전서부터… 그래가지고 그때부터 만날려고 별 편지를 다 해보려고 이북하고 통해가지고 했는데 안 됐어, 중국을 통해가지고 했는데 안 됐어요. 근데 이… 탈북자, 탈북자가 우리 모임에, 모인 사람이 내가 그런 걸 항상 그렇게 만날려고 그러는 걸 알고 000… 그 사람이 알켜 줬는데, 탈북한 사람인데, 그 사람이 시방 전문으로 하는 사람이 있다고 그러더라고. 그래서 그 사람을 만나서 할 수 있냐니까 할 수 있다고 그래가지고 만난

---

* 2015년 2월 9일 김경태 1차 인터뷰 중에서.

거예요.

면담자 : 그래서 그 분이 동생 분을 찾아준 거예요?

신채오 : 그 분도 직접 못 찾죠, 몇 다리 건너서 시켜서, 시켜서 찾는 거지.

신채오 부인 : 이북에 친구에…

신채오 : 허허, 참…

신채오 부인 : 연락 해갖고, 중국에 그런 사람 있어. 사람 넘겨주고 돈 받아먹는 사람이 있대.

면담자 : 중국에 가서 만나신 거예요?

신채오 : 그럼.

면담자 : 언제 만나신 거예요?

신채오 : 7년 전인 것 같아. 7년. 예순 여섯에 만났으니까, 내 일흔 여섯이고. 8년 됐나 벌써? 죽었겠다… 죽었어. 남자는, 매제는 죽었더라고. 66세에. 적십자에 신고하고 갔다 와서, 적십자에서 또 보상까지 받았어요.

면담자 : 아니, 개인적으로 가서 만나셨잖아요. 그런데 적십자에 신고를 하면은…

신채오 : 네, 정부에서 줘요. 사진 기록을 갖다… 지금은 300만 원이야. 그 전엔 180만 원.

면담자 : 왜냐하면은 이게 가족 찾는 비용이 많이 들 거 아니예요.

신채오 : 많이 들죠. 어마어마하게 들죠. 돈 많이 들었어요.

면담자 : 근데 이거보다 180만 원 보다 더 많이 들었을 거 아니예요.

신채오 : 그럼, 그거…

신채오 부인 : 그 사람 주는 것만 400… 400이 넘어.

신채오 : 그리고 그 중에 내가 허탕 친 게 또 얼마겠어. 편지 한 번 이북에 부쳐달라고 하는 데만도 5만 원 씩 줬어, 5만 원 씩. 여기서 중국서 와서 일 하는 사람들 있잖아. 중국, 한국 교포들. 이런 사람들 만나면 너희 그렇게 편지 전할 수 있니? 전할 수 있든 거기서. 전해서 내가 통보만 하면은 사례 하겠다, 5만 원… 못 하더라고 다.

면담자 : 근데, 그래도 만나셨으니 다행이지, 못 만난 분들 더 많아요.

신채오 : 아유, 전부 다 못 만났지 뭐… 개성서 만났대는 건, 나 하나밖에 모르는데, 전체 뭐 털어 봐도 다섯이나 될려나 몰라. 개성 사람 못 만났어요.

면담자 : 제가 인터뷰 한 분들 중에서 만나신 분 거의 없어요.

신채오 : 그렇죠? 그래요. 난 그렇게, 기를 써서 만난 거예요. 난…

신채오 부인 : 이 양반이 중국사람 통해줘서 한 사람 또 만났어요, 아들. 갓난쟁이.

신채오 : 내가 그래서 내가 그렇게 만났는데, 그렇게 무섭게 만났는데, 난 첫 길이 돼

서 그렇게 힘들게 수백 군데를 거쳐서 했는데, 너 이렇게 하면 만날 수도 있다, 그러니깐 동산에서 유원지에서 그 얘기를 했잖아. 그랬더니, 근데 누가 이 사람은 꼭 만날려고, 돈도 있는 사람이야, 보니깐. 만날려고 그러니깐 만나게 해 달라, 찾아 왔더라고. 어떻게, 어떻게 해라. 그러니깐 대꺽 만났어. 그 사람은 돈도 안 들고 그냥 즉각…

신채오 부인 : 아들 만났대요.

면담자 : 근데 그 이후로는 되게…

신채오 : 시방은 딱 끊어졌지.

면담자 : 연락은 못 하고…

신채오 : 그럼요, 그때 그래. 누이동생이 몰래 왔어. 알면은 자기네 신세 다 날라 가는 거야, 그래서 그 데릴러 가는 애가 15일 동안을 거기서 떠나고 오지를 않았어요. 난 가야지. 나도 같이 죽는다 그러고. 그 정도니까 따라서 거기를 왔더라고. 오빠, 시방 다 알았으니까 다시는 연락 하지 말고 나도 피해 볼까봐 걱정인데, 아무것도 하지 말라고. 남한테 만났다는 소리도 하지 말고 있으라고 그래서 보고… 안 보더라고요.

면담자 : 그래도 한 번 만나셨으니까.

신채오 : 그럼요, 난 만나서 제삿날이니, 사진이니 다 받았죠. 제사… 돌아가신 거… 어디 묻었다는 것 까지 다 알잖아요. 판문점에서 보여요. 묻었대는 데가 개성, 도라산 올라가면 판문점 그 도라산에서 판문점 이렇게 이짝으로 저… 북한으로 이렇게 보이거든? 그러면 그 직선 넘으면 거기가 서암리라고 그 이북사람 산은 산이 하얘요. 서암리에다 갖다가 할아버지는 전쟁 때 돌아가셨는데, 할머니하고 개성에 묻었다가 어머니가 다 거기 캐 옮기고 어머니도 돌아가신 거 거기 갖다 묻고, 사위가. 사위 죽은 것도 거기다 갖다 묻었다고 그러더라고.*

이렇게 미수복경기도 실향민들이 북에 있는 가족들을 만나지 못하는 슬픈 상황에는 여러 가지 이유가 있다. 우선 개성, 개풍, 장단 지역의 일부가 휴전선과 DMZ에 들어가 있고, 제1장에서 설명된 바와 같이 전 후 북한 정권이 행정구역을 변경해서 과거의 개성시, 개풍군, 장단군은 현재 개성직할시, 개풍군, 판문군, 장풍군으로 변경되었다. 이러한 행정개편과 이 지역의 공산화 과정에서 지역토박이들이 많이 이주하게 되었

---

* 2015년 1월 21일 신채오 2차 인터뷰 중에서.

다. 따라서 실향민 1세대들이 고향에 두고 온 부모와 형제와 자식들이 더 이상 고향에 살고 있지 않다는 것이다. 부모들은 이미 모두 사망하였고, 나이 어린 형제들은 다른 곳으로 이주하여 살기 때문에 남한에서 이들을 찾기는 매우 어려운 것이다.

두 번째 이유는 개성, 개풍, 장단이 휴전선과 마주하고 있다는 지리적 특성 때문에 실향민들이 가족을 찾는 것이 더 힘들다고 한다. 중국과의 수교 이후 고향에 남은 가족들을 찾아보려고 시도했던 몇몇 실향민들은 김경태의 말처럼 개성이나 개풍이 중국과의 국경선과 너무 멀어서 가족에 대한 정보를 수집하는 것이 매우 어렵다는 것이다. 개풍군 출신의 신철희도 중국에 가서 가족을 찾을 시도를 하였다. 그는 중국에 가서 북한으로 들어가 개성이나 개풍에 있는 가족들에 대해서 정보를 가져올 사람에게 많은 돈을 지불해야 했다. 왜냐하면 북한은 여행이 자유롭지 못하고 또한 개성이나 개풍은 중국 쪽 국경선에서 너무 멀어서 비용이 많이 들었기 때문이었다. 그는 여러 차례 시도를 했고 비용도 많이 들었으나 가족을 찾을 수가 없었다.

세 번째 이유는 내가 인터뷰한 구술자들이 대부분 계층적으로 중상층이고 고학력이고 남한 사회에서 어느 정도 자리를 잡은 분들이 많다보니, 이산가족찾기 신고를 해도 거의 다 가족을 만나지 못했다. 남북한 이산가족만남은 남한의 실향민들이 신고를 해서 가족을 찾으려 해도 북한의 협조가 없으면 이루어지지 않는다. 북에 남은 구술자들의 출신 성분이 북한에서 결코 이롭지 않기 때문에 이들이 이산가족만남에 나오기는 어렵기 때문이다. 특히 남한에서 공무원이나 군인이 된 실향민들은 거의 이산가족만남을 기대하고 있지 않다. 개풍군 광덕면에서 홀로 남하하여 교육공무원이 된 윤철환도 북에 남아있는 여동생들을 찾을 시도를 하지 않았다.

면담자 : (중략) 이 제가 그… 이제 뭐 가족들 다 안 나오셨지만 혹시 이산가족찾기 같은 거 동생들 있으시니까 해 보신 적이 있으세요?
윤철환 : 안 했어요.

면담자 : 왜 안 하셨어요?
윤철환 : 우리는… 뭐, 아주 고급 공무원은 아니라도 고급 공무원에 속해.
면담자 : 아… 공무원이기 때문에…
윤철환 : 아마 우리 명단 이북에 가 있을 거예요. (**면담자** : 그렇죠. 음) 근데 만약에 내가 뭐 아버지 어머님 다 돌아가셨으니까 그렇지만 동생들이라도 불러서 얘기가 됐잖아요. 오히려 정보를 걔들에게 주는 거야. 너희 오빠가 남한에 가서 뭐 이러이런 일을 한다. 오히려 괴로움을 받을 가능성이 있어. 그러니까 에, 나는 뭐… 걔네들이 또 그럴 거 아니예요. 남한에 못 온 사람들은 될 수 있으면 접촉을 안 시켜. 그 상봉을 안 시켜. 그러니까 그 뭐 해도 안 될 거 같은데 굳이 해서 동생들에 피해 줄 필요 뭐 있냐. 동생 가족들이 피해 입는 거지. 그리고 지금 우리 고향에는 그이들이 안 살 거 아니예요.*

네 번째 이유는 북한의 가족이 받을지도 모르는 불이익의 염려 때문이다. 구술자 중에는 북의 가족을 찾던 다른 실향민을 통해서 자신의 누이의 생존을 확인하였으나, 만나려는 시도를 하지 않았다. 북한에 사는 누이에게 남한으로 간 형제가 있다는 것이 북한에서 불이익이 될 것을 염려했기 때문이었다. 실향민 1세대들의 부모들은 이미 모두 작고했고 살아남아있는 형제들이 있다면 이들에게 남한에 있는 형제의 존재가 결코 득이 되지 않을 것이라는 생각에서다. 이런 실향민들은 아예 이산가족찾기 신고조차도 하지 않았다.

3. 통일에 대한 기대

2007년 시작된 개성관광은 남북한 교류의 상징이었고, 또한 개성실향민들에게는 꿈에 그리던 고향에 갈 수 있는 기회가 되었다. 개성관광은 2000년 현대아산이 북한과 함께 공업지구건설에 대한 합의를 하고,

---

* 2014년 4월 18일 윤철환 2차 인터뷰 중에서.

2007년 백두산, 개성관광에 대해서 합의하여, 통일부에 관광사업 승인을 받은 후 진행되었다. 이에 앞서 2005년 8월에는 3회에 걸쳐 개성시범관광을 실시하기도 하였다. 개성관광은 경기도 파주 도라산 남북출입사무소를 출발하여 군사분계선을 지나 북측에 도착한 후, 송도삼절 중 하나인 박연폭포, 선죽교와 숭양서원, 고려청자 등 고려시대의 유물을 전시하고 있는 고려박물관, 왕건 왕릉, 공민왕릉 등을 둘러보는 1일 코스다. 그러나 2008년 금강산 관광객 피격 사망사건으로 금강산 관광과 함께 11월에 중단되었다.

그런데 미수복경기도 실향민들은 2005년 1차 시범관광에 참여하였다. 이때에는 개성실향민뿐만 아니라 개풍, 장단 실향민들도 함께 개성관광을 하였다. 개성토박이 최말숙은 두 번이나 개성관광을 하였다. 그녀의 집은 남대문에서 가까운 대로변 북안동에 있었는데, 그녀는 그 집을 볼 수 있었다. 그녀는 당시에 찍은 사진을 보여주며 설명해주었다.

면담자 : (중략)첫 번째 관광은 그럼 누구하고 가신 거예요?
최말숙 : 어우. 이거는 개성사람들 다 갔죠. 같이. (**면담자** : 개성 전체) 아니요. 전체가 아니고, 그때 개성에서.
면담자 : 미수복경기도 사람들 모아서 간 거 아니예요? (**최말숙** : 갔죠) 그렇죠?
최말숙 : 오십(50)명이 갔는, 오십(50)명을 간다고 허락을 했는데, 개성사람이 너무 조금이라고. 개성관광을 가면서 그럼 다른 사람들을 다 그때 이백(200)명이 가는데 다른 사람 다 간다고, 개성에서 좀 좀 불평들을 했어요. 그래서 오십(50)명이 더 해서 백(100)명 갔어.
면담자 : 아, 개성사람은 백(100)명?
최말숙 : 예, 그래서 이제 차는 다 가, 갈아타고 날짜도 다르게 가고 그랬어요.
면담자 : 음. 이거는[사진을 보며] 선죽골가보다. 아니예요?
최말숙 : 아니예요, 선죽교가 아니고. 여기가 명소예요. 이게 나중에 간 어, 개성관광… 여관. 앞이예요. 근데 내가 거길 찍을 건데 안 찍었어. 이 다리만 찍었어. 여기서 찍었으면 그 그 관광호텔이 찍혔을 텐데. (**면담자** : 아-- 호텔 앞이예요?) 예.
면담자 : 그럼 개성 그 호텔 앞에, 근데 하루 하루 갔다 오는 거잖아. 자진 않잖아요?
최말숙 : 자진 않았는데요. 왜 다른 거냐면요. 딴 때는 며칠을 갔어도 그 개성… 통일

여관인가? 남대문 옆에를 갔어요. 근데요. 이거는 개성시내를 돌아서 들어가서 어, 개성관광, 여관이 쭉-- 있어. 관광 여관이다. 여관이 쭉-- 있어요. 거기서 찍은 거예요. 그래서 내가 이걸 가져왔어요. 근데 이 이 정자가 보이죠? 이 정자 앞에 집이야. 근데 딴 사람들은 그 그 문, 문패를 보고 다 찍었는데 나는 에이, 그까짓 거 뭐 그리고 여기서 찍었어. 아유--

면담자 : (중략) [면담자가 개성 지도를 보며] 여기가 남대문이면 예전에는 이 남대문 있는 데에

최말숙 : 여기서 밥을 먹었거든요. 절대 여기서 딴 데 안 가요. 여기서 가고 여기로 하게 가고. 선죽교로 가고. 박물관 여기를 갔거든요. 그리고 오는 길도 오는 길도 이렇게 하고 이렇게 하고 이렇게 돌아서 그냥 왔어요 이 길이 무슨 길이야 지금? 저 저 동현동이죠? (**면담자** : 예) 이 남대문에서 하여튼 이렇게 돌아서 야다리가 어디야? (**면담자** : 야다리 여기) 여기죠? 이거 통과해서 이렇게 오거든요? 꼭-- 요 길만 가지 딴 길은 안 가요

면담자 : 근데 이 위로 올라갔다는 거예요? 그때는?

최말숙 : 그때는 남대문을 돌아서 이 길로 올라갔어요. 올라가서 여기 지금 만월동이죠? 열로 가면 만월국민학교죠? 이 건너편으로 들어갔는데 여기에 그 전에 파출소가 있고. 요렇게 여기 개울이 여긴 낙까줄*이 주욱-- 여기 통과하는 낙까줄이 있거든요? 근데 여기를 여기 골목이거든? 근데 이걸 막아가지고 여기 큰-- 대문을 해서 막고 버스가 이리 들어가 가지고 여기다가 광장을 만들었더라고. 그리고 지금 내가 사진 찍은 게 여긴데 여기에다가 이게 김, 뭐더라? 개성상인인데 그 사람네 집을 그 여관이야요. 개성여관. 관광여관이에요. 거기서 밥을 먹었어요. 그래가지고 내가 그 때서야 정신을 차리고 '이제 이 이렇게 해서 돌아내려오면 나는 우리집을 본다.'

면담자 : 여기가 북안동이니까

최말숙 : 예, 여기니까. 아, 나 이리로 올라갈 적에도 정신을 못 차렸어. 몰랐어. 그래서 이제 내려가면서 내가 여기 이, 내가 생각하던 여긴가 하느라고 내가 대문을 대문을, 대문 해다 놨는데 외국사람은 내다보더라고. 그 사이로. 그러면 아마 외국사람이 아니었더라면 아마 그 호루래기 불고 못 보게 해요. 그런 거를. 근데 보더라고. 그래서 내가 그 사람들 보고 지나간 다음에 내가 가서 다른 데 가서 보니까 아, 맞어. 여기가 이렇게 만월대로 넘어가고, 여기가 이상하게 막 허물어져가지고 무슨 언, 언덕같이 됐는데 사람들이 이래 하나-- 앉아서요 여기를 구경하고 있는 거예요. 우리

---

* 실개천의 개성말.

버스 나오면 볼라고. 그 그 사람들을 내가 다 봤지. 그래서 내가 아, 맞다. 내가 여기 위치를 내가 알았으니까 이제 더 이상 이 사람들한테 눈에 거슬리면 안 되거든요. 그래서 조금만 보고 빨리 뒤로 갔어. 근데 여기 광장을 만들어가지고 여기다가 이제 관광버스가 이리 쑥 들어갔어. 대문을 꽉 닫는 거예요. 그래서 여기서 버스 다시 타고, 이리 돌아 나왔어요. 돌아 나와서 이 남대문에서, 여기 남대문이지?

면담자: 여기 남대문.

최말숙: 어디야. 여기 여기다. 나 안경까지 가져왔는데. 이렇게 해서 이렇게 내려온 거예요. 그래서 집을 본 거야.*

[그림 10] 개성관광안내도

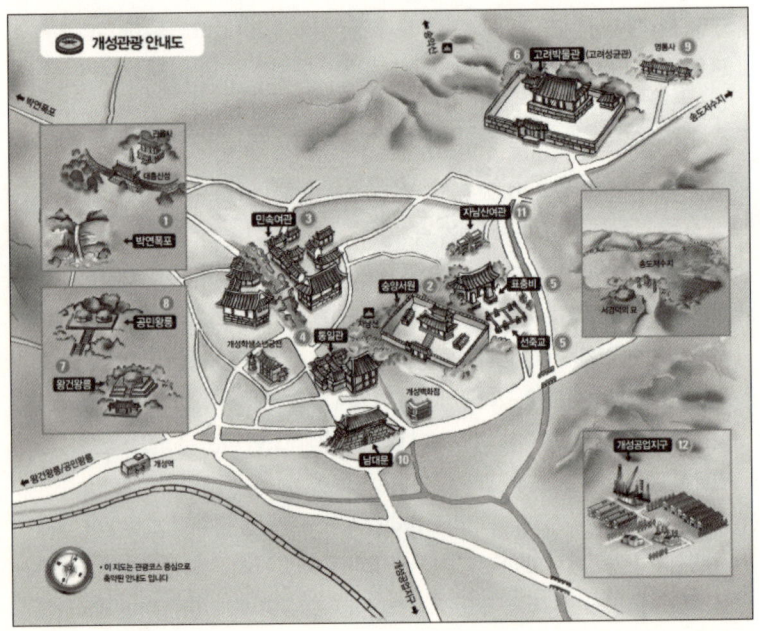

그러나 최말숙처럼 자신의 집을 볼 수 있었던 사람은 거의 없다. 개성

---

* 2013년 1월 18일 최말숙 2차 인터뷰 중에서. 이화여대 근대와 여성의 기억 아카이브 구술자료번호. yoontl-kspark-de-01.

관광은 정해진 코스만을 볼 수 있었기 때문에 그 코스에서 조금이라도 벗어난 곳에 집이 있을 경우에는 절대로 찾아가 볼 수 없었기 때문이다. 그래서 개성실향민들은 당시 개성관광에 대해서 대개 부정적으로 평가하였다. 개풍군 출신의 이병석은 개성이 개풍군과 가까워서 가 보았지만 자신의 고향이 아니라서 별 감흥이 없었다고 하였다. 장단군 출신인 조철욱은 두 번이나 개성관광을 다녀왔는데, 개성공단과 개성관광에 대해서 회의적인 입장을 가지고 있었다.

면담자 : 개성관광에 대해서는 어떻게 생각하세요?

조철욱 : 글쎄요, 난 그 개성관광… 요거 이제 마저 말씀드리면은, 그 그래서 그 개성공단도 굉장히 나는 회의적으로 생각합니다. 언젠가는 그 국가에서 그 들어가 있는 입주 업체들에 대한 보상을 어떻게 할 것인지, 그 손해를 어떻게 다시 그 보상해주고 보장을 해 줄 건지 그 참 상당히 난감한 얘기예요. 그리고, 개성이 여의도 아홉 배 크기로 지금 공단을 활성화시키고 있어요. 그거를 현대에서 다 해주는 겁니다. 그거 시설 다 해주면 쫓겨나요. 두고 보세요. 그래서 그 봉동이 바로 그 개성공단 자리한 덴데, 에 거기에 인제 고급 그 국제회의를 할 수 있는 호텔, 또 공원, 정원, 연못, 그 포함해서 개성 시가지는 하나의 그 이 에 관광지의 그 민가지역, 또 그 공단 내에는 그렇게 그 에 세계 그 금융 그 이 권들이 들어올 수 있게끔, 국제회의를 할 수 있는 규모, 그래 전체 규모로 보면은 여의도의 아홉 배의 크기의 그 개성공단을 지금 맨들려고(만들려고) 하는 것이 지금 에 현대에서 프렌(plan)을 하고 있는 겁니다. 지금 처음에 개성공단에 들어가기 전에, 지금도 마찬가지지만은 현대 그 현대[관광] 가이드 말에 의하면은, 2박3일 있는 동안 숨을 못 쉬겠대. 왜 그러냐 그러니깐, 산소가 없어서. 산소. (**면담자** : 왜요?) 나무가 없으니까. 봉동이고 뭐고 나무가 없어요.

면담자 : 그렇다 그러더라고요. 예.

조철욱 : 풀만 있는 거야. 그러니까 나무를 전부 땔감으로 해서 나무가 없어요. 그리고 인제 거기를 지금 전부 나무를 심, 심목 나무를 지금 도로변이라든가 이 전부 나무를 심고 있잖아요. 나무가 있는 곳은 어디냐. 송악산 그 박연폭포 주변. 거긴 나무가 있어요. 하하하, 거긴 나무가 있고, 그 다음에 이제 개성 시가지에 그 이 주거지라고 하는 것이, 에 우리나라 그 이 6, 70년대에 시형 아파트. 이 연탄 때는 5층 아파트 있죠. 고런 형태예요. 이 보니까, 베란다에 그 이 우, 우리 그 시범관광단이 가니까, 좀 그 깨끗이 보이기 위해서 인제 전부 일정한 회색, 회색 그 회색 담장이야. 그 아파

트 5층… 게. 그 베란다는 이제 그 조화, 이걸 전부 이렇게 진열해 놓고. 연탄을 때는 거야. 연탄. (**면담자**: 연탄) 예. 이 연탄도 부족현상이고, 또 에 전깃불이 인제 떨어지고 없어서 그 촛불을 키는(켜는)데, 그 만월대, 만월대에는 서치라이트로 그냥 촤-악 불을 비춰갖고, 하하하, 그건 밝게 비춘다. 그 그리고 이제 그 우리가 2009년도에, 2005년도에 갔다 왔나? 2005년도.

면담자: 개성에요? 2005년도에?

조철욱: 2005년도 8월 달에 갔다 왔나 봐요. (중략) 그 급조된 그 이 노점상, 거기서 인제 그 뭐 조잡품들 팔아요. 뭐 부채라고 하는 게 뭐 꿩 꼬리 그 이 이 저 날개 빼가지고 인제 붙인 부채, 뭐 이 또 술도 뭐 맛도 없는 술 팔고 뭐, 어 그런 거를 봤는데, 참 우리나라 70년도 정도도 안 되지 않나. 그 수준들이. 이 뭐 그렇게 봤어요, 그때. 하여간에, 그 개성공단도 자기네가 조금이라도 이해타산이 맞지 않으면은 지금 뭐 저 임금 올려달라고 뭐 아우성치다가 지금… 그 개성관광도 지금 중단되고 이랬지만은, 저 언제 무슨 짓을 할 지 모르는 게 쟤들입니다. (중략)*

그뿐만 아니라 미수복경기도 구술자들은 거의 모두가 통일에 대해서 비관적인 견해를 가지고 있었다. 거의 모든 구술자들은 살아서 통일을 볼 수 있다고 기대하고 있지 않다. 개풍군 출신의 박희수와 같이 대부분의 구술자들은 북한이 무너져야 통일이 된다고 생각하고 있다.

면담자: 통일은 언제쯤 될 것 같아요?

박희수: 그 뭐 모르죠 뭐. 모르는데… 뭐 김정일 아들 저 체제가 무너져야 돼요. 그렇지 않으면 안 돼. 근데 체제를 무너뜨릴라면 거기 주민들이, 북한 주민들이 나름 나름대로 어떤 그 이 분위기를 맨들어야 하는데 그게 도저히 불가능해요. 내가 보기엔 불가능 합니다. 그리고 여기 나온 사람들 있잖아요 다? 그 사람들 다 거기 권력층이고 돈 있는 사람들이에요.

면담자: 탈북자들?

박희수: 네. 다 돈 있는 사람들입니다. 다 권력층이에요. 그런 걸 봐서는 권력층에서 희망이 있어요. 그런데 장성택이… 가는 거 봐요.**

---

* 2010년 4월 19일 조철욱 3차 인터뷰 중에서. 국사편찬위원회 구술자료번호. OH_10_019_000_06.
** 2014년 5월 22일 박희수 2차 인터뷰 중에서.

그런데 장단군의 신채오는 강대국 때문에 통일이 힘들 것으로 전망하고 있었다. 조선의 해방이 미소의 대치로 38선에 의한 한반도의 분단을 가져온 것처럼 통일도 미국과 중국의 대립으로 힘들다는 것이다.

면담자 : 통일은 그러면은 언제쯤 될 것 같으세요?
신채오 : 막연한 거지 뭐. 근데 통일이요, 우리 생각 같아서는 중국하고 소련이 있어가지고 참… 여기가 큰 말썽거리 나라가 될 것 같아요. 통일이라는 게 막연해요. 이 미국서 중국하고 아부하면서 서로 어울린대면 이게 뭐 될까 하는데, 중국도 미군놈들이 발 딛고 올라서면 말려들까봐 절대 용서 안 하거든. 저놈들이. 지금도 여기 뭐 니 뭐니 해도 중국놈들 때문에 뭐 어려운 거야, 저게 중국놈들 때문에.*

장단군 출신의 조철욱은 가까운 시일 내의 통일에 대해서는 오히려 부정적이고 통일에 대한 대비를 해야 함을 주장하였다.

면담자 : (중략) 앞으로 통일, 언제쯤 될 거 같아요? [다른 사람의 잡음]
조철욱 : 통일을 나는 모르겠어요. 내 세대에서는 이뤄지기 힘들지 않겠나 이렇게 보는 겁니다. 왜냐면 통일보다도, 그 최악의 경우에 발전했을 때 발악을 어떻게 해올까, 그거를 우리는 대비해야 된다고 생각합니다. (**면담자** : 북한이) 네.
면담자 : 어떻게 해야 될 것인가.
조철욱 : 네. 그 김정일의 마지막 발악. 또 후계가 만약에 김정운[김정은]이로 이뤄진대면은 주위 군부세력에 의한 그 불장난, 이것이 어떻게 그 이 전개될 것인가, 난 그거를 더 염려합니다. 또 통일은 평화적이고, 에 독일보다도 더 그 에 남북한이 편해질 수 있을 때, 그때 통일이 이뤄져야지, 지금 통일이 이뤄지면 어떡할 겁니까. 통일만 해놓고 어떡할 거예요. 북한의 모-든 그 문제를 어떻게 풀어나갈 겁니까. 그 대안이 아직 마련되지 않았어요. 우리 국내 정치 지금 상황이 에 국내 정치판에서 서로 싸움박질 하느라고 통일 이후를 연구하는 건 일부 대학이나 전문기관에서 연구하고 있을 뿐이지, 국가의 뚜렷한 지금 정책은 난 없다고 봅니다. 그래서 국가의 뚜렷한 정책이 있고 목표가 있고 국민이 그 다 함께 그것을 따라주고 화합하고 그 했을 때

---

* 2015년 1월 21일 신채오 2차 인터뷰 중에서.

통일이 이뤄져야지, 지금 이런 상황에 통일이 이뤄지면 어떡할 거예요. 올팡질팡, 갈팡질팡 아마 지금 대혼란이 올 겁니다. 에 북한이 하루아침에 무너져도 큰 걱정이고, 에 지금 그 이 난 그 에 내가 보는 견해는 그렇습니다. 그래서 통일보다는, 그 어떻게든지 북한이 우리 그 남한에 대한 적대감정을 신뢰하면서 버리고, 그리고 그 진짜 한민족으로서 통일이 이루어져야 되겠다, 그렇게 그 밑바탕이 이뤄진 다음에 엄청난 그 통일 비용을 북한에 투자해서 그 대등하게 살 수 있는 분위기 조성이 먼저 중요하지 않을까 이렇게 생각이 되는데, 물론 그러한 맥락에서 그런 생각을 가지고 김대중 정권이 그렇게 애썼는지 모르지만은, 그거는 국민의 전체 의사가 아닌, 김대중 대통령 혼자의 생각으로 했기 때문에, 그 비합리적으로, 뒤로, 이 금전거래라는 건 잘못된 겁니다. 그렇지 않아요? 국민이 성금을 낼 정도가 돼야 된다고. 국민이 북한 동포를 도와주고 있어. 북한 정권을 도와주기 위해서 성금을 낼 정도가 되어야 된다 이런 얘기예요. 그게 뭐냐, 믿음이 이뤄져야 된단 얘기야. 지금 믿음을 줄 수 없는 정권이 북한 정권이에요.*

분단이 된 지 70년이 넘었고, 고향을 잃은 지는 60년이 넘은 현재, 북한에서 대륙 간 장거리 미사일이 발사되고 남한에 사드가 배치된다고 하는 상황에서 남북 간 긴장은 더욱 악화되고 있다. 북한이 변화하길 기다려야 하는지, 북한이 무너질 때까지 기다려야 하는 것인지, 북한에 대한 불신은 해결될 수 없는 것인지? 중국과 미국이라는 강대국 사이에서 무기 경쟁에 기초한 남북한 대립이 가속되고 있는 현실 속에서 미수복 경기도 실향민들에게 자신들이 살아있을 때 통일이 될 거라고 생각하길 기대하는 것이 무리가 아닐까?

---

* 2010년 4월 19일 조철욱 3차 인터뷰 중에서. 국사편찬위원회 구술자료번호. OH_10_019_000_06.

4. 아직도 남아있는 역사적 상흔

1) 구술사와 치유

구술사 인터뷰가 억압된 기억을 가진 사람들에게 카타르시스를 제공하고, 전쟁, 집단학살, 성폭력의 경험으로 오는 트라우마(trauma)를 극복하는 데 도움이 된다는 것은 서구 구술사 연구에서는 이미 널리 알려진 사실이다. 그런데 한국 구술사 연구는 문헌 자료가 빈곤한 역사적 사건들에서 경험의 차이를 드러내어 역사적 진실 찾기에 주력하고 있다. 즉 과거의 사건 진상 규명이 주요 목적이지, 구술사 인터뷰를 통해서 구술자들이 경험하는 카타르시스나 감정적, 정신적 차원에 대해서는 관심이 매우 적다.

그러나 구술사 인터뷰를 하다보면 연구자나 구술채록자들은 구술자가 서술하는 동안 함께 웃고, 울고, 분노하고, 서러워하게 되는 경험을 하게 된다. 왜냐하면 인터뷰는 연구자와 구술자가 일상이 멈추어진 일종의 '의례적인 시간'에서 구술자의 과거의 경험을 회상하게 되어, 감정이입을 통하여 구술자의 경험을 연구자가 같이 공유하게 되기 때문이다. 이렇게 과거의 경험에 대한 구술은 항상 당시의 구술자가 가지고 있었던 기분, 느낌, 희망, 절망, 가치, 기대 등과 같은 주관적 측면들을 동반하게 된다. 그래서 과거에 좌절된, 폭력적 경험을 가지고 있는 구술자들에게 인터뷰는 그 경험과 함께 억눌렸던 잠재된 감정까지 발설할 수 있는 기회를 제공하게 되는 것이다.

서구의 구술사 연구에서 트라우마를 발설하는 효과에 대해서 두 가지 의견이 있다. 첫 번째는 랭거(Langer)에 의하면 홀로코스트 생존자들의 증언은 단순히 과거를 다시 사는 것(reliving)의 과정이라는 것이다. 그들은 홀로코스트의 경험이 너무 고통스러워서 성찰(reflection)없이 이야기한다는 것이다. 따라서 이것은 즉각적이고 성찰이 없기 때문에 증언자들의 해석과 의미 부여가 없다는 것이다.[305] 두 번째 의견은 생존자들의 증언은 전후 세계에서 이루어지는 것이고, 그래서 듣는 이들을 위해서 경험에 대한 성찰과 해석을 제공한다는 것이다. 말로 표현될 수 없는 경험인 홀로코스트 경험은 발설됨으로 해서 생존자 자신들에게 자신들의 정체성을 깨닫게 해주고, 그 경험을 공유한 집단에게 집합적 정체성을 부여한다는 것이다.306)

화이트(Naomi Rosh White)에 의하면 침묵으로부터 나와서 말을 하는 것은 과거의 상처를 치유하는 도전의 몸짓이고, 새로운 삶과 새로운 성장을 가능하게 한다. 그리고 말을 하는, 대꾸하는(talking back) 행위는 생존자들이 객체로부터 주체로 이동하는 것을 표현한다고 한다.307) 나는 화이트의 주장에 동의하면서, 한국의 문화적 맥락 속에서도 '발설하기'는 역사적 진실을 밝히는 효과뿐만 아니라, 구술자들에게는 정신적 고통으로부터 자유로워질 수 있는 필수적인 행위라고 본다.

그래서 이 장에서는 한 개풍군 실향민 남성과 개성실향민 여성의 구술사 인터뷰에서 드러나는 역사적 상흔을 다루고자 한다. 나와의 구술사 인터뷰를 통해서 이들이 가지고 있는 상흔이 치유되었다고 말하기는 힘들다. 그러나 그 고통의 경험을 서술하는 것 자체가 상처의 치유의 시작이 될 수 있다.

2) 한 개풍군 실향민 남성의 역사적 상흔308)

(1) 생애사

신철희는 1926년 경기도 개풍군 대성면 평산 신씨 마을에서 한 부농의 4남매 중 장남으로 태어났다. 계층적으로 그는 부농의 집안에서 태어났고, 아버지는 대성면장을 지냈다. 누나도 풍덕보통학교에 갔고, 그는 풍덕보통학교를 졸업하고 개성상업학교에 진학할 수 있을 정도로 여유로운 생활을 하였다. 그는 개성상업학교 졸업한 후에 풍덕금융조합에 취직하였다. 당시 면서기가 월급을 18원을 받을 때 그는 42원을 받아서 그 돈으로 어머니가 소를 사서 다른 집에 맡겨서 키우게 했다. 한국전쟁

시 어머니와 아내, 아들이 남하하지 않은 것이 바로 어머니가 많은 재산을 두고 떠나올 수가 없었기 때문이었다.

가족관계로 볼 때 신철희는 조부모, 부모, 두 명의 작은아버지, 한 명의 고모가 있는 대가족에서 자라났다. 장남인 아버지는 동생들을 모두 결혼시켜 분가시켰다. 그런데 그는 남동생이 뇌막염으로 죽어서 외아들이 되었고, 그가 10세 때 아버지가 돌아가셔서 36세에 과부가 된 어머니의 모든 정성과 기대를 받고 자랐다. 집안일과 농사는 모두 어머니가 머슴을 두고 운영하였다. 그는 어려서부터 어머니의 기대 속에서 공부에 대한 스트레스가 많아서 잘 먹지도 않아서 저체중이었다고 한다.

당시 평산 신씨 집안이 개풍군 내에서 4개 면의 면장을 할 정도로 지방 유지여서 그는 친척의 도움으로 졸업하자마나 풍덕금융조합에서 근무하게 되었다. 한국전쟁 때는 집안에 좌익이 있었지만 우익의 입장을 고수하여 서울로 피했고, 부산 피난 시절에는 일가인 한 국회의원의 도움을 받았고, 공무원이 되어서도 그 친척의 도움으로 경기도청에 근무할 수 있었다.

신철희는 세대적으로 볼 때 1926년도 생이라서 일제식민지배가 확고해진 1930년대와 40년대 초 학교 교육을 받고, 해방 전 1944년에 취직하고 결혼한 세대에 속한다. 그는 비교적 늦게 1949년에 결혼하여 가족을 이루고 있어서 분단으로 인해 부모뿐만 아니라 부인과 자식까지 생이별한 세대다. 그는 풍덕보통학교(1933-38)에서 일본어만 시험을 보았고, 중학교 진학을 위해서 일본어와 일본역사만 공부한지라, 해방 후 공무원 시험을 볼 때 한국의 역사에 대해서 하나도 몰라서 고생할 정도였다. 1926년생은 징병 3기인데 해방이 되어서 그는 징병을 가지 않았다.

(2) 서술적 특징

신철희는 인터뷰하기 힘든 구술자였다. 그는 이야기꾼이 아니어서 과묵하고, 기억력이 좋지 않으며, 남의 이야기를 하기 싫어하는 성격을 가지고 있었다. 그래서 그의 구술의 특징은 첫째 과묵하다는 것이다. 그는 구체적인 묘사보다는 전체적인 윤곽에 대한 설명이 많았다. 두 번째 특징은 구술에서 인터벌이 많다는 것이다. 즉 구술에서 "아휴", "아…", "참", "…"이 매우 많이 나타난다는 것이다. 그는 음주를 많이 했는데, 다 고향에 두고 온 어머니와 처자식 때문이라고 했다. 그래서 현재 그는 기억력이 매우 나빠져서 잘 기억을 못하고, 그래서 기억이 안 나서 인터벌이 많고, 또한 괴로운 기억이기 때문에 인터벌이 많았다. 또한 내가 구술자로 하여금 스스로 침묵을 채우게 하려고 말을 다시 시작할 때까지 기다려 주었기 때문이기도 하다.

신철희의 서사 방식은 보통 남자들의 영웅서사적인 서술형식도 아니고, 신세타령도 아니다. 고향에 두고 온 어머니와 처에 대한 애틋한 서술을 볼 때, 분명히 회한에 찬 서술임에 틀림없다. 그리고 자식들 이야기는 해도 두 번째 부인 이야기를 안 하는 것을 볼 때, 첫 번째 부인에 대한 그리움이 많은 듯했다.

신철희의 서술은 회한을 가슴에 품고, 그 고통으로 인하여 자신의 경험을 말로 제대로 표현하지 못하는 침묵과 부재의 서술이다. 분단으로 인한 마음의 상처가 깊은 듯하고, 그것은 현재 아내와 북에 있는 아내에 대한 미안함, 그리고 현재 아이들과 북에 있는 아들에 대한 미안함으로부터 오는 것 같다. 또한 현 정부의 이산가족재상봉에서 북의 가족들은 "행방불명"으로 되어 있는 것에 대한 상처, 그리고 북의 가족을 만나기 위해서 중국에 갔지만 만나지 못하고 돌아온 좌절의 회한은 구술자에게 큰 상처로 남아 있고, 그의 구술에도 영향을 준 것으로 보인다.

(3) 역사적 상흔

신철희의 역사적 상흔은 두 단계로 구성되어 있다. 첫 번째는 한국전쟁으로 인한 어머니와 아내, 아들과의 생이별이다. 그는 장남인데다가 남동생이 8세에 뇌막염으로 사망하였고, 자신이 10세가 되던 해에 아버지가 후두암으로 돌아가셨다. 따라서 그의 어머니에게 그는 남편이나 마찬가지였고, 집안의 기둥이었으며 희망이었다. 다음은 그의 어머니에 대한 기억이다.

면담자: [아버님이] 선생님께서 열 살 때 돌아가셨다고.

신철희: 열 살 때. 네. 그래서 우리 아버지가 서른아홉에 돌아가시고 우리 어머니가 서른여덟에 혼자되신 거예요. 그때. 그 남들이 볼 때 동네 사람이나 인근 주위에 있는 사람들이 볼 때는 면장 부인이 지금은 다 그렇지 않지만 옛날엔 띠 똥을 날랐습니다. 그걸 날랐을 때 그 면장 부인이 저렇게 똥을 나르고서 거름을 나른다고 말이죠. 아휴. 그니까 효를 받으시게 된 거죠. 우리 어머니가. 우리 어머니가 대단하세요. 우리 어머니가 참 아주 한문이 유식하세요. 우리 어머니가.

면담자: 아… 그래요?

신철희: 우리 어머니는 무남독녀 외딸인데 그 심 씨라고 외할머니가 심 씬데 그 청송 심 씨에요. 근데 아주 한문이 유식해서 한문을 많이 배우셨어요. 그래서 부부라든지 가족에 대한 걸 많이 아셨죠. 우리 어머니가. 그걸 하여간 그 큰살림을 전부 혼자 농사짓고 농사 지시면서 그 일꾼을 머슴을 둘씩 데리고 농사를 지시면서 그걸 관리 감독을 다 하셨어요. 그니까 대단하신 분이에요. 우리 어머니가.* (중략)

신철희: 아휴. 우리 어머니 정말 고생 많이 하셨어요. 진짜.

면담자: 어머니 덕분에.

신철희: 제가 그럴 때 나는 몰랐는데 우리 고향에 있는 애 낳을 때도 그냥 아래 위에 소복을 하시고서 목욕을 하고 나오셔서 마당 쓰시느라고, 애[아들을 말함]를 낳게 되니까. 정갈하기 위해서 그런 양반이에요. 우리 어머니가. 하얗게 아래위 입으시고 수건 쓰시고 그 마당을 다 쓰신 거야. 그 손주를 낳지 않았어요.

면담자: 그러셨구나. (**신철희**: 음)근데요. 여덟 살 때 학교 들어가서 아무것도 안 하고 공부만 하셨다고 그러는데요.

신철희: 난 아무것도 안 했어. 나는. (중략)

면담자: 공부만 열심히 하셨나 봐요.

신철희: 공부는 그때 저기 저… 윤 선생님 윤 박사님은 몇 키로(kg) 나가셨어요? 중학교 들어갈 때.

면담자: 중학교 때? 한 글쎄요. 한 삼십 키로 됐을까?

신철희: 나는 이십오(25) 키로예요. 그냥 빼빼 말라가지고 이십 오 키로. 그래도 철봉은 기계체조는 기가 막히게 잘했어요.

면담자: 오. 그러셨어요?

신철희: 네. 그래가지고 하여간 [개성]상업학교 시험 보러 갈 때 이 평행봉을 하는

---

* 2008년 6월 11일 신철희 1차 인터뷰 중에서.

데 평행봉에서 턱걸이를 하는데 턱걸이가 그 전에 평행봉이 여기 앞에는 나왔거든요? 그 열다섯(15) 번 하니깐 선생이 그만 하라고. 빼빼 마른 애가 열다섯 번을 하니까 그만두라고. 그래가지고… 중학교 이학년 때부터 또 운동을 시작했어요. 그래가지고 이 흉위가 이 일 미터 삼 센치 나갔어요. 흉위가. 확연히 달랐죠.
면담자 : 오. 아니 근데 어렸을 때는 왜 그렇게 마르셨어요?
신철희 : 뭐 공부도 그렇고 먹지도 않고 그랬어요.
면담자 : 왜요?
신철희 : 아니. 공부 때문에 그냥 항상 공부 때문에 그런 거예요. 그러다가 또 아이 저 육학년 졸업 맞고 한번 시험 봐서 떨어졌죠? 그랬으니 그 이듬해에 또 일 년 동안 공부해가지고, 아이고. 백 미터 같으면 OOO이가 내가 떨어졌습니다. OOO이가 한번 내가 재수하느라고 한해 후배가 됐거든요. OOO 잘 뜁니다. 잘 뛰는데 내게 떨어져요. 그래 내가 잘 뛰었어요. 하하하.
면담자 : 그 아버님 돌아가신 다음에 어머님이 하도 열심히셔 갖고 공부에 대해서 많이 부담 느끼셨나 봐요.
신철희 : 아니 그것도 눈치였고, 어머니는 인제 오직 그냥 그 나 하나니깐 그 나 하나니깐 그걸 가리키기 위해서 그러신 거죠. 그러고 그냥… 참, 남의 손 빌리지 않고 어머니가 꼭 그냥 그렇게 밥을 해주시고 그래… 참. 하여간 참 보리하고 콩하고 섞어서 밥을 해주셨어요. 어머니가. 그러더니 하숙을 딱 해서 일 년 동안을 하숙하고 나니까 개성 와서 하숙 밥을 먹고 나니까 운동하면서 몸이 붓기 시작하는 거예요. 그래가지고 흉위가 일(1) 미터(m) 삼(3) 센치(cm)가 나왔으니 얼마나 늘었을 거예요. 하하하.*

신철희의 아버지가 돌아가신 후 그는 어머니의 적극적인 지원으로 개성상업학교에 진학하고 졸업을 한 후에 집에서 가까운 풍덕금융조합에 취직하게 되었는데, 그 이유는 어머니와 함께 살 수 있기 때문이었다. 그리고 1948년 그는 광덕면 출신의 첫 번째 부인과 결혼하였고, 이듬해 아들이 태어났다. 그는 어머니에게 그토록 소중했을 손자가 두 살이 되었을 때 생이별해야 했다. 그의 부인과 아들에 대한 기억은 다음과 같다. 신철희는 집안 누님의 중매로 부인과 선을 보고 결혼하게 되었다.

---

* 2008년 6월 11일 오후 2시 1차 인터뷰 중에서.

면담자 : 마음에 드셨어요?

신철희 : 마음에 든 게 아니라, 집안 누님이 하신 건데. 아… 마음에 들었죠. 사람도 얌전하고. 아… 참 천상 여자에요. (중략)

면담자 : 초례청 차림으로.

신철희 : 그럼요. 그래가지고 그 집안 처갓집 동네도 집안도 넓고 그래서… 굉장했죠. 그래서 더군다나 내가 금융조합에 있었고 그러니까 뭐… 혼사야 증말, 아주 대 혼사, 개성서도 우리 동창생들이 그냥 한 이십 명이 저걸 가지고 자전거들 타고 나왔어요.

면담자 : 하하하.

신철희 : 그렇게 해서 결혼식 올린 겁니다. 뭐 지금이야 다 죄밖에 죄밖에 남은 게 없어요. 우리 집사람한테 죄에요. 우리 집사람이 너무 마음이 착하고 참 잘생겼고. 아주.*

면담자 : 근데 나오시지 못하는 거는, 왜 부인은 같이 나올 수도 있었잖아요.

신철희 : 그리 인제 우리 집사람을 우리 어머니가 "너나 같이 나가라." 그랬는데 "어머니 모시고 집에 있겠습니다." 그랬는데 뭐. 할 말 없는 거죠. 내가 제 삼자가 얘기할 수 없는 거 아니에요. 어머니 모시고 집에 있겠다는데 어떻게 합니까. 어머니가 나왔으면 따라 나오겠지만 어머니가 안 나오시니까 못 나왔다 그런 얘기에요.

면담자 : 일사후퇴 때 나올 때도?

신철희 : 그럼요. 그때도요. 그리고 나서 그만이요.**

신철희의 역사적 상흔의 두 번째는 이산가족찾기의 좌절로부터 온다. 다음 구술은 가족을 찾기 위한 노정과 그 실패로 인한 상처를 보여준다.

면담자 : 근데 요새 개성에 관광하게 됐잖아요.

신철희 : 그 관광 자체가 글쎄 누구라도… 누구라 그 자기 집이라고 들어가 볼 수도 없고 실향민이라고 자기 집에 들어가 볼 수도 없고 없는 정도니 뭐 어떻게 하겠어요. 요 길 외에는 못 다니니 밖에 나가지도 못하는 거예요. 그렇게 관광시키니. 그 무슨 관광이야. 그래서 전 개성에 안 갑니다. 개성도 안 가고 금강산도 안 갑니다. 안가요. 전. 그리고 뭐 이북에 더군다나 우리 애들[이] 행방불명으로 나왔기 때문에 통일부

---

* 2008년 6월 18일 오후 2시 신철희 2차 인터뷰 중에서.
** 2008년 6월 18일 오후 2시 신철희 2차 인터뷰 중에서.

에서 말이죠. 행방불명으로 나왔기 때문에 식구가 전부 행방불명으로 돼있어요.

면담자 : 아. 통일부에 알아봤더니요?

신철희 : 그럼요. 왜 그러냐면 저기들이 유배를 시켜 논 거기 때문에 자기네가 어디 있다고 말 못하거든요.

면담자 : 어머니하고.

신철희 : 처자식이요. 그럼요. 그런데 거기에 가려다가 우리 둘째 작은 아버지네 세 식구. 또 우리 큰 처남 세 식구 그 아홉 식구가 유배당했거든요. 그때.

면담자 : 음. 거기 남아있는 식구.

신철희 : 남아있는 식구가 없죠. (중략) 그니까 중간에 있던 사람들이 이북에 우리 애를 만나주겠다고 그래서 돈을 좀 쓴 사람들이 있어요. 내가 돈 쓴 사람들이 있어요.

면담자 : 아. 그래요?

신철희 : 그 사람들이 물어보니까 알아보니까 그렇다. 그것도 반신반의 하는 거죠. 반신반의 하지만 그래도 어느 정도 왜 그러냐면 우리 집의 사람 고향 사진이 온 게 있어요. 나한테. 환갑 때 찍은 사진이에요.

면담자 : 그래요?

신철희 : 근데 그게 그래가지고 여기 저기 종로 이가에 말이죠. 종로 이가에 저 거기 사진관에다가 이거 육십년 오십 오년 한 오십 년 묵은 거 생각해가지고 만들어 주시오. 그래가지고 옛날에 우리 집 사람 어렸을 때 아니 우리 집 시집와가지고 우리 집 사람하고 우리 어머니하고 우리 누이동생하고 다 했어요. 해 봤더니 맞는다고 그래요. 맞는 다고 그러지만 그것도 못 믿는 거예요. 아니. 사진을 가지고 어떻게 믿고. 쪽을 지었는데 이 여기 쪽을 지었는데 얼른 보기에는 나는 생각을 못하겠는데 그 사진이 부인 사진이 맞는다는 거예요. 아휴. 내가 별 짓 다했습니다. 정말. 다니면서 그래서 나는 중국에도 여러 번 갔었어요.

면담자 : 아… 그러세요? 그 이야기 좀 해주세요. 중국에.

신철희 : 여러 번 갔지만 그걸 지금 얘기할 건덕지가 돼야 얘길 하죠.

면담자 : 가족들을 만나려고? 찾으려고?

신철희 : 그럼요. 찾아보려고. 그래가지고 내가 온다 그래가지고 도문 가서 도문 가서 하루 종일 기다렸는데도 나중에 갔던 사람이 뭐라 그러냐면 지금 아프기 때문에 못 온다. 밤에 건너와야 하는데, 두만강을 건너와야 하는데 못 건너온다는 거예요. 그러니 또 허사고. 그렇게 나 뜬소문 가지고 움직인 거기 때문에 내가 그거 믿을 수가 없어요.*

3) 한 개성실향민 여성의 역사적 상흔

(1) 생애사

최말숙은 1936년 개성 만월정에서 7남매의 차녀로 출생하였다. 아버지는 개성상인으로 남대문 근처에서 약방을 운영하면서 삼포도 하였는데, 그녀가 9살 때 돌아가셨다. 그녀는 호수돈유치원을 2년 다니고 호수돈국민학교를 나왔지만 호수돈여고(명덕여고)에 가지 못했다. 왜냐하면 언니가 개성고녀의 설립자 집안으로 시집을 갔기 때문에 개성고녀에 입학했다. 그녀가 개성고녀 2학년 때 한국전쟁이 났는데 오빠들이 모두 의용군으로 끌려가서 어머니와 동생들과 함께 중공군의 참전 이후에도 계속 개성에 남아 있었다. 1951년 6월 개성에 폭격이 심하여 그녀는 용수산 넘어 외삼촌댁에 갔다가 갑자기 남하를 하게 되었고, 그것이 홀어머니와 동생들과의 생이별이 된 것이다.

그녀는 일제시기 말에 태어나서 청소년기에 해방과 한국전쟁을 겪은 세대다. 따라서 전쟁의 비극을 감성적으로 받아들일 수밖에 없는 나이에 있었다. 계층적으로는 개성상인의 집의 차녀인데 아버지가 해방되던 해에 돌아가셨다. 위로 오빠들은 미군정 시 미군들을 환영하는 파티를 집에서 할 정도로 우익 측에 있어서, 한국전쟁이 나자 의용군으로 끌려가서 행방불명이 되었다. 따라서 해방 후 5년 사이에 아버지와 오빠들이 사라지고 어머니와 어린 동생들만이 집에 남아있었던 것이다. 유복한 가족에서 한꺼번에 아버지와 오빠들이 사라지게 되는 혼란한 상황 속에서 홀어머니와 동생들을 남기고 계획되지 않았던 남하가 이루어진 것이 그녀에게 깊은 상흔으로 남아있다.

(2) 서술적 특징

최말숙도 인터뷰를 하기 힘든 구술자였다. 우선 그녀는 인터뷰 자체에

---

* 2008년 6월 25일 오후 2시 신철희 3차 인터뷰 중에서.

거부감이 있었으나 미수복경기도부녀회 쪽 분들이 여러분 인터뷰를 했기 때문에 해주어야 한다는 부담감으로 인터뷰에 응하는 것 같았다. 그래서 이러한 인터뷰 초기의 불편감은 첫 번째 인터뷰 내내 느껴졌다.

최말숙의 서술적 특징은 회피라고 볼 수 있다. 이것은 그녀가 자신의 남하 이야기를 하는 것을 거부했기 때문이었다. 그녀는 첫 번째 인터뷰에서 16살에 6.25를 맞았고, 그 전의 기억은 별로 나지 않는다고 했다. 그래서 그녀의 이야기는 6.25 때 어떻게 남하했는가를 생략하고 김포에서 같이 남하한 외갓집을 나와서 한 언니와 함께 생활하다가 서울에 있는 고종 사촌오빠네 갔다가 다시 다른 사촌네 가서 살다가 교사인 친구 오빠와 결혼하여 살아온 이야기를 2시간 이상 하였다. 그래서 나는 개성에서의 삶과 남하 이야기를 좀 더 자세히 듣고 싶어서 다음에 한 번 더 인터뷰를 하고 싶다고 하였더니, 그녀는 하고 싶지 않다고 하였다. 나는 계속 그녀를 설득하여 겨우 2달 후에 날짜를 잡을 수 있었다.

최말숙의 구술은 또한 회한과 죄책감의 서술이었다. 그녀는 첫 번째 인터뷰 내내 "내가 엄마한테 이야기를 해야 하는데"라고 반복하였는데, 이것은 남하할 때의 상황에 대한 것이었다. 두 번째 인터뷰에서야 왜 그녀가 "내가 엄마한테 이야기를 해야 하는데"를 반복하는지를 이해할 수 있었다. 두 번째 인터뷰는 예기치 않게 그녀가 빨리 인터뷰를 끝내고 싶다고 해서 삼 주 후에 진행되었다. 이번에 그녀는 평정심을 가지고 자신의 남하 과정에 대해서 이야기해 주었다. 그녀는 1951년 봄에 개성시내가 미군의 폭격을 받게 되자 용수산 너머에 있는 외삼촌네 가서 피난해 살고 있었는데, 어느 날 갑자기 외삼촌이 장손을 데릴러 왔을 때 함께 남하를 하게 되었다. 아버지가 돌아가시고 오빠들도 행방불명되어 홀로 된 어머니와 동생들에게 작별의 말도 못하고 남하를 하게 된 것이다. 그녀는 살아서 어머니를 다시 만나서 왜 자신이 말도 없이 어머니 곁을 떠나게 되었는지를 이야기를 하고 싶었던 것이다. 그런데 현재 어머니가 살아계실 리가 만무하건만 어머니를 다시 만나서 이야기해야 한다는 것은 아직도 구술자에게 그 일이 죄책감으로 남아있음을 의미한다. 그녀는 세월이 가면 갈수록 더 고향과 어머니가 생각나고 괴롭다고 하였다. 그래서 더 이상 인터뷰를 하지 않겠다고 하였던 것이다.

(3) 역사적 상흔

첫 번째 인터뷰에서 최명숙의 서술에 영향을 준 것은 태국 여행이었다. 그녀는 그곳에서 "콰이강 다리"를 관광하면서 그곳 사람들이 전쟁 경험을 후세들에게 강하게 교훈으로 남기는 것에 대해서 듣고 충격을 받았다고 했다. 왜냐하면 자신은 고향에 가기 위하여 아무것도 할 수 없고, 정부도 이산가족을 위하여 아무것도 하지 않고 있기 때문이라고 했다. 그 충격 때문에 우울증에 빠졌던 그녀는 조금 정신을 차리고 인터뷰에 나온 것이었다.

최말숙 : (중략) 그러니까 여기까지는 그냥 온 거예요. 그런데-- 그렇게 이제 나와서 사는 걸 항상 나는 이 기찻길을 따라서 사는 거예요 항상. 이 기차 기적 소리를 들으면 항상 그래도 언젠가는 저 기차를 타고 고향엘 간다는 생각으로다가 신촌서 살고 남가좌동에 와서 살, 아니야. 신촌서 살고 굴레방다리에서 살고, 남가좌동에 와서 살고 북아현동에 와서 살고 증산동에서 살고 지금은 행신동의 역전 앞에서 살아요.
면담자 : 진짜 그러네요.
최말숙 : 예, 진짜로 이 기찻길을 따라서. 난 어딜로 못 가겠어요. (**면담자** : 하하하) 근데 이게 발전이 안 되는 거지만, 이건 발전은 안 되는 건 내가 여기서 확 확 이걸 뛰어넘었어야 되는데, 그래 니네들은 니네들 살고 싶은대로 어디든 가서 살아. 나는 이걸 못 버려. 나는 이걸 못 버려. 이 기찻길을 옆에서 못 버려. 그리고 그 기찻길을 따라 댕긴 거예요 여태까지. 그래 남가좌, 지금 행신동 옆에서 기찻길 옆에서 살지만.
면담자 : 음. 경의선 가는 길.
최말숙 : 예, 경의선을 따라서 죽-- 그렇게 살았어요. 근데- 그 전에는 애들이 있든 없든 그다지 내가 생각이 조금 나는 어, 좀 간단해. 내가 겉으로는 남한테 모나게를 안 하고 내 주장을 세울 필요가 없다. 나는 내 생각대로 사니깐 옆에서 뭐라 그러든 "그렇게 하세요 이렇게 하세요." 그리고 넘어가버려요 나는. 그러니까 남이 보기에 나를 어떻게 평가를 하는지는 모르지만, 나는 항상 내 내 주관이 내 주관대로만 나는

사는 거예요. 그런 거야. 의례 하여튼 하여튼 하여튼. 내가 보기에 내가 생각하기에 난 그래요. 그래구 그래도 그게 어느 면에서는 많이 뒤떨어진 생활을 했는지는 몰라도. 언젠가는 고향에 가서… 만날 걸로 희미하게 나마. 나 혼자라도 나는 이게 아니라도 이렇게라도 믿고 싶다. 하는 거를 내가 포기를 안 했어요. 그랬는데 요 전에 내가 어디매 갔었다 그랬죠?

면담자 : 콰이강의 다리.

최말숙 : 콰이강의 다리 갔다와선요 세상에 난 그렇게 낙심한 적은 처음이예요 이번에. 거길 가니까요, 그때 그 제이(2)차대전인가? 거기가 제일(1)차 대전인가.

면담자 : 제일(1)차대전.

최말숙 : 거기에 자기 그 알카이다(알카에다) 알카이다? 아니 거기가 무슨 도시더라? 조그만 도시예요. 그 콰이강의 다리 있는 데가. 거기서 그 하는 그 사람들의 하는 행동이 너-무 그 자기 후손을 위해서 똑바른 길을 가는 거야. 이 그 그 자기네 시, 자기네 그 콰이강의 다리면 거기 자기네 민족이 받은 수모를 애들한테 점점 더 심어주는 거예요. 그리고 너네들은 잊지를 말고 이런 일을 다시는 겪어서는 안된다하면서 그 행사를 해마다-- 강조를 하면서 더 세게 한대요. 그거를 내가 가만히 밤에 보는데, 진짜 일본군이 연합군이 들어가고 그 연합군이 이제 포로를 당하죠. 일본군이 들어가고. 그걸 고대로 그냥 그 현실적으로 그냥 실현을 해요. 거기서 전쟁을 하는 거예요. 뭐 꽝꽝꽝꽝 터지고 포로 잡아오고 갔다가 막 구박하고 뭐 이게 비행기가 나와서 그 콰이강의 다리를 포격하고 막 이러는 걸 그 고장이나마 아, 자기네 고장에서 겪은 일은 다시는 이런 일을 자기네 그 고장사람은 겪어선 안 된다. 우리는 여길 영원히 잘 지켜야 한다 그런 의미로 그렇게 한대요. 그런데 우린, 돌아와보니까 그 김정일이 뭐 폭탄 뭔가 뭐 쐈다고. 십육(16)일날 돌아왔는데 십이(12)일날 떠났는데 그 날 쐈다 그러대요? 쐈다 뭐 김정일이 내가 그건 그 뉴스도 보면서 저, 또 뭐 거기 그 어 뭐야. 그, 원자탄 뭐 언젠가 뭐 실험한다고 발표도 하고 그랬잖아요. 그걸 볼 적에 순간적으로 순간적으로 우리는 없잖아요 그런 거. 우리는 언제 만들어. 만들 수도 없잖아요. 뭐 재주가 없고 돈이 없는 게 아니라 우리는 만들지 못하게 돼 있잖아요. 천상 못 만들지. 천상 우린 뒤졌구나 이런 생각에. 천상 우리는 이게 남북통일이라는 건 멀구나. 응? 거기에 대해서 내가 아주 완전히 환멸을 느끼는 거 있죠. 그리고는 팍-- 아침에 일어났는데 무슨 생각이 나냐면 나는 그렇게 실마리나마 붙잡고 여태까지 몇 십 년을 살아왔는데 이렇게 그 고장에서는 그 도시의 어느 한 고장도 그렇게 살리겠다고 국민들이 그렇게 난리를 치는데. 여기는 하물며 이산가족이며 우리 국가의 이런 큰 응. 일을 당했어도 다시는 말이야 이걸 복구를 못하는 도대체 희망이 어디

있어. 이걸 앞으로 못할 것인가. 우리는 개성에 못 들어 갈 건가. 못 들어갈 거 그냥 죽어버리는 게 더 낫지 않아?. 뭐 이거 실마리 되지도 않을 걸. 이거 속에서 맨날 사냐. 응? 살아서 뭐해?-- 되지도 않을 걸 왜 이거를 기달리고 사나. "그냥 여보 우리 이 가산 다 정리해서 우리 다 죽어버리, 뭐 하러 이거 돼지도 않을 거 뭐하러 우리가 일, 이(1,2)년을 말이야 속아왔어. 그냥 육이오((6.25)나가지고 어떻게 해서 말이야 속 아왔는데. 될 것 같지도 않은 걸 이걸. 나는 죽고 싶은데. 나는 이제 앞으로 이 가산이고 뭐고 적당히 애들한테 다 돌려주고 가산 다 정리하고 나는 죽고 싶은데요?" 그러니까 아버지(남편)가 깜짝 놀래요."응? 아니 왜?". 그러다가 무슨 이상한 병이 든 줄 알고 아니 "왜. 왜 그런 생각을 해". 아버지(남편)가 몸이 불편하시거든. 그냥 왔다 갔다 왔다 갔다 하시는 거야. 완전히 아버지가 달라지는 거예요. 내가 이렇게 수발해야 되는데 완전히 왔다 갔다 하시는 거야. 그 건강하신, 한 사람 같이 자기도 자기중심을 잃고 왔다 갔다 하시는 거야. 내가 자꾸 죽갔다 하니까. 그런데 나와서 무슨 얘기 듣고 하루 이틀 이렇게 지나가니깐 내가 여기서도 무슨 희망을 얻을 수 있을까. 여기서 무슨 희망을 얻을 수 있을까. 개성은 못 가는데. 그 내가 이, 맘 아프고 고생하고… 내가 나올 때 우리 엄말 못 보고 나왔어요. 그 그걸 내가 갚아드려야 하는데. [구술자에게 전화가 왔다. 구술자가 잠시 통화를 한다.]

면담자 : 이제까지 이제 남하해서 오늘까지 이제 현재까지 이제 살아오신 이야기 잘 들었구요. 제 생각에는 제가 좀 질문하고 싶은 게 많거든요. 오늘은 이제 하시는 얘기를 이제 제가 쭉 이제 살아오신 쫙 하신 거잖아요. 그래서 좀 질문 더 해서 그 다음에 지금 말씀하신 것처럼 엄마를 못 보고 나오셨다 (**최말숙** : 예) 사실은 그 그 얘기도 좀 구체적으로 더 듣고 싶고.

최말숙 : 난 그것 때문에 더 이 가슴이 아픈가봐.

면담자 : 그렇죠. 그래서 제 생각에는 오늘은 그냥 여기까지 하구요. 제가 좀 이 자료를 보고, 제가 왜냐면 저는 잘 모르니까. 궁금한 것들이 있잖아요.

최말숙 : 그렇죠 뭐라고 집어주시면.

면담자 : 어. 제가 그거를 더 정리해서 다음에 질문을 더 할께요. 그래서 좀 더 구체적으로 그러니까는 지금은 이제 하시고 싶은 말씀을 하신 거고, 다음에는 제가 또 궁금한 것들 그런 걸 제가 좀 이해를 잘 할 수 있도록 좀 설명을 해주세요.

최말숙 : 그러면요 음.

면담자 : 다음 주에 한 번 더 나오시는 건 어떠세요?

최말숙 : 아니, 다음 주는 초순이죠?

면담자 : 예. 바쁘세요?

최말숙 : 아니 바쁜 거 보담요. 나는 여기에 안 오고 싶어요.

면담자 : 하고 싶지 않으세요?

최말숙 : 예, 말하고 싶지 않아요. 지금 내가 이거 지금 이 얘기 하는 거는 내가 너-무 가슴에 묻히고 엄마한테 가서 하고 싶었던 말이고. 어… 뭐라 그럴까. 남이 나를 보기에는 그렇게 보지 않는데, 나는 이런 거를 가슴에 품고 어… 있다 하는 거를 나는 나 나름대로의 그 많이 가르쳐 드린 거예요[자기 가슴을 치며].

면담자 : 그래도 한번 정도는 더 하시면 안돼요? 왜냐하면 조금 더 궁금한 것들 많은데.

최말숙 : 뭐 궁금한 거는 나는 근데 이렇게 하고 싶어요. 아니요. 언젠가는 내가 어… 어… 근데 그게 될 지 안될지는 모르는데 나는 재주가 없으니까는. 머리로는 생각하지 이거를 내가 구체적으로 이걸 내가 남이 알아, 이렇게 이해하게끔 나는 이걸 잘 못해. 잘 못해. 그러니까 내가 될 지 안 될지는 몰라 그런데 어디까지나 엄마, 엄마한테 너무 죄를 지었고. 죄인이야. 나는 너무 죄인이야. 나는 너무 가슴이 아파. 이런 걸 다 엄마한테 갚아주지도 못하고, 엄마를 한번 만나지도 못하고 이렇게 애타는 가슴을 갖고도 개성을 진짜 이렇게 들어갈 수도, 고향에 들어갈 수도 없고. 훌륭한 사람들이 이렇게 남한에 많이 살고 있어, 있는데도 불구하고 이렇게 이산가족의 어느 한 면도 해결을… 할 수 없다는 점에 대해서 나는 다- 실망을 하는 거예요.

면담자 : 저도 이해해요.

최말숙 : 나는 다- 실망을 하는 거예요. 말하자면 어, 응? 국가의 제일로 중요한 가족을 잃고 국가도 중요하지만 자기 가족을 잃고 사는 사람이 이산가족이 얼--마나 많은데 국가에서는 어 그 나름대로의 물론 모든 게 다 필요하지. 국가발전에 모든 게 다 필요해서 하지만, 이렇게 가슴 아픈 사람들을 외면하고 제, 제외하고. 언제까지든지 이게 해결이 안 될 거 아니예요. 응. 그리고 하는 사람들한테 내가 뭐를 제공하고 싶고 뭐를 어떻게 하고 싶겠어요. 나요 그 육이오(6.25) 때… 에는 생각이 별로 안나요. 근데 일사(1.4)후퇴 때서부텀은 어, 그 그 비행기 폭격을 매--일 할 적에. 나는 그 비행기를요, 항상 그 비행기가 와서 갈 때까지 우리 개성을 지나가는 비행기. 그게요 그때 꼽으니까요 열 몇 가지예요.*

최말숙은 2차 인터뷰에서 마침내 어머니에게 작별인사를 하지 못하고 남하하게 된 상황을 이야기해주었다.

---

* 2012년 12월 26일 최말숙 1차 인터뷰 중에서. 이화여대 근대와 여성의 기억 아카이브 구술자료번호. yoontl-kspark-de-01.

면담자 : (중략) 그러면 중공군이 와서 개성에 있을 때까지도 계속 이제 계셨어요?
최말숙 : 중공군이 와도, 중공군이 와도 소문은 미리 와요. 뭐 중공군이 오면 뭐 여자를 어떻게 한다, 뭘 어떻게 한다 그런 소문은 나도, 직접 나는 그때도 못 봤는데, 나 피난 나오기 전에는 그 먹을 게 없으니까 그 사람들이 가택으로 들어와서 막 이렇게 쌀 뭐, 이런 거 뭐, 강탈해 가는 거지 막. 어디 숨겨놓거나 뭐 이러면은 무조건 가져가는 거예요. 그래서 우리도 한 삼(3)일 전에 그렇게 강탈해가고 그러니까 모처럼 쌀들을 가져오면 감추죠. 많이 감추고. 하다못해 이런 베개 깃이라도 해서 잘맹이해서 그거 가지고도 다 뺏겼어요 그날. 그거 중공군이 쫄래쫄래 쫄리쫄라 뭐 하면서 전깃줄 그 통신줄인가봐. 그거를 막-- 이런데다가 다 달고 메고 뭐 뺀치를 갖고 댕기면서 그 방방을 댕기면서 말이야. 이렇게 이, 일어나보라고. 키 크고 그러면 잡혀가지. 나는 그때에 에, 내 위에 있는 우리집에 외갓집 위에 있는 사람은 다 잡혀가고 내가 제일 컸어. 그래서 내가 그 삼촌이 있는 자리에도 내가 숨어있었고 그랬는데, 쌀 마지막으로 그 비고(베고) 자던 쌀, 뭐 뭐 동생 내 꺼 뭐 아버지, 엄마꺼 다 훔치, 뺏겼어요. 그래서 그 다음날 엄마가 쌀을 가질러 옷을 갖고 이제 개풍군으로 나갔어요. 개풍군이면 임진강 여기서 여기서 한강 내려오고 임진강은 이쪽에서 내려와가지고 이렇게 합해서 내려가잖아. 이 쪽이예요. (**면담자** : 예, 예. 알아요) 그쪽으로 어머니가 쌀을 가지러 나간거야. 옷을 가지고 쌀 바꾸러. 근데 난 그날 글쎄 큰삼촌이 데릴러 들어온 거 있죠. 그 엄마를 못 보고 나온 거예요. 그래서--

면담자 : 아, 그랬구나-- (**최말숙** : 예) 예--

최말숙 : 그래 중공군한테 쌀을 다 뺏기고 엄마는 쌀을 가지, 쌀을 바꾸러 이제 옷이 이렇게 가지고 가고. 아침에 갔고. 나는 동생하고 뭐 할 게 없어서 그 외갓집에 있다가 그 이렇게 산 하나만 넘으면 개성이예요. 그래서 이렇게 개성을 왔어. 개성 우리집에는 가봤, 우리집에를 가본다고 이제 틈만 있으면 집엘 가봐야 돼요. 그 폭격에 이 저, 맞았나 안 맞았나 보는데 이제 거기에 우리집 언니가 거기서 같이 피난 나와 있다가 피난, 폭격을 안 하면은 집으로 나가요. 애들이 많아서. 남의 집에 있을 수가 없어. 애가 많아서. 그래서 우리 집으로, 언니네 집은 폭격 맞았고 그래서 우리집으로 가있기 때문에. (중략)

면담자 : 음. 그래서 그때 그러면은 그 개성집으로 왜 외삼촌이 데리러 온 거예요?

최말숙 : 아니요. 용수산 집으로 왔는데. (**면담자** : 용수산집으로) 내가 개성을 갔는데 그, 우리집으로 갔는데, 그 제일 큰 조카애가 언니 아들이 대문에서 놀더라고 그래서 "야, 언, 엄마 어디 갔냐?" 그러니까 나한텐 언니지. "언니 어디 갔냐." 그러니까 큰이모네 집이 저 뭐야, 나한테 큰이모지. 언니는 말고. 큰이모가 어, 선죽교 바깥에

서 시외예요. 거기서 사시는데 어, 언니가 이제 애들 많이 기르고 이러니까 바느질을 갔다가 맡아다 해다 주고 그랬어. 그러니까 "엄마가 바느질 찾으러 갔어." 그러더라고. 그러니까 아, 내가 집에를 안 들어갔어요. 왜냐하면 언니가 없고, 또 조금 있다가 해가 질 거 같고 그러니까 동생하고 그때 같이 갔어요. 동생하고 같이 가서 갔다가 "야, 언니도 없고 헌데 집으로 그냥 가자." 그러고 "준수야 너 잘 놀아." 그러고는 들어가지도 않고 대문에서 이제 오면서 남대문 지나서 남부 거기, 큰-- 개성에 도둣다리 시장이라고 아주 개성 중심지의 시장이 있어요. 그 시장을 지나서 이제 개울 지나서 이렇게 해서 개, 시장에서 가는데 그때도 유(6)월 달이니까 시장이 다-- 시장 장삿꾼들이 있는데 앵두. 있죠. 앵두. 그때는 간식이라는 게 다 그런 거잖아요. 앵두를 이렇게 지금 뻔디기(번데기)장사 그거 같애. 나는 나와서 보니까 그게 그거 같애. 뻔디기(번데기) 이렇게 해서.

면담자 : 이렇게 해서 이렇게. (**최말숙** : 응. 이렇게 해서 파는 거) 하하하.

최말숙 : 거기다가 앵두를 쭉 담아놨어요. 그래서 그거를 두 개를 또 샀어. 그때 돈이 어디서 있었는지, (**면담자** : 하하하) 그걸 사서 개 하나 주고 나 하나 주고. 그거를 먹으면서 이제 막 빨리 집에 해지기 전에 가야 한다고 왔는데, 그 산이 그 조금 높아요 용수산이. 거길 올랐는데 거기서는 그냥 아래 집이 다 보이니까 거기 앉아서 이렇게 다리를 쉬고 있는데 거기서 대문간에서 그, 삼촌댁이 빨리 오라고 손짓을 하더라고. 다 보이지, 이렇게 가까우니까. 어, 웬일이냐 야, 저 삼촌 저기가 빨리 오래. 그러고는 동생하고 나하고 거기서 이렇게 그 이렇게 산에 올라갈 땐 힘들어도 내려가면은 천천히 걸어가기가 그렇잖아요. 그러리까 애들이니깐 막-- 뛰어서 갔어요. 갔더니 집에 뭐 삼촌 그 집이, 그 집이 삼촌이 둘 인데 큰 삼촌이 에, 작은 삼촌네 그 집이 애가 둘, 그 애가 손이 없어. 큰 삼촌 애가 손이 없고, 작은 아들의 애가 아들이 하난데 걔를 데릴러 들어온거야. 그 삼촌이 어, 둘이 둘이 피난을 다 나갔다가 작은 삼촌은 자기 부인을 안 데리고 나갔으니까 중간에 들어왔어요. 다 그때 그 일사후퇴 때 나갔다가 다시 들어왔거든요.

면담자 : 예 그렇죠. 예.

최말숙 : 그때 들어와서 그리고 그 인민군한테 또 잽혀 갔어. 그 동네 살면서. 내 먼저 얘기하잖아요. 그 그 그 저, 국방군 그 정보원들이 들어와서 숨어 있다가. 그때 작은 삼촌이 붙들려 갔다고. 잡혀갔고 큰 외삼촌이 그 아이를 데릴러 들어왔어. 그 애를 데릴러 들어왔는데, 그 집 엄마가 하는 말이, "야, 너 엄마, 니 엄마가 너 못 내보내서 애썼는데 삼촌 따라서 나갔다가 뭐 멀어야 열흘이나 한 스무날 있으면 들어온다. 그러니까 지금 인민군이 저렇게 후퇴하느라고 발악을 하니까 너 그 동안에 잽

혀가면 안돼. 그러고 거기가 매일 그 동네에 와서 잡아가니까 사람들을. 거기 가서 나갔다가 들어오라"고. 그런데 내가 왜 또 믿고 나왔냐면 할머니가 나왔다고요. 그 손주가 안 나온다고. 지 엄마가 거기 있으니까. 지 아버지는 붙잡혀 가고 엄마는 거기 있는데 걔가 나오겠어요? 그러니까 큰아버지가 데리러 들어왔는데 큰 아버지 따라 안 나오지.

면담자 : 그렇죠.

최말숙 : 그러니까 할머니가 걔를 도닥거려서 데리고 나온다고. 나도, 할머니도 나간다. 응, 임진강 앞에까지만 나가서 할머니는 배 태워주고 도로 들어온다고. 거기 며느리가 작은 며느리가 남편, 작은 아들 잽혀 간 며느리가 거기 있는데, 거기도 애가 또 있고 한데 할머니, 시어머니 자리가 애들 데리고 나오기가 그렇잖아요 그러니까 내가 얘만 배 태워 내보내고, 그 손주가 하나니까. 아들 손자 하나니까. 아, 때도 그 내가 매일 생각해도 난 그게 너무 좀 그래. 그 아들 손주 살리느라고 그 삼촌이 데리러 들어온 거야, 거기를. 그 오지에 그 그 진짜로 인민군이 어디서 탁 튀어나올지도 모르는 거기에. 해병대 둘을 데리고 들어왔어요. 데리고 들어왔는데 그 해병대는 여기까지는 못 들어오고 중간에 어디매서 만나기로 했대. 그래 거기 있으라고 해병대는. 그러니까 에스코트해서 온 거야, 이 삼촌이. 그래서 삼촌이 여기까지 온 거죠. 애들 데리러. 삼촌은 개인 저기니까 왔어. 근데 내가 거기 묻어나온 거예요 세상에.

면담자 : 그러셨구나.

최말숙 : 그러니까 내가 동생을 데리고 나올 수가 있어요? 동생을 못 데리고 나온거지. 근데 동생이 그때 많이 컸어. 그래도 열세 살이나 됐는데. 생-전 처음 날 보고 "누님 잘 가요." 생전 날보고 너, 너 뭐 나, 저가 나 이겨먹으려고 싸우고 나는 저한테 지지 않으려고 싸우고 맨날 토닥거리고. 싸우던 애가 나 보따리 미고(메고) 나오는데 그때 그 윗집엄마(외숙모)가 그러더라고. "가서 아무래도 며칠 있다 올 거니까 너 우선 니 옷이라도 몇 개 싸가지고 가라"고. 그래서 뭐, 막 급하지. 빨리 빨리 하라 그러지. 나 이게 웬일이야. 내가 무슨 천둥벙거지 같이 내가 이걸 어떻게. 뭘 가지고 나가야 할지 모르니까 모르겠어 뭐. 뭐 아무거나 하여튼 뭘 싸가지고 따라 나왔어요. 따라 나오는데 이렇게 그 집에서 이렇게 길까지는 논길 오솔길 아니예요. 막 이렇게 나오는데 거기 따라 나오면서 "누님 잘 갔다, 잘 갔다 와." 그러는데 "잘 가." 그러던가 "잘 갔다 오라." 그러던가. 아유. 난 그 소리가 생전 처음 들은 거야, 개한테 누이 소리를. 그러고는 그 나와서 많이 후회했지. 그걸 또 데리고 나오면 또 어떻게 내가 살아, 나 혼자 살기도 힘든데. 그래도 그거 데리고 나왔으면… 살긴 살았지. 그,

면담자 : 근데 둘이잖아요. 남동생 둘.
최말숙 : 둘인데 작은 건 너무 작아서 못 데, 못 나오지. 그건 생각도 못하는 거예요 그건 그건 너무 자기도 잘 못, 자기 것도 못하는 놈을 내가 어떻게. 그리고 학교 들어갔다, 학교 들어갔어. 일(1)학년인가 이(2)학년이었댔어요. 그런 거를. 그거는 생각도 못하고 그 다음. 그 그때는 내가 생각을 못했지. 나와서야 생각을. 아, 남들도 다 조그만 것들 데리고 나왔는데.*

    이러한 역사적 상흔을 가진 실향민은 비단 신철희와 최말숙만 있을까? 미수복경기도 실향민의 비극은 이 지역이 이남이었기 때문에 잠깐의 피신이 가족의 생이별이 될 것이라고 예측하지 못했다는 데 있다. 그 "며칠"이 60년이 넘는 세월이 되었던 것이다. 대부분의 미수복경기도 실향민들은 인터뷰 시 눈물을 머금거나 소리 없이 운다. 아마도 그때가 60여 년 전이라는 것이 믿어지지 않을 것이다. 그리고 머리가 허옇게 된 실향민 1세대들에게는 당시 아머니, 아버지, 동생들의 모습이 아직도 눈에 선할 것이다. 최말숙이 주장하듯이 국가가 언제 이들의 한을 풀어줄 수 있을까?

---

* 2015년 1월 18일 최말숙 2차 인터뷰 중에서. 이화여대 근대와 여성의 기억 아카이브 구술자료번호. yoontl-kspark-de-01.

제13장

나가는 글: 미수복경기도민의 존재는 무엇을 말하는가

현재 미수복경기도 실향민(실향민 1세대)은 남한 인구의 5천분의 1 정도밖에 안 되는 소수자들이다. 그런데 왜 이들이 존재할까? 이들의 존재는 무엇을 말해줄까? 한국전쟁으로 인하여 고착화된 분단 사회에서 '이남 사람'이었던 개성, 개풍, 장단 피난민들은 '이북 도민'은 아닌 '실향민'이 되는 황당한 역사적 모순을 경험했기 때문이다. 이들은 분단과 한국전쟁으로 인한 경계에서의 삶을 산 대표적인 집단이며 동시에 분단으로 인해 자신의 로컬을 떠나서 새로운 장소 만들기를 했던 트랜스로컬한 역사적 경험을 한 사람들이다. 개성, 개풍, 장단 실향민은 서울, 인천, 강화 등에 흩어져 살고 있지만, 출신 지역에 대한 기억 공동체로서 네트워크를 통해 재영토화를 만들어갔다. 실향의 시간이 길어질수록 고향을 기억한다는 것은 자신의 역사와 정체성에 중요한 부분이 되었다. 이 장에서는 미수복경기도 실향민이 기억 공동체가 되는 것이 어떤 함의가 있는지를 논의하고 경계에서의 삶에서 출현하는 실향민 정체성에 대해서 토론하면서 이들의 역사적 상흔이 한국사회에서 통일로 가는 길에 어떻게 치유되어야 하는지를 논의하겠다.

1. 기억공동체

전후 개성, 개풍, 장단 실향민들은 1950년대 중반부터 고향 모임을 가지기 시작하면서 고향에 대한 기억들을 나누기 시작했다. 1960년대부터 중면 고향마을 사람들의 모임을 시작한 김숙영은 고향사람들을 만나면 고향의 이야기를 할 수 있어서 좋다고 했다. 이들은 1970년대와 80년대를 거치면서 면민회와 군민회를 만들면서 실향에 대한 개인적 기억들을 공유하면서 집합기억을 형성해갔다. 개성사람들은 『송도민보』를 통하여 개성시민회가 성립한 후에는 1985년부터는 『송도』를 통하여 자신들의 고향에 대한 기억들을 나누었다. 그리고 1980년대를 통해 군지들을 발간하면서 개인적 의사소통적 기억들을 하나의 문화적 기억으로 만들어갔다.

그런데 개성, 개풍, 장단 실향민들의 집합기억은 미수복경기도민회의 성립으로 국가의 통제 하에 들어가게 되었다. 1966년 미수복지구의 명예시장, 읍장 법제화, 1980년에 명예시장, 읍장 수당 지급, 1991년 미수복경기도민회의 성립이라는 일련의 조처들은 국가의 이북5도민에 대한 정책에서 누락되었던 미수복지구에 대한 국가의 지원이면서도 동시에 국가의 통제였기 때문이었다. 미수복경기도민회는 다른 이북5도민회와 함께 통일회관에 입주함으로써 명실공이 이북5도민과 같은 위상을 지니게 되었지만, 국가의 지원은 다른 한편으로는 국가적 동원의 대상이 되는 것을 의미했다.

예컨대 2013년 『개풍』 100호 특집호를 보면 개풍군민회의 1년 활동 보고에서 이북도민회중앙연합회가 개최한 "종북세력 척결 궐기대회(2012.6.30.)" 참여와 "대한민국 생명선 NLL 포기 음모, 규탄 궐기대회(2012.10.30.)" 참여가 기록되어 있다.[309] 즉 실향의 기억을 공유한 자생적인 친목 모임이었던 군민회와 면민회들이 미수복경기도민회의 큰 우산 안에 들어가면서 국가로부터 인식 내지 인정된 집단이 되었지만, 동시에 명실상부한 국가적 지원이 없이 국가적 동원에 참여하게 된 것이다. 상도 전 개풍군민회

사무국장에 의하면 개풍군민회 사무국장의 월급도 군민회에서 주는 것이지, 국가에서 지급되는 것이 아니다. 국가는 명예군수, 면장, 읍장에게만 약간의 월급을 줄 뿐이다. 또한 미수복경기도민회 전체 행사도 경기도에서 일부만 지원을 받고 있고, 군민회들의 장학사업도 군민회 자체에서 돈을 모아서 진행하고 있다.

미수복경기도민회가 수복이 안 된 개성, 개풍, 장단 실향민들을 아우르는 대표기구가 된 것은 사실이지만, 부모가 개풍군 실향민인 나 자신도 2009년 미수복경기도민회 최종대 현 도민회장을 인터뷰하기 전까지는 미수복경기도민회의 존재조차도 몰랐다. 자생적인 기억공동체인 개성시민회, 개풍군민회, 장단군민회는 미수복경기도민회 소속이 되면서 반공국가의 통제 속에 들어가게 된 것이다. 미수복경기도민회는 자생적인 향우회인 개성시민회, 개풍군민회, 장단군민회와 그 산하 면민회들이 이북오도민과 마찬가지로 정부에 의해 인정받는 단체가 되는 그릇이 되어 주었다.

미수복경기도민들의 개인적 기억들은 실향민의 집합기억을 구성하면서 이들을 기억 공동체로 만들었다. 유대인이 기억의 공동체인 것과 마찬가지로 지도 상에 없는 지역 출신일 때 그것을 계속 기억해야 하는 것이다. 이들의 집합기억은 한국현대사 속에서 망각된 미수복경기도 실향민의 존재의 기반이 되고 있다. 그리고 이들의 집합기억은 단순히 국가의 지배담론에 포섭된 것이 아니라 자신들만의 역사화 되지 않은 기억들로 남아있다. 제6장에서 9장까지 이들의 한국전쟁에 대한 구술을 들어보면, 이들의 역사적 경험과 기억은 한국전쟁에 대한 공식적인 기억과 관변단체로서 이들이 주장해야 하는 반공이념 사이에는 괴리가 존재함을 알 수 있다. 개성시민회, 개풍군민회와 장단군민회가 미수복경기도민회에 소속되었다고 하지만 한국전쟁에 대한 공식적 기억 속에서 배제되었던 미수복경기도민들의 실향의 기억은 일방적으로 국가의 지배적 기억에 포섭된 것은 아니다. 비록 미수복지역에 대한 일련의 법제화를 통하여 미수복경기도민회라는 우산 밑으로 들어가면서 개성, 개풍, 장단 실향민들의 집합기억들은 반공국가의 지배담론에 포섭되었지만, 개성시민회, 개풍군민회와 장단군민회가 이미 자생적으로 조직되어 있어서 이원체계 하에서 자신들의 자원으로 기억의 공동체를 유지해 나가고 있기 때문이다.

미수복경기도 실향민의 생애사 속에서 드러나는 집합기억의 핵심은 자신들의 고향은 이남 경기도이며, 자신들의 의지와 무관하게 잠시 피난을 떠난 것이 실향이 되었고, 꿈에도 자신들의 고향이 북한 땅이 될 것이라고 생각하지 못했다는 것이다. 이 실향의 서사(narrative of displacement)는 약소국가의 서러움과 미국에 대한 배신감에 기초하고 있다. 북한군의 침략이 실향민이 된 원인이라고 하더라도 북한군의 존재는 해방과 동시에 분단이 시작되었고, 그 분단의 원인은 미소 강대국의 이해 때문이었다. 또한 수복된 고향을 다시 빼앗기게 된 것은 중국(당시 중공군)의 참전 때문이었다. 마지막으로 휴전협상은 이남이었던 이들의 고향을 북한 땅으로 만든 결정적인 사건이었다. 휴전 협상은 미국과 북한과의 사이에서 이루어졌기 때문에 미국이 개성을 포기함으로써 개풍과 장단 지역이 휴전선 DMZ에 들어가고 말았다. 이 과정에서 남한 정부는 국가로서 국민의 자산과 안전을 보호 하는 역할을 전혀 하지 못했다. 이들은 북한군과 중공군의 점령지도 아니고 국군과 유엔군의 점령지도 아닌 자신들의 고향에서 살아남으려고 했으나 그럴 수 없어서 비자발적으로 잠시 난을 피하려 했던 피난민들이었다. 미수복경기도민들의 집합기억은 대중기억연구회310)가 지적한 바와 같이 과거의 공적인 재현(public representation)과 사적 기억(private memory) 사이에 위치하면서 국가의 포섭과 망각에 대한 저항을 이어가고 있는 것이다.

알렉산드로 폴텔리(Alessandro Portelli)가 주장하는 바와 같이 개인적 기억은 집합기억과 공존하며, 집합기억은 개인적 기억을 통제할 수 없다. 미수복경기도 실향민들의 생애사에서 드러나는 개인적 기억들은 각기 자신들의 사회적 위치(social position)에 따라서 다른 모양새를 하고 있다. 1920년생인가 혹은 1930년생인가, 남성인가 여성인가, 기혼인가,

미혼인가, 지주의 집안 출신인가 중농 출신인가, 소상공업자 출신인가, 장남인가 장녀인가에 따라서 개성출신인가 개풍 출신인가, 장단 출신인가에 따라서 고향이 38선 이북이었나 이남이었나에 따라서 개인적 기억들은 다르다. 하지만 이들의 개인적 기억들을 수렴하는 집합기억이 지닌 실향의 서사는 반공사회인 남한 사회에서 비가시적인 대항기억이다. 이들은 미수복경기도민회를 통하여 반공단체로서의 역할을 하고 있으나, 이들이 겪은 분단과 전쟁의 특수한 역사적 경험으로 인해 반공이데올로기라는 외피 속에 강대국에 대한 비판을 담고 있다. 물론 미수복경기도 실향민 내에도 다양한 목소리들이 있다. 미수복경기도민회나 군민회에서 지도적인 역할을 하는 실향민들은 김귀옥이 말하는 '엘리트층 월남인'의 인식을 가지고 반공을 강력하게 주장한다. 그러나 미수복경기도민회 최종대 회장도 2014년 미수복경기도중앙부녀회 정기총회에서 개성공단의 땅 주인이 미수복경기도민인데 남한 정부가 자신들의 허락도 없이 개성공단 입주를 허락했다는 것을 비판하였다. 따라서 이들의 비가시적인 대항기억은 단순히 지배기억 대 대항기억이라는 이분법으로는 설명될 수 없다.

나는 기억 공동체인 미수복경기도민회를 또한 기억의 장소로 보고자 한다. 미수복경기도민회가 기억의 장소인 이유는 기억의 장소의 세 가지 특징, 물질적, 상징적, 기능적 특징을 가지고 있기 때문이다. 미수복경기도는 휴전이 된 1953년부터 현재까지 존재하지 않은 행정 지역이다. 단지 개성, 개풍, 장단에서 남하한 실향민들이 기억하는 지역일 뿐이다. 그러나 미수복경기도민회는 통일회관이라는 물질적인 건물 속에 다른 이북5도민회와 미수복강원도민회와 함께 존재하고, 미수복경기도민회의 활동을 통해서 한국전쟁으로 인해 수복되지 않았던 38선 이남의 지역이 있었음을 상기시켜주는 기능을 한다. 그럼으로써 미수복경기도민회는 70년의 분단이라는 역사적 사건을 상징하는 현재 진행형의 장소다. 또한 미수복경기도민회는 미수복경기도민들이 자신들의 역사, 정체성, 존재 자체를 기억하고자하는 의지가 구현된 곳이다. 즉 한국사회에서 강화되고 있는 기억 투쟁에서 개성, 개풍, 장단 실향민들은 미수복경기도민회라는 관제 조직을 통하여 자생적인 향우회였던 개성시민회, 개풍군민회, 장단군민회의 존재를 세상에 알리고 싶었던 것이다. 이들의 비가시화된 대항기억은 반공이데올로기에 습합된 지배적인 기억에 도전하는 것이 아니라 지배적인 기억의 외피를 통해서 자신들의 모순적인 역사적 경험을 드러내고 싶은 것이다.

2. 경계에서의 삶과 정체성

경계(border, boundary)는 구분을 위해서 존재한다. 경계는 단순히 국경선을 의미하는 것이 아니라 현대의 초국가적 상황에서 경계는 복수적 (multiple)이다. 문화와 역사를 공유한 한 사회 내에서도 사회적 경계들 (social boundaries)은 항상 존재한다. 그런데 대부분의 사회에서 사회적 경계를 넘는 것은 위험하다. 특히 해방과 동시에 분단을 겪은 한국사회에서 경계 넘기는 전후 반공이데올로기로 인하여 더욱더 불온시 되었다. 그런데 한국현대사에서 경계에서의 삶을 살아온 많은 사람들이 있다. 한국전쟁을 통하여 이북오도 월남민, 미수복경기도 실향민을 비롯하여 미수복강원도민, 월북가족, 민통선 사람들, 사상, 빨치산, 의용군, 전쟁포로 등이 경계를 넘어선 삶을 살아왔다. 이들은 해방과 한국전쟁으로 인해 만들어진 '분단선'[311]의 경계를 넘은 사람들이다. 따라서 이들의 삶과 정체성은 경계를 넘은 위험성을 내포할 수밖에 없다.

미수복경기도 실향민들은 이남이었던 고향이 휴전과 함께 이북이 되어버려 경계를 넘게 되었다. 정전이 되어 38선 이남과 휴전선 이남이 일치하지 않게 되자 이북 출신이 되어 버린 것이다. 그런데 이들의 전쟁 경험 구술을 보면 미수복경기도인 개성, 개풍, 장단 지역은 그 지역 자체가 하나의 경계였다. 『한국전쟁사』나 『한국전쟁의 유격전사』[312]에서도 이 지역은 북한군과 중공군 대 국군과 유엔군의 대치하여 전선이 계속 이동하는 지역이었다. 경계 지역이었기 때문에 미수복경기도 실향민의 남하시기는 매우 복잡하다. 왜냐하면 이 지역은 1950년 6월 25일 전쟁이 나자마자 북한군에 점령되었다가 10월 초에 수복되었다가 다시 12월 말에 중공군에 점령되었다가 1951년 5월경에 국군에 의해 다시 수복되었다가 10월에 다시 국군이 퇴각하였다. 이렇게 전선의 변화에 따라서 점령과 수복이 되풀이 되면서 그 사이에 이 지역 사람들은 피난과 귀향을 반복하였다. 이렇게 이북도 이남도 아닌 지역에서 온 개성, 개풍, 장단군 피난민들은 이북오도 월남민과는 다른 실향민의 정체성을 만들어갔다.

제11장에서 미수복경기도 실향민의 정체성 논의에서 언급한 바와 같이 미수복경기도 실향민의 실향민 정체성은 '엘리트층 월남인'의 실향민 정체성과는 다르다. 그런데 '엘리트층 월남인'과 마찬가지로 미수복경기도 실향민 중 엘리트 월남민에 속하는 사람들도 있다. 이북오도위원회와 미수복경기도민회에 적극적으로 참여하는 사람들은 '반공전사'로서의 사회적 역할을 하고 있다. 이북오도위원회에서 지원하는 사업들이 대부분 반공과 관련된 것들이 많기 때문이다. 그러나 월남민의 공식적인 기관에서 활동하지 않는 엘리트 월남민들이 자신들을 '반공전사'로 생각하는 것 같지는 않다. 김귀옥이 지적한 바와 같이, 남한사회에서 월남민에게 부여한 '반공전사'로서의 기능은 오히려 소수의 엘리트 월남민들이 적극적으로 남한 사회에 적응하기 위하여 받아들인 것으로 보인다. 1970년대 초부터 개풍, 장단 실향민들의 자발적인 면민회가 만들어졌는데 비해, 이북오도위원회에서 미수복경기도 지역을 인정하고 받아들인 것은 1990년에서였다. 그래서 미수복경기도민회와 그 산하 조직은 안전행정부에서 위촉한 명예 도지사, 군수, 읍 면장과 더불어 이원적으로 운영되고 있다. 명예 군수와 시장보다 자치적으로 운영되는 도민회 회장과 면장이 오히려 미수복경기도민들 사이에서는 더 존경받고 대접을 받는다. 미수복경기도 실향민의 경우, 이들이 정부의 지원을 받는다고 해도 정부에 의해 '반공전사' 역할을 하기 위해 만들어진 것이 아

니라, 자생적인 군민회와 면민회의 기반 위에 만들어진 것이다.

구술사 인터뷰에서 드러나는 미수복경기도 실향민의 생애사는 "실향민=반공전사"라는 사회적 이미지와는 다른 이야기를 들려준다. '반공전사'로서의 월남민이 아니라 이들은 '분단의 피해자 내지는 희생물'이었다. 이들이 겪은 해방과 한국전쟁, 남하의 이야기를 들어보면 해방과 동시에 이들은 소련과 미국이라는 강대국의 존재를 경험했고 한국전쟁 중에는 중공군과 미군의 존재를 경험했다. 이들은 3개월간의 북한군의 점령 시기 외에는 북한 공산주의 국가 체제를 실제로 경험해보지 못하고 점령과 수복의 반복, 즉 이남과 이북 경계의 혼란을 경험하였다. 이 과정에서 국가나 정부는 이들을 보호해 줄 수 없었고, 자신들의 고향을 지켜주지 못하였다. 이남사람들이면서 이남사람들과 공유할 수 없는 과거를 지닌 미수복경기도 실향민들에게 남한은 이주민으로서 새롭게 정착해야 하는 험난한 공간이었다. 또한 북한에 있는 가족 때문에 북한과 연결되었을지 모른다는 의심에서 완전히 자유로울 수 없었다. 이들은 1990년대까지는 남한 정부로부터 자신의 가족을 만나볼 수 있다는 희망을 얻을 수 없었고, 자신들의 자구책으로 중국을 통해 가족을 만나보려는 시도들도 거의 좌절되었다. 반공은 이북오도 월남민과 마찬가지로 미수복경기도 실향민들에게 남한에서 살아남기 위한 생존전략이다. 1991년 미수복경기도민회가 성립할 때부터 현재까지 미수복경기도민회는 반공단체로서 활동하여왔다. 그러나 이들이 지지하는 반공 정부는 현재까지도 가장 간절히 원하는 것, 이산가족의 만남을 제대로 해 주지 못하고 있다. 또한 이들이 생각하듯이 남북한의 통일이 실향민 1세대가 살아있는 동안에 이루어질 가망성도 적어 보인다.

경계에서의 삶과 정체성과 관련하여 나는 이 연구에서 아쉬운 부분이 있다. 김귀옥이 월남민 연구에서 다음의 과제로서 제시한 월남 후 해외로 이주한 재외한인들에 대한 것이 이 책에서도 다루어지지 못했기 때문이다.313) 미수복경기도 실향민의 트랜스로컬리티는 해외로 확장될 수 있다. 나는 2013년 미수복경기도 해외동포초청 모임에 가서 이들을 만났었다. 그런데 이들 중 대부분은 실향민 1세대가 아니었다. 해외로 이민 간 실향민 1세대들은 이미 많이 작고했거나 건강 상 고국을 방문할 수 없었다. 초청자 중 실향민 1세대 분들을 몇 분 인터뷰하고자 했으나 김민석만 인터뷰할 수 있었다. 앞으로 이들에 대한 연구가 진행된다면 미수복경기도 실향민의 이산 연구가 완성될 수 있을 것이다.

3. 역사의 회복과 치유

구술사는 문헌 기록이 없는 역사적 사건을 규명하기 위한 효과적인 연구방법이다. 특히 한국사회에서 구술사는 과거사진상규명에 많은 기여를 해왔다. 진실 찾기가 우선시 되는 구술사 연구에서도 연구자들은 또한 구술자들이 가지고 있는 역사적 상흔을 무시할 수가 없다. 구술사 인터뷰의 성패는 공감 또는 감정이입을 통해서 라포를 형성하는 것에 달려있다. 그렇다면 진실 찾기가 우선 되는 구술사 인터뷰에서 역사적 상흔에 대한 이해 없이 공감이 이루어졌다고 볼 수 있을까. 구술사 인터뷰의 첫 번째 목표인 진실 찾기를 하면서도 공감을 통한 역사적 상흔에 대한 이해와 치유의 모색은 어떻게 할 수 있을까.

대부분의 구술사 인터뷰는 서술의 내용, 즉 '무엇을'에 치중하게 되는데, 구술자의 주관적 경험의 의미화는 서술의 형식, 즉 '왜'와 '어떻게'를 통하여 더 잘 드러난다. 어떤 방식으로 어떻게 이야기하는가는 구술자가 경험한 내용에 대한 구술자의 의미 부여를 잘 보여주기 때문이다. 제12장에서 나타나는 신철희와 최말숙의 서술 방식은 한국전쟁으로 인한 이산의 경험이 남한에서 그들의 삶에 얼마나 큰 영향을 주었으며 60여 년이 지난 현재까지도 남아있는 상처의 고통을 알려준다. 또한 인터뷰 시 언어적 행위 외에 비언어적 행위들도 구술의 내용에 대해서 많은 뉘앙스를 제공한다. 따라서 치유를 위한 구술사 연구가 되기 위해서는 구술자의 서술적 특징에 대한 관심이 더 높아져야 할 필요가 있다.

구술자의 서술적 특징에 대한 관심은 녹취문 중심의 구술사 연구에서 더 나아가서 목소리를 듣는 구술사 연구로 나아갈 필요를 제기한다. 폴 텔리가 주장하듯 어떤 녹취문도 음성을 완벽하게 재현할 수 없다.[314] 다른 면담자가 인터뷰한 구술 자료를 사용할 때는 더욱 더 음성 파일을 듣는 것이 중요하다. 또한 구술사 인터뷰 시 구술자와의 의사소통은 언어적 인 것뿐만 아니라 비언어적인 부분이 상당히 많다. 구술자의 표정, 음성의 고저, 떨림, 손짓, 몸짓, 시선은 서술 내용과 함께 중요한 자료로서 분석되어질 필요가 있다. 따라서 인터뷰 상황과 면담자와의 상호작용, 구술자의 비언어적인 표현 등도 분석에 포함될 필요가 있다.

그리고 구술사 인터뷰의 목표 자체에 역사적 상흔에 대한 이해와 치유의 모색을 삽입해야 할 필요가 있다. 특히 피해자 인터뷰에서는 더욱 더 그러하다. 피해자들에 대한 구술사 인터뷰를 해본 사람들은 모두 구술사 인터뷰가 치유의 효과가 있음을 주장한다.[315] 그러나 그 치유에 대한 학문적 연구는 없다. 사실 구술사 인터뷰는 진실 찾기로서 그 사회적, 정치적, 역사적 사명을 다했다고 주장한다. 그러나 과연 그럴까? 신철희와 최말숙을 포함한 많은 실향민들에게 진실 찾기는 실향민의 잃어버린 역사 찾기뿐만 아니라 분단이 가져온 가족의 이산의 고통을 공감받고 치유 받는 것이 아닐까. 구술사 인터뷰 면담자들이 연구의 아젠더에 진실 찾기와 함께 역사적 상흔에 대한 이해와 치유를 넣는 것 자체를 구술사가들의 의무로 간주해야 하지 않을까?

분단 70년이 넘은 시점에서 통일을 생각하면서 해야 할 많은 일들 중에 분단의 트라우마를 진단하고 그 해결책을 모색하는 것은 매우 긴급한 것이다. 그리고 그 긴급성은 분단이 준 역사적 상흔을 마음에 지고 살아온 사람들이 사라져가고 있다는 것과도 관련이 있다. 구술사 인터뷰는 개인과 가족이 주체가 되어 분단과 실향의 경험을 이야기하고 그 의미화를 도출해내게 해 준다. 이 작업은 분단이라는 역사적 경험의 그 역사성의 지평을 넓히고, 나아가서 현재 남한사회에서 통일을 대비하는 길을 모색하는 데 도움을 줄 것이다.

분단으로 인한 가족 상실은 이들 모두에게 자신의 과거와 정체성의 일부를 잃어버렸음을 의미한다. 그래서 통일은 민족의 통일이면서도 이산가족들에게는 자신의 뿌리를 찾는 것이고 정체성의 조각을 되찾는 일이다. 실향민도 월북인 가족도 모두 같은 상실감에 대한 공감대를 가지고 온전한 가족사를 찾기 위해 함께 통일로 나아가야 하지 않을까 한다.

그러나 구술사 연구자의 공감과 이해가 역사적 상흔의 치유의 모든 것을 다 해결할 수 있는 것은 아니다. 구술사 인터뷰를 통해서 구술자의 개인적 고통을 드러내고 발설하는 것은 역사적 상흔을 치유하기 위한 첫 걸음일 뿐이다. 구술사 인터뷰는 개인들의 역사적 상흔의 이야기를 들어주는 것이지만, 그 치유는 개인적 차원이 아니라 사회적 차원에서 이루어질 때만이 진정한 치유가 가능하다. 전진성은 "우리가 희생자를 진실로 기억하기 위해서는 그들의 고통에 대한 '공감(empathy)'하지 않으면 안 된다."316)고 하면서, "한국사회가 과거의 희생자들을 차분히 '애도'할 수 있기 위해서는 우선적으로 필요한 것이 있다. 그것은 다름 아닌 '공감'의 정서이다."317)라고 주장한다.

그렇다면 공감은 어디서부터 오는가. 공감은 진정한 듣기로부터 온다. 즉 구술자가 역사적 상흔을 드러내고 발설하여 자신으로부터 상처를 분리시키고, 구술사가가 진정으로 들음으로써 그 상처를 공감할 수 있는 것이다. 그리고 구술사가의 공감이 사회적 공감으로 나아갈 때 비로소 과거의 희생자들을 애도할 수 있는 것이다. 소통과 치유에 대한 사회적 요구가 끊임없이 제기되고 있는 현재에 구술사 인터뷰는 공감을 통한 사회적 애도로 나아갈 수 있는 방법이 될 수 있다.

따라서 구술사 인터뷰는 고통스러운 역사적 경험을 가지고 있는 사람들이나 집단들에게 인문학적 가치를 통하여 자아통찰과 인식론적 변화를 유도함으로써 정서적, 정신적 건강을 확보하는 인문 치료318)적인 효과가 있을 수 있다. 구술사 인터뷰에서 구술자가 자신의 삶을 이야기를 한다는 것은 서사 치료나 스토리텔링 치료와 매우 비슷하다.319) 또한 서사는 다양한 인문치료에 모두 들어있는 요소이고320) 또한 모든 인문치료에서 공통적인 요소는 연구자 또는 치료자가 구술자 또는 내담자의 이야기를 잘 듣는다는 것이다.

영어로 'listen'이라는 단어는 '듣다'라는 뜻이다. 듣는다는 행위는 상대방의 이야기를 경청하는 것이지 상대방의 뜻을 따르라는 것은 아니다. 그런데 한국사회에서 '듣다'는 단순히 경청이 아니라 다분히 상대방의 뜻을 따른다는 뉘앙스를 내포하는 듯하다. 왜냐하면 많은 사람들이 상대방의 이야기를 들으면 그의 의견에 동의해야 하기 때문에 아예 들으려고 하지 않는 듯하다. 따라서 듣기보다는 자신의 목소리를 강하게 발설하여 자신의 의지를 관철시키는 것이 일반적인 현상이 되었다. 그런데 구술사 인터뷰에서는 면담자가 구술자의 이야기를 잘 듣는다고 해서 구술자의 의견이나 의지에 동의하는 것은 아니다. 듣는다는 것은 다름을 이해하기 위한 가장 기본적인 태도다. 급격한 산업화를 통해서 세대 간의 역사적 경험이 매우 상이하게 되었고, 노령화 사회가 됨에 따라서 세대 갈등이 첨예화되고 있는 상황에서 구술사는 세대 간의 다름을 이해할 수 있게 해 준다. 한국전쟁을 경험한 세대와 그렇지 못한 세대 간에 서로의 다름이 이해되고 소통되기 위해서는 서로의 이야기를 들어야 한다. 미수복경기도 실향민의 구술을 들음으로써 공식적인 과거 이면의 경험들을 이해하고 그 경험들에 기반한 존재들을 인정하면 과거가 현재에 들려주고 미래에 소리치는 것들이 소통될 것이다.

■ 후기

이 책의 집필을 끝내고 늦가을 어느 날 나는 부모님과 함께 강화도 평화전망대를 찾았다. 약 30년 전에 아버지와 함께 강화읍에서 열린 고향 분들의 모임에 간 적이 있었다. 너무 오래된 일이라서 잘 생각이 나지 않았지만, 강화도에 가면 아버지의 고향이 보인다는 것은 기억하고 있었다. 강화도 양사면 철산리 민통선 북방 지역이 바로 아버지의 고향이 보이는 곳이다. 2008년에 이곳에 평화전망대가 만들어져서 그 후로 아버지의 고향 분들은 이곳에 모여 고향을 그리워한다고 한다.

부모님과 함께 찾은 이 날도 아버지 연배의 어르신이 몇 분 계셨다. 햇살은 따사했지만 안타깝게도 한강에 안개가 너무 많이 껴서 육안으로는

아버지의 고향 땅이 보이지 않았다. 다행히 망배단이 있는 곳에 맞은편 북한 쪽의 풍경을 그린 그림이 있어서 아버지께서는 그 그림에서 고향 집의 위치를 알려주셨다. 아버지는 18세에 고향을 떠났는데 그때 고향 집이 지금도 눈에 선할 것이다. 이제 80대 중반이 되신 아버지가 살아 생전 그 고향 집에 가 보실 수 있을까. 아버지가 고향 집이 보이는 이곳에 앞으로 얼마나 더 오실 수 있을까. 나의 아버지처럼 고향을 지척에 두고 있으면서도 고향에 갈 수 없는 사람들에게 한국전쟁과 분단이 얼마나 참혹한 것인지. 그리고 그 분단은 우리의 삶 속에서 아직도 지속되고 있다.

미주

제1장

1) 김귀옥, 1999, 『월남민의 생활 경험과 정체성: 밑으로부터의 월남민 연구』, 서울: 서울대학교 출판부.
2) 통계수치는 위의 김귀옥의 책에서 재인용한 것이다.
3) 권태환, 1977, *Demograpy of Korea: Population Change and Its Components, 1925-1966*
4) 강정구, 1996, 『분단과 전쟁의 한국현대사』, 역사비평사.
5) 개성지편찬위원회, 2015, 『개성지』, 1권, 개성시민회. 39쪽.
6) 장단군지편찬위원회, 2009, 『장단군지』, 증보판, 장단군민회, 124쪽.
7) 개풍군지편찬위원회, 2010, 『개풍군지』, 증보판, 개풍군민회
8) 토성면 6,749명(1950년), 남면 8,752명(1950년), 서면 5,000명(해방 전), 청교면 13,096(1935년 조선국세조사보고), 중면 9,220명(1950년), 상도면 약 4,000명(1950년), 임한면 5,488명(1950년), 흥교면 누락, 대성면 5,132명(1950년), 광덕면 4,990명 (1950년), 영남면 1,450호(1950년, 약9,000명), 영북면 4,332명(1950년), 북면 6,025명(1950년)으로 봉동면과 흥교면은 인구수가 누락되어 있다. 영남면의 경우 남면이 1435호인데 8,752명이라서 약 9,000명으로 추산하였다.
9) 양정필, 2015, 「개성인의 월남과 정착과정」, 연세대학교 국학연구원 역사와공간연구소 주최 제1회 월남민 구술 생애사 학술회의 자료집.
10) 개성인회, 1970, 『개성』, 예술춘추사.
11) 이산가족정보통합센터 신청자료현황 (2006.6.30)
12) 미수복경기도민회가 가지고 있는 통계 자료는 월남민 1세의 배우자와 자식을 포함하고 있어서 월남민 1세대의 정확한 인구는 추정할 수밖에 없다.
13) 윤일현, 2013, 「개풍군 사람들의 실향 63년」, 『개풍』, 100호, 113쪽.
14) 윗글, 같은 쪽.
15) 윗글, 114쪽.
16) 장단군지편찬위원회, 2009, 『장단군지』 118쪽.
17) 윗글, 같은쪽.
18) 이산가족정보통합센터 신청자료 현황. 2006, 6,30.
19) Akhil Gupta and James Ferguson, 1999, "Beyond Culture: Space, Identity and Politics of Difference", Gupta and Ferguson, eds., *Culture, Power and Place*, Durham: Duke University Press. p.41.

제2장

20) 디아스포라의 개념 변화와 연구영역 부분은 필자가 2012년 3월 26일 경북대학교 SSK 디아스포라 연구단에서 발표한 특강 발표문 "디아스포라와 구술사: 연구 영역과 방법을 중심으로"에서 가져왔다.
21) 윤인진, 2003, 『코리안 디아스포라: 재외한인의 이주, 적응, 정체성』, 고려대학교 출판부
22) 박명규, 2004, 「서평: 이주사를 넘어서 디아스포라 연구로」, 『한국사회학』, 38집 5호. 238쪽.
23) 선봉규, 2011, 「근, 현대 재일한인 디아스포라의 이주와 재영토화 연구: 오사카와 도쿄를 중심으로」, 『한국동북아논총』, 60호.
24) 김귀옥, 2011, 「분단과 전쟁의 디아스포라: 재일조선인 문제를 중심으로」, 『역사비평』, 55-56쪽.
25) 윗글, 같은 쪽.
26) 윗글, 같은 쪽.
27) 박명규, 2004, 240쪽.
28) Benedict Anderson, 1983, *Imagined Communities: Reflections on the Origin and Spread of Nationalism*, Verso.
29) 재외한인들을 위한 대표적인 인터넷 싸이트들은 다음과 같다. 한겨레신문사의 '한민족 공동체를 위한 코리언 네트워크' http://korean.hani.co.kr, KBS의 '코리아 월드넷'

http://worldnet.kbs.co.kr, 재외동포신문, http://dongponews.net

30) Akhil Gupta and James Ferguson, 1999, "Beyond Culture: Space, Identity and Politics of Difference", Gupta and Ferguson, eds., *Culture, Power and Place*, Durham: Duke University Press.

31) 정근식, 염미경, 2000, 「디아스포라, 귀환, 출현적 정체성-사할린 한인의 역사적 경험」, 『재외한인연구』, 9호.

32) 박명규, 2004, 240쪽.

33) Hall, Stuart, 1996, "Cultural Identity and Diaspora", *Contemporary Postcolonial Theory: A Reader*, ed. by Padmini Mongia. Arnold.

34) 문옥표. 1995. 「인류학, 현대문화분석, 한국학」. 『한국의 사화와 문화』. 23집, 280쪽.

35) Gupta, Akhil and James Ferguson. 1999.

36) 로컬에 대한 개념 논의는 필자의 「지방, 여성, 역사: 여성주의적 시각에서 본 지방사 연구」.(『한국여성학』. 11집, 1995)의 일부를 가져온 것이다.

37) Mohanty, Chandra T., 1992, "Feminist Encounters: Locating the Politics of Experience", M. Barret and A. Phillips, eds., *Destabilizing Theory*, Stanford University Press. p.74.

38) 윗글, p.77.

39) Probyn, Elspeth, 1990, "Travels in the Postmodern: Making Sense of the Local", Linda Nichoson, ed., *Feminism/Postmodernism*, Routledge. p.178.

40) 윗글, p.186.

41) 윤택림, 2012, 「지방지와 구술사: 경기남부 지방지를 중심으로」, 『구술사연구』 3권 2호, 참조.

42) 이상봉, 2009, 「인문학의 새로운 지평으로서 '로컬리티 인문학' 연구의 전망」, 『로컬리티 인문학』, 창간호, 48쪽.

43) 윗글, 51쪽.

44) 이상봉, 2010, 「디아스포라와 로컬리티 연구: 재일코리안을 보는 새로운 시각」, 『한일민족문화연구』, 18집, 109쪽.

45) 이영민, 2011, 「글로벌화와 공간 질서의 재구성: 로컬리티 개념과 문화연구」, 한국문화인류학회 하반기 학술대회 자료집. 205쪽.

46) 김귀옥, 2011, 56쪽.

47) 김귀옥, 2004, 『이산가족, '반공전사'도 '빨갱이'도 아닌…: 이산가족 문제를 보는 새로운 시각』, 서울: 역사비평사. 56쪽.

48) 이산가족 및 월남인 연구에 대한 리뷰 부분은 필자의 「분단의 경험과 통일에 대한 인식: 미수복경기도 실향민의 구술 생애사를 통하여」, (『통일인문학논총』 53집, 2012)의 일부를 가져왔다.

49) 이인희, 1986, 「8.15와 6.25를 전후한 불한 출신 피난민의 월남 이동에 관한 연구」, 서울대학교 지리학과 석사학위논문.

50) 강정구, 1992, 「해방 후 월남 동기와 계급 구성에 관한 연구」, 『한국전쟁과 한국사회변동』, 풀빛.

51) 조형, 박명선, 1985, 「북한 출신 월남인의 정착과정을 통해서 본 남북한 사회구조의 변화」, 『분단시대와 한국사회』, 까치; 박명선, 1983, 「북한 출신 월남인의 사회경제적 배경 및 사회이동에 관한 연구」, 이화여자대학교 사회학과 석사학위논문.

52) 이문웅, 1966, 「도시지역의 형성 및 생태적 과정에 관한 연구-서울특별시 용산구 해방촌 지역을 중심으로」, 서울대학교 사회학과 석사학위논문.

53) 이신철, 2000, 「월남인 마을 '해방촌(용산 2가동)' 연구-공동체의 성격을 중심으로」, 『서울학연구』 제14호, 서울학연구소.

54) 김귀옥, 1999, 『월남민의 생활 경험과 정체성: 밑으로부터의 월남민 연구』, 서울: 서울대학교 출판부.

55) 김귀옥, 2004, 『이산가족, '반공전사'도 '빨갱이'도 아닌…: 이산가족 문제를 보는 새로운 시각』, 96쪽.

56) 김귀옥, 1999, 『월남민의 생활 경험과 정체성: 밑으로부터의 월남민 연구』, 444-445쪽.

57) 조은, 2006, 「분단사회의 '국민 되기'와 가족」, 한국산업사회학회, 『경제와 사회』, 제71호, 72-101쪽; 조은, 2008, 「전쟁과 분단의 일상화와 기억의 정치: '월남'가족과 '월북'가족 자녀들의 구술을 중심으로」, 한국사회사학

회, 『사회와 역사』, 77집., 191-229쪽.
58) 차철욱, 류지석, 손은하, 2010, 「한국전쟁 피난민들의 부산이주와 생활공간」, 『민족문화논총』, 45집; 차철욱, 공윤경, 2010, 「한국전쟁 피난민들의 정착과 장소성」, 『석당논총』, 47집; 차철욱, 2010, 「한국전쟁 피난민과 국제시장의 로컬리티」, 『한국민족문화』, 38집.
59) 차철욱, 2015, 「부산 정착 한국전쟁 피란민의 상흔과 치유」, 『지역과 역사』, 36집.
60) 이성숙, 2007, 「한국전쟁에 대한 젠더별 기억과 망각」, 한국여성사학회, 『여성과 역사』, 제7집, 123-164쪽.
61) 안태윤, 2007, 「딸들의 한국전쟁-결혼과 섹슈얼리티를 중심으로 본 미혼여성들의 한국전쟁경험」, 한국여성사학회, 『여성과 역사』, 제7집, 49-85쪽.
62) 김수자, 2009, 「한국전쟁과 월남여성들의 전쟁경험과 인식-지역 차별인식과 결혼관을 중심으로」, 한국여성사학회, 『여성과 역사』, 제10집, 187-214쪽.
63) 김귀옥, 1999, 『월남민의 생활 경험과 정체성: 밑으로부터의 월남민 연구』, 47쪽.
64) 윗글, 413쪽.
65) 차철욱, 2015, 329-334쪽.
66) 조형, 박명선, 1985, 「북한 출신 월남인의 정착과정을 통해서 본 남북한 사회구조의 변화」, 『분단시대와 한국사회』, 까치.
67) 김귀옥, 1999, 『월남민의 생활 경험과 정체성: 밑으로부터의 월남민 연구』, 445쪽.
68) 김귀옥, 2004, 『이산가족, '반공전사'도 '빨갱이'도 아닌...: 이산가족 문제를 보는 새로운 시각』, 167쪽.
69) 차철욱, 공윤경, 2010, 310쪽.

제3장

70) 피에르 노라, 2010. 「기억의 장소들」, 윤택림 편역, 『구술사, 기억으로 역사쓰기』, 아르케, 131쪽.
71) 이 장은 필자의 「미수복경기도 실향민들의 역사 만들기: 『개풍군지』분석을 통한 기억 연구 논의」, (『구술사연구』 5권 1호, 2014)에가 가져왔다.
72) Abrams, Lynn, 2010, *Oral History Theory*, New York: Routledge.
73) 이용기, 「구술사의 올바른 자리매김을 위한 제언」, 『역사비평』, 2002년 봄
74) 니당 바슈텔, 2010, 「기억과 역사사이에서」, 윤택림 편역, 『구술사, 기억으로 역사쓰기』, 서울:아르케, 103쪽.
75) Portelli, Alessandro, 1991, "The Death of Luigi Trastulli: Memory and Event", in *The Death of Luigi Trastulli and Other Stories: Form and Meaning in Oral History*. Albany: State University of New York. p. 26.
76) 알렉산드로 포르텔리, 2010, 「키비텔라 발디 키아나에서의 학살: 신화와 정치학, 애도와 상식」, 윤택림 편역, 『구술사, 기억으로 역사쓰기』, 아르케, p.346.
77) Halbwachs, Maurice, 1980, *The Collective Memory*. trans. by F.J. Ditter, Jr. and V.Y. Ditter, New York: Harper Colophon Books.
78) 바슈텔, 2010, 105쪽.
79) Erll, Astrid, 2011, *Memory in Culture*. trans. by Sara B. Young. Palgrave MacMillan Memory Studies. Palgrave MacMillan, p.18.
80) 바슈텔, 2010, 110쪽.
81) Erll, 2011, p.18
82) 피에르 노라, 2010. 「기억의 장소들」, 윤택림 편역, 『구술사, 기억으로 역사쓰기』, 아르케, 129쪽.
83) Abrams, 2010, p. 101.
84) 안병직, 2013, "기억, 담론, 학문으로서의 역사: 한국현대사의 인식 및 서술을 둘러싼 논란과 갈등에 부쳐", 『현대사광장』 창간호, 대한민국역사박물관.
85) 육영수, 2013, "역사, 기억과 망각의 투쟁", 『한국사학사학보』 27집, 279쪽.
86) 전진성, 2006, "기억의 정치학을 넘어 기억의 문화사로 : '기억' 연구의 방법론적 진전을 위한 제언", 『역사비평』. 76집, 471쪽.
87) 알라이다 아스만, 2011, 『기억의 공간: 문화적 기억의 형식과 변천』, 변학수, 채연숙 역, 그린비.

88) 한성훈, 2008, 「기념물을 둘러싼 기억의 정치와 집단 정체성 : 거창사건의 위령비를 중심으로」, 『사회와역사』 78집.

89) 윤충로, 2010, 「한국의 베트남전쟁 기념과 기억의 정치」, 『사회와역사』 86: 149-180.

90) 박정석, 2013, 「산청 시천·삼장 민간인희생사건 : 유족들의 사회적 고통과 기억의 장소를 중심으로」, 『지역과 역사』 32: 413-442.

91) 천혜숙, 2012, 「동신당(洞神堂) 수난의 마을사와 민중적 기억의 재현」, 『역사민속학』 38: 185-222

92) 박정석, 2013, 433쪽.

93) 박찬식, 2011, 「4·3 사자(死者)에 대한 기억 방식의 변화 : 제주지역민을 중심으로」, 『4·3과 역사』 11: 89-103

94) 조명기, 장세용, 2013, 「제주 4.3사건과 국가의 로컬기억 포섭 과정」, 『역사와 세계』, 43: 205-235

95) 알렉산드로 포르텔리, 2010, 「키비텔라 발디 키아나에서의 학살: 신화와 정치학, 애도와 상식」, 윤택림 편역, 『구술사, 기억으로 역사쓰기』, 아르케,

96) Allan Megill, "from History, Memory, Identity", in . J. K. Olick, et al., eds., *The Collective Memory Reader*, Oxford University Press. p.194.

97) 윗글, p. 195.

98) 루세트 발랑시, 2010, 「성스런 역사에서 역사적 기억으로: 유대인의 역사와 기억」, 윤택림 편역, 『구술사, 기억으로 역사쓰기』, 아르케, 270쪽.

99) Yosef Haim Yerushalmi, "from Zakhor: Jewish History and Jewish Memory", in . J. K. Olick, et al., eds., *The Collective Memory Reader*, Oxford University Press. p.202.

100) 윗글, p.206.

101) 윗글, p.207.

102) 윗글, p.208.

103) Jan Assmann, "from Moses the Egyptian: The Memory of Egypt in Western Monotheism" in . J. K. Olick, et al., eds., *The Collective Memory Reader*, Oxford University Press. p.210.

104) Jan Assmann, "from Collective Memory and Cultural Identity", in . J. K. Olick, et al., eds., *The Collective Memory Reader*, Oxford University Press. p.213.

105) 윗글, 같은 쪽.

제4장

106) 이 부분은 내가 2012년 3월 26일 경북대학교 SSK 디아스포라 연구단에서 발표한 "디아스포라와 구술사: 연구 영역과 방법을 중심으로"에서 가져왔다.

107) Marcus, George, 1998, "Requirements for Ethnographies of Late Twentieth Century Modernity Worldwide," in *Ethnography Through Thick & Thin*, Princeton University Press.

108) 전통적으로 인류학자가 현지에서 장기체류를 통해서 그 현지의 문화를 마치 사실화를 보는 것과 같이 그려내는 문화기술지적 방식을 말한다. 이에 대한 자세한 논의는 나의 「문화의 탈지역화와 한국문화연구」, (『정신문화연구』, 제25권, 3호. 2002년) 참조.

109) Marcus, George, 1998, "Ethnography in/of the World System: the Emergence of Multi-Sited Ethnography,"in *Ethnography Through Thick & Thin*, Princeton University Press.

110) Haraway, Donna, 1991, "Situated Knowledges: The Science Question in Feminism and the Privilege of Partial Perspective,"in *Simians, Cyborgs, and Women*, Routledge.

111) Stroller, Paul, 1997, "Globalizing Method: The Problems of Doing Ethnography in Transnational Spaces" in *Anthropology and Humanism*, vol. 22, no.1.

112) 윤택림, 2002, 「문화의 탈지역화와 한국문화연구」, 『정신문화연구』, 제25권, 3호.

113) 조문영, 2012, 「장소(locale)의 힘: 중국 동북 노동자 밀집지역에서의 현지조사를 중심으로」, 한국문화인류학회 하반기학술대회 자료집, 221쪽.

114) 윗글, 232쪽.
115) 이 부분은 본인의 저서 『문화와 역사 연구를 위한 질적연구방법론』(2004, 아르케)에서 가져왔다.
116) Vicent Crapanzano, Yasmine Ergas and Judith Modell, 1986, "Personal Testimony: Narrative of the Self in the Social Sciences and the Humanities"in Items of Social Science Research Council, 40(2).
117) Personal Narrative Group, 1989, *Interpreting Women's Lives: Feminist Theory and Personal Narratives*, Indiana University Press, p. 4.
118) Susan N. G. Geiger, 1986, "Women's Life Histories; Method and Content" *Review Essay in Signs*, winter.
119) 구술사의 인식론적인 쟁점에 대해서는 『새로운 역사쓰기를 위한 구술사연구방법론』(함한희 공저, 아르케, 2006) 참조.
120) Antonio Gramsci, 1971, *Prison Notebooks*, trans by Quintin Hoare and Geoffrey Nowell Smith, New York: International Publishers. p. 353.
121) Jan Vansina, 1988, *Oral Tradition as History*, University of Wisconsin Press. p.276.
122) James M. Freeman and David L. Krantz, 1979, "The Unfulfilled Promise of Life Histories" in *Biography*, 3.
123) Geiger, 1986, p. 338.
124) 임영상, 2003 「코리언 디아스포라와 구술사」, 『역사문화연구』, 19집.
125) 이헌홍, 2008, 「재일한인의 삶과 이야기: 생존 현실과 망향의식을 중심으로」, 『구비문학연구』27집.
126) 김귀옥, 1999, 『월남민의 생활 경험과 정체성: 밑으로부터의 월남민 연구』, 제 13장 엘리트층 월남민은 누구인가.

제5장

127) 고동환, 2009, 「조선후기 개성의 도시구조와 상업」, 『지방사와 지방문화』 12권 1호, 339쪽.
128) 윗글, 342쪽.
129) 윗글, 343쪽.
130) 윗글, 329쪽.
131) 윗글, 333-334 쪽.
132) 윗글, 336 쪽.
133) 윗글, 340 쪽.
134) 윗글, 338 쪽.
135) 윗글, 346쪽.
136) 윗글, 350쪽.
137) 윗글, 351쪽.
138) 1927년 「[순회탐방] 인삼으로 유명한 고려의 구도, 산명수려 별천비 개성, 1 」, 『동아일보』 10월 28일자 기사
139) 1933년 『조선일보』 2월 22일자 기사
140) 1936년 『조선일보』 2월 28일자 기사
141) 1938년 『조선일보』 5월 28일자 기사
142) 개성의 나성 안 4부가 정해진 것은 1796년 정조 20년인데, 현재에도 정부에서 개성시 명예 시장 외에 4명의 명예 동장(동부, 서부, 남부, 북부)을 임명하고 있다.
143) 류달영, 2015, 「호수돈과 민족정신」, 『개성지 I』, 개성지편찬위원회.
144) 류달영, 2015, 「이 여성을 보라! -고 어윤희 여사를 추모하며」, 『개성지 I』, 개성지편찬위원회.
145) 박성규, 2015, 「송도의 3.1운동」, 『개성지 I』, 개성지편찬위원회.
146) 구교식, 2015, 「묻혀버린 개성학생의 항일운동」, 『개성지 I』, 개성지편찬위원회.
147) 이동원, 2015, 「송도중학 무기고 탈취사건」, 『개성지 I』, 개성지편찬위원회.
148) 김복영, 2015, 「개성 단파방송 사건의 진상」, 『개성지 I』, 개성지편찬위원회.
149) 1922년 『동아일보』 4월 16일자 기사
150) 1922년 『동아일보』 5월 11일자 기사
151) 양정필, 2015, 「근현대 개성상인의 경제조직 시론」, 『개성지 II』, 개성지편찬위원회. 984쪽.
152) 윗글, 1013쪽.

153) 윗글, 1014쪽.

154) 윗글, 같은 쪽.

155) 양정필, 2015, 「일제 강점기 개성의 한국인 상권과 그 특질」, 『개성지 Ⅱ』, 개성지편찬위원회. 1026쪽.

156) 윗글, 1027쪽.

157) 개풍군지편찬위원회, 2010. 『개풍군지』, 39쪽.

158) 개풍군지편찬위원회, 2010, 『개풍군지』, 170쪽.

159) 개풍군지편찬위원회, 1984, 『개풍군지』, 169쪽.

160) 개풍군지편찬위원회, 2010, 『개풍군지』, 제 4장 향토의 사적 고찰, 제 3절 면세요람, 대성면, 468쪽.

161) 윗글, 466쪽.

162) 개풍군지편찬위원회, 2010, 『개풍군지』, 제 4장 향토의 사적 고찰, 제 3절 면세요람, 토성면, 295쪽.

163) 개풍군지편찬위원회, 2010, 『개풍군지』, 제 4장 향토의 사적 고찰, 제 3절 면세요람, 흥교면, 450쪽.

164) 개풍군지편찬위원회, 2010, 『개풍군지』, 제 4장 향토의 사적 고찰, 제 3절 면세요람, 중면, 382쪽.

165) 윗글, 같은 쪽.

166) 개풍군지편찬위원회, 2010, 『개풍군지』, 제 4장 향토의 사적 고찰, 제 3절 면세요람, 남면, 308쪽.

167) 개풍군지편찬위원회, 2010, 『개풍군지』, 제 4장 향토의 사적 고찰, 제 3절 면세요람, 중면, 383쪽.

168) 개풍군지편찬위원회, 2010, 『개풍군지』, 제 4장 향토의 사적 고찰, 제 3절 면세요람, 흥교면, 448쪽.

169) 개풍군지편찬위원회, 2010, 『개풍군지』, 제 4장 향토의 사적 고찰, 제 3절 면세요람, 광덕면, 479쪽.

170) 개풍군지편찬위원회, 2010, 『개풍군지』, 제 4장 향토의 사적 고찰, 제 3절 면세요람, 북면, 537쪽.

171) 개풍군지편찬위원회, 2010, 『개풍군지』, 제 4장 향토의 사적 고찰, 제 3절 면세요람, 중면, 382쪽.

172) 장단군지편찬위원회, 2009, 『장단군지』 증보판, 53쪽.

173) 윗글, 54쪽.

174) 윗글, 60쪽.

175) 윗글, 62쪽.

176) 윗글, 122쪽.

177) 윗글, 126쪽.

178) 윗글, 220쪽.

179) 윗글, 187-188쪽.

180) 윗글, 260쪽.

181) 윗글, 65쪽.

182) 권태웅, 1993, 『장남면(고랑포)의 뿌리와 향토문화』, 권태웅선생희수기념문집간행위원회. 28쪽.

183) 윗글, 34쪽.

184) 윗글, 30쪽.

185) 장단군지편찬위원회, 2009, 『장단군지』 증보판, 234쪽.

186) 윗글, 같은 쪽.

187) 윗글, 248쪽.

188) 윗글, 180-183쪽.

189) 윗글, 185-186쪽.

190) 양정필, 2015, 「지방출상 유형-개성상인의 상업전통」, 『개성지 Ⅱ』, 개성지편찬위원회. 1037쪽.

191) 윗글, 같은 쪽.

192) 양정필, 2015, 「일제 강점기 개성의 한국인 상권과 그 특질」, 『개성지 Ⅱ』, 개성지편찬위원회. 1029쪽.

193) 개성지편찬위원회, 2015, 『개성지 Ⅰ』, 7장 개성의 문화, 유적, 명승, 641쪽.

194) 개풍군지편찬위원회, 2010, 『개풍군지』, 제 5절 민속문화의 전통, 993쪽.

195) 윗글, 같은 쪽.

196) 개성지편찬위원회, 2015, 『개성지 Ⅰ』, 7장 개성의 문화, 유적, 명승, 643쪽.

197) 박광현, 2015, 「자랑스러운 개성사람 특이성 10가지」, 『개성지 Ⅱ』, 788-789쪽.

198) 윗글, 788쪽.
199) 개풍군지편찬위원회, 2010, 『개풍군지』, 949-952쪽.
200) 박완서, 2002, 『두부』, 창작과 비평사.

제6장

201) 장단군지편찬위원회, 2009, 『장단군지』 증보판, 191쪽.
202) 윗글, 192-193쪽.
203) 윗글, 194쪽.
204) 김성찬, 2015, 「개성의 8.15광복 전후」, 『개성지 I』, 제 6장 8.15광복부터 6.25전쟁 후까지. 513쪽.
205) 윗글, 514쪽.
206) 윗글, 같은 쪽
207) 윗글, 같은 쪽
208) 김재원, 2015, 「만월대에 미군 병사 건립 반대 관철」, 『개성지 I』, 제 6장 8.15광복부터 6.25전쟁 후까지. 516-7쪽.
209) 김성찬, 2015, 「개성의 8.15광복 전후」, 『개성지 I』, 제 6장 8.15광복부터 6.25전쟁 후까지. 515쪽.
210) 신철규, 2006, 『토둔성 마을에서 모락산 기슭까지』, 비간행 자서전, 48-49쪽.
211) 김성찬, 2015, 「개성의 8.15광복 전후」, 『개성지 I』, 제 6장 8.15광복부터 6.25전쟁 후까지. 515쪽.
212) 윗글, 같은 쪽.
213) 전사편찬위원회, 1998, 『한국전쟁전투사: 38도선초기전투(서부전선편)』, 국방부, 147쪽.
214) 윗글, 10쪽.
215) 개성지편찬위원회, 2015, 「5.4 사건-육탄 십용사」, 『개성지 I』, 제 6장 8.15광복부터 6.25전쟁 후까지. 518쪽.
216) 신철규, 2006, 『토둔성 마을에서 모락산 기슭까지』, 비 간행 자서전, 76쪽.
217) 개성지편찬위원회, 2015, 「5.4 사건-육탄 십용사」, 『개성지 I』, 제 6장 8.15광복부터 6.25전쟁 후까지. 519-20쪽.

218) 전사편찬위원회, 1998, 『한국전쟁전투사: 38도선초기전투(서부전선편)』, 국방부, 151쪽.
219) 김성찬, 2015, 「개성의 8.15광복 전후」, 『개성지 I』, 제 6장 8.15광복부터 6.25전쟁 후까지. 514쪽.
220) 윤택림, 2003, 『인류학자의 과거 여행: 한 빨갱이 마을의 역사를 찾아서』, 역사비평사.

제7장

221) 전사편찬위원회, 1998, 『한국전쟁전투사: 38도선초기전투(서부전선편)』, 국방부, 151쪽.
222) 윗글, 152쪽.
223) 윗글, 153쪽.
224) 개성지편찬위원회, 2015, 『개성지 I』, 제 6장 8.15광복부터 6.25전쟁 후까지, 525쪽.
225) 전사편찬위원회, 1998, 『한국전쟁전투사: 38도선초기전투(서부전선편)』, 국방부, 157쪽.
226) 미군정청은 1946년에 철도경찰서를 만들었는데 1947년 이것을 국립경찰에 흡수시켜 철도관구경찰청을 설립했다. 철도경찰은 교통의 요지에 있는 17개서의 각 구 철도경찰서를 두고 있었는데, 개성에도 개성철도경찰서가 있었다. 윗글, 524쪽.
227) 윗글, 527쪽. 『개성지 I』의 개성철도경찰대의 저항 관련 글은 『한국경찰사 1948, 8~1961.5』 제 2권(내무부 치안국 발간 1973) 248-250쪽에서 가져온 것이다.
228) 개성지편찬위원회, 2015, 『개성지 I』, 제 6장 8.15광복부터 6.25전쟁 후까지, 528-30쪽.
229) 신철규, 2006, 「토둔성 마을에서 모락산 기슭까지」, 비 간행 자서전, 80쪽.
230) 윗글, 80-81쪽.
231) 윗글, 83쪽.
232) 윗글, 84-85쪽.
233) 전사편찬위원회, 1998, 『한국전쟁전투사: 38도선초기전투(서부전선편)』, 국방부, 166쪽.

234) 윗글, 166-173쪽.
235) 윗글, 174쪽.
236) 윤택림, 2011. 「서울사람들의 전쟁 경험」, 『구술사연구』 2권 1호.

제8장

237) 윤택림, 2011. 「서울사람들의 전쟁 경험」, 『구술사연구』 2권 1호.
238) 김동춘, 2000, 『전쟁과 사회』, 돌베개.
239) 신철규, 2006, 「토둔성 마을에서 모락산 기슭까지」, 비 간행 자서전, 85-88쪽.

제9장

240) 군사편찬연구소, 2003, 『한국전쟁전투사, 임진강전투편』, 국방부 97쪽.
241) 윗글, 19쪽.
242) 개성지편찬위원회, 2015, 『개성지 I』, 제6장 8.15광복부터 6.25전쟁 후까지, 532쪽.
243) 군사편찬연구소, 2003, 『한국전쟁전투사, 임진강전투편』, 국방부 23쪽.
244) 윗글, 24쪽.
245) 윗글, 29쪽.
246) 윗글, 27쪽.
247) 윗글, 101쪽.
248) 1950년 7월 12일 대전협정을 통해서 한국군의 작전지휘권이 미군사령관 맥아더 장군에게 이양되자, 이승만 대통령의 긴급명령 제 7조에 의거하여 미군의 군사지원을 위한 한국노무자 부대.
249) 군사편찬연구소, 2003, 『한국전쟁의 유격전사』, 국방부 31쪽.
250) 윗글, 32쪽.
251) 윗글, 115쪽.
252) 개성지편찬위원회, 2015, 『개성지 I』, 제6장 8.15광복부터 6.25전쟁 후까지, 532쪽.
253) 군사편찬연구소, 2003, 『한국전쟁의 유격전사』, 국방부 118쪽.
254) 개성지편찬위원회, 2015, 『개성지 I』, 제6장 8.15광복부터 6.25전쟁 후까지, 531-537쪽.
255) 윗글, 535쪽.
256) 군사편찬연구소, 2003, 『한국전쟁의 유격전사』, 국방부 132쪽.
257) 윗글, 138쪽.
258) 윗글, 143쪽. 표 4-2 참조.
259) 윗글, 139쪽. 표 4-1 참조.
260) 장단군지편찬위원회, 2009, 『장단군지』 증보판, 194-5쪽.
261) 윗글, 207쪽. 『한국전쟁사』 9권을 참조한 것임.
262) 군사편찬연구소, 2003, 『한국전쟁의 유격전사』, 국방부 528쪽.
263) 윗글, 544쪽.

제10장

264) Akhil Gupta and James Ferguson, 1999, "Beyond Culture: Space, Identity and Politics of Difference", Gupta and Ferguson, eds., *Culture, Power and Place*, Durham: Duke University Press.
265) 신철규, 2006, 「토둔성 마을에서 모락산 기슭까지」, 비간행 자서전 중에서.
266) 개성지편찬위원회, 2015, 『개성지 II』, 제10장 자랑스러운 송도인들, 1162-68쪽.
267) 개성지편찬위원회, 2015, 『개성지 II』, 제9장 활발한 경제활동, 1077쪽.
268) 윗글, 1078쪽.
269) 윗글, 1079쪽.
270) 윗글, 1080쪽.
271) 윗글, 1081-82쪽.
272) 김귀옥, 2004, 『이산가족, '반공전사'도 '빨갱이'도 아닌...: 이산가족 문제를 보는 새로운 시각』, 제 5장 우리는 반공전사가 아니다. 참조.
273) 김수자, 2009, 「한국전쟁과 월남여성들의 전쟁경험과 인식-지역 차별인식과 결혼관을 중심으로」, 205쪽.

제11장

274) 개성지편찬위원회, 2015, 『개성지 II』, 제10장 자랑스러운 송도인들, 1125쪽.
275) 윗글, 같은 쪽.
276) 윗글, 1126쪽.
277) 윗글, 1128쪽.
278) 윗글, 1129쪽.
279) 윗글, 같은 쪽.
280) 윗글, 1145쪽.
281) 개풍군지편찬위원회, 2010, 『개풍군지』, 118쪽.
282) 윗글, 119쪽.
283) 윗글, 122쪽.
284) 윗글, 124쪽.
285) 윗글, 125쪽.
286) 윗글, 440쪽.
287) 윗글, 441쪽.
288) 윗글, 442쪽.
289) 윗글, 같은 쪽.
290) 이북5도위원회 홈페이지 연혁 참조. www.ibuk5do.go.kr
291) "왜 대한민국 대통령이 북한 도지사를 임명할까?", 2014. 2.18일 슬로우뉴스. http://slownesw.kr/19495.
292) <解說> 盧대통령 국내법정비지시 의미, 연합뉴스, 기사입력 1991-12-30.
293) 정근식, 염미경, 2000, 「디아스포라, 귀환, 출현적 정체성-사할린 한인의 역사적 경험」, 『재외한인연구』, 9호.
294) Hall, Stuart, 1996, "Cultural Identity and Diaspora", *Contemporary Postcolonial Theory: A Reader*, ed. by Padmini Mongia. Arnold.
295) 김귀옥, 1999, 『월남민의 생활 경험과 정체성: 밑으로부터의 월남민 연구』, 430쪽.
296) 윗글, 441쪽.
297) 윗글, 445쪽.
298) 윗글, 441쪽.
299) 『조선일보』 2011년 5월 21일자 기사 "실향민 애환 달래던 이북5도청, 탈북자 보듬기 나서"
300) 김태웅, 2008, 「해방 이후 地方誌 편찬의 추이와 시기별 특징」, 『역사연구』, 18집, 155쪽.
301) 신현제, 2010, 「군지 증보판 편집을 마치며」, 『개풍군지』, 개풍군지편찬위회; 초판은 『신증동국여지승람』(조선조 13대 중종, 1530)에 수록된 내용과 그 후에 편집된 각 면의 자료, 실향세대로부터 수집된 여러 사실적 자료들을 모아서 편찬되었다.
302) 윗글 같은 쪽.
303) 제 3대 군민회장(1983.4-1987.10)
304) 개풍군지편찬위원회, 1984년, 『개풍군지』, 835쪽.

제12장

305) Naomi Rosh White, 1996, "Marking absences: Holocaust testimony and history" in Dunaway, David K. and Willa K. Baum. eds. *Oral History: An Interdisciplinary Anthology*. Walnut Creek: AltaMira Press. p.178.
306) 윗글, p.179.
307) 윗글, 같은 쪽.
308) 이 부분은 필자의 「구술사 인터뷰와 역사적 상흔: 진실 찾기와 치유의 가능성」, 강원대학교 『인문과학연구』, (2011, 30집)에 실린 것을 다시 사용한 것이다.

제13장

309) 개풍군민회, 2013, 『개풍』 100호 특집호, 17,21쪽.
310) 대중기억연구회, 2010, 「대중기억의 이론, 정치학과 방법론」, 윤택림 편역, 『구술사, 기억으로 역사쓰기』, 아르케.
311) 김귀옥, 2011, 「분단선 위를 걷는 사람들」, 한국구술사학회 편, 『구술사로 읽는 한국전쟁』, 휴먼니스트.
312) 국방부 군사편찬연구소 편, 2003, 『한국전

쟁의 유격전사』,국방부 군사편찬연구소

313) 김귀옥, 1999, 『월남민의 생활 경험과 정체성: 밑으로부터의 월남민 연구』, 457쪽.

314) Portelli, Alessandro. 1991. "What makes oral history different". in *The Death of Luigi Trastulli and Other Stories: Form and Meaning in Oral History*. State University of New York Press.p.46.

315) 정근식 편, 진주 채록, 2005, 『고통의 역사: 원폭의 기억과 증언』, 선인, 42쪽 김호연, 유강하, 2009, 「기억과 역사적 상흔의 치유: 프리모 레비의 『이것이 인간인가』를 중심으로」, 『인문치료학의 정립을 위한 시론적 연구』, 인문치료총서 4, 강원대학교 출판부. 98-118쪽. 117-118쪽; 김호연, 엄찬호, 2010, 「구술사를 활용한 인문치료의 모색: 기억, 트라우마 그리고 역사치료」, 『인문과학연구』, 24집, 강원대학교 인문과학연구소, 376-8쪽.

316) 전진성, 2005, 『역사가 기억을 말하다』, 휴머니스트, 396쪽.

317) 윗 책, 398쪽.

318) 인문치료는 "인문학적 정신과 방법으로 마음의 건강과 행복한 삶을 위해 인문학 각 분야 및 연계 학문들의 치료적 내용과 기능을 학제적으로 새롭게 통합하여 사람들의 정신적, 정서적, 신체적 문제들을 예방하고 치유하는 이론적, 실천적 활동이다". 강원대학교 인문과학연구소, 편, 2009, 『인문치료』, 강원대학교 출판부, 인문자료총서 1. 29쪽.

319) 이민용, 2009, 「이야기와 스토리텔링의 치유적 기능」, 『독일언어문학』, 제40집, 331쪽.

320) 이민용, 2010, 「서사와 서사학의 치유적 활용: 인문치료 방법론의 관점에서」『독일언어문학』, 제47집, 247-268쪽.

■ 찾아보기

[ㄱ]

강한 어머니 68, 298
강화도 192, 229, 233, 238, 242, 244, 245, 247, 252, 262, 272, 279, 280, 299, 318, 397
강화유격대 238, 242, 243, 244, 247
개성 17-26, 40, 59, 66, 68-71, 76, 77, 81-94, 97-110, 115-122, 124-132, 134-139, 141-151, 154, 156-191, 199, 202-248, 256-263, 269-274, 277, 278, 281-298, 303-308, 315-317, 323-340, 343, 349-364, 368, 372-376, 379-382, 385-391
개성문화권 26, 99-108, 304, 331
개성관광 23, 69, 332, 359-364
개성군 82, 83, 85, 86, 92, 99, 100, 107, 332
개성부 18, 23, 24, 26, 81-87, 92, 94, 99, 117, 120
개성상인 19, 23, 76, 82, 84, 86-88, 100, 101, 106, 107, 119, 128, 143, 158, 217, 226, 293, 294, 332, 352, 361, 375
개성시민회 67, 131, 242, 316, 317, 323-236, 328, 329, 336-338, 340, 386-388, 390
개성음식 101, 102
개성인회 316, 317, 326
개풍군 17-24, 66-70, 72-77, 81, 83, 92-95, 97, 99-102, 104, 107, 109, 122, 124-126, 130, 134, 135, 138, 140, 142, 146, 147, 151, 157, 161, 162, 165, 167, 169, 175, 177-186, 193, 196, 199, 211, 214, 216, 223, 226-228, 230-234, 240, 242, 243, 245, 247, 252, 253, 262, 263, 266, 272, 280, 292, 294-298, 301, 305, 306, 318, 319, 323-329, 331, 332, 337-345, 357, 358, 363, 364, 368, 369, 381, 386, 387, 388, 390
개풍군민회 67, 306, 318, 319, 323-329, 337-341, 343, 344, 386-388, 390
경계에서의 삶 25, 27, 146, 177, 233, 348, 385, 390, 392
구술 생애사 22, 23, 26, 58, 59, 63, 65, 67-71
구술 증언 22, 26, 42, 55, 82
구술사 22, 27, 29, 40-44, 46-50, 52-55, 57, 64, 65, 67, 69, 72-74, 120, 292, 305, 307, 347, 367, 368, 392-396
군민회장 67, 318, 326, 328, 329, 337
기억공동체 26, 52, 58, 386, 387

기억역사 57
기억연구 49, 51, 52, 54, 58, 388
기억의 문화사 51, 52
기억의 역사 48, 53-55, 57
기억의 장소 50-54, 58, 323, 328, 389
기억의 정치학 51, 54, 55

[ㄴ]
남하 경로 177, 229, 230, 252
남하 동기 24, 26, 44, 46, 177, 180, 334
남하 시기 24, 181
남하 유형 225

[ㄷ]
다현지 문화기술지 59-63
대동청년단 129-131
대항기억 49, 51, 54, 55, 389, 390
디아스포라 25, 31-36, 39-41, 63, 65, 81, 331

[ㄹ]
로컬 37-41, 81, 109, 177, 277, 385
로컬리티 38, 39, 44, 81

[ㅁ]
면민회 26, 40, 58, 66, 70, 77, 315, 316, 319, 320, 326, 328, 329, 331, 332, 336, 337, 340, 341, 343, 347, 386, 387, 391, 392
면민회장 326, 328, 332, 337
명예군수 318, 326, 328, 329, 337, 387
명예면장 328, 337
명예시장 117, 134, 317, 323, 326, 328, 329, 338, 386
문화적 기억 50-55, 57, 58, 338, 339, 386
미군정 24, 109, 120, 121, 126, 141, 294, 353, 375
미수복경기도 17, 19-29, 31, 40, 42, 46, 47, 58, 59, 63, 66-72, 77, 81, 82, 100, 109, 147, 177, 182, 240, 252, 253, 313, 321, 326-329, 331-335, 337-340, 344, 347, 352, 353, 357, 360, 364, 366, 384, 385, 387-393, 396
미수복경기도민 17, 19, 20, 22, 25, 26, 40, 42, 47, 58, 59, 63, 68, 70, 77, 79, 315, 326, 328, 331-333, 335, 338-340, 344, 348, 385, 387-389, 391
미수복경기도민회 26, 28, 40, 58, 67, 68, 70, 76, 77, 315, 321, 323, 325-339, 386, 387, 389-392
미수복경기도중앙부녀회 389
미수복경기도중앙청년회 331
민완식 129-131, 134, 188

[ㅂ]

반공전사 43, 45, 46, 391, 392

반공이데올로기 43, 46, 335, 348, 389, 390

북성기 102-104

북한인민군 237, 352

분단 17, 18, 20, 24-26, 29, 31, 40-46, 58, 67, 68, 77, 81, 109, 110, 114, 126, 144, 145, 147, 237, 278, 294, 321, 331, 332, 339, 342, 344, 345, 347-349, 351, 365, 366, 369, 370, 385, 388-390, 392, 394, 395, 398

빨갱이 46, 112, 127-133, 135, 137, 162, 164, 167-169, 187, 197, 198, 211-213, 216, 224, 268, 269, 296, 305, 355

빨갱이 콤플렉스 296

[ㅅ]

사천냇강 182, 214, 216, 223, 229, 232, 234

38선 17-21, 24, 81, 109, 110, 113-117, 120, 131-133, 140-143, 145-148, 157, 168, 170, 171, 174, 175, 177, 180-183, 197, 233, 234, 237, 239-241, 252, 259, 261, 277, 294, 298, 303, 321, 344, 348, 353, 365, 389, 390

상상의 공동체 35, 36, 56

소련군 41, 109, 113-118, 120, 123, 145, 146, 181, 182, 342, 353

송고실업 89, 90

송도 66, 69, 70, 82, 83, 85-89, 91, 92, 99, 101, 107, 117, 118, 126, 127, 129, 138, 142, 145, 148, 151, 154, 162, 196, 218, 295, 297, 317, 318, 325, 332, 340, 350, 360, 386

송도중학교 66, 69, 70, 85-89, 91, 101, 117, 118, 127, 129, 138, 142, 145, 148, 151, 154, 162, 196, 218, 295, 297, 350

실향민 17, 19-27, 29, 31, 40, 41, 43, 45-47, 58, 59, 63, 66-72, 77, 81, 82, 85, 88, 94, 97, 100, 106, 109, 144, 147, 177, 180-182, 197, 225, 226, 229, 231, 237, 242, 246, 256-258, 273-275, 277, 282, 283, 287, 292-296, 298, 303-313, 315, 316, 318, 321-323, 325-329, 331-339, 344, 345, 347-353, 357-360, 363, 366, 368, 373, 375, 384-396

실향민 1세 66, 67, 318, 331, 336, 338, 344, 347, 358, 359, 384, 385, 392, 393

실향민 2세 67, 318, 336-338

실향의 서사 388, 389

십용사 사건 144, 146, 147

[ㅇ]
엘리트층 월남인 43, 333-335, 389, 391
여성가장 298
역사 만들기 26, 47, 338, 340
역사인류학 22, 37, 41
역사적 상흔 25, 26, 44, 274, 347, 367, 368, 370, 373, 375, 377, 384, 385, 393-395
월남민 17-20, 26, 31, 40, 42-46, 59, 77, 134, 180, 235, 262, 277, 280, 281, 292, 296, 301, 303-305, 307, 312, 313, 315, 323, 327, 333-335, 338, 345, 348, 352, 390-392
유엔군 24, 159, 160, 167, 173, 174, 184, 188, 197, 237, 239-242, 279, 292, 353, 388, 390
의사소통적 기억 50, 52-55, 58, 338, 339, 386
의용군 154, 156, 158, 163, 164, 167, 168, 171-175, 178, 182, 186-188, 190, 218, 227, 228, 375, 390
이동식 문화기술지 26, 59, 61, 65
이북도민회중앙연합회 322-324, 327-329, 386
이북오도민회 324, 330, 338, 339
이북오도청 18, 19, 70, 323-327

이산가족 19, 20, 22, 23, 25, 26, 31, 40-43, 46, 67, 69, 225-227, 277, 278, 303, 304, 310, 316, 347, 353, 358, 359, 370, 373, 377, 378, 380, 392, 395
이산가족찾기 25, 26, 316, 347, 353, 358, 359, 373
이원체계 321, 329, 337, 339, 388
인문치료 395, 396
일제시기 22, 23, 26, 45, 69, 81, 82, 84-86, 88, 92, 93, 97, 98-100, 104, 107, 134, 146, 167, 179, 185, 280, 296, 297, 331, 341, 375
임진강 92, 94, 96-98, 141, 171, 178, 179, 182, 186, 189, 191, 192, 196, 203, 204, 207-209, 211, 212, 214, 216-220, 223, 227, 229, 231, 232, 234, 237-241, 253-255, 262, 279, 351, 381, 383

[ㅈ]
장단군 17-24, 66, 70, 73-77, 81, 83, 90, 92, 95-102, 105, 106, 109, 110, 112, 114-117, 126, 130, 145-147, 157, 170, 171, 174, 175, 178-182, 186, 190, 218, 227, 228, 231, 232, 234, 235, 252, 259, 261, 263, 287, 292, 296, 309, 319, 320, 323-326,

328, 329, 331, 332, 337-340, 348, 353, 355, 357, 363, 365, 387, 388, 390, 391

장단군민회 319, 320, 323-326, 328, 329, 337-339, 387, 388, 390

장소 만들기 22, 24, 26, 36, 37, 39, 237, 277, 278, 331, 385

장소성 38, 39, 44-46, 63

재영토화 34, 36, 39, 40, 46, 62, 315, 331, 385

재외한인 31, 35, 36, 65, 392

전쟁 동원 26, 193, 241, 256

전쟁 전야 109, 146

정착민 40, 43, 45, 46, 334, 337

정체성 18, 22, 24-26, 35, 36, 38, 40, 43-49, 56-59, 61, 63, 66, 315, 331-335, 337, 339, 344, 345, 368, 385, 389-392, 395

제2국민병 179, 190, 193, 197-199, 208, 227, 228, 241, 251, 260, 278, 295, 296

좌우익 갈등 24, 26, 69, 126, 146

주체의 자리매김 62

중공군 24, 178-181, 184, 186, 189, 190, 193, 196, 199-203, 207, 209-211, 214, 216, 227-229, 231-234, 237, 239-245, 247, 252, 262, 269, 270, 279, 284, 294, 297, 350, 352, 353, 375, 380, 381, 388, 390-392

집합기억 48-50, 53, 54, 57, 58, 386-389

[ㅊ]

초국적 이주 35

춘공 239-241

출현적 정체성 36, 331

치유 44, 367, 368, 385, 393-395

[ㅋ]

켈로부대 263

코리안 디아스포라 32-35, 65

[ㅌ]

통일회관 70, 72-74, 306, 309, 321-325, 327, 328, 335, 336, 386, 389

트라우마 56, 69, 367, 394

트렌스로컬리티 37, 40, 46, 392

[ㅍ]

8240부대 247, 252

포로수용소 178, 186, 189, 228, 292

풍덕군 83, 92

피난민 17, 24, 44-46, 59, 147, 171, 177, 183, 185, 191, 192, 197, 198, 207, 224, 231, 233, 237, 242, 246, 252, 253, 256, 257, 259, 261, 262, 266,

268, 272, 274, 277, 303, 307, 315, 317, 334, 385, 388, 391,
피난민 생활 24, 237, 256, 266
피난민 수용소 207, 261, 268, 274

[ㅎ]
한강 92, 94, 171, 172, 175, 182, 184-186, 191, 198, 207-209, 214, 220, 223, 224, 229, 231-233, 243, 259, 261-263, 381, 397
한국전쟁 17-20, 22, 24, 26, 34, 40-42, 44, 45, 50, 51, 58, 66, 68, 76, 79, 94, 99, 106, 109, 110, 114, 117, 122, 136, 139, 141, 142, 144, 146, 147, 149, 154, 157, 161, 162, 170, 171, 174-177, 180-184, 186, 190, 193, 202, 207, 211, 214, 216-218, 226-229, 231, 232, 234, 237-242, 244, 247, 252, 253, 256, 261, 262, 269, 273, 274, 277, 278, 280, 283, 292, 294-298, 304, 305, 316, 318, 321, 323, 326, 333, 334, 336, 339, 342, 344, 345, 347-349, 352, 368-370, 375, 385, 387, 389, 390, 392, 393, 396, 398
해방 17-20, 22-24, 26, 29, 32-34, 40, 41, 43, 45, 65, 66, 69, 79, 81, 85-87, 90, 94, 96, 102, 103, 109, 110, 112-115, 117, 120-122, 124, 128, 130, 131, 134, 135, 138, 139, 142-147, 149, 157, 160, 163, 165, 167, 170, 171, 174, 177, 178, 181-183, 187, 188, 190, 202, 217, 218, 233, 259, 261, 262, 294, 297, 298, 316, 321, 333, 334, 339, 342, 344, 348, 352, 353, 365, 369, 375, 388, 390, 392
해방공간 22-24, 126
호수돈여학교 85, 120, 183,
휴전 26, 41, 106, 177, 181, 189, 199, 214, 216, 229, 234, 235, 237, 246, 252, 253, 254, 256-259, 261, 263, 265, 271, 274, 277, 278, 283, 294, 296, 315, 339, 342, 344, 350, 388-390
휴전선 17, 18, 21, 24, 41, 81, 241, 252, 273, 284, 350, 351, 357, 358, 388, 390